AJUSTES
FISCAIS

Experiências recentes de países selecionados

AJUSTES FISCAIS

Experiências recentes de países selecionados

Rubens Penha Cysne e Rogério Sobreira
(Coords.)

FGV
EDITORA

ISBN — 978-85-225-0634-7

Copyright © Rubens Penha Cysne e Rogério Sobreira

Direitos desta edição reservados à
EDITORA FGV
Rua Jornalista Orlando Dantas, 37
22231-010 — Rio de Janeiro, RJ — Brasil
Tels.: 0800-21-7777 — 21-2559-4427
Fax: 21-2559-4430
e-mail: editora@fgv.br — pedidoseditora@fgv.br
web site: www.editora.fgv.br

Impresso no Brasil / *Printed in Brazil*

Todos os direitos reservados. A reprodução não autorizada desta publicação, no todo ou
em parte, constitui violação do copyright (Lei nº 9.610/98).

Os conceitos emitidos neste livro são de inteira responsabilidade dos autores.

1ª edição — 2007

REDAÇÃO: Estêvão Kopschitz Xavier Bastos, Gabriel Fiuza de Bragança, José Ronaldo
de Souza Jr., Rogério Sobreira e Rubens Penha Cysne

ASSISTÊNCIA DE PESQUISA: Felipe Balassiano, Guilherme Augusto Babo Torres e Débora de
Oliveira dos Santos Ferreira

PREPARAÇÃO DE ORIGINAIS: Mariflor Rocha

EDITORAÇÃO ELETRÔNICA: FA Editoração

REVISÃO: Fatima Caroni e Mauro Pinto de Faria

CAPA: Alvaro Magalhães

Ficha catalográfica elaborada pela
Biblioteca Mario Henrique Simonsen/FGV

Ajustes fiscais: experiências recentes de países selecionados / Rubens
Penha Cysne, Rogério Sobreira (coords.). — Rio de Janeiro : Editora
FGV, 2007.
336 p.
1. Política tributária. 2. Política econômica. I. Cysne, Rubens
Penha. II. Sobreira, Rogério. III. Fundação Getulio Vargas.

CDD - 336.2

Sumário

Introdução 15

1 Itália 43
O ajuste fiscal e as conseqüências macroeconômicas 43
Política fiscal 50
Conclusões 71
Anexo 72

2 Rússia 75
O ajuste fiscal e as conseqüências macroeconômicas 75
Outras questões macroeconômicas: câmbio, competitividade, juros e inflação 82
Detalhamento da política fiscal russa 89
Contabilidade pública 102
Questões de longo prazo 107
Conclusões 110
Anexo 111

3 México 117
O ajuste fiscal e as conseqüências macroeconômicas 117
Detalhamento da política fiscal mexicana 125
Conclusões 147
Anexo 148

4 Nova Zelândia 151
O ajuste fiscal e as conseqüências macroeconômicas 153
Política fiscal neozelandesa 162
O processo orçamentário 169
Questões de longo prazo 174
Conclusões 179

5 Índia 181

   O ajuste fiscal   184

   Detalhamento das políticas   191

   O sistema previdenciário   205

   Tópicos adicionais   208

   Considerações finais   220

   Anexo   225

6 Turquia 229

   O ajuste fiscal e suas características   231

   Detalhamento das políticas   242

   A reforma da previdência   259

   Tópicos especiais   265

   Considerações finais   271

   Anexo   272

7 Irlanda 275

   O ajuste fiscal   277

   Desempenho macroeconômico   288

   Conclusões sobre o ajuste fiscal   294

   Metas fiscais   296

   Processo orçamentário irlandês   297

   Uma nota sobre o orçamento ajustado ao ciclo econômico   298

   Questões de longo prazo: reforma previdenciária   299

   Anexo   306

8 Conclusões e recomendações 309

   Questões importantes sobre ajuste fiscal   309

   Reforma da previdência   310

   Planejamento fiscal de longo prazo   311

   Metas fiscais   312

   Contenção de despesas e elevação de receitas   312

   Desvinculação   313

   Administração pública   314

   Simplificação e redução de alíquotas   314

   Investimento estrangeiro direto   314

Referências bibliográficas 315

Anexo — Fatos sobre a situação fiscal brasileira 329

Índice

Gráficos

Gráfico 1.1: Itália — dívida do governo geral (1981-2005 — % do PIB)   44

Gráfico 1.2: Itália — receitas totais, despesas primárias e resultado primário (1988-2005 — % do PIB)   45

Gráfico 1.3: Itália — receitas totais e despesas primárias (1988-2005 — milhões de euros a preços constantes de 2000)   45

Gráfico 1.4: Itália — despesas com juros e resultado nominal (1988-2005 — % do PIB)   46

Gráfico 1.5: Itália — taxa de crescimento real do PIB (1980-2005 — %)   48

Gráfico 1.6: Itália — investimento (1982-2006) *x* desemprego (1982-2005)   48

Gráfico 1.7: Itália — exportações de bens (1988-2005 — % do PIB)   49

Gráfico 1.8: Itália — comércio exterior de bens e serviços (1988-2005 — % do PIB)   49

Gráfico 1.9: Itália — taxa de câmbio efetiva real — 1988-2004 (índice 2000 = 100)   50

Gráfico 1.10: Itália — previsão de gastos com benefícios previdenciários — 2005-50 (anos selecionados — % do PIB)   54

Gráfico 1.11: Itália — previsão de receitas, despesas e saldo da parcela do TFR destinada ao INPS (em milhões de euros)   57

Gráfico 1.12: Itália — impostos diretos, indiretos e contribuições sociais (% do PIB)   60

Gráfico 1.13: Itália — previsão de gastos com saúde pública — 2005-50 (anos selecionados — % do PIB)   63

Gráfico 1.14: Itália — impactos das medidas *one-off* no déficit nominal (2000-05 — % do PIB)   68

Gráfico 2.1: Rússia — resultado primário (1993-2006 — % do PIB)   77

Gráfico 2.2: Rússia — resultado nominal e despesas com juros (1993-2006 — % do PIB)   78

Gráfico 2.3: Rússia — receitas totais *x* despesas primárias (1993-2006 — % do PIB)   78

Gráfico 2.4: Rússia — receitas e despesas reais do governo geral (1995-2005 — em bilhões de rublos constantes de 2000; deflator: IPC)   79

Gráfico 2.5: Rússia — consumo final do governo geral — conceito de contas nacionais (1995-2005 — em rublos constantes de 2000)   80

Gráfico 2.6: Rússia — dívida do governo geral (1997-2005 — % do PIB)   80

Gráfico 2.7: Rússia — crescimento real do PIB e investimento
(1993-2006)   81

Gráfico 2.8: Rússia — taxa de juros e de inflação (1995-2006 — %)   82

Gráfico 2.9: Rússia — taxa de câmbio real (1993-2006 — 1997 = 100;
deflator: IPC)   84

Gráfico 2.10: Rússia — saldo em transações correntes do balanço
de pagamentos (1994-2005 — US$ bilhões)   84

Gráfico 2.11: Rússia — taxa de desemprego (1998-2005 — % da força
de trabalho)   86

Gráfico 2.12: Rússia — taxas de juros e inflação (2000-06 — % ao ano)   88

Gráfico 2.13: Rússia — agregados monetários e inflação (2000-06 —
variação % anual)   89

Gráfico 2.14: Rússia — receitas relacionadas ao petróleo x não
relacionadas ao petróleo (1999-2004)   94

Gráfico 2.15: Rússia — distribuição das receitas entre as esferas de
governo (1998-2004)   96

Gráfico 2.16: Rússia — evolução das despesas não-financeiras x receitas
não relacionadas ao petróleo (setor público consolidado — 1998-2004)   99

Gráfico 3.1: México — receitas x despesas do setor público
(1980-2006 — % do PIB)   118

Gráfico 3.2: México — receitas x despesas (1980-2006 — bilhões
de pesos a preços constantes de 2006)   119

Gráfico 3.3: México — dívida líquida do setor público (1990-2006 —
% do PIB)   120

Gráfico 3.4: México — resultado primário (1980-2006 — % do PIB)   122

Gráfico 3.5: México — resultado nominal x despesas financeiras
(1980-2006 — % do PIB)   122

Gráfico 3.6: México — comportamento de receitas relacionadas ao
petróleo (1980-2006 — % do PIB)   124

Gráfico 3.7: México — crescimento real do PIB e taxa de investimento
(1980-2006 — formação bruta de capital fixo/PIB)   124

Gráfico 3.8: México — taxa de inflação (1980-2006 — %)   125

Gráfico 3.9: México — necessidade de financiamento do setor público
x conceito "tradicional" de déficit (1996-2006 — % do PIB)   129

Gráfico 3.10: México — grau de rigidez orçamentária
(% do orçamento total)   131

Gráfico 3.11: México — déficit nominal do setor público: meta x realizado
(2002-06 — % do PIB)   135

Gráfico 3.12: México — resultado nominal das empresas estatais (antes das transferências do governo federal) *x* setor público (1980-2006 — % do PIB)   139

Gráfico 3.13: México — receitas do setor público consolidado relacionadas e não relacionadas ao petróleo (1980-2006 — % do PIB)   139

Gráfico 3.14: México — formação bruta de capital do setor público (1977-2005 — % do PIB)   140

Gráfico 3.15: México — total de recursos administrados por Afores (1998-2006 — total em dezembro de cada ano, em % do PIB)   146

Gráfico 4.1: Nova Zelândia — dívida do governo geral (% do PIB)   154

Gráfico 4.2: Nova Zelândia — superávit primário (1989-2006 — % do PIB)   155

Gráfico 4.3: Nova Zelândia — receitas totais e despesas primárias (1989-2006 — % do PIB)   155

Gráfico 4.4: Nova Zelândia — despesas líquidas com juros e superávit nominal (1988-2005 — % do PIB)   156

Gráfico 4.5: Nova Zelândia — receitas totais e despesas primárias reais (1989-2006 — em milhões da moeda local, preços constantes de 2005)   157

Gráfico 4.6: Nova Zelândia — receitas totais e despesas primárias (1990-2006 — variação real, %)   157

Gráfico 4.7: Nova Zelândia — taxa de crescimento do PIB — Nova Zelândia x Brasil (1971-2006 — %)   159

Gráfico 4.8: Nova Zelândia — taxa de investimento e taxa de desemprego (1980-2006)   160

Gráfico 4.9: Nova Zelândia — contas externas: balança comercial e saldo em conta corrente (1980-2006 % do PIB)   161

Gráfico 4.10: Nova Zelândia — inflação: preços ao consumidor — Nova Zelândia *x* Brasil (1980-2006 %)   161

Gráfico 4.11: Nova Zelândia — total de gastos com saúde (2004 % do PIB)   177

Gráfico 4.12: Nova Zelândia — gastos públicos com saúde (2004 — % do total de gastos públicos)   178

Gráfico 5.1: Índia — resultado primário (1982-2005 — % do PIB)   181

Gráfico 5.2: Índia — estoque da dívida (1982-2005 — % do PIB)   182

Gráfico 5.3: Índia — despesas com o pagamento de juros (1982-2005 — % do PIB)   183

Gráfico 5.4: Índia — saldo nas transações correntes
(1991-2005 — % do PIB)   185

Gráfico 5.5: Índia — taxa de crescimento anual do PIB
(1982-2005 — %)   186

Gráfico 5.6: Índia — gastos do governo geral (1982-2005 — % do PIB)   187

Gráfico 5.7: Índia — taxa anual de inflação (1982-2005 — %)   188

Gráfico 5.8: Índia — receitas com impostos diretos e indiretos
(1982-2005 — % do PIB)   189

Gráfico 5.9: Índia — despesa com salários do funcionalismo público
(1990-2002 — % do PIB)   192

Gráfico 5.10: Índia — razão despesas públicas com pagamento de
salários sobre outras despesas públicas correntes. Estados de menor
renda *per capita* e outros estados (1990-2002)   194

Gráfico 5.11: Índia — formação bruta de capital fixo —
Brasil e Índia (1980-2004 — % do PIB)   223

Gráfico 6.1: Turquia — dívida líquida (1999-2005 — % do PIB)   229

Gráfico 6.2: Turquia — resultado primário (1980-2005 — % do PIB)   230

Gráfico 6.3: Turquia — taxa de crescimento anual do PIB
(1980-2005 — %)   230

Gráfico 6.4: Turquia — taxa anual de inflação (1980-2005 — %)   232

Gráfico 6.5: Turquia — consumo e investimento do governo
(1987-2005 — % do PIB)   233

Gráfico 6.6: Turquia — receitas totais e receitas tributárias do
governo geral (1980-2005 — % do PIB)   234

Gráfico 6.7: Turquia — formação bruta de capital fixo — Brasil e
Turquia (1980-2004 — % do PIB)   235

Gráfico 6.8: Turquia — saldo líquido em transações correntes
(1980-2005 — % do PIB)   236

Gráfico 6.9: Turquia — despesas com o pagamento de juros
(1980-2003 — % do PIB)   237

Gráfico 6.10: Turquia — arrecadação com impostos diretos e indiretos
(1980-2005 — % do PIB)   240

Gráfico 6.11: Turquia — privatização por tipo de operação
(1986-2006 — US$)   244

Gráfico 6.12: Turquia — evolução dos recursos extra-orçamentários
e despesas totais (1987-2003 — % do PIB)   256

Gráfico 6.13: Turquia — condições demográficas (ano x mediana
da idade em anos)   260

Gráfico 6.14: Turquia — despesa dos diferentes sistemas de seguridade e
transferências orçamentárias para a seguridade social
(1980-2005 — % do PIB)   261

Gráfico 6.15: Turquia — déficit das estatais x NFSP (1975-2004 — % PIB)   266

Gráfico 6.16: Turquia — evolução do financiamento público
interno x externo (1994-2005 — % do PIB)   267

Gráfico 7.1: Irlanda — receitas totais, despesas primárias e
resultado primário (1988-2005 — % do PIB)   278

Gráfico 7.2: Irlanda — investimentos do governo geral
(1980-2005 — % do PIB, bilhões de euros a preços constantes de 2000)   278

Gráfico 7.3: Irlanda — resultado nominal (1987-2005) e despesas
com juros (1988-2005) (% do PIB)   281

Gráfico 7.4: Irlanda — receitas totais, despesas totais e primárias
(1988-2005 — milhões de euros de 2000)   283

Gráfico 7.5: Irlanda — taxa real de crescimento do PIB
(1980-2005) e do PNB (1987-2005) (%)   289

Gráfico 7.6: Irlanda — inflação: preços ao consumidor (1987-2005 — %)   290

Gráfico 7.7: Irlanda — exportações de bens e serviços
(1987-2005 — % do PIB)   291

Gráfico 7.8: Irlanda — saldo em transações correntes
(1987-2005 — % do PIB)   292

Gráfico 7.9: Irlanda — taxa de desemprego (1987-2005 — %)   292

Gráfico 7.10: Irlanda — taxa de investimento (1980-2005 — % do PIB)   293

Gráfico A.1: Resultado fiscal/PIB (NFSPs nominais)   329

Gráfico A.2: Déficits nominal e primário como percentagem
do PIB (maio 1999-abr. 2007)   330

Gráfico A.3: Dívida pública interna e externa (% do PIB)   331

Gráfico A.4: Composição da dívida interna segundo esferas
administrativas (dez. 2000-maio 2007)   332

Gráfico A.5: Composição da dívida mobiliária   334

Quadros

Quadro 2.1: Rússia — mudanças no código tributário   91

Quadro 3.1: México — estrutura de competência pela arrecadação
e gastos no setor público mexicano   132

Quadro 3.2: México — mecanismos de ajuste automático do orçamento
mexicano   136

Quadro 6.1: Turquia — estágios das reformas dos governos locais   249

Quadro 6.2: Turquia — o novo ciclo de preparação do orçamento   254

Quadro 6.3: Turquia — condições mínimas de aposentadoria   262

Quadro 7.1: Irlanda — eventos econômicos e políticos relativos ao ajuste fiscal de 1987-89   279

Tabelas

Tabela 1: Receitas totais do governo (% do PIB)   33

Tabela 2: Despesas de capital (investimentos) do governo (% do PIB)   34

Tabela 3: Despesas primárias do governo (% do PIB)   35

Tabela 4: Resultado primário do governo (% do PIB)   36

Tabela 5: Resultado nominal do governo (% do PIB)   37

Tabela 6: Taxa de crescimento do produto real (%)   38

Tabela 7: Fluxo total de comércio exterior (exportações + importações de bens e serviços — % do PIB)   39

Tabela 8: Saldo em conta corrente do balanço de pagamentos (% do PIB)   40

Tabela 9: Taxa de investimentos (FBCF/PIB — %)   41

Tabela 10: Inflação (preços ao consumidor — %)   42

Tabela 1.1: Itália — participação dos servidores públicos no emprego total, anos selecionados (%)   58

Tabela 1.2: Itália — salários médios do governo em relação ao setor privado (%)   58

Tabela 1.3: Itália — metas fiscais ajustadas pelo componente cíclico (2006-09 — % do PIB)   70

Tabela 1.4: Itália — resultado fiscal do governo geral (1995-2005 – % do PIB)   72

Tabela 1.5: Itália — resultado fiscal do governo geral (1995-2005 – em milhões de euros a preços constantes de 2000)   73

Tabela 2.1: Rússia — ajuste fiscal: tamanho e composição — setor público consolidado (médias por período, em % do PIB)   76

Tabela 2.2: Rússia — produção do setor de manufaturas (taxa de crescimento, variação, %)   85

Tabela 2.3: Rússia — estrutura de emprego por setor (%)   87

Tabela 2.4: Rússia — receitas arrecadadas pelo governo (% do PIB)   95

Tabela 2.5: Rússia — mudança nos volumes e distribuição de receitas entre as esferas de governo (1998-2004)   95

Tabela 2.6: Rússia — impacto do petróleo sobre o resultado fiscal do setor público, anos selecionados (médias por período, % do PIB)   97

Tabela 2.7: Rússia — plano orçamentário de médio prazo
(orçamento federal, % do PIB)   100

Tabela 2.8: Rússia — execução fiscal do governo (1997-2004 — % do PIB)   111

Tabela 2.9: Rússia — execução fiscal do governo
(1997-2004 — em bilhões de rublos constantes de 2004)   113

Tabela 2.10: Rússia — execução fiscal do governo
(1998-2004 — variações % reais anuais)   115

Tabela 3.1: México — ajuste fiscal: tamanho e composição — setor público
(médias por período, em % do PIB)   120

Tabela 3.2: México — ajustes ao conceito "tradicional" de déficit
(2001-06 — % do PIB)   129

Tabela 3.3: México — dívida líquida "aumentada" do setor público
(% do PIB)   130

Tabela 3.4: México — saldo do fundo de estabilização das receitas
do petróleo (Feip)   138

Tabela 3.5: México — resultado fiscal do setor público
(1980/81-2006 — % do PIB)   148

Tabela 3.6: México — resultado fiscal do setor público
(1980/81-2006 — bilhões de pesos constantes de 2006)   149

Tabela 4.1: Nova Zelândia — indicadores macroeconômicos
(2001-05)   159

Tabela 5.1: Índia — fontes de receita tributária do governo central
(% do PIB)   196

Tabela 5.2: Índia — receita e desembolsos dos governos estaduais
(% do PIB)   197

Tabela 5.3: Índia — gastos totais e formação de capital do governo central
(% do PIB)   197

Tabela 5.4: Índia — resultado das empresas estatais   210

Tabela 5.5: Índia — fontes de financiamento (%)   211

Tabela 5.6: Índia — indicadores macroeconômicos
(1983-2005 — % do PIB)   225

Tabela 5.7: Índia — indicadores macroeconômicos (1982-2005 —
preços de 2005, deflacionados pelo Índice de Preços ao Consumidor
indiano; milhares de rúpias indianas)   226

Tabela 5.8: Índia — indicadores macroeconômicos (1983-2005 —
variação real anual, %)   227

Tabela 6.1: Turquia — receita de privatizações x volume de contratos
negociados na Bolsa de Istambul (1989-2006 — US$)   245

Tabela 6.2: Turquia — venda de participação em bancos estatais comerciais (US$) 247

Tabela 6.3: Turquia — dados financeiros dos bancos estatais turcos (2005 — US$) 248

Tabela 6.4: Turquia — dados financeiros dos bancos estatais turcos (1994 — US$) 248

Tabela 6.5: Turquia — distribuição das receitas locais (2001 — %) 252

Tabela 6.6: Turquia — parâmetros tributários corporativos (%) 270

Tabela 6.7: Turquia — indicadores macroeconômicos (1980-2005 — em % do PIB) 272

Tabela 6.8: Turquia — indicadores macroeconômicos (1980-2003 — preços de 2005, deflacionados pelo Índice de Preços ao Consumidor turco) 273

Tabela 6.9: Turquia — indicadores macroeconômicos (1980-2005 — variação real anual, %) 274

Tabela 7.1: Irlanda — taxas reais de crescimento das receitas e despesas do governo geral (1998-2005 — %) 285

Tabela 7.2: Irlanda — receitas e despesas do governo geral (1998-2005 — milhões de euros de 2000) 285

Tabela 7.3: Irlanda — receitas e despesas do governo geral (1998-2005 — % do PIB) 288

Tabela 7.4: Irlanda — saldo do governo geral e metas (2005-08 — % do PIB) 296

Tabela 7.5: Irlanda — orçamento ajustado ao ciclo econômico – estimativas (2004-08 — % do PIB) 297

Tabela 7.6: Irlanda — aspectos financeiros e demográficos do sistema previdenciário irlandês em comparação com a média da OCDE (1980-2001) 304

Tabela 7.7: Irlanda — receitas e despesas do governo geral (1987-2005 — % do PIB) 306

Tabela 7.8: Irlanda — receitas e despesas do governo geral (1987-2005 — milhões de euros de 2000) 307

Tabela A.1: Principais taxas e contribuições no Brasil (% do PIB) 336

Introdução

Este livro analisa experiências recentes de ajustes fiscais de alguns países, para identificar alternativas de política econômica que possam ser úteis ao caso brasileiro. Os países são: Itália, Rússia, México, Nova Zelândia, Índia, Turquia e Irlanda.[1] A escolha desses países deveu-se ao fato de os mesmos terem passado, em alguma data não muito distante, por experiências de ajuste fiscal. A análise mostra não apenas os esforços desses países no sentido de promover o ajuste fiscal, suas escolhas e percalços de execução, mas também porque se fez necessário e suas conseqüências de curto e médio prazos para cada uma das respectivas economias. Dessa forma, o livro fornece uma contribuição sobre o debate a respeito da necessidade de ajuste fiscal como um dos elementos capazes de auxiliar na promoção do crescimento econômico sustentado.

Uma das dificuldades de comparação de estatísticas fiscais diz respeito ao que se considera ou define como governo em cada país. Além da esfera federal, estadual e local, em alguns casos consolida-se o banco central, em outros não; o mesmo costuma se dar no que diz respeito às estatais. Relativamente aos dados apresentados neste livro, a definição de "governo" adotada considera em cada país:

País	Nível de governo	Descrição
Itália	Governo geral	Governos federal, regionais, estaduais e municipais (não inclui as operações do Banco Central nem de empresas estatais).
Rússia	Governo geral	Governos federal, estaduais e municipais (não inclui as operações do Banco Central nem de empresas estatais)
México	Setor público consolidado	Governos federal, estaduais e municipais, Banco Central e empresas estatais (não inclui receitas próprias dos estados e municípios, que representam menos de 5% das receitas tributárias do país).

Continua

---

[1] Participaram do trabalho como assistentes de pesquisa: Felipe Balassiano, Guilherme Augusto Babo Torres e Débora de Oliveira dos Santos Ferreira, todos da FGV.

País	Nível de governo	Descrição
Nova Zelândia	Governo geral	Governos federal, estaduais e municipais (não inclui as operações do Banco Central nem de empresas estatais).
Índia	Setor público consolidado	Governos federal, estaduais e municipais, Banco Central e empresas estatais.
Turquia	Governo central e estatais	Governo federal, Banco Central e empresas estatais federais.
Irlanda	Governo geral	Governos federal, estaduais e municipais (não inclui as operações do Banco Central nem de empresas estatais).

Outras dificuldades na comparação de dados dizem respeito à dissensão que se observa quando se utilizam diferentes fontes (por exemplo, OCDE, FMI, bancos centrais ou tesouros dos próprios países etc.); diferentes deflatores no cálculo das séries reais; diferentes tratamentos dados aos juros (não-inclusão, inclusão de juros reais ou de juros nominais); subtração ou não de subsídios e transferências; incorporação ou não de renúncias fiscais etc.

Ao longo de todo o texto, a despeito de tais dificuldades, tenta-se manter uma certa padronização nos dados, no que diz respeito ao tratamento desses diferentes parâmetros. Entretanto, dependendo da periodicidade dos dados e do período em questão, vez por outra a necessidade de utilização de fontes alternativas pode gerar dissensão em algumas séries históricas. Isto posto, sem prejuízo da análise e das conclusões, o leitor não deverá estranhar se, em alguns gráficos, tabelas ou citações, alguns números apresentarem ligeira diferença em relação a outras citações ao longo do próprio texto.

Esta introdução resume alguns ensinamentos para o Brasil que podem ser obtidos da análise de alguns dos países selecionados em nossa amostra. Utilizamse os subtítulos "Lições" para chamar a atenção, no Brasil, para pontos que, por poderem agregar informação relevante para o país, deveriam ser objeto de estudos mais aprofundados.

Ao final da introdução apresentam-se também tabelas de dados macroeconômicos que permitem uma visão geral comparativa dos países como um todo. A descrição detalhada dos ajustes fiscais de cada país é apresentada ao longo do texto.

Lições da Itália

Consta no documento de governo *Economic and financial planning documents: 2007-2011*, redigido em 2006, aproximadamente o seguinte teor: um maior crescimento é fundamental para gerar os recursos necessários para reduzir o déficit público e melhorar o nível de bem-estar, em particular combatendo a pobreza e reduzindo as tensões sociais; é essencial reduzir o déficit público para indivíduos e empresas, de forma a reduzir a incerteza e estimular a produção e a produtividade, bem como para impedir que a geração atual taxe as gerações futuras com o aumento da dívida pública; e maior igualdade é essencial para lidar com novas formas de marginalização social.

Enganou-se quem pensou tratar-se de um documento relativo ao Brasil. Trata-se de idéias que constam de texto do Ministério da Economia e Finanças da Itália estabelecendo estratégias de governo para o período 2007-10.

As semelhanças com o Brasil não param por aí. De 1995 a 2005, o PIB *per capita* italiano tem crescido a uma média inferior a 1,4% ao ano, número ligeiramente inferior ao brasileiro. Entre os motivos usualmente apontados para esse baixo crescimento citam-se em geral insuficiência de competição em alguns setores, excessiva burocracia, falhas no sistema de regulação, baixos investimentos em pesquisa e desenvolvimento e relativa escassez de capital humano.

Afinal, o que deu errado na Itália, cujo crescimento e desempenho fiscal tem se mostrado bem abaixo da média dos países da União Européia? São várias as possíveis explicações para o baixo crescimento dos últimos 10 anos. Algumas delas, de origem bem mais remota, bem como outras, mais atuais, guardam alguma semelhança com o Brasil dos últimos 20 anos: gastos públicos excessivos e de elevada relação custo/benefício (tendo passado, na Itália, de menos de 30% do PIB em 1960 para mais de 45% — incluindo juros — em 1993); despesas elevadas com a previdência pública e privada; problemas de infra-estrutura resultantes de baixos investimentos do setor público; e regulação econômica e Justiça geradoras de incertezas.

Entre o início dos anos 1970 e meados dos anos 1990 a Itália apresentou elevados déficits nas contas do governo, levando a um aumento da dívida pública de 40% do PIB (no início dos anos 1970) a 124% (em 1994). Caso não fossem feitas alterações na legislação, estimava-se no início dos anos 1990 que apenas os gastos com a Previdência alcançariam 25% do PIB em 2030, um passivo previdenciário de longo prazo calculado como superior a 400% do PIB.

A partir de meados dos anos 1980, a estabilização da dívida passou a ser uma das principais preocupações em termos da condução da política econômica. As estabilizações fiscais tentadas ao longo dos anos 1980, entretanto, concentraram-se fundamentalmente nas elevações de impostos, que passaram de 35% do PIB em 1980 a 45% em 1993. A despeito disto, o déficit nominal elevou-se no período.

Em 1993 houve uma primeira reforma da Previdência (Plano Amato), com desindexação dos benefícios aos salários e a elevação do número de anos exigido para elegibilidade à concessão de benefícios. A reforma incluía também uma gradual mudança de cálculo de novos benefícios, atrelando-os paulatinamente aos valores da contribuição, uma transição prevista para durar até 2030.

Outras reformas da Previdência se seguiram, respectivamente, em 1995 (Plano Dini), 1997 (Plano Prodi) e 2004 (cujos efeitos benéficos se esperam para 2009). As consecutivas reformas da Previdência não implicaram maior crescimento econômico, ainda que tenham tido o mérito de tirar o país da trajetória explosiva dos gastos previdenciários, prevista em 1993. Nesse sentido, a seqüência de reformas da Itália foi menos tímida na solução do problema do que aquela observada no Brasil.

O ajuste fiscal inicial em 1993 logrou reduzir as despesas primárias de 44% para 42% do PIB, onde se mantiveram aproximadamente até o ano 2000. A partir daí, entretanto, as despesas, excetuando-se juros, voltaram a aumentar, situando-se atualmente em torno de 44,1% do PIB. A receita total de impostos tem se mantido no elevado patamar de 44% a 46% do PIB desde 1995.

O déficit nominal efetivamente passou de 7,4% do PIB em 1995 para 0,9% em 2000. Nesse período houve também redução da inflação, do pagamento de juros pelo governo e do risco externo. Mas o superávit primário reduziu-se e o déficit nominal voltou a recrudescer de lá para cá, tendo atingido 4,2% do PIB em 2005, cifra em franco desalinho e desacordo com a União Européia.

Na ausência da devida redução dos gastos de custeio, e com parte substancial dos ajustes visando à redução do déficit recaindo sobre os investimentos públicos, a taxa de investimentos, superior a 24,5% do PIB no início dos anos 1980, hoje não supera os 21%.

O longo período com investimentos em capital físico e capital humano baixo (relativamente à União Européia), decorrente dos altos impostos e da instabilidade das regras do jogo, prejudicou o crescimento de longo prazo do país. Há problemas graves de falta de infra-estrutura afetando vários setores e regiões.

Parte da incerteza que prejudicou os investimentos decorreu das seguidas ações emergenciais e incrementais na Previdência. Na questão federativa, em vez de fortalecerem-se as regras orçamentárias, privilegiaram-se os contingenciamentos de verbas para os governos locais, tornando o sistema orçamentário menos eficiente.

Apesar da melhoria das contas públicas de 1994 a 2000, continua havendo necessidade premente de cortar gastos, o que é dificultado pelo envelhecimento da população.

Observadas as diferenças contextuais, quais lições esses fatos poderiam, *grosso modo*, sugerir para o Brasil atual?

Primeiro, que reformas da Previdência, principalmente quando tímidas e (por isso) repetidas, podem ser necessárias para mudar uma trajetória explosiva das contas públicas de custeio, mas por si sós não garantem o crescimento. O mesmo se aplica à obtenção de superávits primários baseados fundamentalmente em aumentos da arrecadação, como se observou na Itália entre 1983 e 1993.

Segundo, que um sistema regulatório crível e estável, que conte com uma Justiça ágil, pode fazer uma crucial diferença para o crescimento. São atribuições do governo que não podem ser substituídas (como no caso dos investimentos) pela atuação do setor privado.

Terceiro, que reduções de déficits baseadas apenas em elevações de impostos e redução duradoura dos investimentos públicos podem constituir obstáculo ao crescimento ainda muitos anos depois de efetuadas.

Um quarto ponto diz respeito à opção política. A Itália dos anos 1970, a exemplo de outras economias européias, fez uma opção por um maior envolvimento do Estado no encaminhamento de problemas relacionados ao chamado "bem-estar social". Tal opção caracteriza-se por uma grande expansão de programas sociais e de transferências à população. Essa é uma opção política da sociedade que não cabe discutir tecnicamente. Mas, como mostra também o exemplo de várias outras economias européias que seguiram esse rumo, pode ter algum custo em termos de crescimento.

Um último ponto diz respeito às vinculações de receitas. Na Itália, as vinculações aplicáveis à área de saúde contam com um mecanismo interessante no caso das transferências do governo central para os governos locais: sempre que as metas de gestão estabelecidas pelo governo federal são atingidas, os recursos restantes, em havendo, podem ser alocados em outras rubricas orçamentárias. Além de reduzir o grau de rigidez orçamentária, a idéia tem o mérito de incentivar o administrador local a ser mais eficiente e econômico nos gastos, evitando desperdícios. Talvez uma boa sugestão para o Brasil.

Lições da Irlanda

A trajetória da Irlanda desde o início dos anos 1980 é digna de nota. Nessa época, uma trajetória econômica marcadamente inferior à das demais economias européias colocava o país como um provedor de emigrantes para o resto do mundo. Passados 26 anos, ocorre exatamente o contrário. O país cresce muito mais do que os seus parceiros, e passou a ser um concorrido contratador de mão-de-obra estrangeira, brasileira inclusive.

O cerne do problema nos anos 1980 era comum à Itália e a outras economias européias: a opção anterior por um Estado de bem-estar social com elevados custos para os contribuintes, onde os incentivos para investimentos e tomada de risco eram escassos. O descontrole fiscal levou a uma inflação em torno de 15%, bastante elevada para os padrões europeus. Houve pequena tentativa de ajuste em 1983, mas não logrou êxito por concentrar-se fundamentalmente na elevação de receitas, em vez da queda de gastos correntes. A dívida pública chegou a 104% do PIB em 1984, níveis italianos.

O ajuste para valer iniciou-se em 1987, sob o Programa de Recuperação Nacional. Havia dois pontos a serem corrigidos: o déficit nominal, em torno de 5% do PIB; e a elevada taxação, em torno de 45% do PIB. O controle do déficit traduzia a preocupação com o equilíbrio macroeconômico de longo prazo. Por outro lado, a redução da carga total de impostos mostrava também preocupação com o contribuinte, uma necessária deferência ao investidor, já que o país desejava crescer mais por meio de investimentos privados.

As despesas totais como percentagem do PIB declinaram significativa e quase monotonicamente desde 1988, tendo passado de 48% a algo, atualmente, em torno de 35% do PIB. No mesmo período, as receitas totais passaram de aproximadamente 44% a 36-37% do PIB.

Um ponto importante a destacar, quando se considera a hipótese de um ajuste fiscal, como atualmente ocorre no Brasil, é se, além de redução das despesas públicas em relação ao PIB, teria havido também queda real das despesas durante o período de ajuste. Os dados mostram que as despesas correntes, excetuando-se juros, caíram como fração do PIB devido ao aumento do denominador e não devido a uma redução em valores reais.

Como de costume em economia dando início a um processo de controle das despesas públicas, a rubrica mais afetada, no curto prazo, é a despesa de investimentos. Isso se observou na Irlanda, em termos reais, entre 1987 e 1989, anos iniciais do ajuste. O processo, entretanto, deve durar pouco, sob pena de ameaçar a infra-estrutura produtiva. E foi exatamente o que se observou na Irlanda: as despesas de capital de origem no setor público retrocederam apenas nesse período inicial, tendo se elevado a partir de então (embora de forma não-monotônica, devido à instabilidade provocada pela crise de 1998).

Para o Brasil, o caso da Irlanda encerra pelo menos três importantes lições.

Primeiro, um ajuste fiscal pode ser fortemente expansionista alguns anos depois de efetuado. Na Irlanda, as taxas de crescimento elevaram-se fortemente a partir de 1993, cinco anos após o ajuste, tendo se situado acima de 8% ao ano entre 1994 e 2000 (contra os 3% médios dos anos 1987-93).

Segundo, ajustes fiscais bem-sucedidos podem ser feitos sem corte real inicial de despesas correntes, ainda que posteriormente venha a se observar, de forma contínua, queda das mesmas em relação ao PIB. Manter a despesa real constante em moeda pode ser um bom ponto de partida (ainda que uma queda inicial possa propiciar uma velocidade muito maior de ajuste), contanto que não haja a impressão que os gastos serão novamente majorados logo à frente (como ocorre no caso de contingenciamentos de investimentos indispensáveis).

Terceiro, além do déficit nominal, é importante fixarem-se metas plurianuais de despesas, e não apenas metas de despesas tomadas em relação ao PIB.

Fomentando-se devidamente o ambiente de negócios, o que pressupõe bem gerenciadas e providas as tarefas clássicas do setor público (segurança, saúde, saneamento, justiça, regulação e eqüidade de oportunidades), o PIB tende a crescer naturalmente pela inovação tecnológica e pela iniciativa privada, fazendo a sua devida parte na redução da fração despesas correntes/PIB.

Lições da Rússia

Tomando-se os seis anos que vão do início de 2001 ao final de 2006, portanto após as respostas de diferentes economias à crise cambial de 1998/99, a economia russa cresceu em média 6,2% ao ano, 43,5% em termos acumulados. No Brasil, o crescimento médio no mesmo período foi de 2,9%, e o acumulado de 18,7%. Conclui-se que se o Brasil tivesse crescido à taxa russa o seu PIB teria sido em 2006 em torno de 21% superior ao que se observou.

Em reais de poder aquisitivo de 2006, trata-se de algo da ordem de 485,3 bilhões (com capitalização anual futura garantida pelas taxas de crescimento do porvir). Não de transferências entre uns e outros, mas de geração anual de riquezas para todos. Como comparação de grandezas monetárias anualizadas a CPMF, sobre cuja prorrogação ou não muito se discute de tempos em tempos, arrecadou para o governo federal em 2006 R$32 bilhões, dos quais algo da ordem de R$9 bilhões destinou-se ao programa Bolsa Família.

Tanto Brasil quanto Rússia têm se beneficiado, desde o período logo após a crise de 1998/99, de melhora dos termos de troca com o exterior. A diferença fica por conta da concentração da pauta de exportações que, no caso da Rússia, e a exemplo do México, é bastante centrada no petróleo.

Mas houve e tem havido, ao longo desse tempo, pelo menos quatro importantes diferenças na condução de política econômica na Rússia e no Brasil. Qual o percentual que tais diferenças explicam da diferença de crescimento entre esses países, trata-se de ponto aberto à averiguação científica. Nosso objetivo aqui, entretanto, é apenas expô-las.

Um primeiro ponto crucial do processo diz respeito à evolução do total de gastos do setor público. Enquanto na Rússia este total passou de 42,5% do PIB em 1998 para 35,4% do PIB em 2006, no Brasil o que se viu foi o contrário: os gastos totais e a arrecadação tributária aumentaram.

No caso russo, parte da queda dos gastos públicos explica-se pela redução das despesas de defesa e dos subsídios à agricultura e à indústria. No Brasil tais gastos têm aumentado, em particular devido a novos gastos sociais. Vejamos alguns números aproximados relativos ao caso nacional. Em 2002 a carga tributária total, incluindo as três esferas administrativas do setor público, foi de 31,9% do PIB; em 2006, de 34,2%. Por outro lado, a necessidade de financiamento primária passou, nestes dois anos, de 3,55% para 3,88% do PIB.

Segue daí (as definições de governo e as metodologias de cálculo diferem com relação a essas duas estatísticas) que o total da despesa excetuando-se os juros incidentes sobre a dívida pública elevou-se, entre 2002 e 2006, em algo da ordem de 2,6% do PIB. A razão entre a dívida pública líquida e o PIB, que no Brasil praticamente manteve-se inalterada entre meados do ano 2000 e abril de 2007 (em torno de 44% do PIB), na Rússia passou de em torno de 90% em 1999 para algo ao redor de 13% do PIB nos anos mais recentes.

Um segundo ponto de assimetria, quando se observa a condução de política econômica na Rússia e no Brasil, entre 2001 e 2006, diz respeito à flexibilidade e ao nível de taxação existente no mercado formal de trabalho. Tal ponto é particularmente importante quando os países, a exemplo do que passaram Rússia, México e Brasil nesse período, sujeitam-se a variações dos termos de troca (preço das exportações, comparativamente ao preço das importações). Elevações nos termos de troca, por exemplo, tendem a modificar preços relativos a favor do setor de serviços e contra o setor produtor de bens transacionáveis.

No jargão econômico, isso se traduz por uma valorização do câmbio, fato que em alguns modelos equivale a uma elevação dos preços relativos dos produtos não-transacionáveis com o exterior (como em geral ocorre com serviços) relativamente aos produtos transacionáveis (exportáveis e importáveis). Quando não existe flexibilidade suficiente de salários, os rendimentos dos setores industriais tradicionalmente exportadores podem ficar acima do ponto de equilíbrio, podendo gerar falências e desemprego.

Esse tipo de pressão sobre os setores industriais intensivos em mão-de-obra é sentida fortemente no Brasil, por exemplo, na concorrência que o setor de calçados sofre das importações da China. Uma flexibilização da legislação trabalhista, a exemplo do que fez a Rússia e do que existe na Índia, pode fazer grande diferença, com mais migração entre setores, menos desemprego e mais crescimento. No Brasil, entretanto, tal como no México, esse tipo de modificações das regras trabalhistas geradoras de flexibilidade suficiente no mercado formal de trabalho tem feito parte de reformas tidas como necessárias, mas sempre adiadas. O resultado é o apelo cada vez maior à informalidade, tanto do trabalho quanto da atividade empresarial.

A Rússia trilhou outro caminho. A flexibilidade do mercado de trabalho é grande, o que ajuda na realocação de mão-de-obra. Um fato fundamental: os contratos de trabalho têm boa parte do salário determinada de forma variável, em função dos lucros da empresa. Tal flexibilização é macroeconomicamente eficiente porque permite que os empregados de setores com menores lucros migrem para os setores mais lucrativos, reduzindo-se o desemprego que se observaria por demandas salariais não-atendidas na ausência de facilidades na delimitação do salário nominal.

A rotatividade da mão-de-obra na Rússia é elevada, com aproximadamente 60% de *turnover* anual (dados de 2004), o que se contrapõe a números bem mais modestos nos países da OCDE como um todo — e também mais modestos do que aqueles observados no mercado formal de mão-de-obra qualificada no Brasil. Na Rússia, há preponderância dos desligamentos voluntários sobre a demissão.

Tivesse o Brasil tal tipo de flexibilidade de salários reais, alguns setores industriais nacionais não estariam tão prejudicados pela valorização do real frente ao dólar observada nos últimos anos. Trata-se de política mais saudável do que a redução idiossincrática de impostos setor a setor.

Um terceiro ponto de frontal assimetria entre a política econômica perseguida pela Rússia e pelo Brasil, nos últimos sete anos, diz respeito à evolução das taxas de juros. A taxa de inflação na Rússia passou de algo em torno de 20%, no ano 2000, para algo ligeiramente abaixo de 10%, em 2006. Os juros reais no período, entretanto, em vez de se manterem (em boa parte do período 2005/06) superiores a 10% ao ano, como no Brasil, foram muitas vezes negativos ou, quando positivos, bem próximos de zero.

Isso não foi motivo para que não entrassem recursos externos na conta de capital devido a dois motivos: primeiro, porque desde o ano 2000 a moeda russa (a exemplo do que ocorreu também com o real) tem se apreciado em relação ao dólar (o que não tem impedido uma forte melhora do saldo em conta corrente nos últimos anos); segundo porque, também a exemplo do que ocorreu com o Brasil, a melhora das relações de troca com o exterior, devido ao encarecimento internacional do petróleo, deslocou positivamente a função de entrada de capitais. Mais capital passou a entrar para o mesmo diferencial entre os juros reais na Rússia e nos EUA, corrigido pela depreciação da moeda russa (que, como argumentamos, foi negativa).

A Rússia percebeu em sua política, mas o Brasil não inteiramente, que o canal cambial tendia a preponderar sobre o canal do crédito direto na contenção da inflação. Lá, tal como cá, há segmentação de crédito do tipo mercado/extramercado, fato que reduz a potência do canal creditício na redução de demanda agregada. Isto posto, deixar o juro nos patamares brasileiros apenas faria com que contribuintes de impostos na Rússia tivessem que trabalhar mais para sustentar rentistas que contabilizam lucros em dólar (que podem ser residentes ou não, não interessando no argumento).

O Brasil, infelizmente, parte por excesso de aversão ao risco inflacionário, mas também por não ter realizado as reformas estruturais que a Rússia realizou (reduzindo gastos fiscais, flexibilizando o mercado de trabalho e tornando o sistema tributário mais simples e menos distorcido da alocação de recursos), praticou taxas de juros demasiadamente elevadas por um largo período. É dúbio que se tenha percebido com clareza, por esses lados, a poderosa força de deslocamento da função de entrada de capitais ditada pela melhoria das relações de troca, pelos saldos positivos em conta corrente e pela sensível melhoria dos prêmios de risco externos e das avaliações de *rating* soberanos. Tal fato teria possibilitado juros mais baixos, o canal cambial neutralizando por um bom tempo os potenciais aumentos de preços.

O fato de os juros reais terem sido próximos de zero ou negativos não impediu a queda da inflação russa, o que mostra a força do canal cambial, nesse país, na contenção da inflação.

Um quarto ponto de dissensão entre o que se observou na Rússia e no Brasil, nos últimos sete anos, diz respeito à reforma tributária (ainda não completa) que teve início em 2001. A Rússia, ao contrário do Brasil, percebeu que "telhado se conserta em dia de sol", aproveitando a bonança dos preços do petróleo elevados para modificar substancialmente seu sistema tributário. Os recursos adicionais gerados pelos elevados montantes de exportação de petróleo (da ordem de 20% do total das receitas públicas, entre 2002 e 2004) foram usados como elemento segurador (como *hedge*) de uma reforma que teve como ponto inicial a redução das alíquotas de vários impostos. No final observou-se que as receitas totais não se reduziram, como previram os mais pessimistas, a despeito da leve queda, em 2002, das receitas não oriundas do petróleo.

De qualquer forma, cabe observar que, também em função da redução de despesas à qual nos referimos anteriormente, o déficit primário russo reduziu-se de 3 pontos percentuais do PIB em 1998 para algo em torno de –4% (ou seja, de um superávit de 4% do PIB) em 2006.

Lições do México

Nos seis anos que vão do início de 2001 ao final de 2006, o México cresceu em média 2,3% ao ano, 14,7% em termos acumulados. No Brasil, como vimos, o crescimento médio no mesmo período foi de 2,9%, com um acumulado de 18,7%.

Por que o México, tal como o Brasil, não consegue igualar o seu crescimento ao crescimento de outras economias emergentes, como Rússia e Índia, dessa forma aproveitando-se mais desse período de farta liquidez mundial e alta relativa do preço de *commodities* (o que tem beneficiado a ambos)?

Pontos a favor do México

Numa comparação direta e superficial com o Brasil, a favor do México contam alguns fatos. Primeiro, o país tem menor rigidez orçamentária. A relação entre despesas que efetivamente se decidem anualmente no contexto orçamentário e aquelas ditadas por outros diplomas legais (vinculações, despesas obrigatórias de cunho continuado etc.) votados no passado, embora elevada para padrões da OCDE, tem sido superior à brasileira.

Segundo, o México tem maior abertura ao comércio. Enquanto no Brasil o total das importações mais exportações não chega a 29% do PIB, no México tal número gira em torno de 49%.

Terceiro, em parte como conseqüência desses fatos, o México já possui há anos o tão desejado (pelo Brasil) *investment grade* da parte das principais agências de *rating* internacionais.

Pontos a favor do Brasil

A favor do Brasil também contam alguns fatos. Sua pauta de exportações apresenta um grau de concentração muito inferior à do México, tanto em termos de

26 AJUSTES FISCAIS

produtos quanto de parceiros. A conta corrente do balanço de pagamentos brasileiro tem apresentado sucessivos superávits desde 2003, enquanto no México, nos últimos anos, registram-se déficits crônicos.

Pontos controversos

À primeira vista, o México teria relativa vantagem em ter uma relação dívida líquida do setor público sobre PIB da ordem de 38%, enquanto no Brasil ela se situa em 44%. Quando se observa a relação entre dívida líquida do governo e suas receitas brutas, entretanto, a situação se reverte. No Brasil, as receitas chegam a 37% do PIB; no México, a menos de 25% do PIB. Como 38/25 = 1,52 > 1,19 = 44/37, o Brasil não está em desvantagem no que diz respeito ao segundo indicador.

Outro ponto controverso diz respeito à comparação entre os totais da arrecadação pública como percentual do PIB e seu efeito em termos de crescimento. A princípio, uma visão mais liberal (no sentido europeu da palavra) estipularia que a carga tributária mais baixa no México geraria mais oxigênio para o setor privado, fomentando inovações e crescimento.

Não é claro, entretanto, que o crescimento seja uma função sempre decrescente da carga tributária, quando se passa do nível mexicano, de menos de 25% do PIB, ao nível brasileiro, de 35% do PIB. É possível que, para países sujeitos a graves problemas sociais, com é o caso do Brasil e do México, o ponto de ótimo se situe entre esses dois extremos, quando então ambos estariam distantes do ponto ótimo. Claro deve ficar, entretanto, que tal ponto dependerá da eficiência e da eficácia das políticas públicas, o que pelo menos no Brasil tem deixado muito a desejar.

Semelhanças que explicam o baixo crescimento

Brasil e México têm vários pontos em comum, no que diz respeito à evolução macroeconômica. Ambos apresentam moratória em seu histórico, têm se beneficiado de uma melhora das relações de troca com o exterior (preço das exportações, relativamente ao preço das importações), renda muito mal distribuída, resultado primário do setor público positivo, resultado nominal negativo, taxas anuais de inflação variando ultimamente entre 3% e 5% e taxas de investimento no intervalo 16% e 21% do PIB.

Um dos problemas que o México compartilha com o nosso diz respeito à carência de infra-estrutura básica, em grande parte determinada pela redução de investimentos públicos (no México, desde os anos 1980) ditada pelos planos de controle fiscal. Lá, tal como aqui, tem sido mais fácil cortar despesas de investimento, cujos credores são gerações futuras, ainda sem voz, do que as despesas de custeio, cujos credores já têm voz (e voto). No México, os custos domésticos (relativos à qualidade dos serviços) da energia elétrica, da água, das telecomunicações, do óleo e transporte são bastante elevados, reduzindo a competitividade da indústria local.

Outro problema compartilhado com o Brasil diz respeito ás questões sociais. Há elevada disparidade de renda e bolsões de pobreza. Tal fato implica o deslocamento de verbas públicas da formação de capital para programas sociais: geram-se mais transferências e menos bens de capital, o que evidentemente reduz o crescimento (ainda que não necessariamente o bem-estar social).

O fator político e a fraqueza institucional são outro ponto que aproxima Brasil e México. Nos dois países, há captura do Legislativo pelo Executivo (no Brasil isso é fomentado pelo mecanismo de contingenciamentos orçamentários), um Judiciário lento e pouco eficaz, bem como agências reguladoras enfraquecidas. Grupos politicamente bem organizados extraem mais renda da sociedade como um todo no *status quo* atual, tendendo a dificultar a realização de reformas.

Some-se a essa conseqüência da má distribuição de renda a disputa de favores governamentais, gerando conflitos políticos, ineficiência na provisão de mercados etc. São várias as teorias, hoje, que associam pobreza a baixo crescimento (ainda que o caso da Índia, segundo alguns, venha a servir de contra-exemplo parcial para tais teses — sobre esse ponto voltaremos ainda a falar nesta introdução).

Por último, uma importante semelhança entre os dois países, contrapondo-os à Rússia, diz respeito à pouca flexibilidade no mercado de trabalho. Como vimos antes, em um processo de melhora dos termos de troca, isso impede a realocação eficiente de fatores do setor de transacionáveis para o setor produtor de bens não-transacionáveis com o exterior (como tem ocorrido de forma mais eficiente na Rússia). A forma como se financiam os programas de combate à pobreza costuma implicar, tal como aqui ocorre, a não-formalização do trabalho, a redução do tamanho ótimo de empresas e uma conseqüente queda das atividades de pesquisa e inovação.

Lições da Índia

Entre o início de 2001 e o final de 2006, enquanto, como vimos acima, o México cresceu em média 2,3% ao ano e o Brasil 2,9%, a Índia cresceu 6,9%. Trata-se de um país com problemas sociais e pobreza tal qual o Brasil e o México, mas que, no entanto, tem crescido bem mais. Por esse motivo, alguns apresentam a Índia um contra-exemplo à tese de que países com problemas sociais tendem a crescer menos porque o setor público tende a gastar "demais" com transferências e "de menos" com formação de capital.

Analisemos duas estatísticas para os três países. Primeiro a desigualdade de renda. México e Brasil têm altos índices de desigualdade, mas a Índia não. O coeficiente de Gini do Brasil em 2005 foi de 0,59 e o do México de 0,55; na Índia, de apenas 0,33. No que diz respeito à pobreza, a situação se inverte. O Brasil apresenta um índice de pobreza humana de 22, o México de 18 e a Índia de 58.

Portanto, é correto afirmar que usando o contra-exemplo da Índia, que países com pobreza elevada não estão condenados a crescer pouco. Mas isso evidentemente não significa que o crescimento da Índia não seria ainda maior caso os gastos dedicados à solução desse problema fossem alocados na formação de capital. Em outras palavras, a tese de que a pobreza, desviando recursos da formação de capital para transferências compensadoras, reduz o crescimento, não pode ser julgada como incorreta (nem como correta) a partir unicamente da análise desses dados relativos à Índia.

No que diz respeito à questão fiscal, enquanto o México e o Brasil têm apresentado resultados positivos das contas primárias do governo (sem inclusão de juros), a Índia tem apresentado déficits desde 1982, ainda que tenha havido melhora das contas públicas em 1992 (com corte de investimentos públicos) e em 2002. Sua receita tributária total, também inferior a 25% do PIB, aproxima esse país muito mais do caso mexicano do que do brasileiro.

A partir do início dos anos 1980, a dívida do governo da Índia passou de 50% para algo em torno de 80% do PIB em 2005 (a despeito de todo o crescimento do PIB dos últimos anos). Lá, tal como aqui, contrapõe-se freqüentemente, na mídia, o elevado pagamento de juros da dívida (da ordem de 6% do PIB — com uma taxa de inflação em torno de 4% ao ano) com a falta de recursos suficientes para combater a pobreza. A Índia tem também graves conflitos étnicos e religiosos, o que não se observa no Brasil e no México.

Como explicar então o crescimento mais elevado da Índia, relativamente ao Brasil e ao México?

Em primeiro lugar, há uma qualidade institucional muito maior na Índia. Os conflitos étnicos e religiosos, por exemplo, têm sido resolvidos sem impactos significativos sobre a estabilidade política. A Índia tem uma democracia que funciona tradicionalmente bem, com eleições regulares e uma independência entre os poderes que supera seja a brasileira, seja a mexicana. Tais fatos têm facilitado a aprovação de importantes legislações pró-reformas, das quais são exemplos a Lei de Eletricidade e a Lei de Responsabilidade Fiscal.

Segundo, e em função particular dessa estabilidade política, cabe destacar outro ponto: os níveis de formação de capital na Índia, da ordem de 30% do PIB, têm superado em quase 10 pontos percentuais do PIB aqueles relativos ao Brasil e ao México.

Terceiro, e em particular na comparação com o Brasil, há uma correlação entre conduta e benefício muito mais clara e respeitada. Não se percebe tamanha dissociação, no âmbito de cada agente econômico, entre o conjunto de direitos e o conjunto de deveres. O sistema de incentivos funciona bem e as externalidades negativas tendem a ser reduzidas.

O quarto ponto que diferencia a Índia do Brasil e do México é não ter um histórico de moratórias, seja interna ou externa.

Quinto, o país colhe hoje em dia os resultados da abertura ao exterior e de outras reformas modernizantes implementadas na década de 1990. A formação de capital humano tem sido também privilegiada.

Todos são pontos importantes para explicar (ainda que de forma não-exaustiva) por que a Índia, mesmo tendo alta dependência do petróleo importado (que, mais recentemente, tem gerado déficits no balanço de pagamentos em conta corrente), tem crescido a taxas mais elevadas que o Brasil e o México.

Lições da Nova Zelândia

A queda do custo de informação ditada pelas inovações tecnológicas na área de informática tem levado diferentes economias cada vez mais próximo de um sistema de perfeita mobilidade de capitais. Sob esse sistema, há duas lições fundamentais a serem aprendidas, em particular por uma economia pequena no cenário internacional: se o câmbio for fixo, o país perde o controle monetário; por outro lado, se o câmbio for flutuante, perde-se a liberdade fiscal. A contrapartida de leniência com gastos públicos passa a ser a ameaça a vários setores produtivos da economia geradores de inovações. É fundamental para o Brasil entender e digerir bem esse segundo ponto, sob pena de condenar o país a repetir, no século XXI, a perda relativa de crescimento que teve no século XX. Um primeiro passo nesse sentido reside na reforma da instituição orçamentária brasileira, que não tem funcionado a contento.

A Nova Zelândia é um dos países que tem mais focado na eficácia e eficiência dos gastos públicos e do sistema orçamentário. A administração do setor pú-

30 AJUSTES FISCAIS

blico da Nova Zelândia vem, desde o final dos anos 1980, focando a promoção do seu melhor desempenho. Essa abordagem da administração dá ênfase a objetivos e responsabilidades claros, maior liberdade de gerência e correspondente maior expectativa de compromissos com resultados. O processo tem durado anos e foi formado por uma série de novas leis. A mais marcante foi a Lei de Responsabilidade Fiscal, de 1994, que se seguiu a uma série de reformas iniciadas em 1984 e depois foi incorporada pela Lei de Finanças Públicas de 2004. Esse conjunto de leis estabeleceu os seguintes princípios básicos:

➤ redução da dívida a níveis prudentes; o governo atual concluiu que 20% do PIB para a dívida bruta — nível atual — é um nível prudente para a próxima década (a dívida líquida atual é ligeiramente negativa);
➤ manutenção, na média, de equilíbrio fiscal, após o alcance dos níveis prudentes de endividamento; isto é, ao longo do tempo, o governo deve viver de acordo com suas disponibilidades, com alguma margem de flexibilidade ao longo do ciclo econômico. No orçamento de 2006, as "intenções fiscais de curto prazo" previam superávit de 2% do PIB nos próximos três anos (*grosso modo*, esse conceito de superávit corresponde ao nominal), dívida total bruta em 21,4% do PIB no ano fiscal 2009/10, despesas totais de 41,3% do PIB em 2009/10 e receitas totais de 44,1% do PIB em 2009/10;
➤ administração prudente dos riscos fiscais;
➤ grau razoável de previsibilidade do nível e da estabilidade das alíquotas futuras de impostos;
➤ controle das finanças públicas pelo Parlamento;
➤ uso do conceito de competência em vez do de caixa;
➤ produção de relatórios financeiros com auditorias independentes e de acordo com as práticas contábeis geralmente aceitas (Gaap da Nova Zelândia).

A Nova Zelândia também implementou uma reforma tributária nos anos 1980, tornando seu sistema tributário um dos mais neutros e eficientes da OCDE.

A dívida pública líquida caiu, aproximadamente, de 45% do PIB em 1994 para zero em 2005; a despesa primária reduziu-se, aproximadamente, de 50% do PIB no início da década de 1990 para 40% nos anos recentes; no mesmo período, a despesa primária real (deflacionada pelo IPC) cresceu à taxa de 2% ao ano, aproximadamente; houve dois anos com redução das despesas reais (1991 e 1997).

Os retornos macroeconômicos foram significativos. Crescimento maior e mais sustentável, expectativas inflacionárias muito menores e queda forte da taxa de desemprego na última década. O crescimento do PIB (PIB *per capita*) foi de 2,0% (1,1%) ao ano nos anos 1980, de 2,6% (1,4%) ao ano nos anos 1990 e de 3,4% (2,4%) ao ano de 2000 a 2005, isto é, a Nova Zelândia tem conseguido elevar consistentemente sua taxa de crescimento, tendo dobrado a taxa de crescimento do PIB *per capita* entre a década de 1980 e 2000-05. Nos mesmos períodos, as médias da taxa de investimento foram: 23,2%, 19,4% e 20,9% (2000-04), ou seja, o aumento na taxa de crescimento do PIB não foi acompanhado de aumento na taxa de investimento, embora a tendência de queda dos anos 1980 tenha se revertido a partir de 1992. Nos mesmos períodos, a taxa de desemprego média foi de 4,6%, 7,9% e 4,8% e a taxa de inflação ao consumidor média foi de 11,2%, 2,1% e 2,5%.

Lições da Turquia

A economia turca foi marcada pela instabilidade nos últimos anos. Períodos de graves recessões — com o PIB chegando a recuar mais de 7% em um só ano — foram intercalados por momentos de considerável crescimento. Há quatro anos a Turquia apresenta taxas anuais de crescimento econômico superiores a 6%, um resultado relacionado com o esforço de ajuste fiscal engendrado nos últimos anos.

A crise econômica de 2001 pode ser apontada como o principal fator a impulsionar as reformas em curso. O acordo firmado com o Fundo Monetário Internacional (FMI) àquela época previa o cumprimento de um vigoroso superávit primário, que marca o desempenho econômico turco recente. O país tem mantido um superávit de aproximadamente 5% do PIB associado, principalmente, ao aumento das receitas governamentais. A sua manutenção e as altas taxas de crescimento econômico assistidas nos últimos anos têm favorecido a redução da relação dívida líquida do governo/PIB, que chegou a ultrapassar a casa dos 90% no ano da crise.

Favorecida também pela queda da inflação, a Turquia tem conseguido baixar suas taxas de juros, o que contribui também para a redução dos encargos relacionados ao serviço da dívida. O país tenta, contudo, adotar medidas que permitam um maior controle dos gastos, de forma a tornar o ajuste mais consistente.

Nesse sentido, a Turquia tenta rever as funções de cada esfera de governo dentro de seu arcabouço federalista, tornando-se um país menos centralizado, pelo menos no âmbito dos gastos. A arrecadação majoritária tende a permanecer sob a tutela do governo central, porém, prevê-se uma maior transferência de recursos para serem geridos pelos governos subnacionais. Espera-se que tal medida proporcione gastos que se adaptem melhor aos anseios da população, sem se descuidar, contudo, do rigor fiscal. O sistema de prestação de contas do governo também foi aperfeiçoado de forma a permitir um maior controle dos gastos de cada gestor.

As reformas orçamentárias, todavia, continuam esbarrando em problemas como o elevado percentual de receitas vinculadas constitucionalmente ou por meio de legislação auxiliar (aproximadamente 85%). O caráter autorizativo do orçamento, a exemplo do que também ocorre no Brasil, mas não necessariamente com base nos mesmos procedimentos, acaba por permitir que os gastos consolidados não coincidam com os gastos planejados.

O aprimoramento qualitativo dos gastos públicos pode proporcionar melhoras nas condições de infra-estrutura do país, atraindo investidores externos, sobretudo da União Européia. Nesse contexto, a Turquia aprovou uma lei que tenta estimular os investimentos estrangeiros diretos, ratificando os compromissos com o respeito à propriedade privada. Talvez seja esse um importante ponto para a análise no caso brasileiro. A lei criou ainda mecanismos que aliviam a burocracia associada à instalação de empresas estrangeiras no país e centralizam os procedimentos para a abertura de novos negócios num único órgão.

Ademais, a Turquia flexibilizou a transferência internacional de lucros, dividendos, reembolsos e outros recursos; o que também lhe confere vantagens na atração de investimentos.

Os efeitos de tais mudanças de legislação ainda não podem ser avaliados de forma precisa, por se tratarem de medidas relativamente recentes. Na Turquia, os tributos indiretos sobre o consumo foram simplificados com a adoção de um sistema que substituiu as diversas alíquotas até então aplicadas a diferentes produtos por uma única alíquota. Tal alteração aproximou o padrão tributário do país do padrão dos países da União Européia e, ainda que como proporção do PIB a arrecadação de tributos indiretos não tenha aumentado consideravelmente, em termos reais, os aumentos foram nítidos.

Dados macroeconômicos comparados

A análise dos processos de ajuste fiscal realizada neste livro exige uma visão ampla do comportamento macroeconômico dos países estudados. Tal tarefa é necessária, pois permite cotejar os efeitos dos ajustes fiscais na macroeconomia, mostrando que eles, embora possam ser contracionistas no primeiro momento, produzem efeitos por demais positivos sob o ponto de vista da capacidade de gasto do governo e controle da inflação, com efeitos positivos de médio e longo prazos sobre o produto e o emprego.

Em termos da evolução da receita (tabela 1), o governo brasileiro foi um dos que mais aumentaram suas receitas no período 1990-2006, atingindo níveis próximos aos da Itália, em torno de 40% do PIB. O México, por outro lado, manteve-se como um dos países com menor nível de receitas (25,5% do PIB em 2006).

TABELA 1

Receitas totais do governo (% do PIB)

País	1990-95	1996-2000	2001	2002	2003	2004	2005	2006
Itália	44,1	46,2	44,9	44,4	44,8	38,5	44,0	44,9
Rússia[1]	35,9	34,7	37,3	37,6	36,3	36,8	40,0	41,7
México	24,6	21,8	21,9	22,1	23,2	23,0	23,3	25,5
Nova Zelândia	46,3	42,0	40,6	41,6	42,9	41,4	42,5	43,4
Índia	18,7	17,6	18,1	17,6	18,4	18,5	19,9	nd
Turquia	16,6	21,9	27,5	27,5	27,9	27,2	27,9	nd
Irlanda	41,3	37,4	34,2	33,2	33,9	35,5	35,2	35,6
Brasil[2]	29,8	30,7	33,8	34,6	34,4	35,3	36,0	37,1

Fontes: Itália. OCDE. Disponível em: ‹http://www.oecd.org/dataoecd/5/51/2483816.xls›. Acesso em: 9 fev. de 2007.

Rússia. 1992-97. FMI (1999, tabela 19:67). 1998-2001. FMI (2005d, tabela 14:18). 2002-06. FMI (2006f).

México. Banco de México. Disponível em: ‹http://www.banxico.org.mx/SieInternet/› e OCDE (dados de PIB). Disponível em: ‹http://stats.oecd.org/wbos/default.aspx›.

Nova Zelândia. OCDE. Disponível em: ‹http://www.oecd.org/dataoecd/5/51/2483816.xls›. Acesso em: 9 fev. 2007.

Índia. Economic Survey 2005/2006. Disponível em: ‹http://indiabudget.nic.in›.

Turquia. Prime Ministry Republic of Turkey — Statistical Indicators 1923-2005. Disponível em: ‹www.turkstat.gov.tr/kit_ing_1.pdf›.

Irlanda. OCDE. Disponível em: ‹http://www.oecd.org/dataoecd/5/51/2483816.xls›. Acesso em: 9 fev. 2007.

Brasil. Secretaria do Tesouro Nacional (STN) (1998-2004). Disponível em: ‹www.tesouro.fazenda.gov.br/hp/downloads/ResGovGeral.xls›. e IBGE (dados de PIB) ‹www.ibge.gov.br›.

[1] O ano inicial da série de dados da Rússia é 1992.

[2] O ano inicial da série de dados do Brasil é 1991. Para o período 1990-94, os dados de PIB do Brasil são do Sistema de Contas Nacionais Referência 1985 (SCN 1985 — metodologia antiga). A partir de 1995, os dados de PIB são do SCN 2000 (metodologia nova).

No que diz respeito às despesas de capital (tabela 2), a redução dos investimentos públicos tem sido utilizada como um mecanismo de contenção de gastos.

34 AJUSTES FISCAIS

Isso, contudo, não deve ser prorrogado por um longo período. Caso contrário, a precariedade dos serviços públicos (principalmente de infra-estrutura) pode prejudicar o crescimento da economia. Na Irlanda, país que vem crescendo significativamente, os investimentos do governo voltaram a aumentar já a partir de meados da década de 1990.

TABELA 2

Despesas de capital (investimentos) do governo (% do PIB)

País	1990-95	1996-2000	2001	2002	2003	2004	2005	2006
Itália	2,1[1]	2,3	2,4	1,7	2,5	2,4	2,4	nd
Rússia[1]	nd	3,3[2]	4,5	4,9	2,8	2,8	3,2	3,3
México	3,1	2,8	2,4	2,3	2,7	3,0	2,8	3,1
Nova Zelândia	2,1	2,4	2,2	2,5	2,5	2,2	2,9	2,6
Índia	8,6	6,9	6,9	6,2	6,5	7,2	nd	nd
Turquia	6,4	6,2	5,1	6,2	4,5	nd	nd	nd
Irlanda	2,2	2,8	5,0	5,1	4,5	4,3	4,8	nd
Brasil[3]	3,2	2,0	2,0	2,0	1,6	2,0	2,1	2,5

Fontes: Itália. OCDE. Disponível em: ‹http://stats.oecd.org/wbos/default.aspx›. Acesso em: 9 fev. 2007.
Rússia. 2000-02. FMI (2003b). 2003-07. FMI (2006f).
México. Banco de México. Disponível em: ‹http://www.banxico.org.mx/SieInternet/› e OCDE (dados de PIB). Disponível em: ‹http://stats.oecd.org/wbos/default.aspx›.
Nova Zelândia. 1989-2003. OCDE. Disponível em: ‹http://stats.oecd.org/wbos/default.aspx.›. De 2004 em diante. FMI (2006g).
Índia. Economic Survey 2005/2006. Disponível em: ‹http://indiabudget.nic.in›.
Turquia. Prime Ministry Republic of Turkey — Statistical Indicators 1923-2005. Disponível em: ‹www.turkstat.gov.tr/kit_ing_1.pdf›.
Irlanda. OCDE. Disponível em: ‹http://stats.oecd.org/wbos/default.aspx›. Acesso em: 9 fev. 2007.
Brasil. IBGE (Contas Nacionais, 1990-2003). Disponível em: ‹www.ibge.gov.br›. STN (2004-05). Disponível em: ‹http://www.tesouro.fazenda.gov.br/contabilidade_governamental/execucao_orcamentaria_do_GF/Consolidacao_Contas_Publicas.xls›. IBGE (PIB).
[1] Dado referente apenas a 1995.
[2] Dado referente a 2000.
[3] Para o período 1990-94, os dados de PIB do Brasil são do Sistema de Contas Nacionais Referência 1985 (SCN 1985 — metodologia antiga). A partir de 1995, os dados de PIB são do SCN 2000 (metodologia nova).

Em relação às despesas primárias (tabela 3), os países que fizeram as maiores reduções das despesas primárias, na comparação entre a média de 1990-95 e 2006, foram Rússia, Nova Zelândia e Irlanda. Já os que mais aumentaram foram a Turquia, que ainda se encontra num patamar baixo (20,9% do PIB em 2005), e o Brasil, que atingiu valores próximos a 40% do PIB em 2006.

Tabela 3
Despesas primárias do governo (% do PIB)

País	1990-95	1996-2000	2001	2002	2003	2004	2005	2006
Itália	43,3	41,6	42,3	42,3	43,8	43,5	44,1	45,5
Rússia[1]	44,4	34,5	31,9	34,9	33,0	30,5	30,8	31,7
México	19,1	18,9	19,3	20,5	21,1	20,6	20,9	22,6
Nova Zelândia	44,8	40,3	38,5	38,6	39,0	38,1	38,7	40,6
Índia	22,5	21,3	22,5	23,1	24,2	24,4	nd	nd
Turquia	15,8	19,2	21,3	23,5	22,7	19,8	20,9	nd
Irlanda	38,8	33,2	33,3	33,5	33,3	33,9	34,2	34,8
Brasil[2]	28,0	29,9	31,3	32,3	30,8	31,5	32,4	34,0

Fontes: Itália. OCDE. Disponível em: ‹http://www.oecd.org/dataoecd/5/51/2483816.xls›. Acesso em: 9 fev. 2007. Elaboração a partir de despesas totais excluídas as despesas com juros.

Rússia. 1992-97. FMI (1999, tabela 19:67). 1998-2001. FMI (2005d, tabela 14:18). 2002-06. FMI (2006f).

México. Banco de México. Disponível em: ‹http://www.banxico.org.mx/SieInternet/›. OCDE (dados de PIB). Disponível em: ‹http://stats.oecd.org/wbos/default.aspx›.

Nova Zelândia. OCDE. Disponível em: ‹http://www.oecd.org/dataoecd/5/51/2483816.xls›. Acesso em: 9 fev. 2007. Elaboração a partir de despesas totais excluídas as despesas com juros.

Índia. Economic Survey 2005/2006. Disponível em: ‹http://indiabudget.nic.in›.

Turquia. Prime Ministry Republic of Turkey — Statistical Indicators 1923-2005. Disponível em: ‹www.turkstat.gov.tr/kit_ing_1.pdf›.

Irlanda. OCDE. Disponível em: ‹http://www.oecd.org/dataoecd/5/51/2483816.xls›. Acesso em: 9 fev. 2007. Elaboração a partir de despesas totais excluídas as despesas com juros.

Brasil. STN (1998-2004). Disponível em: ‹http://www.tesouro.fazenda.gov.br/hp/downloads/ResGovGeral.xls›. Acesso em: 6 fev. 2007. IBGE (dados de PIB). Disponível em: ‹www.ibge.gov.br›. Acesso em: 2 mar. 2007

[1] O ano inicial da série de dados da Rússia é 1992.

[2] O ano inicial da série de dados do Brasil é 1991. Para o período 1990-94, os dados de PIB do Brasil são do Sistema de Contas Nacionais Referência 1985 (SCN 1985 — metodologia antiga). A partir de 1995, os dados de PIB são do SCN 2000 (metodologia nova).

Com relação ao resultado primário, é possível observar na tabela 4 que a Rússia fez um ajuste significativo no período 1990-2006, saindo de uma média de −8,5% do PIB entre 1990-95 para um resultado positivo de 10% do PIB em 2006. O México, por sua vez, apresentou bons resultados primários ao longo de quase toda a série. No Brasil, tem sido a principal variável de controle fiscal e passou a ser significativamente positivo a partir de 1999.

36 AJUSTES FISCAIS

TABELA 4

Resultado primário do governo (% do PIB)

País	1990-95	1996-2000	2001	2002	2003	2004	2005	2006
Itália	0,8	4,6	2,6	2,0	1,0	0,8	−0,1	−0,6
Rússia[1]	−8,5	0,1	5,4	2,7	3,3	6,3	9,2	10,0
México	5,6	2,9	2,6	1,7	2,1	2,5	2,4	2,9
Nova Zelândia	1,5	1,7	2,1	3,1	3,8	3,3	3,7	2,8
Índia	−2,7	−2,9	−3,6	−3,7	−3,2	−2,0	−2,2	nd
Turquia	0,7	2,9	6,6	4,6	5,2	5,1	5,0	nd
Irlanda	2,5	4,3	0,9	−0,3	0,5	1,5	1,0	0,8
Brasil[2]	1,9	0,8	2,5	2,3	3,5	3,8	3,6	3,1

Fontes: Itália. OCDE. <http://www.oecd.org/dataoecd/5/51/2483816.xls>.

Rússia. 1992-97. FMI (1999, tabela 19:67). 1998-2001. FMI (2005d, tabela 14:18). 2002-06. FMI (2006f).

México. Banco de México. Disponível em: <http://www.banxico.org.mx/SieInternet/>. OCDE (dados de PIB). Disponível em: <http://stats.oecd.org/wbos/default.aspx>.

Nova Zelândia. OCDE. Disponível em: <http://www.oecd.org/dataoecd/5/51/2483816.xls>.

Índia. Reserve Bank of Índia.

Turquia. FMI. Disponível em: <http://ifs.apdi.net/imf/logon.aspx>.

Irlanda. OCDE. Disponível em: <www.oecd.org/dataoecd/5/51/2483816.xls>.

Brasil. STN (1998-2004). Disponível em: <http://www.tesouro.fazenda.gov.br/hp/downloads/ResGovGeral.xls>.

IBGE (dados de PIB). Disponível em: <www.ibge.gov.br>.

[1] O ano inicial da série de dados da Rússia é 1992.

[2] O ano inicial da série de dados do Brasil é 1991. Para o período 1990-94, os dados de PIB do Brasil são do Sistema de Contas Nacionais Referência 1985 (SCN 1985 — metodologia antiga). A partir de 1995, os dados de PIB são do SCN 2000 (metodologia nova).

Quanto ao resultado nominal, pode-se observar na tabela 5 que os valores obtidos pelo governo brasileiro são muito parecidos com os da Itália, com déficit ao longo de todo o período. A Rússia, ao contrário, conseguiu expressiva melhora, passando de um déficit de 10,6% do PIB na média de 1990-95 para um superávit de 9,2% do PIB em 2006. A Nova Zelândia, apesar de já ter zerado sua dívida líquida, continua produzindo superávits para acumular recursos em preparação para a esperada mudança no percentual de aposentados nas próximas décadas.

TABELA 5
Resultado nominal do governo (% do PIB)

País	1990-95	1996-2000	2001	2002	2003	2004	2005	2006
Itália	−10,0	−3,1	−3,1	−3,0	−3,5	−3,5	−4,3	−4,8
Rússia[1]	−10,6	−5,0	2,7	0,6	1,4	4,9	8,1	9,2
México	0,8	−0,8	−0,7	−1,2	−0,6	−0,2	−0,1	0,1
Nova Zelândia	−0,9	1,2	2,2	3,1	3,9	3,6	4,2	3,5
Índia	−7,6	−8,4	−10,0	−9,5	−8,4	−8,3	nd	nd
Turquia	−4,5	−9,1	−15,9	−15,0	−11,1	−7,1	−1,7	nd
Irlanda	−2,5	2,2	0,8	−0,4	0,4	1,5	1,1	1,0
Brasil[2]	−23,8	−4,9	−3,9	−5,3	−5,5	−3,3	−3,7	−3,5

Fontes: Itália. OCDE. Disponível em: ‹http://www.oecd.org/dataoecd/5/51/2483816.xls›. Acesso em: 9 fev. 2007.
Rússia. 1992-97. FMI (1999, tabela 19:67). 1998-2001. FMI (2005d, tabela 14:18). 2002-06. FMI (2006f).
México. Banco de México. Disponível em: ‹http://www.banxico.org.mx/SieInternet/›. OCDE (dados de PIB). Disponível em: ‹http://stats.oecd.org/wbos/default.aspx›.
Nova Zelândia. OCDE. Disponível em: ‹http://www.oecd.org/dataoecd/5/51/2483816.xls›. Acesso em: 9 fev. 2007.
Índia. Economic Survey 2005/2006. Disponível em: ‹http://indiabudget.nic.in›.
Turquia. Prime Ministry Republic of Turkey — Statistical Indicators 1923-2005. Disponível em: ‹www.turkstat.gov.tr/kit_ing_1.pdf›.
Irlanda. OCDE. Disponível em: ‹http://www.oecd.org/dataoecd/5/51/2483816.xls›. Acesso em: 9 fev. 2007.
Brasil. STN (1998-2004). Disponível em: ‹http://www.tesouro.fazenda.gov.br/hp/downloads/ResGovGeral.xls›. Acesso em: 6 fev. 2007. IBGE (dados de PIB). Disponível em: ‹www.ibge.gov.br›. Acesso em: 2 mar. 2007.
[1] O ano inicial da série de dados da Rússia é 1992.
[2] O ano inicial da série de dados do Brasil é 1991. Para o período 1990-94, os dados de PIB do Brasil são do Sistema de Contas Nacionais Referência 1985 (SCN 1985-metodologia antiga). A partir de 1995, os dados de PIB são do SCN 2000 (metodologia nova).

A seguir são apresentadas cinco tabelas comparativas contendo dados macroeconômicos dos países que estão sendo estudados e do Brasil. Como pode ser visto na tabela 6, a Irlanda e a Índia foram os países que apresentaram as maiores médias de crescimento do PIB. A Rússia, desde 2001, também tem apresentado taxas de crescimento elevadas. Em contraste, a Itália apresentou baixas taxas de crescimento ao longo de todo o período. O Brasil vem mantendo uma baixa taxa de crescimento do produto real desde 1990, mantendo uma média de crescimento de aproximadamente 2,1%.

38 Ajustes Fiscais

Tabela 6

Taxa de crescimento do produto real (%)

País	1990-95	1996-2000	2001	2002	2003	2004	2005	2006
Itália	1,4	1,9	1,8	0,3	0,0	1,2	0,1	1,9
Rússia	−8,5[1]	1,8	5,1	4,7	7,3	7,2	6,4	6,5
México	2,2	5,5	0,0	0,8	1,4	4,2	2,8	4,8
Nova Zelândia	2,6	2,6	3,5	4,6	3,6	4,4	2,3	1,3
Índia	5,3	6,1	4,1	4,2	7,2	8,1	8,3	9,5
Turquia	4,3	4,1	−7,5	7,9	5,8	8,9	7,4	nd
Irlanda	5,3	9,7	6,2	6,1	4,4	4,5	5,5	5,8
Brasil[2]	1,9	2,0	1,3	2,7	1,1	5,7	2,9	3,7

Fontes: Itália. OCDE. Disponível em: ‹http://stats.oecd.org/wbos/default.aspx›. Acesso em: 20 mar. 2007.
Rússia. FMI World Economic Outlook Database Sep. 2006. Disponível em: ‹http://www.imf.org/external/pubs/ft/weo/2006/02/data/weoselgr.aspx›.
México. 1977-2005. IFS-FMI. Disponível em: ‹http://ifs.apdi.net/imf/logon.aspx›. Acesso em: 16 mar. 2007. 2006. Instituto Nacional de Estatística, Geografia e Informática — Inegi. Disponível em: ‹http://dgcnesyp.inegi.gob.mx/bdiesi/bdie.html›. Acesso em: 16 mar. 2007.
Nova Zelândia. OCDE. Disponível em: ‹http://stats.oecd.org/wbos/default.aspx›. Estimativa para 2006. FMI.
Índia. FMI. Disponível em: ‹http://ifs.apdi.net/imf/logon.aspx›.
Turquia. FMI. Disponível em: ‹http://ifs.apdi.net/imf/logon.aspx›.
Irlanda. OCDE. Disponível em: ‹http://stats.oecd.org/wbos/default.aspx›.
Brasil. IBGE. Elaborado pelo Ipea. Disponível em: ‹www.ipeadata.gov.br›.
[1] Dados para o período 1993-95.
[2] Para o período 1990-1994, os dados de PIB do Brasil são do Sistema de Contas Nacionais Referência 1985 (SCN 1985 — metodologia antiga). A partir de 1995, os dados de PIB são do SCN 2000 (metodologia nova).

Observando-se a tabela 7, que apresenta dados sobre o fluxo total de comércio exterior como percentual do PIB, o índice de grau de abertura dado pela percentagem que a soma das exportações e importações representa no PIB ((exportações + importações)/PIB), o Brasil é o país mais "fechado" ao comércio exterior. Seu nível de abertura foi de apenas 27,5% do PIB em 2001 e de 28,9% do PIB em 2006. Para níveis internacionais, esse valor é considerado baixo. A Irlanda, por outro lado, é considerada um país mais "aberto" ao comércio internacional. Seu grau de abertura foi de 184,1% do PIB em 2001 e de 149,9% do PIB em 2005. Esses altos valores refletem o elevado nível de comércio internacional que a Irlanda desenvolve.

Tabela 7
Fluxo total de comércio exterior (exportações + importações de bens e serviços — % do PIB)

País	1990-95	1996-2000	2001	2002	2003	2004	2005	2006
Itália	40,0	47,8	52,8	50,5	48,6	50,0	52,7	nd
Rússia	nd	58,2[1]	50,8	48,7	49,1	47,6	48,3	49,0
México	46,6	69,3	62,7	60,2	62,5	66,8	67,4	nd
Nova Zelândia	57,3	60,2	67,7	63,0	57,9	58,9	58,2	nd
Índia	16,0	19,2	20,0	22,4	23,6	27,4	nd	nd
Turquia	27,0	40,4	50,7	47,8	48,4	52,2	51,5	nd
Irlanda	120,5	159,4	184,1	169,5	151,3	153,3	149,9	nd
Brasil[2]	16,0	17,5	25,3	26,1	26,6	28,5	26,3	26,0

Fontes: Itália. OCDE. Disponível em: ‹http://stats.oecd.org/wbos/default.aspx›.
Rússia. FMI (2006f). FMI World Economic Outlook Database Sep. 2006, extraído em 11 fev. 2007. Disponível em: ‹http://www.imf.org/external/pubs/ft/weo/2006/02/data/weoselgr.aspx›.
México. Banco de México. Disponível em: ‹http://www.banxico.org.mx/SieInternet/›. IFS-FMI (dados de PIB em US$). Disponível em: ‹http://ifs.apdi.net/imf/logon.aspx›.
Nova Zelândia. OCDE. Disponível em: ‹http://stats.oecd.org/wbos/default.aspx›
Índia. Economic Survey 2005/2006. Disponível em: ‹http://indiabudget.nic.in›.
Turquia. Prime Ministry Republic of Turkey — Statistical Indicators 1923-2005. Disponível em: ‹www.turkstat.gov.tr/kit_ing_1.pdf›.
Irlanda. OCDE. Disponível em: ‹http://stats.oecd.org/wbos/default.aspx›.
Brasil. Bacen. Disponível em: ‹http://www.bcb.gov.br/?SERIESTEMP›.
[1] Dados para o período 1999-2000.
[2] Para o período 1990-94, os dados de PIB do Brasil são do Sistema de Contas Nacionais Referência 1985 (SCN 1985 — metodologia antiga). A partir de 1995, os dados de PIB são do SCN 2000 (metodologia nova).

O elevado volume de exportações de petróleo e gás natural garantem à Rússia um amplo saldo positivo na conta corrente do balanço de pagamentos — equivalente a 12,3% do PIB em 2006 (tabela 8). O Brasil, desde 2003, vem apresentando saldos positivos em conta corrente do balanço de pagamentos. Em 2003, o nível de seu saldo foi de 0,8% do PIB enquanto em 2006 esse número cresceu para 1,4% do PIB. A Nova Zelândia apresenta uma média negativa do saldo em conta corrente desde 1990. Seu último índice foi de 9,6% negativos do PIB em 2006.

40 AJUSTES FISCAIS

TABELA 8

Saldo em conta corrente do balanço de pagamentos (% do PIB)

País	1990-95	1996-2000	2001	2002	2003	2004	2005	2006
Itália	1,8	2,9	1,4	1,0	0,6	0,7	−0,1	nd
Rússia[1]	1,3	6,7	11,1	8,4	8,2	9,9	10,9	12,3
México	−4,6	−2,5	−2,8	−2,2	−1,4	−1,0	−0,7	nd
Nova Zelândia	−3,8	−5,5	−2,8	−4,1	−4,3	−6,7	−8,9	−9,6
Índia	−1,3	−1,1	0,3	1,4	1,5	0,2	−1,5	nd
Turquia	−0,3	−1,4	2,4	−0,8	−3,3	−5,2	−6,4	nd
Irlanda	1,3	1,4	−0,6	−1,0	0,0	−0,6	−2,6	nd
Brasil[2]	−0,4	−3,7	−4,2	−1,5	0,8	1,8	1,6	1,3

Fontes: Itália. FMI World Economic Outlook Database, Sep. 2006. Disponível em: ‹http://www.imf.org/external/pubs/ft/weo/2006/02/data/index.htm›.

Rússia. FMI World Economic Outlook Database, Sep. 2006, extraído em 11 fev. 2007. Disponível em: ‹http://www.imf.org/external/pubs/ft/weo/2006/02/data/weoselgr.aspx›

México. Banco de México. Disponível em: ‹http://www.banxico.org.mx/SieInternet/›. IFS-FMI (dados de PIB em dólares). Disponível em: ‹http://ifs.apdi.net/imf/logon.aspx›.

Nova Zelândia. 1980-89. FMI. De 1990 em diante. FMI World Economic Outlook Database, Sep. 2006, extraído em 11 fev. 2007. Disponível em: ‹http://www.imf.org/external/pubs/ft/weo/2006/02/data/weoselgr.aspx›.

Índia. FMI. Disponível em: ‹http://ifs.apdi.net/imf/logon.aspx›.

Turquia. FMI. Disponível em: ‹http://ifs.apdi.net/imf/logon.aspx›.

Irlanda. FMI World Economic Outlook Database, Sep. 2006. Disponível em: ‹http://www.imf.org/external/pubs/ft/weo/2006/02/data/index.htm›.

Brasil. Bacen. Disponível em: ‹http://www.bcb.gov.br/?SERIESTEMP›. Acesso em: 19 mar. 2007.

[1] O ano inicial da série da Rússia é 1992.

[2] Para o período 1990-94, os dados de PIB do Brasil são do Sistema de Contas Nacionais Referência 1985 (SCN 1985 — metodologia antiga). A partir de 1995, os dados de PIB são do SCN 2000 (metodologia nova).

Com relação à taxa de investimento (tabela 9), os destaques são a Índia (com 30,1% em 2004) e a Irlanda (com 27% em 2005). O caso brasileiro é bem semelhante aos casos dos outros países analisados neste livro. O país vem mantendo uma taxa média de investimentos (formação bruta de capital fixo/PIB) de aproximadamente 19,0%. Essa mesma média pode ser vista tanto na Itália quanto na Nova Zelândia (um pouco mais de 20,0% do PIB), na Turquia e na Rússia.

TABELA 9
Taxa de investimentos (FBCF/PIB — %)

País	1990-95	1996-2000	2001	2002	2003	2004	2005	2006
Itália	20,2	19,4	20,3	20,9	20,4	20,5	20,6	20,8
Rússia	nd	16,3[1]	21,9	20,0	20,8	20,8	20,9	20,5
México	18,4	20,2	20,0	19,3	18,9	19,6	19,3	21,2
Nova Zelândia	18,8	20,2	21,2	22,5	23,0	24,6	24,7	23,6
Índia	24,8	24,4	23,0	25,3	27,2	30,1	nd	nd
Turquia	24,1	24,1	17,8	17,1	17,6	17,8	19,6	nd
Irlanda	16,9	22,0	23,2	22,3	23,0	24,6	27,0	nd
Brasil[2]	19,3	16,7	17,0	16,4	15,3	16,1	16,3	16,8

Fontes: Itália. OCDE. Disponível em: ‹http://stats.oecd.org/wbos/default.aspx›. Acesso em: 20 mar. 2007.
Rússia. 1998-2002. FMI (2005d:18-21). De 2003 em diante. FMI (2006f).
México. 1977-2005. IFS-FMI. Disponível em: ‹http://ifs.apdi.net/imf/logon.aspx›. Acesso em: 16 mar. 2007. 2006.
Inegi. Disponível em: ‹http://dgcnesyp.inegi.gob.mx/bdiesi/bdie.html›. Acesso em: 16 mar. 2007.
Nova Zelândia. 1980-2000. OCDE. Disponível em: ‹http://stats.oecd.org/wbos/default.aspx›. 2001-2005. FMI (2006g).
Índia. Economic Survey 2005/2006. Disponível em: ‹http://indiabudget.nic.in›.
Turquia. Prime Ministry Republic of Turkey — Statistical Indicators 1923-2005. Disponível em: ‹www.turkstat.gov.tr/kit_ing_1.pdf›. 2004-05. OCDE. Disponível em: ‹http://stats.oecd.org/wbos/default.aspx›.
Irlanda. OCDE. Disponível em: ‹http://stats.oecd.org/wbos/default.aspx›.
Brasil. IBGE. Elaborado pelo Ipea. Disponível em: ‹www.ipeadata.gov.br›. Acesso em: 2 mar. 2007.
[1] Dados para o período 1998-2000.
[2] Para o período 1990-94, os dados de PIB do Brasil são do Sistema de Contas Nacionais Referência 1985 (SCN 1985 — metodologia antiga). A partir de 1995, os dados de PIB são do SCN 2000 (metodologia nova).

Por último, a tabela 10 mostra que os únicos países, entre os analisados, que ainda apresentam taxas de inflação em torno de 10% são a Rússia e a Turquia. Desde 2003 o Brasil tem apresentado taxas decrescentes de inflação. Em 2003 essa taxa foi de 9,3% enquanto em 2006 esse nível caiu para 3,1%. Países como Itália e Nova Zelândia apresentam níveis de inflação sem grandes variações e desde 1990 essas taxas se apresentam baixas para esses países (uma média de aproximadamente 2,5%).

42   AJUSTES FISCAIS

TABELA 10
Inflação (preços ao consumidor — %)

País	1990-95	1996-2000	2001	2002	2003	2004	2005	2006
Itália	5,3	2,4	2,8	2,5	2,7	2,2	2,0	2,1
Rússia	461,4*	39,3	21,5	15,8	13,7	10,9	18,2	9,7
México	19,4	19,4	6,4	5,0	4,5	4,7	4,0	3,6
Nova Zelândia	2,8	1,4	2,6	2,7	1,8	2,3	3,0	3,4
Índia	10,3	7,6	3,8	4,3	3,8	3,8	4,2	nd
Turquia	77,1	73,2	53,9	44,8	25,2	8,6	8,2	nd
Irlanda	2,7	2,6	4,9	4,7	3,5	2,2	2,4	3,9
Brasil	1.104,8	6,3	7,7	12,5	9,3	7,6	5,7	3,1

Fontes: Itália. OCDE. Disponível em: ‹http://stats.oecd.org/wbos/default.aspx›. Acesso em: 9 fev. 2007.
Rússia. FMI World Economic Outlook Database, Sep. 2006. Acesso em 11 fev. 2007.
México. Banco de México. Disponível em: ‹http://www.banxico.org.mx/SieInternet/›.
Nova Zelândia. OCDE. Disponível em: ‹http://stats.oecd.org/wbos/default.aspx›. Acesso em: 9 fev. 2007.
Índia. FMI. Disponível em: ‹http://ifs.apdi.net/imf/logon.aspx›.
Turquia. FMI. Disponível em: ‹http://ifs.apdi.net/imf/logon.aspx›.
Irlanda. OCDE. Disponível em: ‹http://stats.oecd.org/wbos/default.aspx›.
Brasil. IBGE (IPCA). Disponível em: ‹www.ibge.gov.br›. Acesso em: 7 fev. 2007.
* Dados para o período 1993-95.

1

Itália

A política fiscal italiana das últimas décadas apresenta diversas semelhanças com o caso brasileiro. Por isso, analisar os erros e acertos das políticas adotadas naquele país pode ser bastante ilustrativo para se avaliar as alternativas de política fiscal para o Brasil.

Problemas relacionados às finanças públicas passaram a ser destaque na Itália a partir de meados da década de 1980, quando a dívida pública apresentava uma forte tendência de crescimento. Apesar desse destaque, as metas de resultado fiscal nunca eram cumpridas, as normas referentes às finanças dos governos locais eram freqüentemente burladas e, por isso, a dívida continuava a crescer rapidamente.

O excesso de endividamento forçou o governo a iniciar um processo de ajuste fiscal efetivo a partir de meados dos anos 1990. Tal ajuste foi bem-sucedido em alguns aspectos, conseguindo reduzir a dívida, evitando uma possível moratória e, conseqüentemente, melhorando a credibilidade do país. Porém, o ajuste italiano baseou-se excessivamente em medidas de curto prazo, adiando repetidas vezes a implantação de algumas reformas estruturais importantes. Logo, apesar da inegável melhora das contas públicas, principalmente de 1994 a 2000, a situação fiscal voltou a se deteriorar nos últimos anos. Um destaque positivo, no entanto, foi a aprovação da reforma da Previdência de 2004, a terceira desde 1992. De acordo com estudos do governo e de organismos multilaterais, essa reforma pode ajudar a evitar uma alta insustentável dos gastos públicos.

O ajuste fiscal e as conseqüências macroeconômicas

Ajuste fiscal: uma análise geral

Como pode ser visto no gráfico 1.1, a dívida pública italiana elevou-se significativamente do início da década de 1980 até meados da década de 1990, chegando a atingir o pico de 121% do PIB em 1994.

Gráfico 1.1
Itália — dívida do governo geral (1981-2005 — % do PIB)

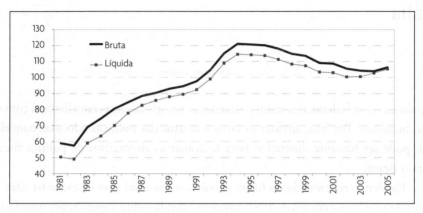

Fonte: Organização para a Cooperação e o Desenvolvimento Econômico (OCDE).

O processo de ajuste fiscal iniciado na segunda metade dos anos 1980 foi baseado em aumentos de receita, como pode ser visto no gráfico 1.2. Contudo, o sucesso dessa primeira etapa do processo foi bastante limitado. O resultado primário começou a melhorar em 1989, tornando-se positivo somente em 1992, ano em que a necessidade de melhora da situação fiscal se tornou imperativa devido à grave crise financeira e cambial que estava ocorrendo no país. Além disso, as metas fiscais impostas pelo Tratado de Maastricht, para que a Itália pudesse vir a participar da então planejada União Monetária Européia (EMU), também tiveram um papel fundamental para a consolidação do processo de ajuste fiscal. O tratado serviu de guia para a escolha de metas e deu uma recompensa pela rápida redução da taxa de juros (devido à melhora da credibilidade). Caso não houvesse a expectativa de entrada na União Monetária Européia, o custo do ajuste poderia ter sido muito maior, exigindo a obtenção de superávits primários mais elevados e por um período mais longo (Balassone et al., 2002).

Somente a partir de 1994, ano em que a dívida atingiu seu valor mais elevado, as despesas primárias começaram a ser reduzidas de forma consistente. A redução dos gastos públicos foi feita com medidas emergenciais, como o corte de repasses aos governos locais, de investimentos e de salários; e de reformas no sistema previdenciário. Os investimentos do governo foram reduzidos de 3,3% do PIB no período 1991/92 para a média de 2,2% de 1994 a 2000. Os salários dos servidores públicos, que representavam 12,7% do PIB em 1991/92 foram reduzidos para 11% entre 1994 a 2000.[2] Apesar das reduções em pontos percentuais do PIB, o gráfico 1.3 mostra que as despesas primárias reais (em valores constantes) não foram reduzidas, exceto em 1993 (ano em que a recessão fez as despesas aumentarem em relação ao PIB), 1994 e 2000. As tabelas 1.4 e 1.5 no anexo do capítulo mostram com mais detalhes o desempenho das contas públicas no período de 1995 a 2005 (em percentual do PIB e em valores constantes).

GRÁFICO 1.2
Itália — receitas totais, despesas primárias e resultado primário
(1988-2005 — % do PIB)

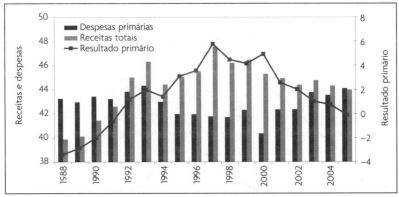

Fonte: OCDE.

GRÁFICO 1.3
Itália — receitas totais e despesas primárias
(1988-2005 — milhões de euros a preços constantes de 2000)

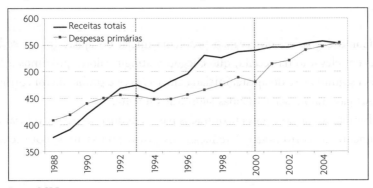

Fonte: OCDE.

---

[2] A fonte de dados sobre os investimentos e os salários do governo para o período 1991/92 é Alesina, Ardagna e Gali (1998).

No mesmo ano em que o resultado primário tornou-se positivo (1992), o déficit nominal, que estava oscilando em torno de 11% do PIB, começou a ser reduzido (ver gráficos 1.2 e 1.4). A partir de 1994, o gasto com juros também iniciou uma trajetória descendente, refletindo o baixo nível de inflação e a melhora da confiança na política fiscal. Esta última, como mencionado anteriormente, foi favorecida pela expectativa de adesão do país à União Monetária Européia. O resultado foi que o déficit nominal caiu para a média de 2,7% do PIB no período 1997-2004, o que gerou uma diminuição consistente da dívida.[3]

GRÁFICO 1.4
Itália — despesas com juros e resultado nominal
(1988-2005 — % do PIB)

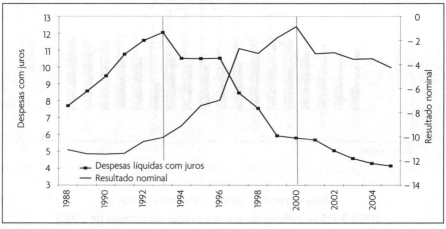

Fonte: OCDE.

Como é possível observar, o problema inicial do ajuste foi ter se baseado apenas em elevação da receita, que chegou a atingir valores próximos a 50% do PIB. Na segunda fase do ajuste, iniciada em 1994, esse problema foi corrigido e as despesas passaram a ser reduzidas significativamente.

Entretanto, as soluções encontradas para se reduzir as despesas foram, majoritariamente, de curto prazo. A redução dos gastos com salários, por exemplo, foi

---

[3] De acordo com Balassone et al., um amplo programa de privatizações realizado, principalmente, na segunda metade dos anos 1990 também colaborou para a redução da dívida pública.

obtida com medidas que restringiam a contratação de pessoal e de outras que controlavam o repasse da inflação para os salários. Segundo Alesina, Ardagna e Gali (1998), o sistema de indexação automática dos salários foi abolido em 1992. Após uma complexa negociação, o governo conseguiu fechar um acordo com os sindicatos em 1993 para limitar o crescimento dos gastos com pessoal. Os salários, então, passaram a ser determinados com base na meta oficial de inflação e o ajustamento para a inflação efetivamente verificada só foi permitido a partir de 1996. No período 1994/95, a inflação foi maior que a meta gerando uma queda real dos salários.

Mesmo as reformas da previdência (1992 e 1995), que tinham efeitos mais duradouros, não foram suficientes. O crescimento das despesas com benefícios sociais foi um dos principais responsáveis pela reversão da tendência de redução das despesas primárias verificada a partir de 2001. Além disso, a questão previdenciária ainda representava uma grave ameaça às finanças públicas no médio e longo prazos. Dessa forma, tornou-se inevitável a realização de uma nova reforma da previdência, que foi feita em 2004. Entretanto, de acordo com o Ministero Dell'Economia e Delle Finanze (2006a), os efeitos desta última reforma, em termos de redução do crescimento dos gastos com aposentadorias e pensões, só começarão a ser observados em 2009.

Outro fator determinante para a reversão da tendência de redução das despesas são os gastos da administração pública com saúde. Ainda de acordo com o Ministero Dell'Economia e Delle Finanze (2006a), esses gastos aumentaram a uma taxa média real de 4% ao ano, passando de 5,7 para 6,7% do PIB. Os principais motivos são: o envelhecimento da população e os avanços tecnológicos da medicina, que resultam em elevações significativas de custos.

Conseqüências macroeconômicas do ajuste fiscal

Apesar do ajuste realizado na década de 1990, a situação fiscal continuou a ser um importante entrave ao crescimento potencial da economia italiana. A elevada dívida pública e a carga tributária excessiva ainda geram incertezas sobre o futuro da economia, canalizam recursos do setor produtivo para o setor público e tornam as empresas italianas menos competitivas em relação à concorrência internacional.

Inicialmente, o processo de ajuste fiscal foi claramente contracionista: a taxa de crescimento do PIB chegou a ficar negativa em 1993, a taxa de investimento caiu e o desemprego aumentou (ver gráficos 1.5 e 1.6). Cabe ressaltar que a redução dos investimentos públicos, além do impacto direto sobre a taxa de investimento, afetou negativamente os investimentos privados através da deterioração da infra-estrutura do país.

Gráfico 1.5
Itália — taxa de crescimento real do PIB (1980-2005 — %)

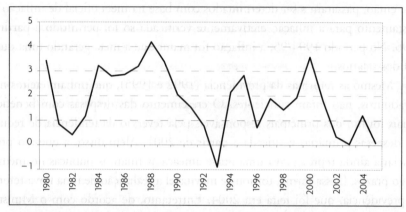

Fonte: OCDE.

Gráfico 1.6
Itália — investimento (1982-2006) x desemprego (1982-2005)

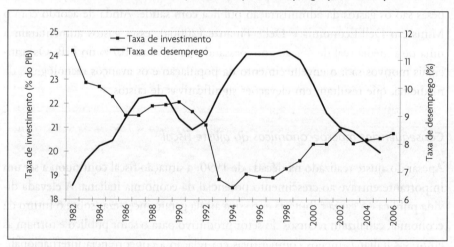

Fonte: OCDE.

A economia italiana só começou a se recuperar a partir de 1994/95. Nesse período, a reforma fiscal incentivou a retomada dos investimentos privados pela recuperação da confiança dos empresários na economia. Entretanto, como destacam Alesina, Ardagna e Gali (1998), o aumento das exportações (ver gráfico 1.7), que provocou uma forte melhora do fluxo total de bens e serviços e do saldo em transações correntes (ver gráfico 1.8), foi um dos principais responsáveis pela recuperação da economia italiana. Esse aumento das exportações, por sua vez, foi impulsionado pela forte desvalorização cambial iniciada em 1992 e pelos acordos de contenção salarial efetuados com os sindicatos, que tornaram mais baixos os custos relativos da mão-de-obra do país — como pode ser visto no gráfico 1.9.

GRÁFICO 1.7
Itália — exportações de bens (1988-2005 — % do PIB)

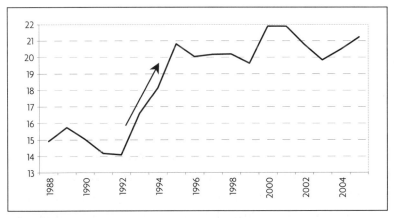

Fonte: OCDE.

GRÁFICO 1.8
Itália — comércio exterior de bens e serviços (1988-2005 — % do PIB)

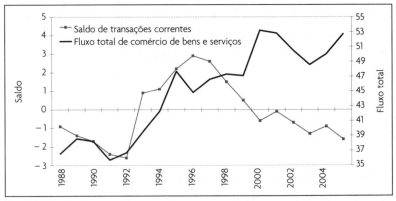

Fonte: OCDE.

GRÁFICO 1.9
Itália — taxa de câmbio efetiva real — 1988-2004 (índice 2000 = 100)

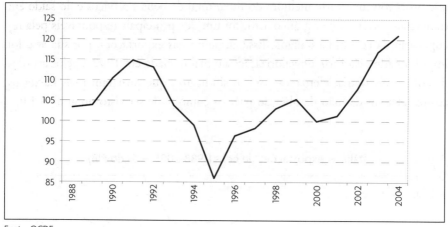

Fonte: OCDE.
Nota: Deflacionado pelos índices de custo relativo da mão-de-obra na indústria.

Política fiscal

Há duas tendências marcantes no desempenho das contas públicas da Itália desde os anos 1960: o aumento dos gastos totais, que passaram de menos de 30% do PIB em 1960 para mais de 55% em 1993; e o aumento relativamente menor das receitas. A combinação dessas duas tendências gerou um déficit primário estrutural para as contas do governo geral (Bibbee e Goglio, 2002).

O principal responsável pelo aumento dos gastos primários foi a consolidação do chamado "Estado de bem-estar social" com o estabelecimento e a expansão de programas sociais e de serviços à população. Nos anos 1970, o governo criou o sistema de previdência social e universalizou o serviço de saúde pública. Além disso, desde 1962, o número de anos letivos obrigatórios passou para 14 anos.

A manutenção de taxa de juros reais negativas e a arrecadação do "imposto inflacionário" evitaram um aumento mais intenso da dívida pública até meados da década de 1980. A partir de então, a persistência de taxas de inflação mais elevadas que as médias da União Européia (UE) e dos países da OCDE levou a um aumento dos gastos do governo com juros da dívida. O resultado foi que os gastos públicos totais do país ficaram significativamente mais altos que a média da UE, sendo que os gastos com juros ultrapassaram o nível de 10% do PIB (gráfico 1.4) e a dívida elevou-se fortemente atingindo um valor equivalente a mais de 120% do PIB em 1994 (gráfico 1.1) (Bibbee e Goglio, 2002).

A possibilidade verificada até aquele momento de a dívida manter uma trajetória insustentável, num contexto em que o país precisava se adequar às normas do Tratado de Maastricht,[4] trouxe à tona questões fundamentais relacionadas aos gastos públicos e à competitividade da economia italiana. Por um lado, aparecem questões como o envelhecimento da população e os avanços tecnológicos da medicina, que resultam em elevações significativas de gastos com saúde e previdência. Por outro, há a necessidade de se aumentar os investimentos públicos em infra-estrutura e de se reduzir a carga tributária a fim de tornar as empresas italianas mais competitivas no mercado internacional, garantindo taxas mais elevadas de crescimento do PIB e do emprego. Nas seções seguintes serão detalhadas as principais formas encontradas pelo governo italiano para lidar com esses impasses.

Reforma previdenciária

A reforma previdenciária de 1995 alterou a forma de cálculo das aposentadorias para um sistema de contribuição definida, embora tenha continuado a operar com o regime de repartição simples. Sob esse novo sistema criado em 1995, cada trabalhador teria sua aposentadoria calculada com base nos valores das contribuições previdenciárias efetuadas ao longo de sua vida profissional, capitalizados pela taxa média de crescimento do PIB dos cinco anos precedentes.

A contenção do crescimento das despesas com a previdência social é um dos fatores mais importantes para o ajuste fiscal da Itália. De acordo com Balassone e

---

[4] O Tratado de Maastricht, assinado em fevereiro de 1992, teve como objetivo promover a união monetária (EMU) dos países da UE, estabelecendo datas-limite para sua implantação: 1º de janeiro de 1997, em que se tornaria possível, e 1º de janeiro de 1999, quando ocorreria sua efetivação compulsória. Instituiu também cinco critérios de convergência que deveriam ser atendidos pelos países da UE para que pudessem ingressar na EMU: inflação até no máximo 1,5 ponto percentual acima da média das três menores taxas de inflação; taxa de juros de 10 anos dos títulos do governo até 2 pontos percentuais superior à média das taxas de juros nos três países com as menores taxas de inflação; déficit público não superior a 3% do PIB; dívida pública bruta não superior a 60% do PIB; e taxas de câmbio dentro das bandas de variação permitidas pelo Exchange Rates Mechanism (Ipea, 1996).

colaboradores (2002), os gastos com aposentadorias e pensões aumentaram de 5% do PIB em 1960 para 10,2% em 1980 e 14,92% em 1992; o que representou aumentos muito maiores em relação aos demais gastos sociais, que passaram de 5,1 para 6,7 e 7,3% do PIB no mesmo período. Caso não fossem feitas alterações na legislação, os gastos com previdência poderiam alcançar 25% do PIB em 2030. Entretanto, apesar das evidências de que esses gastos eram insustentáveis no médio e longo prazos, em 1990 o governo decidiu elevar ainda mais as despesas aumentando os valores dos benefícios pagos aos autônomos.

O governo já vinha discutindo uma possível reforma da previdência desde os anos 1980, mas só mudou sua postura e passou a defendê-la com mais ênfase durante a crise financeira e cambial de 1992. A reforma implantada no mesmo ano (Reforma Amato) reduziu em aproximadamente um quarto os valores devidos pelo governo na forma de aposentadorias e pensões. Esses valores referem-se ao valor presente dos desembolsos (líquido das contribuições futuras) devidos pelo governo aos beneficiários e aos contribuintes existentes na época. A maior parte da redução foi obtida com a alteração do índice de preços usado para deflacionar os valores pagos pelos contribuintes ao longo de suas carreiras e, dessa forma, fazer reavaliações e determinar os valores das novas aposentadorias. Os benefícios, que eram indexados ao salário mínimo, passaram a ser reajustados de acordo com a variação do índice de preços ao consumidor (Balassone et al., 2002; BNP Paribas, 2005).

A Reforma Amato também realizou outras mudanças, tais como: aumento da idade para aposentadoria compulsória, homens de 60 para 65 e mulheres de 55 para 60 anos; elevação do número de anos de contribuição para aposentadorias por tempo de serviço para 35 anos; e aumento do tempo de referência usado no cálculo do benefício (BNP Paribas, 2005).

Essa primeira reforma foi importante para restringir o crescimento dos gastos, mas não foi capaz de resolver os problemas de médio e longo prazos da previdência. Por isso, em 1995, uma nova e mais ampla reforma foi introduzida (Reforma Dini). O principal instrumento usado foi uma nova forma de cálculo dos benefícios que estabelecia uma relação mais efetiva com os valores das contribuições dos trabalhadores. A reforma trocou o antigo sistema de benefício definido por um novo sistema de contribuição definida, embora tenha continuado a operar com o regime de repartição simples. Sob o novo sistema criado em 1995, cada trabalhador teria sua aposentadoria calculada com base nos valores das contribuições previdenciárias efetuadas ao longo de sua vida profissional, capitalizados pela taxa média de crescimento do PIB dos cinco anos precedentes. Outra alteração realizada foi a introdução da idade mínima de 57 anos para a aposentadoria por tempo de serviço de quem trabalhou de 35 a 40 anos (Hamann, 1997).

Uma legislação apoiando o desenvolvimento de fundos de pensão complementares, criados pela reforma de 1992, também fez parte da reforma de 1995. Porém, mesmo com as vantagens oferecidas pelo novo modelo, um grande número de pessoas não foi afetado por essas mudanças. As maiores dificuldades estavam nas elevadas taxas de contribuição e nas restrições orçamentárias do governo, que limitavam a velocidade de transição para o modelo de fundos previdenciários.

Um ponto negativo da Reforma Dini é o longo período de transição para as novas regras. Somente as pessoas que começaram a trabalhar depois de 1996 foram totalmente afetadas pela reforma. Para aqueles que tinham mais de 18 anos de contribuição no fim de 1995, os benefícios previdenciários são calculados pelo sistema do período pré-Reforma Amato. Para todos os trabalhadores restantes, as aposentadorias são calculadas com base no número de anos da contribuição sob os três sistemas (pré-Amato, Amato e Dini). Se nenhuma alteração fosse feita, a Reforma Dini tornar-se-ia inteiramente eficaz somente após 2030.

Devido às dificuldades mencionadas anteriormente, foi preciso fazer algumas mudanças legais em 1997 que visavam reduzir esse período de transição e harmonizar o sistema previdenciário dos servidores públicos com o sistema geral.

Apesar das reformas realizadas, a tendência de médio prazo dos dispêndios continuava crescente. A conseqüência natural foi a necessidade de uma nova reforma, realizada em 2004. Nessa, o governo tomou diversas medidas que tinham como objetivo incentivar o adiamento da decisão de aposentadoria e apoiar o relançamento do sistema complementar de fundos de pensão. Segundo as previsões do Italy's Stability Programme de dezembro de 2006 do Ministero dell'Economia e delle Finanze (2006b), os efeitos da reforma de 2004 começarão a ser sentidos a partir de 2009, quando poderá haver uma reversão dos gastos públicos com previdência. Apesar dessa melhora, tais gastos poderão voltar a crescer na segunda metade da década de 2010, atingindo um pico entre 2035 e 2040 e, então, voltando a cair — como mostra o gráfico 1.10. Esse crescimento até 2035-40 é pequeno se comparado com as estimativas para o restante da Europa, embora o nível dos gastos seja atualmente um dos maiores do continente.

GRÁFICO 1.10
Itália — previsão de gastos com benefícios previdenciários — 2005-50
(anos selecionados — % do PIB)

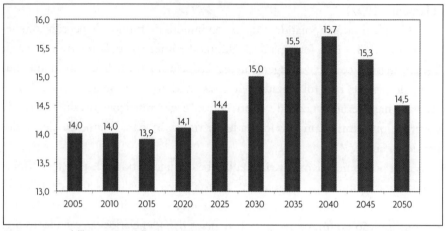

Fonte: Ministero dell'Economia e delle Finanze (2006b).

Para retardar a decisão de parar de trabalhar, a idade mínima para a concessão de aposentadoria por tempo de serviço para homens (sob a condição de 35 anos de contribuição) será aumentada de 57 para 60 em 2008; 61 entre 2010-13; e 62 a partir de 2014. As mulheres com 35 anos de contribuição ainda poderão optar por se aposentar aos 57 anos entre 2008-15. Entretanto, seu benefício será baseado totalmente no sistema de contribuição definida. Os empregados com 40 anos de contribuição aposentam-se em qualquer idade (European Commission, 2006b).

Até 2008, os trabalhadores que optarem por permanecer mais tempo no trabalho terão todas as suas contribuições — isto é, 32,7% do salário bruto, dos quais 23,8% pagos pelo empregador — adicionadas ao salário líquido.

A parte mais inovadora da reforma de 2004 é a promoção de um sistema privado complementar para reduzir a pressão sobre a previdência pública. A idéia era aproveitar um mecanismo de poupança privada já existente, o chamado Trattamento di Fine Rapporto (TFR), para desenvolver os fundos complementares. O TFR foi criado em 1982 e é um instrumento similar ao FGTS brasileiro. A maior diferença entre o caso brasileiro e o da Itália está no fato de que os valores destinados às contribuições patronais (equivalentes a 6,91% do salário bruto) são acumulados pelos próprios empregadores. Esse dinheiro é capitalizado (a uma taxa anual de 1,5% mais 75% da variação do índice de preços ao consumidor) e pago aos funcionários quando o contrato de trabalho é finalizado.

A reforma pretendia impulsionar os fundos de pensão suplementares introduzidos já pelas reformas de Amato e de Dini nos anos 1990. Por isso, as contribuições ao TFR seriam automaticamente transferidas para algum fundo de pensão privado a partir de janeiro de 2006, o que não ocorreria somente se o empregado se opusesse.

As reformas da previdência implantadas na Itália são bem diferentes da reforma chilena. Esta última repassou a gestão da previdência para instituições privadas denominadas administradores de fundo de pensão (AFPs), que são apenas fiscalizadas pelo governo. Os trabalhadores depositam compulsoriamente o mínimo de 12,5% de seus rendimentos em contas individuais na AFP que preferirem. Essa AFP fica responsável por suas reservas, que são investidas, por exemplo, em títulos e ações. Os benefícios dos aposentados são calculados com base no montante acumulado individualmente. A única participação direta do governo do Chile no regime previdenciário implantado em 1981 é a garantia de um benefício mínimo de US$150 mensais para quem não consegue acumular saldo suficiente.

Em termos da contribuição do governo para os fundos privados, ela é feita na forma de incentivos fiscais instituídos para estimular o desenvolvimento da previdência complementar.

Todas as formas de previdência privada são favorecidas por incentivos fiscais, voltados tanto para os empregados quanto para os empregadores. Contribuições até 12% dos rendimentos brutos (com um limite de €5.164,57), por exemplo, são isentas de imposto de renda (European Commission, 2006a).

No que diz respeito à participação do setor público nos fundos, inicialmente, não havia previsão de participação do governo. Entretanto, no final de 2006, um acordo entre o governo e representantes da sociedade civil determinou que os trabalhadores de empresas com mais de 50 funcionários deverão optar (individualmente) se destinarão seu dinheiro do TFR para fundos de previdência. Caso contrário os recursos do TFR serão automaticamente repassados para o Instituto Nacional de Previdência Social (INPS). O dinheiro arrecadado pelo órgão estatal não será acumulado em fundos de previdência, mas sim administrado por um regime de repartição simples (de benefício definido). O prazo para a escolha é de seis meses a contar de janeiro de 2007.

56   AJUSTES FISCAIS

Apesar de ter sido programada para 2006, a entrada em vigor do mecanismo de transferência automática do dinheiro do TFR para fundos de previdência complementar foi adiada para 2007 e está ocorrendo de forma diferente da planejada na reforma de 2004. O fato novo é a possibilidade de repasse de recursos do TFR ao INPS. De janeiro a junho, os trabalhadores de empresas com mais de 50 empregados que não optarem por destinar seus recursos para fundos de previdência privados terão seu dinheiro repassado ao INPS. Já os empregados de empresas com menos de 50 funcionários que não quiserem destinar suas reservas do TFR aos fundos privados de previdência complementar continuarão a deixá-las sob a responsabilidade dos empregadores.[5]

As contas que forem administradas pelo INPS passarão a se submeter ao sistema de previdência complementar por repartição simples (benefício definido), ou seja, o INPS não formará fundos de previdência com o dinheiro arrecadado. Os mesmos incentivos fiscais que são dados para as empresas investirem na formação de fundos privados serão dados para os recursos do TFR que forem destinados ao INPS. A previsão do governo italiano é de que, nos primeiros anos desse sistema, o governo terá um saldo positivo, como pode ser visto no gráfico 1.11. De acordo com um documento do próprio Ministério da Economia da Itália (2006b), esse dinheiro será usado em programas para estimular o crescimento econômico.

Tais medidas, na verdade, representam um retrocesso na questão previdenciária. Um dos objetivos da reforma de 2004 era justamente apoiar o desenvolvimento de fundos complementares privados. O que está sendo feito agora é um caso clássico em que o governo se aproveita do saldo positivo que é obtido naturalmente no período inicial de qualquer regime de repartição simples para aumentar os gastos públicos. Outro problema é a criação de um novo regime de benefício definido enquanto boa parte dos esforços do governo italiano desde a reforma de 1995 era voltada justamente para a instituição do plano de contribuição definida.

---

[5] Para maiores detalhes sobre o assunto, ver site do Ministério do Trabalho e Previdência Social da Itália dedicado à reforma da previdência complementar. Disponível em: <www.tfr.gov.it/TFR>.

GRÁFICO 1.11
Itália — previsão de receitas, despesas e saldo da parcela do TFR destinada ao INPS
(em milhões de euros)

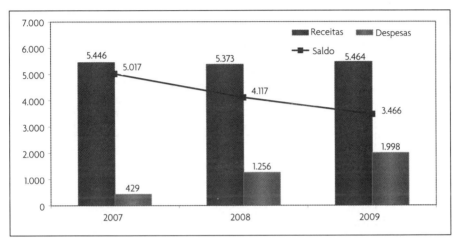

Fonte: Ministero dell'Economia e delle Finanze (2006b).

Contribuição das empresas estatais para o déficit

As contas públicas usualmente divulgadas pela Itália seguem o padrão recomendado pela OCDE e referem-se ao "governo geral", conceito que exclui as contas das empresas estatais. Ainda assim, o déficit do governo geral leva em consideração as transferências líquidas do governo às estatais. Com o processo de privatização implantado nos anos 1990 na Itália, tais transferências foram reduzidas de um nível superior aos 3% do PIB em 1990 para valores menores que 2% em 2000, sendo que quase metade desse valor refere-se a investimentos (Bibbee e Goglio, 2002).

O processo de privatização foi impulsionado não só pela necessidade de realização de um ajuste fiscal, mas também por pressões da Comissão Européia para reduzir subsídios e transferências do governo às estatais deficitárias.

Emprego do setor público e gastos com salários

Como destacado por Bibbee e Goglio (2002), um fator importante para a redução das despesas primárias foi a adoção de limites mais rigorosos para a política de contratações dos governos federal e locais. Com medidas como o congelamento

58   AJUSTES FISCAIS

de novas contratações e a nova política de contratações para vagas em aberto (devido a aposentadorias ou demissões), o governo geral passou a absorver uma parcela menor do número total de trabalhadores da economia do país de 1993 a 2000 (tabela 1.1).

TABELA 1.1

Itália — participação dos servidores públicos
no emprego total, anos selecionados (%)

Ano	Governo geral	Governo central	Governos locais	Seguridade social
1990	16,8	9,7	6,8	0,3
1993	17,4	10,1	7,1	0,3
1996	17,4	9,6	7,5	0,3
1999	16,6	9,1	7,2	0,3
2000	16,2	9,2	6,8	0,3

Fonte: OCDE.

Em relação à remuneração, a tabela 1.2 mostra que os servidores públicos ganhavam em torno de 30% a mais que os trabalhadores do setor privado até 2000. Porém, é difícil saber se essa diferença na remuneração deve-se a diferenças na qualificação ou por outros fatores. É importante observar que, após o período inicial do ajuste fiscal, verificou-se uma elevação dos salários relativos dos servidores, especialmente, nos governos locais.

TABELA 1.2

Itália — salários médios do governo em relação
ao setor privado (%)

Ano	Governo geral	Governo central	Governos locais	Seguridade social
1990	132,5	139,2	120,9	185,7
1993	126,2	133,7	114,0	164,6
1996	129,2	136,3	118,3	175,3
1999	133,4	138,7	125,6	159,8
2000	133,2	134,5	130,1	167,7

Fonte: Dados do Istituto Nazionale di Statistica (Istat). Elaborado pela OCDE.
Nota: Salário médio do setor privado igual a 100.

Outra questão importante no que se refere aos empregos do setor público foi o programa de privatizações de empresas estatais. Ele foi implantado em meio a uma série de reformas estruturais e tinha como objetivos: complementar o ajuste fiscal; deixar o governo se concentrar em suas funções essenciais; e atender as demandas da Comissão Européia por cortes de subsídios e transferências ao setor produtivo. O resultado dessas privatizações em termos de mercado de trabalho foi a redução da participação de 5,5% do emprego total em 1990 para 4% em 1997, o que corresponde a uma redução de 310 mil empregados no setor (Bibbee e Goglio, 2002).

Reforma tributária

Em 1998, iniciou-se uma reforma tributária que tinha como objetivo tornar a arrecadação de impostos mais eficiente e neutra. Ela foi feita com base em várias medidas, entre as quais destacam-se a introdução do Dual Income Tax System (DIT) e a substituição das contribuições para o Serviço Nacional de Saúde, além de outros impostos, por um novo imposto regional indireto (Irap).

No início dos anos 1990, alguns problemas do sistema tributário ficaram evidentes. Apesar da carga tributária total não ser considerada alta para os padrões europeus, as alíquotas dos impostos eram relativamente mais elevadas. A principal razão dessa distorção era o elevado nível de elisão/evasão fiscal, que fazia com que a carga tributária se concentrasse em alguns grupos da população. A própria estrutura da economia italiana, baseada em pequenas empresas e em trabalho autônomo, contribuía para esse tipo de fenômeno (Balassone et al., 2002).

O exemplo mais claro desse tipo de problema era o perfil dos contribuintes do imposto de renda de pessoa física (Irpef). Boa parte do crescimento da receita tributária do final dos anos 1970 e da década de 1980 foi obtida por meio de elevações da arrecadação desse imposto. Como a renda dos assalariados é fiscalizada com mais facilidade, no início dos anos 1990, a incidência do Irpef havia se concentrado nessa parcela da população.

Outro problema crítico era o financiamento dos governos locais. A ampliação da descentralização das despesas contrastava com a concentração da arrecadação no governo central.

Esses problemas alocativos não foram combatidos nas fases iniciais do processo de ajuste fiscal. Somente em 1998 iniciou-se uma reforma tributária que tinha como objetivo tornar a arrecadação de impostos mais eficiente e neutra. Como é possível observar no gráfico 1.12 e na tabela 1.4, após a alteração da legislação tributária, ocorreram reduções da arrecadação de impostos diretos e de contribuições sociais e aumentos da receita de impostos indiretos.

GRÁFICO 1.12
Itália — impostos diretos, indiretos e contribuições sociais (% do PIB)

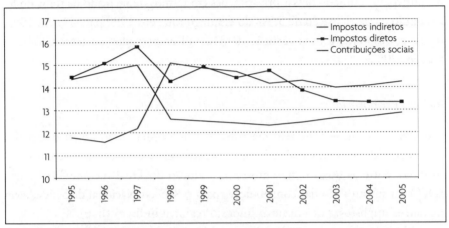

Fontes: Eurostat e OCDE.

O DIT reduziu a alíquota média sobre o lucro das empresas financiadas pelo lançamento de ações no mercado de capitais. Essa forma de arrecadação reduziu significativamente a vantagem fiscal do financiamento por meio de dívidas e estimulou os investimentos feitos com abertura de capital.

O Irap, por sua vez, é neutro em relação às diferentes formas de renda sobre o capital porque aplica uma taxa idêntica para os lucros e para os recebimentos de juros. Outro efeito positivo da introdução do Irap foi a redução dos custos da mão-de-obra devido à supressão das contribuições para o Serviço Nacional de Saúde, que incidiam sobre a folha de pagamento.

Autonomia dos governos regionais/locais

As receitas dos governos regionais/locais representavam menos de 8% do total arrecadado pelo governo geral em 1990. A criação de um imposto municipal sobre a renda de imóveis em 1993 e a introdução do Irap em 1998 fizeram essa participação crescer para níveis acima de 19%. Enquanto a receita do governo central se estabilizou em meados da década de 1990, a receita dos governos locais continuou a crescer (Balassone et al., 2002).

O Irap é arrecadado em nível nacional, juntamente com o imposto de renda e outros impostos sobre empresas. A receita do Irap é, em seguida, totalmente transferida aos governos regionais pelo governo central com base no que é arrecadado em cada região. Como a distribuição da atividade produtiva é mais desigual do que a distribuição do consumo, o governo procurou encontrar uma forma de reduzir esse problema de desigualdade regional da renda criando, em março de 2000, um fundo de equalização formado com uma parcela da arrecadação do imposto nacional sobre o valor adicionado (IVA). O fundo do IVA equaliza até 90% das diferenças nas receitas potenciais *per capita* e ainda destina recursos com base em indicadores relacionados à saúde (estrutura etária ou indicadores demográficos) a fim de se levar em conta a disposição constitucional que determina o financiamento de regiões em função de suas necessidades. O uso das receitas potenciais é uma forma de se evitar o baixo esforço de arrecadação fiscal.

No auge do processo de consolidação do ajuste fiscal, em 1997, a tendência de aumento da autonomia financeira dos governos locais foi contrabalançada pela criação de restrições à administração do fluxo de caixa de tais governos. O controle do governo central sobre os governos subnacionais representava uma ferramenta bem-sucedida para garantir o controle de curto prazo das contas públicas. Entretanto, essa estratégia era inconsistente com a meta de longo prazo de aumentar a autonomia desses níveis de governo.

Nesse contexto, a adesão ao Stability and Growth Pact (SGP), que reforçava a importância das metas de disciplina fiscal introduzidas pelo Tratado de Maastricht, induziu o governo da Itália a implantar o chamado Pacto Interno de Estabilidade. Esse pacto impunha uma redução do déficit público por meio de um mecanismo cooperativo em que a redução total seria dividida entre os três níveis de governo subnacionais (regional, provincial e municipal) de acordo com o tamanho de suas despesas correntes primárias. A meta de déficit seria definida com base na contabilidade pelo regime de caixa, excluindo os gastos com investimentos e com o pagamento de juros e, pelo lado da receita, as transferências do governo central.

O primeiro problema desse pacto interno diz respeito às dificuldades contábeis. Enquanto o acordo da UE utiliza as contas pelo regime de competência, o pacto interno, conforme mencionado, leva em consideração a contabilidade pelo regime de caixa. O maior problema, entretanto, é a ausência de mecanismos efetivos de imposição de sanções aos entes federativos que descumprirem os termos do pacto (Bibbee e Goglio, 2002).

Apesar dessas questões, a descentralização continua a ser um tema importante, como demonstram os documentos do Plano Econômico e Financeiro 2007-11

62   AJUSTES FISCAIS

do Ministério da Economia e das Finanças. Os governos locais desempenham papel fundamental, principalmente, no que se refere aos investimentos em infra-estrutura e aos gastos sociais (exclusive aposentadorias e pensões). Dessa forma, a implantação completa do federalismo fiscal é uma condição necessária para se atingir dois objetivos: os governos locais tornarem-se aptos a desenvolver suas funções de forma completa; e garantir o equilíbrio fiscal do país.

Uma questão fundamental que está sendo discutida é a criação de um novo Pacto Nacional de Estabilidade, cujos elementos mais relevantes deveriam ser mantidos sem mudanças ao longo do tempo. Para isso, é preciso estabelecer as fontes de recursos que possam ser usadas para as despesas com os serviços que os governos subnacionais são responsáveis, tendo em vista a restrição orçamentária do governo geral.

Gastos com saúde pública

As tendências de aumento da idade média da população e de elevação dos custos dos tratamentos médicos, juntamente com as dificuldades do processo de descentralização dos gastos, dificultam a contenção das despesas com saúde. A forma encontrada para melhorar a eficiência e conter o aumento dos gastos, sem comprometer a qualidade dos serviços, foi a realização do "pacto pela saúde", que é um acordo entre o governo central e os governos regionais. Esse pacto foi feito em 2006 e começa a ser aplicado em 2007. Entre suas principais medidas estão as para aumentar a autonomia e a responsabilidade dos governos regionais. Se a região atingir níveis mais elevados de eficiência que aqueles determinados no acordo, poderá usar os recursos economizados livremente, desde que o nível essencial de assistência seja garantido. Caso contrário, a região terá que financiar os gastos excessivos com recursos próprios. Deve-se ressaltar, porém, que ainda não é possível avaliar os resultados efetivos desse pacto, pois está sendo implantado em 2007.

De acordo com Bibbee e Goglio (2002), as despesas com saúde pública foram reduzidas em quase 2% em termos reais na primeira metade da década de 1990. A partir de 1995, essas despesas passaram a crescer rapidamente, ficando claro que não seria possível manter as economias obtidas no período anterior. Tais economias eram claramente insustentáveis no médio prazo, pois baseavam-se, principalmente, em cortes reais dos salários e na contenção dos investimentos.

As tendências de aumento da idade média da população e de elevação dos custos dos tratamentos médicos, juntamente com as dificuldades do processo de descentralização dos gastos com saúde, dificultam a contenção dos gastos no setor. Entre 2000-05, segundo o Ministério da Economia e das Finanças, os dispêndios da administração pública com saúde cresceram a uma taxa média real de 4% ao ano. Em relação ao PIB, os dispêndios aumentaram de 5,7 para 6,7%. Embora esses ainda não sejam valores elevados em relação a outros países europeus, a Itália possui bons indicadores nessa área. Ainda assim, o próprio governo assume que existem vários problemas gerenciais que prejudicam o atendimento da população e a eficiência dos gastos. Para as próximas décadas, o governo prevê que os gastos do setor terão um aumento significativo, de cerca de 2 pontos percentuais do PIB (gráfico 1.13).

GRÁFICO 1.13
Itália — previsão de gastos com saúde pública — 2005-50
(anos selecionados — % do PIB)

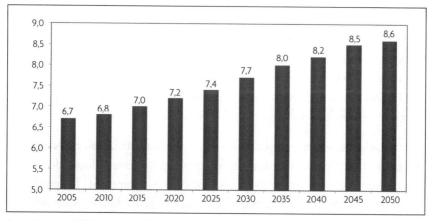

Fonte: Ministero dell'Economia e delle Finanze (2006b).

Em junho de 2006, o governo central começou a desenvolver um novo acordo para o sistema público de saúde, como descrito nos documentos de planejamento econômico e financeiro 2007-11 (Ministero dell'Economia e delle Finanze, 2006a). Em linhas gerais, esse acordo pode ser definido da seguinte forma:

► **fontes confiáveis de recursos** — o governo procurou definir as fontes de recursos para o serviço de saúde para o longo prazo (inicialmente, para 2007-09) a fim de possibilitar o desenvolvimento de planos de ação de médio prazo dos governos regionais para tentar eliminar as ineficiências gerenciais que reduzem a efetividade dos serviços prestados à população e para tentar controlar os gastos;

64 AJUSTES FISCAIS

➤ **autonomia e responsabilidade para as regiões** — as regiões passarão a operar com total autonomia e responsabilidade sobre o orçamento. Se a região atingir níveis mais elevados de eficiência que aqueles determinados no acordo, poderá usar os recursos economizados livremente, desde que o nível essencial de assistência (*livelli essenziali di assistenza* — LEA) seja garantido. Caso contrário, a região terá que financiar os gastos excessivos com recursos próprios, inclusive por meio dos instrumentos fiscais automáticos (elevações de alíquotas de impostos regionais);

➤ **eliminação dos déficits no final de 2009** — para as regiões com déficits elevados, um fundo extraordinário será disponibilizado durante os anos de 2007-09. Tal fundo terá valores decrescentes ao longo do período e, juntamente com outras medidas suplementares, irá ajudar as regiões a realizarem seus próprios ajustamentos com recursos destinados a ações que melhorem o gerenciamento dos gastos, eliminando esses déficits até o final de 2009.

O acordo foi finalizado com a assinatura do chamado Pacto pela Saúde, que envolve o governo central e os governos regionais (Ministero dell'Economia e delle Finanze, 2006a; 2006c; Ministero della Salute, 2006).

O pacto também prevê uma série de medidas específicas com o objetivo de reduzir custos e melhorar a eficiência dos serviços, entre as quais:

➤ continuação das ações da Agência Farmacêutica Italiana (Aifa), que centralizou as compras de medicamentos e obteve uma significativa redução de custos;

➤ dar ênfase ao tratamento ambulatorial *vis-à-vis* as internações hospitalares;

➤ cortes de 50% nas tarifas de serviços que utilizam "procedimentos automáticos".

Para avaliar a eficiência e a efetividade dos gastos, garantindo que haja uma melhora da qualidade dos serviços de saúde prestados pelos governos regionais, está sendo constituído um órgão bilateral (governo central + regionais) de monitoramento. Esse órgão deverá garantir o cumprimento do LEA e dar o apoio técnico necessário para as regiões, principalmente, para as mais deficitárias.

Contabilidade pública e orçamento

A lei orçamentária anual autoriza os gastos pelo critério de competência (*autorizzazioni di competenza*) e permite que os gastos não realizados sejam efetivados até dois anos depois, sendo que os gastos com investimentos podem ser efetivados até cinco anos depois. Dessa forma, o planejamento do fluxo de caixa anual *(autorizzazioni di cassa)* deve levar em conta os programas relativos ao período em questão mais os gastos referentes aos programas dos anos anteriores (restos a pagar).

Embora esse tipo de procedimento seja amplamente utilizado em diversos países, no caso italiano há alguns problemas que comprometem o controle dos gastos públicos. O planejamento do fluxo de caixa por programa não é submetido à aprovação no Parlamento e, usualmente, as informações estão disponíveis com significativo atraso, criando incertezas sobre a efetiva disponibilidade de recursos. Quando o Parlamento aprova o orçamento, ele ainda é baseado em estimativas preliminares dos restos a pagar, que tendem a ser subestimadas devido às limitações de informação (Bibbee e Goglio, 2002).

As avaliações de desempenho das contas públicas em relação às metas do Tratado de Maastricht são todas feitas levando-se em conta o regime de competência. Por isso, não há problemas em relação aos restos a pagar, a contabilização das necessidades de financiamento do setor público de cada ano levará em consideração o período de ocorrência das receitas e despesas, não as datas de recebimento e de pagamento.

No que se refere ao processo orçamentário como um todo, assim como em 53% dos países da OCDE,[6] entre 60 e 80% dos gastos do governo italiano não podem ser alterados pela lei orçamentária anual. Como ocorre em 73% dos países-membros da OCDE, estimativas plurianuais de despesas estão contidas no orçamento anual. No entanto, a Itália é dos poucos países da OCDE (4,3%) que precisa submeter as estimativas plurianuais de despesas à autorização do Parlamento.

Comparado aos demais países da OCDE, o processo orçamentário da Itália é um dos:

➤ 48% que estão sujeitos a regras fiscais determinadas por organizações supranacionais (no caso, o Tratado de Maastricht);

➤ 48% que definem o déficit público como a diferença entre as receitas e as despesas totais;

➤ 59% que não possuem um órgão independente para rever as hipóteses macroeconômicas usadas no orçamento;

➤ 11% que revisa anualmente as hipóteses macro.

---

[6] Os dados comparativos sobre o processo orçamentário dos países da OCDE estão disponíveis em: <http://ocde.dyndns.org/>.

Um ponto positivo do processo orçamentário italiano, que segue as recomendações da Comissão Européia, é a adoção de mecanismos plurianuais no orçamento anual. Todo ano são definidos os tetos para os déficits primário e nominal, assim como as metas para gastos e receitas (em valores monetários e percentual do PIB), para o horizonte de três anos. Esses valores devem estar de acordo com o planejamento de longo prazo, chamado de Planejamento Econômico e Financeiro 2007-11 (Ministero dell'Economia e delle Finanze, 2006a), que, por sua vez, tem como base as metas fixadas no Stability and Growth Pact (SGP). Embora o orçamento contenha essas metas para os três anos seguintes, os números para as variáveis macroeconômicas e fiscais são revistos anualmente, quando é feito o novo orçamento.

Por outro lado, um ponto negativo do processo orçamentário italiano é a ausência de um órgão independente para rever as hipóteses macroeconômicas usadas no orçamento. O resultado disso é que, muitas vezes, o crescimento econômico e, por conseguinte, as receitas são superestimados.

O processo orçamentário italiano apresenta também sérios problemas para o gerenciamento dos gastos públicos, entre os quais Bibbee e Goglio (2002) destacam alguns.

Complexidade dos métodos contábeis: a existência de significativas diferenças entre a contabilidade pelos regimes de caixa e de competência gera complicações para o controle e o monitoramento das contas públicas. Entretanto, de acordo com o FMI (2006b), o governo central da Itália vem dedicando um esforço considerável nos últimos anos para reduzir a discrepância entre as duas formas de se estimar o resultado fiscal (necessidade de financiamento do setor público pelo regime de caixa e déficit fiscal pelo regime de competência). Um sistema piloto computadorizado de monitoramento das transações financeiras efetuadas por todos os níveis de governo (Siope) foi lançado em outubro de 2005. Quando estiver funcionando plenamente, esse sistema poderá ser uma ferramenta importante para o controle das finanças públicas, especialmente, dos governos locais.

A estrutura legal/institucional impõe regras rígidas nas decisões sobre o orçamento, sendo que a norma constitucional exige que qualquer gasto adicional tem que ser coberto por valores equivalentes na forma de cortes de dispêndios e/ou de aumentos de receitas. Porém, essa disposição constitucional pode ser burlada quando instituições governamentais que não são cobertas pelo orçamento do governo federal ou os governos locais gastam mais do que o definido nas metas iniciais. Logo, é possível haver aumentos de despesas maiores que as elevações das receitas no governo geral mesmo que esse desequilíbrio não esteja previsto formalmente.

Problemas no processo de elaboração e análise da proposta orçamentária: a multiplicidade de órgãos governamentais envolvidos na elaboração e a ênfase em questões burocráticas, em detrimento dos objetivos econômicos, prejudicam significativamente o resultado final. O Parlamento, por sua vez, acaba tendo que centralizar os debates nas alternativas possíveis para se eliminar as diferenças entre a tendência do déficit e as metas fiscais determinadas pelos tratados internacionais. Por isso, muitas vezes os parlamentares acabam discutindo medidas de ajuste de curto prazo em detrimento de medidas que poderiam proporcionar ajustes estruturais duradouros.

Inadequação do controle externo: o Parlamento e a Corte de Auditoria (Corte dei Conti) são os responsáveis pela avaliação e auditoria das contas públicas. Esses órgãos enfatizam o controle legal dos gastos, mas não analisam questões fundamentais como o custo-benefício dos programas ou a eficiência dos gastos.

Os "artifícios" usados com freqüência pelo governo italiano para tentar adequar o déficit público às exigências do SGP são as medidas de efeito temporário e/ou que não vão se repetir (*one-off measures*).

A utilização desse mecanismo foi detectada por organismos multilaterais e é reconhecida pelo próprio governo italiano. Para tentar limitar o seu uso, a Comissão Européia passou a exigir que seus países-membros divulgassem periodicamente dados sobre as medidas *one-off*. Como pode ser visto no gráfico 1.14, o impacto dessas medidas foi importante para fazer com que o déficit nominal se aproximasse da meta de 3% do PIB, principalmente, de 2002-04. De acordo com a OCDE (2005), duas medidas muito usadas são a renegociação de dívidas tributárias e a securitização de imóveis. A justificativa em 2003, por exemplo, era de que o PIB estava abaixo de seu potencial, sendo necessária a utilização de mecanismos de ajuste de curto prazo. Essa justificativa foi, de forma geral, bem aceita pela União Européia e pelo mercado financeiro, embora o país tenha sido alertado para que essas medidas de efeito temporário fossem substituídas por outras duradouras. De fato, em 2005, observou-se uma redução da participação das medidas *one-off* e, segundo as previsões do Ministério da Economia e das Finanças, as receitas referentes às medidas *one-off* devem perder significância nos próximos anos.

GRÁFICO 1.14

Itália — impactos das medidas *one-off* no déficit nominal

(2000-05 — % do PIB)

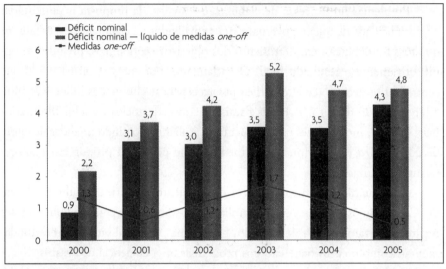

Fontes: OCDE e Ministero dell'Economia e delle Finanze (2006b).

Panorama fiscal: metas e perspectivas de médio prazo

A principal questão que orienta as ações da Comissão Européia refere-se à sustentabilidade das contas públicas. Por isso, as metas mais cobradas são a manutenção do déficit fiscal abaixo de 3% do PIB e, mais recentemente, as metas fiscais de médio prazo (ajustadas para as variações cíclicas e excluídas as medidas *one-off*). Sendo assim, os países-membros da União Monetária Européia (EMU) que têm dívida pública bruta acima de 60% do PIB devem ter um plano de longo prazo que indique a forma pela qual reduzirá seu endividamento para níveis abaixo do teto de 60%. É claro que existe também um fator político em relação aos casos excepcionais como o da Itália. Se um novo país sem a importância política da Itália desejasse fazer parte da EMU sem atender ao teto de 60% de dívida, certamente não seria aprovado.

As metas fiscais do governo geral da Itália foram fixadas com base no SGP.[7] Dessa forma, a meta fiscal básica é a manutenção do déficit nominal abaixo de 3% do PIB. Como explicado no Relatório de Finanças Públicas da EMU de 2006

---

[7] Mais detalhes sobre o SGP estão disponíveis em: <http://ec.europa.eu/economy_finance/about/activities/sgp/sgp_en.htm>.

(European Commission, 2006a), em 2005, os países-membros da EMU realizaram uma reforma no SGP cujos principais resultados foram a adoção dos novos "objetivos orçamentários de médio prazo" (*medium-term budgetary objectives* — MTOs) e de critérios para atingir tais objetivos. Um regulamento da Comissão Européia de junho de 2005 (nº 1.055)[8] determina que, em razão da heterogeneidade das economias e dos orçamentos dos países da EMU, os MTOs devem ser diferentes para cada país, a fim de se garantir a sustentabilidade das finanças públicas — já consideradas as perspectivas de mudanças demográficas. Dessa forma, cada país possui seus MTOs, que são ajustados pelas variações cíclicas da economia e líquidas de medidas de efeito temporário e/ou que não vão se repetir (*one-off measures*).

Essa abordagem mais simétrica para a política fiscal ao longo dos ciclos deve resultar numa maior disciplina fiscal nas fases positivas dos ciclos, evitando assim políticas fiscais pró-cíclicas e garantindo um rápido progresso em direção à sustentabilidade fiscal.

É importante ressaltar que a Comissão Européia não só define metas, como também acompanha a execução fiscal dos países-membros e recomenda procedimentos corretivos (*excessive deficit procedure*) caso conclua que tais países não estejam cumprindo as metas determinadas no pacto e possam estar evoluindo para trajetórias insustentáveis das contas públicas.

Perspectivas de médio prazo

Em 2005, a Comissão concluiu que a Itália, entre outros países, estava numa trajetória de déficit excessivo e, por isso, foram feitas diversas recomendações.[9] Em particular, foi recomendado à Itália: a redução estrutural do déficit em, no mínimo, 1,6 ponto percentual do PIB em 2007 (em relação ao déficit de 2005), sendo que metade desse ajuste deveria ser feita em 2006; e a adoção de outras medidas que fossem necessárias para garantir a redução da relação dívida/PIB.

De acordo com a European Commission (2006b), a Itália foi enquadrada nesse *excessive deficit procedure* para que consiga voltar ao déficit nominal de 3% do PIB em 2007. O aumento dos déficits nominais, que ultrapassou a meta de 3% do PIB no período 2003-05 (tabela 1.4), foi causado pela deterioração do

---

[8] Disponível em: <http://eur-lex.europa.eu/LexUriServ/site/en/oj/2005/l_174/l_17420050707en00010004.pdf>.

[9] Informações completas sobre as recomendações para cada país estão disponíveis em: <http://ec.europa.eu/economy_finance/about/activities/sgp/procedures_en.htm>

70 AJUSTES FISCAIS

resultado primário. Essa piora nas contas públicas acabou gerando uma elevação da dívida após 10 anos de declínio. Além disso, a previsão da Comissão Européia é de que haja uma nova elevação em 2006 e, caso não sejam tomadas as medidas necessárias, a dívida deve aumentar também em 2007.

Para tentar corrigir esse problema, o governo fixou metas de maior austeridade fiscal como a redução do déficit nominal para 1,5% do PIB em 2009 (tabela 1.3). O orçamento de 2006 previa significativos cortes de gastos, que seriam gerenciados por um novo mecanismo de controle mensal dos gastos do governo central e do acompanhamento do cumprimento no Pacto Interno de Estabilidade. Mais especificamente, o governo central e os governos locais deveriam cortar (em valores ajustados pelas flutuações cíclicas) aproximadamente 0,4% do PIB do "consumo intermediário" e dos investimentos e 0,6% do PIB de outros gastos. Cortes adicionais de 0,2% do PIB nas despesas dos governos regionais com saúde também estavam planejados. Essas reduções de gastos seriam complementadas por receitas adicionais em valores equivalentes a 0,7% do PIB, sendo que 0,1 ponto percentual viria de medidas *one-off* (European Commission, 2005; Ministero dell'Economia e delle Finanze, 2005).

Entretanto, segundo as previsões feitas, com base na política fiscal atual, pela Comissão Européia no segundo semestre de 2006, o déficit nominal deverá ser de 4,5% do PIB em 2007, acima da meta de 2,8%. Essa diferença entre a meta oficial e a previsão para o ano de 2007 indica que um significativo ajuste será necessário para se atingir a meta de 2009.

TABELA 1.3
Itália — metas fiscais ajustadas pelo componente cíclico (2006-09 — % do PIB)

Meta	2006	2007	2008	2009
Crescimento real do PIB	1,5	1,5	1,7	1,8
Resultado nominal	−3,5	−2,8	−2,1	−1,5
Crescimento do produto potencial	1,2	1,3	1,4	1,6
Trabalho	0,5	0,5	0,5	0,5
Capital	0,6	0,6	0,6	0,7
Produtividade total dos fatores	0,0	0,2	0,3	0,4
Hiato do produto	−1,4	−1,3	−1,0	−0,8
Componente cíclico do orçamento	−0,7	−0,6	−0,5	−0,4
Resultado nominal ajustado pelo componente cíclico	−2,8	−2,2	−1,6	−1,1
Resultado primário ajustado pelo componente cíclico	2,0	2,5	3,1	3,6

Continua

Meta	2006	2007	2008	2009
Medidas *one-off*	0,3	–	–	–
Resultado nominal ajustado pelo componente cíclico e líquido de medidas *one-off*	−3,0	−2,2	−1,6	−1,1
Resultado primário ajustado pelo componente cíclico e líquido de medidas *one-off*	1,7	2,5	3,1	3,6

Fonte: Ministero dell'Economia e delle Finanze (2005).

Conclusões

A consolidação do chamado "Estado de bem-estar social", pelo estabelecimento e expansão de programas sociais e de serviços à população, gerou uma elevação excessiva dos gastos públicos e da dívida pública.

Para tentar conter esse avanço da dívida, foi iniciado um processo de ajuste fiscal na segunda metade dos anos 1980 baseado em aumentos de receitas. Entretanto, o sucesso dessa primeira etapa do processo foi bastante limitado. Apenas a partir de 1994, ano em que a dívida atingiu seu valor mais elevado, as despesas primárias começaram a ser reduzidas de forma consistente. A possibilidade verificada até aquele momento de a dívida manter uma trajetória insustentável, num contexto em que o país precisava se adequar às normas do Tratado de Maastricht, trouxe à tona questões fundamentais relacionadas aos gastos públicos e à competitividade da economia italiana.

O ajuste fiscal realizado a partir de então foi bem-sucedido em alguns aspectos, conseguindo reduzir a dívida, evitando uma possível moratória e, conseqüentemente, melhorando a credibilidade do país. Porém, o ajuste baseou-se excessivamente em medidas de curto prazo, adiando repetidas vezes a implantação de algumas reformas estruturais importantes.

Portanto, apesar da inegável melhora das contas públicas, principalmente de 1994-2000, a situação fiscal voltou a se deteriorar nos últimos anos e, com base nas mais recentes previsões da Comissão Européia, é possível concluir que o governo não está se esforçando o suficiente para superar esses problemas das contas públicas.

A falta de comprometimento com o ajuste fiscal, por sua vez, pode estar contribuindo para o baixo crescimento da economia italiana. Desde 2002, por exemplo, a taxa de crescimento do PIB tem ficado em valores próximos de zero. Nesse sentido, torna-se claro que as reformas da previdência foram necessárias para se evitar uma trajetória explosiva das contas públicas de custeio, mas, por si sós não garantiram o crescimento econômico. Além disso, fica evidente que reduções de déficits baseadas em elevações de impostos e contenção dos investimentos públicos podem constituir-se em obstáculo ao crescimento, mesmo anos depois de efetuadas.

Anexo

TABELA 1.4

TABELA 1.4
Itália — resultado fiscal do governo geral (1995-2005 – % do PIB)

	1995	1996	1997	1998	1999	2000	2001	2002	2003	2004	2005
Receita total	45,1	45,5	47,6	46,2	46,4	45,3	44,9	44,4	44,8	44,3	44,0
Impostos	26,8	26,9	28,7	29,7	29,9	29,2	29,0	28,4	28,7	28,0	27,7
Impostos indiretos	11,8	11,6	12,2	15,1	14,9	14,7	14,2	14,3	14,0	14,1	14,2
Impostos diretos	14,5	15,1	15,8	14,3	14,9	14,4	14,7	13,9	13,4	13,3	13,3
Impostos sobre o patrimônio	0,6	0,3	0,7	0,4	0,1	0,1	0,1	0,2	1,3	0,6	0,1
Contribuições sociais	14,4	14,7	15,0	12,6	12,5	12,4	12,3	12,5	12,6	12,7	12,9
Outras receitas correntes e de capital	3,9	3,8	3,9	3,8	4,0	3,7	3,6	3,5	3,4	3,6	3,4
Despesa primária	42,0	41,9	41,8	41,7	42,3	40,4	42,3	42,3	43,8	43,5	44,1
Consumo intermediário	4,8	4,9	4,8	4,9	5,0	5,0	5,1	5,2	5,3	5,4	5,5
Salários	11,0	11,3	11,5	10,6	10,6	10,4	10,5	10,6	10,8	10,8	11,0
Subsídios	1,4	1,5	1,2	1,3	1,2	1,2	1,2	1,1	1,1	1,0	0,9
Benefícios sociais	18,2	18,4	18,9	18,6	19,0	18,7	18,7	19,1	19,4	19,6	19,9
Formação bruta de capital fixo	2,1	2,2	2,2	2,3	2,4	2,3	2,4	1,7	2,5	2,4	2,4
Outras despesas correntes e de capital	4,5	3,7	3,3	3,9	4,2	2,7	4,3	4,6	4,7	4,3	4,5
Resultado primário	3,1	3,6	5,8	4,5	4,1	4,9	2,6	2,0	1,0	0,8	−0,1
Juros	10,5	10,5	8,5	7,5	5,9	5,8	5,7	5,0	4,6	4,3	4,1
Resultado nominal	−7,4	−7,0	−2,7	−3,1	−1,8	−0,9	−3,1	−3,0	−3,5	−3,5	−4,3

Fontes: Eurostat e OCDE.

Tabela 1.5

Itália — resultado fiscal do governo geral (1995-2005 — em milhões de euros a preços constantes de 2000)

	1995	1996	1997	1998	1999	2000	2001	2002	2003	2004	2005
Receita total	**481.933**	**495.260**	**530.338**	**525.195**	**536.289**	**539.744**	**545.657**	**545.699**	**552.958**	**556.237**	**553.154**
Impostos	286.435	293.299	319.719	338.146	345.278	347.987	352.206	349.143	354.604	351.710	348.420
Impostos indiretos	125.916	126.066	135.867	171.505	171.662	175.037	172.157	175.822	172.721	176.799	179.089
Impostos diretos	154.568	164.110	176.178	162.342	172.332	171.833	179.013	170.486	165.300	167.752	167.727
Impostos sobre o patrimônio	5.950	3.123	7.675	4.299	1.284	1.117	1.036	2.835	16.583	7.159	1.604
Contribuições sociais	153.544	160.099	167.077	143.376	144.613	147.985	149.655	153.130	156.080	159.745	161.840
Outras receitas correntes e de capital	41.954	41.862	43.541	43.672	46.398	43.772	43.796	43.426	42.274	44.782	42.893
Despesa primária	**448.930**	**456.500**	**465.853**	**474.230**	**488.379**	**481.034**	**514.376**	**520.799**	**540.312**	**546.574**	**554.661**
Consumo intermediário	51.685	52.838	53.407	55.299	57.505	59.853	62.547	63.762	65.483	67.553	68.596
Salários	117.242	122.962	127.974	120.642	121.934	124.306	128.080	130.671	133.861	135.368	137.989
Subsídios	15.272	15.789	13.267	14.941	14.093	14.097	14.745	13.720	13.144	13.150	11.712
Benefícios sociais	194.519	200.727	210.718	212.083	219.046	222.963	227.746	235.246	239.803	246.654	249.757
Formação bruta de capital fixo	21.961	23.442	23.976	26.347	27.549	27.720	28.827	21.333	30.312	30.109	29.720
Outras despesas correntes e de capital	48.251	40.743	36.510	44.918	48.251	32.095	52.430	56.067	57.709	53.740	56.888
Resultado primário	**33.003**	**38.760**	**64.485**	**50.964**	**47.911**	**58.710**	**31.281**	**24.900**	**12.647**	**9.663**	**-1.508**
Juros	112.231	114.454	94.291	85.815	68.377	69.003	68.934	61.901	56.475	53.678	51.922
Resultado nominal	**-79.227**	**-75.694**	**-29.806**	**-34.850**	**-20.467**	**-10.293**	**-37.653**	**-37.002**	**-43.829**	**-44.015**	**-53.429**

Fontes: Eurostat e OCDE.

2

Rússia

A economia russa vem apresentando evidente progresso desde a crise ocorrida em 1998. A partir de então, a taxa de crescimento econômico foi, em média, de 6,5% ao ano. Tal recuperação foi estimulada por alterações na política econômica e pela forte elevação do preço do petróleo, cuja cadeia produtiva possui uma importante participação na economia do país.

Entre essas alterações de política econômica, as reformas fiscais destacam-se como das mais relevantes. A reforma tributária, iniciada a partir de 1998, permitiu a consolidação e a racionalização de diversos tributos e taxas, concorreu para a elevação da arrecadação — que vinha sofrendo um processo de declínio antes de 1998 — e para um sistema tributário mais simples. Com isso, houve um aumento da poupança do governo, que também fora beneficiada pela melhoria considerável da arrecadação proveniente de receitas ligadas à exploração, produção e venda do petróleo.

Pelo lado das despesas, foram feitas mudanças abrangendo não apenas as despesas primárias, como também as despesas financeiras.

O ajuste fiscal e as conseqüências macroeconômicas

Ajuste fiscal: uma análise geral

Considerando o ano de 1999 como o ano do ajuste fiscal, conforme se observa pelos dados apresentados na tabela 2.1, a Rússia conseguiu melhorar suas contas primárias em mais de 6 pontos percentuais do PIB, saindo de um déficit de 3,6% do PIB em 1998 para um superávit de 2,9% em 1999. Ainda que as receitas tenham se reduzido, neste ano verificou-se intensa diminuição de despesas, considerando-se o setor público consolidado, refletindo medidas adotadas no programa de redução de despesas lançado em 1998.

76 AJUSTES FISCAIS

TABELA 2.1

Rússia — ajuste fiscal: tamanho e composição — setor público consolidado (médias por período, em % do PIB)

Resultados	Antes 1998	Ano de ajuste 1999	Depois Curto prazo 2000/01	Depois Longo prazo 2002-04
Resultado fiscal				
Resultado primário	−3,6	2,9	6,5	4,1
Resultado nominal	−8,2	−3,1	2,9	2,3
Total de receitas	34,4	33,6	37,1	37,6
Imposto sobre rendas e lucros	6,3	6,9	8,2	7,9
IVA	6,3	5,9	6,7	6,7
Outras receitas	8,3	7,8	9,8	11,5
Receitas não-tributárias	1,4	2,3	2,0	2,6
Fundos orçamentários	3,0	3,4	2,9	1,1
Receitas dos fundos extra-orçamentários	8,7	8,1	8,1	8,5
(ajuste receita)[1]	0,5	−0,9	−0,6	−0,7
Total de despesas	42,5	36,7	34,2	35,4
Não-financeira (custeio e investimento)	8,2	8,0	9,8	10,7
Não-financeira (gastos sociais)[2]	13,2	8,8	9,3	10,7
Amortização líquida da dívida	0,3	0,2	-0,4	0,1
Fundos orçamentários	3,2	3,5	2,9	1,3
Outras despesas	3,5	2,3	1,1	2,3
Juros	4,5	6,4	3,7	1,8
Despesas dos fundos extra-orçamentários	9,6	6,9	7,3	8,4
(ajuste despesa)[1]	0,0	0,6	0,5	0,0
Resultado considerando impacto do petróleo				
Receitas relacionadas ao petróleo	2,8	3,9	7,5	8,1
Receitas não relacionadas ao petróleo	31,5	29,6	29,6	29,1
Receitas petróleo/total receitas (%)	8,2	11,6	20,2	21,8
Resultado primário sem efeito do petróleo	−2,8	−0,4	0,1	−2,7
Resultado nominal sem efeito do petróleo	−7,5	−6,6	−3,4	−4,6

Fonte: FMI.

[1] Ajustes necessários para harmonizar os dados apresentados de forma desagregada com o resultado fiscal fechado.

[2] Subtrai, dentro de gastos sociais, os resultados nominais (receitas-despesas) dos fundos extra-orçamentários, cujos objetivos são financiar despesas consideradas sociais.

Entre 1997 e 1998 já havia acontecido um intenso movimento de redução das despesas, que se concentrou nos gastos correntes de custeio, ligados à área de defesa, subsídios à indústria e à agricultura. Houve redução da folha de pagamentos do governo, propiciada pela diminuição no número de servidores públicos. Houve também redução nos pagamentos de empréstimos, principalmente considerando os governos locais.

A partir de 1999 verificou-se também queda nos gastos ligados à área social (saúde, educação, habitação), que alcançou cerca de 3,4 pontos percentuais em relação ao PIB, entre 1998 e 2004. Considerando o mesmo intervalo, isto é, entre 1998-2004, este movimento também foi repetido nas despesas dos fundos extra-orçamentários, grandes responsáveis pelas despesas sociais, que contribuíram com 1,8 ponto percentual para compressão de despesas do governo. No que se refere às despesas financeiras, presenciou-se no período também movimento de forte redução no pagamento de juros, que se reduziu em 3,1 pontos percentuais do PIB, influenciado, em grande medida, pelas taxas de juros reais negativas. Diante disso, entre 1998-2004, também ajudado pelo expressivo aumento de receitas — da ordem de 4,1% do PIB, o governo russo pôde melhorar o seu resultado fiscal em aproximadamente 10 pontos percentuais do PIB, considerando as contas primárias, e em aproximadamente 13 pontos, considerando o resultado nominal do setor público.

Os gráficos 2.1 e 2.2 ilustram a trajetória do resultado primário e nominal do governo geral russo para o período 1993-2006:

GRÁFICO 2.1
Rússia — resultado primário (1993-2006 — % do PIB)

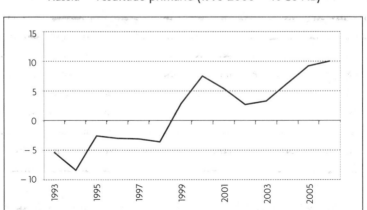

Fonte: FMI.

GRÁFICO 2.2
Rússia — resultado nominal e despesas com juros
(1993-2006 — % do PIB)

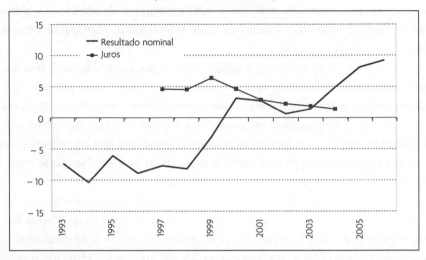

Fonte: FMI.

O gráfico 2.3 ilustra a trajetória das despesas não-financeiras do governo e da arrecadação total de receitas.

GRÁFICO 2.3
Rússia — receitas totais x despesas primárias (1993-2006 — % do PIB)

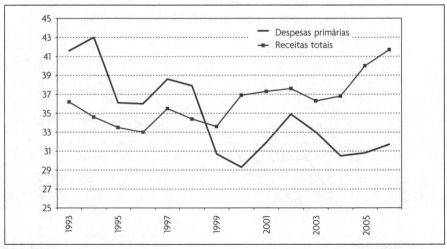

Fonte: FMI.

Considerando-se o período desde o início do ajuste até 2004, logrou-se uma redução de 6 pontos percentuais do PIB nas despesas primárias. Essa pode ser considerada uma redução já duradoura, pois foi obtida logo no primeiro ano e se manteve, mesmo passando por oscilações. O aumento nas receitas foi de aproximadamente 5 pontos percentuais do PIB. O gráfico 2.4 mostra a evolução das receitas e despesas a preços constantes. Nota-se a redução de despesas em 1998 e 1999, de 28% e 15%, respectivamente. Essa queda em 1998-99, juntamente com a elevação de receitas em 2000 de 53%, permitiu a manutenção de superávits nos anos seguintes, apesar de as despesas reais terem sempre crescido nos anos seguintes.

GRÁFICO 2.4
Rússia — receitas e despesas reais do governo geral
(1995-2005 — em bilhões de rublos constantes de 2000; deflator: IPC)

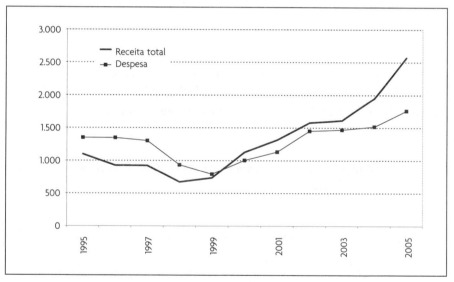

Fonte: International Financial Statistics (IFS)/FMI.

Já outro conceito, de consumo do governo nas contas nacionais, mostra queda real de 2,4% em 1997 e 0,8% em 2001. Esse conceito inclui todas as despesas correntes para compra de bens e serviços (inclusive pagamento de pessoal) e a maioria das despesas com segurança, exceto os gastos militares considerados formação de capital (gráfico 2.5).

Gráfico 2.5
Rússia — consumo final do governo geral — conceito de contas nacionais (1995-2005 — em rublos constantes de 2000)

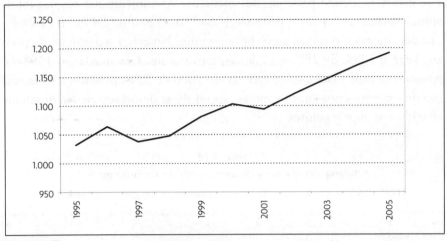

Fonte: FMI-IFS.

Tal comportamento das variáveis fiscais refletiu-se na forte redução da relação dívida/PIB, como pode ser visto no gráfico 2.6, cujo movimento também foi beneficiado pelas taxas de juros negativas verificadas no período.

Gráfico 2.6
Rússia — dívida do governo geral (1997-2005 — % do PIB)

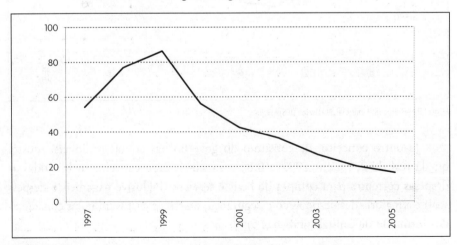

Fonte: FMI.

Conseqüências macroeconômicas do ajuste fiscal

Analisando-se os dados da economia russa pode-se afirmar que o ajuste fiscal não foi acompanhado por diminuição no ritmo de atividade econômica. Acompanhando o ajuste fiscal, a Rússia vem apresentando taxas de crescimento superiores a 4% ao ano em todo o período, tendo em 2003 e 2004 crescido cerca de 7% em cada ano. Em 2005, a taxa foi de 6,4% e, em 2006, estima-se que a economia tenha crescido 7%. A formação bruta de capital fixo, que se situava em torno de 15% do PIB em 1998, ano em que eclodiu a crise da Rússia, alcançou cerca de 22% em 2001, apresentando-se a partir de então em patamares superiores a 20% do PIB. O gráfico 2.7 apresenta a trajetória para as variáveis em questão.

GRÁFICO 2.7
Rússia — crescimento real do PIB e investimento (1993-2006)

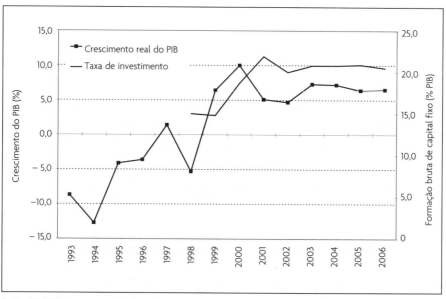

Fonte: IFS/FMI.

O ajuste fiscal empreendido na Rússia foi acompanhado por expansão do emprego e do produto, ponto importante para aqueles países que visualizam expansão de gastos fiscais como sinônimo de maior crescimento de longo prazo.

82   AJUSTES FISCAIS

GRÁFICO 2.8

Rússia — taxa de juros e de inflação (1995-2006 — %)

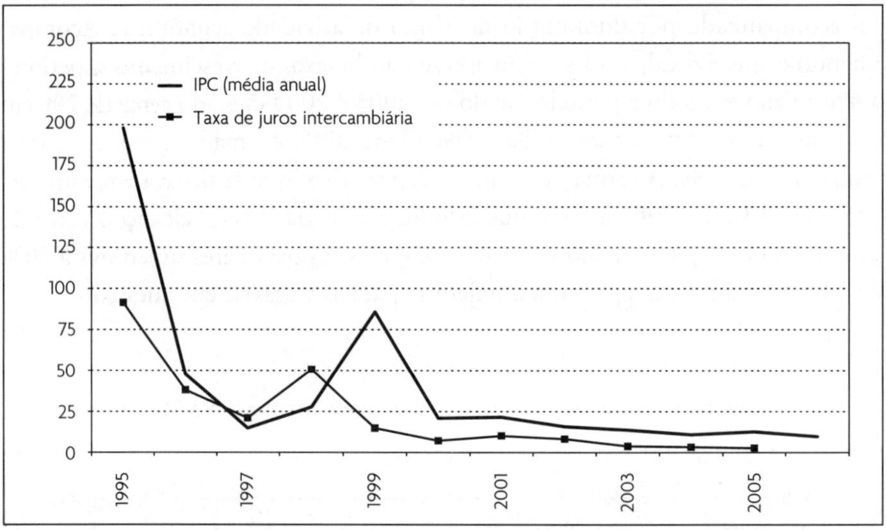

Fontes: IFS/FMI e Banco Central da Rússia.

Aliadas ao forte crescimento das receitas de petróleo — em função da forte expansão do setor, beneficiada em grande parte pela elevação do preço do produto no mercado internacional —, as taxas de juros negativas propiciaram que a dívida pública do governo fosse fortemente reduzida (gráfico 2.5).

Outras questões macroeconômicas: câmbio, competitividade, juros e inflação

Impacto sobre a competitividade da taxa de câmbio apreciada

A rápida apreciação real do rublo tem levado a crescentes pressões de custos nos setores produtores de bens comerciáveis. A flexibilidade do mercado de trabalho tem mantido a queda da taxa de desemprego e suavizado a realocação da força de trabalho de setores industriais para serviços, reduzindo o risco de "doença holandesa",[10] mas a

---

[10] Esse termo geralmente denota as conseqüências econômicas negativas que podem advir de um choque exógeno positivo que gere um fluxo grande de entrada de divisas. (No caso da Rússia, o fato mais recente é a elevação do preço do petróleo, mas a transição de regime econômico já expunha a questão, já que os preços das matérias-primas, que eram mantidos

continuidade da rápida apreciação dificultaria muito a diversificação da estrutura produtiva e da pauta de exportações (OCDE, 2006c).

Desde o episódio de desvalorização de 1998, o rublo tem se apreciado continuamente em relação ao dólar, como mostra o gráfico 2.9. O deflacionamento da série apresentada no gráfico leva em conta apenas a inflação interna, o que superestima a valorização na proporção da inflação norte-americana. Mas qualquer indicador de câmbio real que se tome — cesta 50% dólar, 50% euro, deflacionada por preços ao consumidor ou ao produtor e taxa de câmbio efetiva real (que pondera uma cesta de moedas pela pauta de comércio exterior) — mostra que já se voltou ao nível pré-crise de 1998 (OCDE, 2006c:77).

A apreciação cambial tem sido causada pela forte entrada de divisas, por sua vez induzida pela elevação do preço do petróleo. Um reflexo dessa entrada de recursos pode ser observado no saldo em conta corrente do balanço de pagamentos (gráfico 2.10), que atingiu US$83 bilhões (10,9% do PIB em 2005).

O choque nos termos de troca mais do que compensaram a desaceleração do crescimento do volume das exportações e o forte crescimento do volume das importações em 2005. Como conseqüência, tem havido forte acumulação de reservas, que cresceram em 2005 US$61,5 bilhões para atingir US$182,5 bilhões ao final do ano.

A apreciação cambial já afeta a produção de bens comerciáveis não-combustíveis. Na maioria dos setores que sofrem concorrência das importações, o nível de atividade tem se reduzido (tabela 2.2).

---

artificialmente baixos pelo planejamento econômico centralizado da URSS, dispararam, assim como as suas exportações.) A forte apreciação gera pressões de concorrência nos setores manufatureiros de bens comerciáveis, o que pode levar à desindustrialização. Se, porém, o efeito total do choque exógeno sobre produto e emprego for positivo, em vez de ser uma "doença", o processo seria mais bem caracterizado como uma adaptação da economia a novas condições, o que não quer dizer, por outro lado, que a adaptação não traga sofrimento enquanto não se completa. O diagnóstico de doença holandesa não é fácil, inclusive porque o desenvolvimento traz consigo a tendência de transferência de mão-de-obra do setor industrial para o de serviços e isso pode ser mais intenso nas fases de transição de economias de planejamento centralizado comunistas para economias de mercado, já que aquele tipo de sistema tendia a favorecer o setor industrial em detrimento do setor de serviços.

GRÁFICO 2.9
Rússia — taxa de câmbio real
(1993-2006 — 1997 = 100; deflator: IPC)

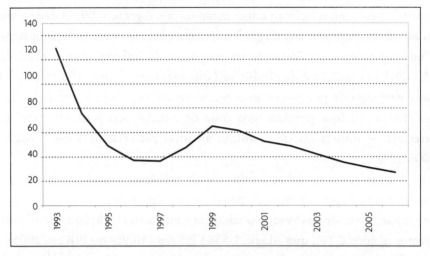

Fontes: OCDE e FMI.

GRÁFICO 2.10
Rússia — saldo em transações correntes do balanço de pagamentos
(1994-2005 — US$ bilhões)

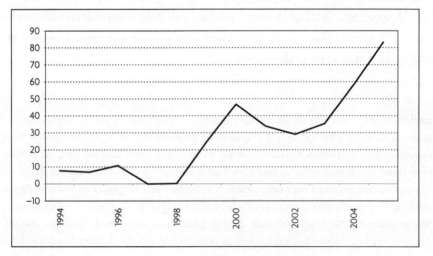

Fonte: FMI.

TABELA 2.2

Rússia — produção do setor de manufaturas

(taxa de crescimento, variação, %)

	2003	2004	2005	1º semestre 2006/ 1º semestre 2005
Manufaturas	10,3	10,5	5,7	4,5
Produtos alimentícios, bebidas e tabaco	6,9	4,4	4,4	5,2
Têxtil e produtos têxteis	1,2	−4,0	−1,5	10,8
Couro e produtos de couro	11,5	−0,6	−2,7	12,3
Madeira e produtos de madeira	9,7	8,7	4,5	1,9
Celulose, papel, produtos de papel, publicações e impressão	7,8	5,1	1,1	6,5
Coque, produtos de petróleo refinado e combustível nuclear	2,2	2,4	5,4	6,0
Químicos, produtos químicos e fibras sintéticas	5,4	6,6	2,6	2,5
Borracha e produtos de plástico	5,5	13,5	5,5	11,1
Outros produtos não-metálicos	7,3	8,4	3,5	7,5
Metais básicos e outros produtos de metal	7,2	3,9	5,7	11,3
Máquinas e equipamentos	19,0	21,1	-0,1	-8,7
Equipamentos ópticos e elétricos	43,2	34,5	20,7	5,5
Equipamentos de transporte	14,0	11,5	6,0	5,6
Outros	10,8	10,5	0,7	8,5

Fonte: Federal Services for Statistics.

Definir se a taxa de câmbio real está ou não próxima do equilíbrio é algo bastante difícil, pela própria dificuldade de se definir qual seria a taxa de equilíbrio. Mais relevante é analisar se o atual nível de câmbio impede a diversificação da produção e das exportações e qual é o risco de "doença holandesa".

Plekhanov (2005) construiu taxas de câmbio setoriais e cruzou-as com dados no nível de empresas. Concluiu que lucratividade e vendas são positivamente correlacionadas com depreciação cambial e que a rápida apreciação do rublo contra o dólar teve impacto negativo maior nas indústrias manufatureiras leves, que sofrem concorrência direta da China, enquanto a indústria química sofreu mais pressão em fases de apreciação contra o euro.

A flexibilidade do mercado de trabalho tem ajudado a Rússia a fazer frente ao choque cambial real. A perda de competitividade do setor industrial ainda não se traduziu em reflexos negativos no mercado de trabalho, o que dificulta o diagnóstico de que a Rússia estaria passando por um caso de doença holandesa. O desemprego continua a cair (gráfico 2.11) e a realocação intersetorial do emprego tem sido relativamente suave nos anos recentes (tabela 2.3).

Gráfico 2.11
Rússia — taxa de desemprego (1998-2005 — % da força de trabalho)

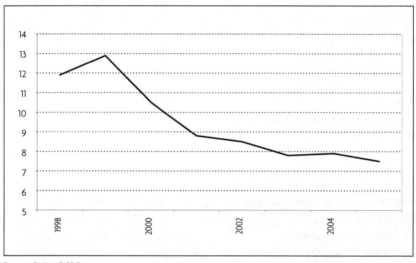

Fontes: FMI e OCDE.

Os efeitos da apreciação e perda de competitividade sobre o emprego têm sido mitigados pela relativa flexibilidade do mercado de trabalho russo. A rotatividade da mão-de-obra é alta: a taxa bruta de *turnover* era de aproximadamente 60% em 2004, em contraste com cerca de 40% na Europa oriental no final dos anos 1990 e taxas bem menores nos países da OCDE. É interessante notar que a maioria dos desligamentos é voluntária e não por demissão. Em geral, nos contratos de trabalho, cerca de metade do salário é fixa e metade é variável, dependente da lucratividade. Isso ajuda a explicar o elevado *turnover* voluntário, já que os empregados de setores em dificuldade tendem a procurar mudar de emprego para setores mais promissores. A flexibilidade dos salários reais é outra característica do mercado de trabalho russo. Na fase de transição econômica, os salários reais caíram muito, permitindo que o emprego quase não se desviasse de sua tendência. O salário mínimo é muito baixo e não é obrigatório.

Tabela 2.3

Rússia — estrutura de emprego por setor (%)

	1990	1996	2000	2002	2004
Indústria	30,3	25,8	22,6	22,4	21,5
Manufaturados	–	21,8	18,6	18,4	17,7
Combustíveis e extração de metal	–	2,8	2,4	2,4	2,3
Eletricidade e energia	–	1,2	1,6	1,6	1,5
Agricultura e exploração florestal	13,2	14,9	13,4	12,1	10,8
Construção	12,0	9,4	7,7	7,7	7,9
Transporte e comunicação	7,8	7,9	7,8	7,8	8,0
Comércio e serviços	7,8	10,7	14,8	16,4	17,2
Habitação e serviços públicos	4,3	4,6	5,1	4,9	4,8
Finanças, créditos e seguros	0,5	1,2	1,1	1,3	1,4
Saúde, educação e cultura	15,2	17,7	17,9	17,8	18,0
Ciência	3,7	2,5	1,9	1,8	1,8
Administração	2,1	2,9	4,5	4,5	4,8
Outros	3,1	2,4	3,2	3,3	3,8
Total	100,0	100,0	100,0	100,0	100,0
Empregos (em milhares)	75.325	66.330	64.517	65.574	66.407

Fonte: Federal Services for Statistics.

Inflação e juros

Nos últimos anos a quantidade de moeda tem crescido bastante, enquanto a inflação tem caído. O que explica em parte a queda da inflação mesmo com taxas de juros reais negativas é a valorização cambial e o aumento das receitas fiscais, que agem sobre as expectativas de inflação pelo canal do resultado fiscal esperado.

Tanto a valorização do câmbio quanto o aumento de receitas são causados pelo aumento do preço do petróleo. O crescimento monetário é explicado por a economia estar ainda em fase de remonetização e pelo acúmulo de reservas, também resultante da elevação do preço do petróleo, não totalmente esterilizado. A elevada liquidez contribui para a ocorrência de taxas de juros baixas ou negativas, o que também é originado no fato de a oferta no mercado interbancário ser dominada por um banco estatal, o Sberbank.

Diante de fortes entradas de recursos externos, o Banco Central russo tem se deparado com a dupla tarefa de continuar a combater a inflação e evitar apreciação excessiva do rublo que viesse a comprometer ainda mais a competitividade da indústria russa.

Nesse ponto há uma interessante semelhança com a situação brasileira atual. Apesar de estar havendo pouca esterilização monetária da liquidez gerada pelo acúmulo de reservas, tem havido esterilização fiscal, através do fundo de estabilização do petróleo.

A taxa de juros tem sido negativa em termos reais (gráfico 2.12), fato que não permite caracterizá-la como instrumento ativo no controle da inflação (como ocorre no Brasil). Mesmo uma taxa que tem sido positiva, a *overnight* de refinanciamento do Banco Central, foi, em termos reais, de 1,9% em 2004, –0,5% em 2005 e 1,2% em 2006. E haveria mesmo riscos em se tentar utilizar esse instrumento: um diferencial entre juros internos e externos muito alto, junto com a perspectiva de estabilidade ou valorização cambial, poderia levar a um forte influxo de capitais de curto prazo, aumentando ainda mais a pressão para a apreciação do rublo.

Outro motivo para a não-utilização ativa de taxas reais fortemente positivas para combater a inflação é a pouca eficiência do canal de crédito para transmissão da política monetária à demanda, já que, apesar de o crédito estar crescendo rapidamente, tem uma participação ainda pequena na economia. A intermediação financeira ainda é pouco desenvolvida. O mercado interbancário continua dominado, pelo lado da oferta, por um único banco estatal, o Sberbank, o que impede a circulação eficiente da liquidez.

GRÁFICO 2.12
Rússia — taxas de juros e inflação (2000-06 — % ao ano)

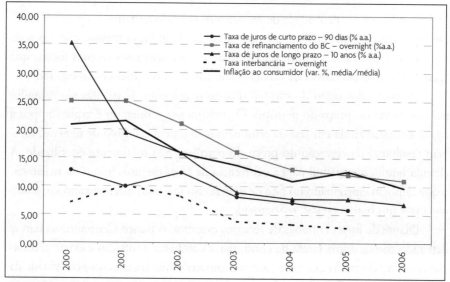

Fontes: FMI, OCDE.

GRÁFICO 2.13

Rússia — agregados monetários e inflação (2000-06 — variação % anual)

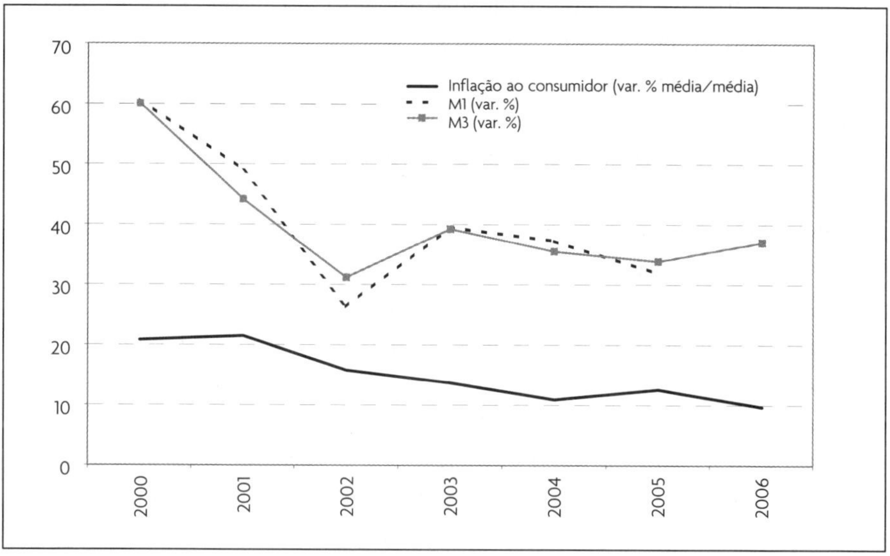

Fontes: FMI, OCDE.

Detalhamento da política fiscal russa

Reforma tributária

A reforma tributária representou um dos pilares para propiciar a transição da economia russa para uma economia de mercado. Ela foi concebida em duas etapas, sendo que a primeira foi aprovada pela Duma[11] em julho de 1998 e a segunda parte foi aprovada em julho de 2000, com vigência a partir de 2001.

A arrecadação tributária do governo vinha, até o ano de 1998, se comportando de maneira insatisfatória: caiu de cerca de 40% do PIB em 1992 para patamar próximo aos 30% em 1998. Havia grande evasão e muitos contribuintes não recolhiam seus impostos na expectativa de recebimento de anistia ou de alguma forma de "alívio" nas suas obrigações tributárias. Eram comuns operações em que fornecedores do governo recebiam como pagamento uma espécie de crédito tributário, que poderia ser utilizado para quitação de impostos. Esse tipo de opera-

---

[11] A Duma é o equivalente à Câmara dos Deputados.

ção, entretanto, gerava desperdícios, possibilitava que houvesse superfaturamento na venda de bens e serviços ao governo, além de corrupção. Tal recurso chegou a significar até 30% das receitas arrecadadas pelo governo federal, ou 3,3% do PIB em 1996. Outro procedimento comum era, no que se refere aos grandes contribuintes, a negociação direta do pagamento com as autoridades tributárias, canal bastante propício para desvios.

Diante dessa situação, a capacidade do governo em pressionar os contribuintes para o pagamento de impostos devidos e de reprimir a evasão tributária era pequena, erodindo, por conseguinte, a capacidade de recolhimento de impostos.

A reforma do código tributário teve o escopo de efetuar mudanças tanto na organização administrativa quanto na política tributária. O objetivo principal por trás da reforma era garantir um nível de receitas que possibilitasse alcançar a estabilidade macroeconômica, minimizando distorções e permitindo a descentralização fiscal.

Entre as diretrizes principais da reforma estavam garantir um sistema tributário tão neutro quanto possível em termos de alocação de recursos e permitir uma taxação justa, relativamente simples de administrar e fundada numa base de arrecadação ampla com fontes de receitas elásticas.

Como resultado, houve migração das receitas do âmbito dos governos subnacionais para o governo federal e explorou-se a elevação do preço do petróleo para garantir o aumento de receitas. A elevação das receitas relacionadas ao petróleo foi uma forma de compensar os custos totais da reforma, que promoveu desoneração e redução em diversas taxas, como forma de incentivar a redução da evasão tributária.

A primeira fase da reforma representou o maior passo no sentido de tornar claras as obrigações e direitos dos contribuintes e da autoridade tributária. As emendas ao código tributário vigente tiveram como foco facilitar a fiscalização e a repressão dos crimes tributários, tendo como principais medidas:

► concessão de maior poder à autoridade tributária para — sem a necessidade de intermediação judiciária — fiscalizar contas bancárias de sonegadores;
► aprovação de sanções contra contribuintes inadimplentes;
► eliminação de tetos para multas e juros dos débitos tributários;
► enrijecimento de sanções para práticas tributárias ilegais, como caixa dois, adulteração ou falsificação de documentos tributários etc.

Esta fase não foi isenta de dificuldades e resistência por parte daqueles agentes que se beneficiavam do *status quo*. Havia grande personificação no relacionamento agente tributário–contribuinte, em detrimento de uma relação mais institucional. Foi criado, em 1999, um ministério para cuidar exclusivamente da arrecadação, o Ministério dos Tributos, responsável também por regularizar o gerenciamento de pagamento de dívidas tributárias.

A segunda fase da reforma foi aprovada pela Duma em julho de 2000, tendo efeito a partir de janeiro de 2001. Essa etapa focalizou a modificação em alíquotas, bases de incidência e destinação de vários impostos, sendo os mais importantes o imposto de renda pessoal, o imposto sobre o valor adicionado (IVA), impostos sobre produção e consumo de mercadorias e taxas sociais. Em 2002, entraram em vigor as modificações em relação ao Imposto sobre o Lucro e sobre Recursos Naturais, além de outros impostos menos importantes.

Diante disso, a Rússia passou a ter um código tributário que abrangia todos os níveis de governo, tornando o sistema mais justo, simples e eficiente. As necessidades de recursos de cada ente da federação foram alcançadas pela redistribuição das receitas entre eles, de acordo com as especificidades de cada um.

As principais modificações implementadas nos impostos são resumidas no quadro 2.1.

QUADRO 2.1
Rússia — mudanças no código tributário*

Tributo	Anteriormente a 2002		Pós-mudanças em 2002	
	Base	Distribuição	Base	Distribuição
Imposto de Renda Pessoa Física (PIT)	Taxação na renda de pessoas físicas Faixas: Até 50 mil rublos; 12% De 50-150 mil rublos: 20% Acima de 150 mil rublos: 30%	Dividido entre as esferas de governo federal e subnacionais Federal: 16% da arrecadação Subnacional: 84% da arrecadação, dos quais não menos que 1/2 para o governo regional	Taxação uniforme de 13%	Dividido entre as esferas de governo federal e subnacionais Federal: 1% da arrecadação Subnacional: 99% da arrecadação, dos quais não menos que 1/2 para o governo regional
Imposto sobre Lucro	Taxação do lucro, após depreciação, com diversas competências Federal: 11% Regional: 19-24% Local: 2%	Divisão conforme as respectivas taxas de incidência	Quase todos os incentivos foram eliminados, compensados por redução na taxa de 35 para 24% Federal: 7,5% Regional: 10,5-14,5% Local: 2%	Totalmente para os governos subnacionais proporcionalmente às respectivas taxas de incidência

Continua

92 AJUSTES FISCAIS

Tributo	Anteriormente a 2002		Pós-mudanças em 2002	
	Base	Distribuição	Base	Distribuição
Imposto sobre extração de minérios			Petróleo: em 2002-04 425 rublos/tonelada, ajustado em função de mudanças no preço do petróleo superior a US$17 (equivalia em janeiro de 2005 a aproximadamente 16,5% do valor) Gás: 16,5% do valor 2,5-8% para outros minerais	Federal: 80% Regional: 20% Ou, em se tratando de regiões autônomas: Federal: 70% Regional: 30%
Taxa sobre a produção de minerais crus (petróleo, gás)	Petróleo: 66 rublos/tonelada Gasolina: entre 550-1.850 rublos/tonelada Gás natural: sobre o valor da produção, excluindo o refinado Doméstico: 15% do valor Exportado: 30% do valor	100% do governo federal	Substituição da taxa sobre a produção de petróleo pela taxa de extração de recursos minerais Gasolina: entre 616-2.072 rublos/t Gás natural: manteve o valor, mas eliminou a exclusão do refinado	100% do governo federal
Recuperação de recursos minerais	10% do valor do petróleo extraído, reduzido por um crédito por despesas de exploração arcadas pelo produtor. Esta taxa é uma espécie de reembolso ao Estado pelos custos de exploração incorridos antes da privatização	Hidrocarbonetos Federal: 40% Regional: 30% Local: 30% Mar Federal: 40% Regional: 60% Continental Federal: 100%	Substituído pela taxa de extração de recursos minerais	

continua

	Anteriormente a 2002		Pós-mudanças em 2002	
Tributo	Base	Distribuição	Base	Distribuição
Taxa sobre minerais subterrâneos	Taxa sobre o valor das vendas domésticas de minerais extraídos, excluindo custos de VAT, imposto sobre produção e transporte. A base de incidência não era claramente definida e havia muitas exceções, dependendo da qualidade das reservas, localização geográfica, riscos envolvidos etc. Para os hidrocarbonetos, o valor era entre 6-16% do valor extraído	Hidrocarbonetos Federal: 40% Regional: 30% Distrito/cidade: 30% Outros minerais Federal: 25% Regional: 25% Distrito/cidade: 50%	Substituído pela taxa de extração de recursos minerais	

Fonte: Adaptado de FMI (2002b, tabela 2:67).

*Considera apenas as mudanças implementadas pós-2002, isto é, a segunda fase de reforma do código tributário.

O imposto sobre valor adicionado (IVA) também foi reduzido de 20% para 18% em 2004. No que se refere aos fundos extra-orçamentários, responsáveis pelo financiamento e gerenciamento de gastos sociais, também houve mudanças nas alíquotas de impostos. O imposto social, que arrecada cerca de 8% do PIB em receitas para o setor público e financia a maior parte das despesas sociais, foi modificado em 2001 de uma taxa única de 39,5% sobre a folha de pagamento, para uma escala de alíquotas resultando numa taxa média efetiva de 30%. Não obstante a modificação, ainda existia discussão sobre em que medida uma taxa tão elevada poderia desestimular investimentos e o crescimento econômico — principalmente considerando pequenas e médias empresas, além de contribuir para evasão tributária e informalização. Diante disso, houve nova redução nas alíquotas relacionadas à taxação social que passaram a alcançar um total de 26%, sendo que apenas a contribuição para o sistema estatal de pensões foi mantida (em 14%).

A simplificação do código tributário, bem como as medidas institucionais adotadas, permitiram elevar o nível de cumprimento das obrigações tributárias por parte dos contribuintes. Isso fica bem claro em relação, por exemplo, ao imposto de renda, que, embora tenha passado de um conjunto de alíquotas variando entre 12 e 30% para uma única alíquota de 13%, demonstrou elevação quase que imediata após a mudança de alíquota, contribuindo para o aumento de recolhimento no ano de 2004. Contudo, embora se argumente que a redução em alíquotas é compensada pela ampliação da base de arrecadação, a experiência com cortes em outras taxas mostra que o caso do imposto de renda foi uma exceção. No caso da Rússia, a elevação no recolhimento do imposto de renda deve estar ligada ao aumento no salário do setor público e à redução simultânea em outras taxas, cuja base de incidência era a mesma (FMI, 2004a:63). Além disso, a maior parte do aumento da arrecadação veio de contribuintes que foram pouco afetados pela reforma (FMI, 2005a).

Apesar da melhoria na eficiência arrecadatória e da possível redução na evasão fiscal, a redução generalizada nas alíquotas de impostos certamente gerou custos. Eles, entretanto, puderam ser mais do que compensados pela considerável elevação nas receitas relacionadas ao petróleo. A evolução das receitas do governo é ilustrada pelo gráfico 2.14.

Gráfico 2.14

Rússia — receitas relacionadas ao petróleo x não relacionadas ao petróleo (1999-2004)

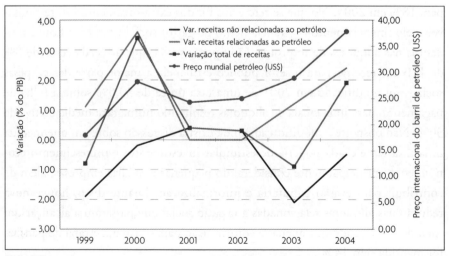

Fonte: FMI.

No geral, como ilustra a tabela 2.4, entre 1999 e 2004 houve elevação de receitas da ordem de mais de 4 pontos percentuais em relação ao PIB.

TABELA 2.4

Rússia — receitas arrecadadas pelo governo (% do PIB)

	1997	1998	1999	2000	2001	2002	2003	2004
Governo geral								
Receitas	31,1	34,4	33,6	36,9	37,3	37,6	36,3	38,5
Imposto sobre rendas e lucros	6,9	6,3	6,9	7,9	8,6	7,6	7,4	8,6
IVA	6,7	6,3	5,9	6,3	7,2	7,0	6,7	6,4
Outras receitas	9,5	8,3	7,8	9,2	10,3	11,3	11,3	12,0
Receitas não-tributárias	1,1	1,4	2,3	1,8	2,2	2,5	2,6	2,5
Fundos orçamentários	1,5	3,0	3,4	4,1	1,8	1,3	0,9	1,1
Receitas dos fundos extra-orçamentários	9,8	8,7	8,1	8,3	8,0	8,8	8,6	8,2
Ajuste da receita[1]	−4,4	0,5	−0,9	−0,6	−0,7	−0,9	−0,9	−0,3

Fonte: FMI.

[1] Tais ajustes foram incluídos para que a soma das receitas/despesas de cada esfera do setor público se harmonizasse com os valores informados para o total do setor público, já que no total os itens não foram divulgados desagregados. A decorrência é que isso indica que as informações de receitas/despesas desagregadas para cada esfera de setor público podem ter subestimado/superestimado algum item. Esse ajuste foi bastante elevado na despesa para o ano de 1997, o que pode indicar que as despesas informadas por categoria de gasto em cada esfera superestimaram o real gasto (ou então o gasto informado para o governo total foi subestimado). Desse modo, deve-se ter cuidado ao analisar esse valor, principalmente em relação às categorias de gasto corrente (custeio e social).

Um aspecto que merece destaque em relação à reforma tributária é a mudança na distribuição das receitas entre os entes da federação, tendo sido observada migração de receitas para o governo federal, em detrimento dos governos de nível regional e local, conforme se depreende da análise da tabela 2.5 e do gráfico 2.15.

TABELA 2.5

Rússia — mudança nos volumes e distribuição de receitas entre as esferas de governo (1998-2004)

Esfera de governo	1998	1999	2000	2001	2002	2003	2004
Bilhões de rublos							
Governo federal	299	608	1.128	1.591	1.861	2.218	2.987
Governos regional e local	436	719	1.129	1.342	1.644	1.929	2.403
Fundos extra-orçamentários	234	391	604	713	956	1.134	1.373
Setor público consolidado	903	1.619	2.694	3.339	4.075	4.861	6.468
Ajuste da receita	−66	−99	−167	−307	−386	−420	−295

Continua

Esfera de governo	1998	1999	2000	2001	2002	2003	2004
% do PIB							
Governo federal	11,1	12,6	15,4	17,8	17,2	16,7	17,7
Governos regional e local	14,2	13,8	13,8	12,3	12,5	12,1	13,0
Fundos extra-orçamentários	8,7	8,1	8,3	8,0	8,8	8,6	8,2
Setor público consolidado	33,9	34,5	37,5	38,0	38,5	37,5	38,8
Participação na receita do setor público consolidado (%)							
Governo federal	32,6	36,6	41,2	46,7	44,7	44,7	45,5
Governos regional e local	41,9	39,9	36,7	32,3	32,4	32,4	33,4
Fundos extra-orçamentários	25,6	23,5	22,1	21,0	22,9	22,9	21,1
Setor público consolidado	100,0	100,0	100,0	100,0	100,0	100,0	100,0

Fonte: FMI.

GRÁFICO 2.15
Rússia — distribuição das receitas entre as esferas de governo (1998-2004)

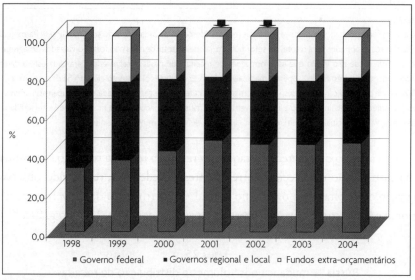

Fonte: FMI.

O governo federal, que em 1998 recebia apenas 1/3 das receitas, passou a absorver quase a metade em 2004. Essa nova configuração pode contribuir para geração de desequilíbrios fiscais nos governos regionais e locais, em função da redução nas receitas destinadas a esses níveis de governo, mas com manutenção na responsabilidade por despesas, sendo que dentro dessas encontram-se despesas de difícil redução, como as ligadas aos gastos sociais.

Apesar das melhorias no sistema tributário, que ganhou maior eficiência e eqüidade, o percentual de inadimplência ainda é elevado e o principal problema ainda persistente refere-se à administração tributária, que ainda carece de aprimoramentos.

Política fiscal

A situação fiscal da Rússia melhorou bastante após 1998. A reforma tributária implementada permitiu a racionalização de impostos, fazendo com que o governo retomasse sua capacidade de arrecadação. Além disso, houve diminuição de despesas, como mostrado na tabela 2.1. Apesar disso, há que se observar que esse quadro foi propiciado, em grande medida, pelo *boom* na economia gerado pelo setor de petróleo. A economia presenciou elevadas taxas de crescimento e o governo conseguiu atingir consideráveis superávits fiscais, inclusive no conceito nominal.

Como se pode depreender da tabela 2.6, entre 1998-2004, houve expressivo aumento das receitas do governo relacionadas ao petróleo. No início do período elas representavam apenas 2,8% do PIB, o que equivalia a 8,2% das outras receitas do governo. Essa participação foi se elevando continuamente, sendo que as receitas relacionadas ao petróleo alcançaram a média de 8,1% do PIB no período 2002-04, representando mais de 20% das outras receitas. Utilizando o cálculo realizado pelo FMI, os resultados das contas do governo seriam bem menos favoráveis caso esse item não fosse considerado.

TABELA 2.6

Rússia — impacto do petróleo sobre o resultado fiscal do setor público, anos selecionados (médias por período, % do PIB)

	Antes	Ano de ajuste	Depois CP	Depois LP
Resultado fiscal	1998	1999	2000/01	2002-04
Resultado primário	−3,6	2,9	6,5	4,1
Resultado nominal	−8,2	−3,1	2,9	2,3
Resultado considerando impacto do petróleo				
Receitas relacionadas ao petróleo	2,8	3,9	7,5	8,1
Receitas não relacionadas ao petróleo	31,5	29,6	29,6	29,1
Receitas petróleo/total receitas (%)	8,2	11,6	20,2	21,8
Resultado primário sem efeito do petróleo	−2,8	−0,4	0,1	−2,7
Resultado nominal sem efeito do petróleo	−7,5	−6,6	−3,4	−4,6

Fonte: FMI.

Além da dependência em si em relação às receitas do petróleo, vale notar que esse tipo de configuração, que pode ser apenas conjuntural, contribui para o relaxamento da política fiscal. Segundo o FMI, as emendas ao orçamento de 2005 fornecem alguma sinalização neste sentido (Spilimbergo, 2005:4). Analisando a experiência de países exportadores de *commodities*, vários estudiosos (Talvi e Vegh, 2000; Tornell e Lane, 1999; Gelb, 1988) afirmam que a acumulação de receitas excepcionais tende a elevar a pressão política para aumento de despesas improdutivas. Isso é particularmente preocupante em situações onde a economia encontra-se próxima ao pleno emprego, sendo que a maior ocupação da capacidade instalada e a falta de investimentos, especialmente no setor de petróleo, é uma característica da Rússia hoje.

O regime de taxação ligado à exploração e exportação do petróleo constitui-se de alíquotas progressivas em relação ao preço do produto. Assim, à medida que o preço da *commodity* se eleva no mercado internacional, as receitas do governo crescem mais do que proporcionalmente. O Fundo de Estabilização do Petróleo (FEP), cuja descrição detalhada é feita a seguir, foi criado com o objetivo de economizar esse excesso de receitas, a fim de financiar possíveis déficits do governo quando tais receitas porventura venham a cair. Apesar de esse mecanismo possibilitar algum amortecimento, o aumento da dependência do governo em relação às receitas do setor de petróleo pode criar sérios riscos, pois pode estimular a redução nas receitas provenientes de outros setores da economia, bem como incentivar o aumento de gastos do governo, trazendo riscos para a política fiscal.

De fato, como ilustra o gráfico 2.16, as despesas não-financeiras do governo apresentaram tendência de elevação a partir de 1999 (ano do ajuste fiscal), revertendo tal movimento apenas nos anos de 2003 e 2004. Enquanto isso, as receitas do setor público não relacionadas ao petróleo apresentaram tendência de queda bastante acentuada em todo o período, em função da queda de alíquotas a partir da reforma do código tributário. Isso, como já comentado, reflete o aumento da dependência das finanças do governo em relação ao setor de petróleo.

Outro aspecto a observar é que, em função do prolongado período de forte crescimento da economia, a capacidade ociosa da economia está se reduzindo. Diante disso, o espaço para a continuidade do crescimento da produção de petróleo está diminuindo, refletindo tanto estrangulamentos na rede de transportes, quanto o fato de que investimentos em novos campos de exploração têm sido limitados. Isso indica que a continuidade da elevação das receitas fiscais relacionadas ao petróleo pode estar muito mais ligada à elevação do preço do produto, já que quanto maior o preço, maior é a taxação (alíquota), do que a expansão da produção.

GRÁFICO 2.16
Rússia — evolução das despesas não-financeiras x receitas não relacionadas ao petróleo (setor público consolidado — 1998-2004)

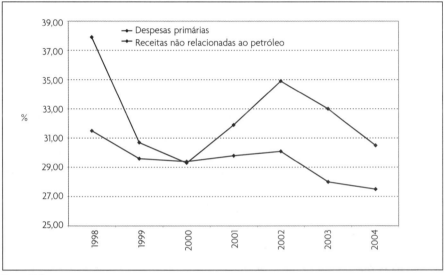

Fonte: FMI.

Parte das receitas relacionadas à produção e extração do petróleo está sendo destinada ao FEP. Estabeleceu-se um preço do petróleo de referência em relação ao qual todo o excesso de receita apurado com base no preço de mercado arrecadado pelo governo é transferido para o fundo.

Tradicionalmente, a autoridade fiscal russa elabora um orçamento tomando por base um valor bastante conservador para o preço da *commodity*, o que possibilita que se tenha excesso de arrecadação, permitindo financiar despesas adicionais. Não obstante, parte das receitas é legalmente destinada ao fundo, não podendo ser consumida em outros gastos.

Recentemente, o preço do barril a partir do qual os recursos são encaminhados para o fundo foi elevado, aumentando a parcela à disposição do governo. Uma das proposições do FMI, que é também discutida dentro do governo para evitar que a aprovação dessa medida traga algum risco para a estabilidade fiscal, é fazer com que essa liberação de recursos esteja destinada a financiar projetos de investimento de grande escala que possam contribuir para elevar o crescimento potencial da economia.

Apesar de se apontar o aumento da dependência da situação fiscal em relação ao comportamento dos preços do petróleo, não se pode dizer que a sustentabilidade da dívida russa esteja ameaçada. Em função do elevado crescimento do produto, a relação dívida/PIB vem apresentando trajetória fortemente declinante. No que se refere à dívida interna, as taxas de juros reais negativas fizeram com que o crescimento nominal da dívida fosse, na média, inferior ao crescimento do produto. No tocante a dívida externa bruta, observou-se crescimento nominal modesto, sendo que as reservas internacionais também se situam em nível elevado, o que reduz a vulnerabilidade externa e possíveis riscos para o seu pagamento. Ademais, o superávit do governo se mostrou bastante elevado.

Diante disso, embora seja importante que as despesas do governo se comportem de acordo com os princípios de eficiência, de maneira a evitar a realização de gastos improdutivos impulsionados pela visibilidade de horizonte de receitas em ascensão, a situação fiscal do país parece não suscitar maiores preocupações para o futuro.

Recentemente, o orçamento passou a incluir um plano para três anos (tabela 2.7).

TABELA 2.7

Rússia — plano orçamentário de médio prazo (orçamento federal, % do PIB)

	2004	2005	2006	2006	2007	2008	2009
			Lei orçamentária	Execução projetada			
Receitas	20,5	23,7	20,7	22,6	22,3	19,8	19,3
Despesas	16,1	16,2	17,5	16,1	17,5	17,3	17,1
Resultados	4,4	7,5	3,2	6,5	4,8	2,5	2,2
Preço do petróleo (Urais) — US$/barril	34,6	50,5	40,0	65,0	61,0	54,0	48,0

Fonte: Ministério do Desenvolvimento Econômico e Comércio apud OCDE (2006c).

Fundo de Estabilização do Petróleo

O Fundo de Estabilização do Petróleo (FEP) foi criado em 2004 com o objetivo de economizar parte do aumento de receitas fiscais propiciadas pela elevação do preço do petróleo. As receitas relativas à extração mineral e exportação de petróleo que excedem as calculadas com base no preço de referência do fundo — de US$20 o barril em 2005 e recentemente elevado para US$27 — são destinadas a compor os recursos do FEP. Além disso, os superávits fiscais de anos anteriores também podem ser destinados ao fundo.

Pela legislação, os recursos do FEP podem ser destinados a equilibrar o orçamento do governo federal, quando o preço do petróleo estiver abaixo do preço de referência, e também pagar a dívida externa se os recursos do fundo excederem 500 bilhões de rublos (em torno de US$17 bilhões ou 2,75% do PIB à taxa de câmbio da época), o que de fato ocorreu em 2005 (antecipação de pagamento de dívidas perante o FMI, no valor de US$3 bilhões, aproximadamente, e de US$15 bilhões junto ao Clube de Paris — o pagamento total de dívida externa com recursos do fundo alcança US$45 bilhões). Como medida excepcional, os recursos do FEP foram utilizados para financiar déficit no Fundo de Pensão da Rússia, em função dos cortes na taxa social unificada. A transferência ao fundo de pensão foi de aproximadamente US$1 bilhão. O montante de despesas com recursos do fundo a cada ano é sujeito à lei orçamentária do ano. O fundo estava em cerca de US$90 bilhões (9% do PIB) no final de 2006.

Para o FEP, vão receitas somente de caráter tributário. Os dois tributos cujas receitas são parcialmente encaminhadas para o fundo são o imposto sobre extração de recursos naturais e o imposto sobre exportação de petróleo bruto. O governo também pode ser requisitado a transferir para o fundo o superávit acumulado no ano fiscal anterior, embora isso seja menos automático, pois os superávits podem também ser carregados para financiar despesas orçamentárias nos primeiros meses do novo ano, quando a arrecadação é tradicionalmente baixa (OCDE, 2004a).

O fundo é visto também como um importante instrumento para absorver o excesso de liquidez, reduzindo a pressão inflacionária, isolando a economia da volatilidade das receitas de exportações de matérias-primas.

O fundo é administrado pelo Ministério da Fazenda, de acordo com diretrizes definidas pelo governo. Algumas funções de gestão de ativos podem ser delegadas ao Banco Central. Em consonância com seus objetivos, os recursos do fundo devem ser aplicados em título de dívida externa soberana. As aplicações podem ser feitas diretamente ou os recursos podem ser depositados nas contas do Tesouro Nacional em moeda estrangeira no Banco da Rússia, com rendimento equivalente aos dos títulos externos elegíveis para investimento. Atualmente, todos os recursos estão aplicados dessa segunda forma.

Os países cujos títulos de dívida externa são elegíveis são: Áustria, Bélgica, Finlândia, França, Alemanha, Grécia, Irlanda, Itália, Luxemburgo, Holanda, Portugal, Espanha, Reino Unido e EUA. Devem ser denominados em dólares, euros ou libras esterlinas. O emissor deve ter classificação de risco de longo prazo AAA/ Aaa (a mais elevada) em pelo menos duas das seguintes três agências classificadoras de risco: Moody's, Standard and Poor's e Fitch. No momento da compra, o título deve ter prazo mínimo de três meses e máximo de três anos até o vencimento.

O Ministério da Fazenda deve publicar mensalmente um relatório em mídia de grande circulação com os dados financeiros do fundo e fazer relatórios trimestrais e anuais para o governo que, por sua vez, deve se reportar ao Parlamento também trimestral e anualmente sobre as atividades do fundo (Ministério das Finanças, s.d.).

A OCDE (2006c) observa a falta de mecanismos claros para evitar a possibilidade de utilização rápida dos recursos acumulados no fundo uma vez ultrapassados os 500 bilhões de rublos. E sugere que a base de tributos cujos recursos são destinados ao fundo seja ampliada, incluindo impostos de exportação também de derivados do petróleo e gás natural (atualmente só a exportação de petróleo bruto é considerada) e também receitas resultantes de elevação de preços de metais e outras *commodities*. Isso seria consistente com uma estratégia de reduzir o risco de doença holandesa, estratégia que consiste em taxar mais os setores de recursos naturais enquanto se reduz a taxação global, de maneira a estimular a diversificação setorial. O aumento dos tributos que servem de base para o fundo não necessariamente deveria ampliar o volume de recursos carreado para o mesmo; poderia ser feita uma calibragem de modo que a ampliação na variedade de tributos fosse neutra para o total encaminhado ao fundo.

Outra sugestão é a definição do mínimo que deve ser mantido no fundo em percentual do PIB, não apenas em valores correntes. Atualmente, o valor de 500 bilhões de rublos não tem nenhum tipo de indexação à inflação ou ao PIB. Quando foi estipulado, correspondia a 3% do PIB. Hoje, corresponde a 2%.

Contabilidade pública

Qualidade dos indicadores fiscais: análise do Rosc[12] para a Rússia.

A Rússia alcançou considerável progresso em transparência fiscal desde 1999, embora algumas medidas importantes ainda precisem ser tomadas. A estrutura

---

[12] Report on the Observance of Standards and Codes é uma iniciativa do FMI, através da qual o fundo desenvolveu uma série de códigos de boas práticas para tornar as políticas dos bancos

legal do orçamento, do sistema tributário e a de relações intergovernamentais foram reformadas. As premissas macroeconômicas são bem embasadas e abertas à crítica. A elaboração do orçamento é sofisticada, transparente no processo e na disponibilidade de informações. Dados confiáveis têm estado crescentemente disponíveis tempestivamente para a maioria dos níveis do governo geral. A política tributária foi modernizada. As melhorias mais importantes a serem implementadas incluem: reduzir as zonas cinzentas nos limites entre governo geral, empresas estatais e setor privado; atacar problemas restantes nas relações intergovernamentais; reduzir as atividades quase-fiscais; reforçar o processo de formulação e execução orçamentária.

Essas são algumas das conclusões do Rosc de 2004 para a Rússia (FMI, 2004d). Ainda segundo o documento, o governo não é obrigado por lei a tornar públicas as informações financeiras e de balanço das empresas estatais e das suas participações em empresas de economia mista. O Ministério das Relações de Propriedade administra um registro de propriedades, que é rotineiramente atualizado para acompanhamento do programa de privatização em andamento, mas esse registro não inclui patrimônio de governos subnacionais nem ativos de entidades orçamentárias que têm atividades empresariais. Não existe uma lista global de todo o patrimônio do governo geral.

Três níveis de governo têm poderes orçamentários: federal, regional e local. São 89 regiões e mais de 11 mil localidades. A reforma tributária de 2000 mudou a estrutura de atribuição de receitas, com significativo redirecionamento em favor do governo federal. No momento, toda a receita do IVA e de impostos indiretos sobre matérias-primas minerais e 70 a 80% de impostos sobre a extração de minerais vão para o orçamento federal. O imposto de renda sobre pessoa física é todo dirigido para orçamentos subnacionais, sendo obrigatório que pelo menos 50% sejam transferidos para governos locais. Outros impostos, incluindo o imposto sobre o lucro e outros impostos indiretos continuam a ser repartidos anualmente. A repartição continua a seguir uma abordagem de "regulação", objetivando equalizar os fluxos de receitas dos governos com suas necessidades de despesas, particularmente entre regiões e governos locais.

Há cinco grandes categorias de transferências federais para governos regionais, regulamentadas pelo código orçamentário:

---

centrais e das agências financeiras — incluindo o Ministério da Fazenda — mais transparentes. Disponível em: <www.imf.org/external/standards/index.htm>.

104 Ajustes fiscais

➤ as transferências de equalização seguem uma metodologia que minimiza a variância da capacidade orçamentária entre regiões; são ligadas a condições especiais pra assegurar a disciplina fiscal, como o uso do Tesouro federal para a execução orçamentária;

➤ transferências para financiamento de projetos de infra-estrutura aptos a reduzir disparidades socioeconômicas entre regiões são apropriadas no orçamento federal;

➤ são feitas transferências especiais para compensar governos subnacionais por despesas sociais, como subsídios para famílias com crianças e benefícios em espécie para portadores de deficiências (por exemplo, alojamento gratuito e serviços comunitários). Essas transferências, entretanto, deixam de lado vários outros benefícios sociais, que ficam sem financiamento;

➤ uma quarta categoria de transferências é destinada ao co-financiamento de habitação e serviços comunitários para famílias de baixa renda (cerca de 25% do custo total);

➤ finalmente, foi criado um sistema de transferências com financiamento do Banco Mundial para recompensar regiões que fazem reformas fiscais.

O orçamento federal inclui todas as atividades do governo federal, exceto os fundos extra-orçamentários, que são apresentados em orçamentos separados. O orçamento também não cobre atividades empresariais de entidades orçamentárias.

O orçamento especifica todas as transferências para os níveis mais baixos de governo e separa claramente as receitas vinculadas.

As estimativas orçamentárias são baseadas em dois cenários macroeconômicos, com diferentes hipóteses sobre preço internacional de petróleo e gás e crescimento econômico mundial; o orçamento é geralmente baseado no cenário mais conservador.

Ex-post, informações sobre a posição orçamentária dos governos federal e subnacionais são publicadas mensalmente. Informações do orçamento consolidado, incluindo os fundos extra-orçamentários, são publicadas em base anual, de forma consistente com o Special Data Dissemination Standard (SDDS).

Os orçamentos para os três fundos extra-orçamentários federais são apresentados para aprovação à Duma junto com os outros documentos orçamentários, mas não há consolidação, na lei orçamentária anual, do orçamento federal com os desses fundos.

As transferências para governos subnacionais são incluídas no orçamento, mas não há uma apresentação detalhada da posição financeira global.

Os documentos do orçamento não fornecem uma lista abrangente dos ativos e passivos do governo. A Duma recebe uma lista dos ativos financeiros do governo, mas é confidencial.

A contabilidade pública é feita no regime de caixa. Algumas contas são feitas no regime de competência. Está em andamento uma consolidação das diversas práticas contábeis existentes no Tesouro que pretende facilitar uma mudança gradual para o regime de competência, de acordo com os padrões internacionais.

As empresas estatais na contabilidade pública

Subsídios quase-fiscais realizados por empresa estatais, como os de preço praticados pelas empresas estatais de energia, não são identificados no orçamento. Dados agregados de empresas estatais não-financeiras — sob o nome de setor estatal na economia — são divulgados trimestralmente, mas informações financeiras individualizadas das empresas estatais não são publicadas regularmente. A definição orçamentária de governo federal, no código orçamentário, exclui as atividades empresariais de organizações que fazem parte do orçamento. Não há nenhuma apresentação consolidada para o setor público como um todo e não há, no orçamento, nenhuma informação sobre as empresas estatais.

Antes de 1998, o setor regulado de energia — na eletricidade, a RAO UES e, no gás, a Gazprom — constituíam a principal fonte de atividades quase-fiscais (AQFs), com elevados subsídios implícitos. Houve considerável progresso em reduzir essas AQFs e em aumentar a transparência das relações desse setor com o orçamento. Aportes não-monetários a essas duas empresas, como compensações tributárias, praticamente deixaram de existir. O consumo de energia elétrica pelas entidades financiadas pelo orçamento federal passou a ser previsto e limitado no mesmo, com fundos suficientes sendo alocados desde 2001. Isso diminuiu a chance de atrasos nos pagamentos da administração pública à empresa de energia. O governo autorizou a Comissão Federal de Energia, que regula as tarifas de energia, a preparar uma estratégia para eliminar totalmente o subsídio cruzado de acordo com o qual grandes consumidores industriais subsidiam as tarifas residenciais em geral. O subsídio passará a constar do orçamento e será focado nas famílias pobres. O subsídio mais relevante que ainda resta está na cobrança de tarifas de energia abaixo da reposição de custos, mas o tamanho desse subsídio quase-fiscal é difícil de ser calculado. A Gazprom financia esse subsídio com receitas de exportações, mas a RAO UES não tem essa opção e faz o financiamento via descapitalização. O governo justifica essa política com seu efeito sobre o controle da inflação e sobre a competitividade de produtores internos, mas isso deveria ser cotejado com as necessidades de investimento do setor.

Apesar da estreita relação entre organizações que entram no orçamento e o setor estatal empresarial, não há nenhuma apresentação consolidada para o setor público como um todo e não há, no orçamento, nenhuma informação sobre as empresas estatais.

O Tesouro submete relatórios trimestrais ao gabinete de ministros, mas não há informações intra-anuais sobre as empresas estatais ou as participações no setor privado disponíveis para o público.

Na seção de comentários do *staff* do FMI, o Rosc recomenda que as atividades extra-orçamentárias de organizações constantes do orçamento devem ser privatizadas ou, alternativamente, as receitas e despesas de aproximadamente 59 mil instituições devem ser explicitamente incorporadas no orçamento, inclusive com a explicitação de suas dívidas.

Recursos obtidos com privatização

A OCDE (2005d) menciona percentuais que as receitas de privatização representaram das receitas totais em alguns anos, mas isso não indica de que forma foram contabilizadas. O mesmo relatório observa, porém, que a Rússia arrecadou pouco com as privatizações, mas assinala que o processo não foi motivado pela arrecadação de recursos. Isso reduz a relevância também da forma de sua contabilização.

No ano de maior volume de receitas de privatização, 1997, o total arrecadado correspondeu a 0,9% do PIB. Na maioria dos anos durante a década de 1990, esse volume foi de 0,1% do PIB. As receitas de privatização corresponderam, nos anos 1990, a apenas 1% do orçamento consolidado. Novamente, a exceção foi 1997, quando não só as receitas de privatização foram maiores, como houve uma queda grande de arrecadação ordinária, fazendo com que as receitas de privatização alcançassem 3,3% das receitas totais.

Um dos principais objetivos da privatização foi tirar empresas falidas do orçamento e assim livrar o governo de ter de subsidiá-las. O processo de privatização acabou se reduzindo também, em parte, à transferência de ativos a quem já os controlava de fato.

De maneira que, mesmo que as receitas tenham sido contabilizadas erroneamente como receitas correntes, o impacto disso teria sido pequeno. Apenas a título de observação, seria correta a classificação de receitas advindas de concessões como receitas correntes.

Questões de longo prazo

Reforma tributária

Segundo a OCDE (2006c), embora a maior parte da reforma tributária tenha se encerrado em 2004, o governo continua tomando medidas com o intuito de reduzir a carga tributária, tornar as regras e definições mais claras e melhorar a administração tributária. Idealmente, a cobrança de impostos no setor de petróleo deveria passar a ter como base o lucro, em vez de volumes e vendas, pois esse atual sistema dificulta a exploração de campos de custo mais elevado, o que normalmente seria viabilizado por uma alta do preço do barril. Isso, porém, seria de difícil implementação.

A partir de janeiro de 2006, o IVA, criado no início dos anos 1990, passou a ser administrado em regime de competência. Mas foi adotada uma regra diferente da internacional para definição da data do fato gerador. Internacionalmente, a prática adotada é usar a data que for a primeira entre três: recebimento do pagamento, emissão da fatura ou data do embarque da mercadoria. A Rússia definiu como regra apenas a data do embarque, considerando que isso ajudaria no combate à fraude, já que é difícil contornar o problema de faturas falsas. Porém, como documentos de embarque também podem ser forjados, essa medida não necessariamente reduzirá as fraudes.

Outro item importante na agenda do governo é a reforma dos tributos do setor petrolífero. Normalmente, elevações dos preços do petróleo tornam economicamente viáveis poços de custo mais elevado. Mas a taxação atual, que se baseia em receitas e volumes, e não em lucro, reduz essa possibilidade, desestimulando os investimentos para ampliação da extração. O Ministério das Finanças reconhece esse problema, mas sua solução está distante porque a base de dados sobre os campos russos é ruim e o Tesouro tem baixa capacidade administrativa para cobrar um imposto que levasse em conta as características técnicas dos campos de forma a avaliar quais são os mais custosos. Medidas já tomadas incluem:

► diferimento ou isenção de tributos para projetos em regiões difíceis;
► redução de até 70% no imposto de extração de recursos naturais para campos que estão pelo menos 80% esgotados, para as empresas que mantêm contabilidade separada por campos de exploração;
► isenção do imposto de extração de recursos naturais para novos campos na Sibéria Oriental até a produção acumulada atingir determinado parâmetro ou até um máximo de 10 anos.

108   AJUSTES FISCAIS

Reforma previdenciária

O objetivo da reforma da previdência é substituir o sistema de benefício definido e de repartição por um sistema em três níveis, estatais e obrigatórios:

- um sistema básico, de repartição e sem ligação com renda ou contribuições;
- um sistema baseado em seguros, também de repartição, mas organizado como um sistema teórico de contribuição definida, em que os benefícios individuais dependem das contribuições individuais;
- um sistema de capitalização obrigatório.

Cada indivíduo poderá também contribuir opcional e complementarmente para fundos privados. A reforma é urgente, pois a expectativa é que o sistema atual entre em colapso financeiro ainda no final desta década. A implementação dessa ampla reforma tem sido difícil. Mesmo o novo sistema é de difícil sustentação atuarial. Seria necessário, para seu equilíbrio, que a taxa de reposição — a razão entre a aposentadoria média e o rendimento médio — caísse dos atuais 1/3 para 1/5 em 2020.

O problema subjacente é o forte aumento na taxa de dependência, o que significa que a postergação do momento da aposentadoria tem de estar incluída em qualquer solução (atualmente, a idade para aposentadoria é de 60 anos para homens e 55 para mulheres). A redução na alíquota do imposto social unificado de 35,6% para 26% em 2005 atingiu fortemente as receitas do sistema previdenciário. Isso foi parcialmente compensado com a exclusão dos nascidos antes de 1967 do terceiro nível (capitalização) e o carreamento de suas contribuições para os dois níveis em regime de repartição. Mesmo assim, o sistema apresentou déficit em 2005, que foi coberto com recursos do FEP. Essas mudanças de regras logo no início da implementação do novo sistema tendem a minar sua confiabilidade junto à população.

De acordo com a OCDE (2004a; 2006c), a legislação concernente à reforma da previdência é de 2001, mas os primeiros passos para sua efetivação só foram dados em 2003. Os três pilares do sistema estatal serão financiados pelo imposto social unificado (ISU), do qual recebem cerca de 80% da arrecadação, sendo que metade é direcionada para o nível básico.

No nível de capitalização, os indivíduos podem optar por um gestor privado dos recursos. Os recursos de não-optantes são administrados por um banco estatal. Os empregadores pagam o ISU total mensalmente, sem especificar a contribuição por empregado individualmente. Essa informação só é fornecida anualmente, ao final do primeiro trimestre do ano seguinte ao de referência, e essa sistemática dificulta o processo de escolha de gestor e de investimentos pelos participantes.

Saúde pública

A reforma do sistema de saúde começou no início da década de 1990 e objetivou substituir um modelo integrado e hierárquico por um modelo mais descentralizado, concorrencial e baseado em seguros. Perdeu o ímpeto inicial, ficou incompleta e, recentemente, foi retomada. Uma das principais direções em que precisa evoluir é a redução do peso em atendimento terciário e o reforço do atendimento primário, além de solucionar os problemas de financiamento.

Segundo a OCDE (2006c), a Rússia passa por uma crise de saúde e mortalidade. Indicadores básicos de saúde e bem-estar, como expectativa de vida ao nascer, mortalidade infantil e mortes por doenças infecto-contagiosas começaram a piorar ainda na era soviética. O processo se acelerou com o colapso da URSS e o crescimento econômico dos anos recentes tem tido pouco efeito sobre eles. As causas desse fenômeno transcendem o sistema de saúde e abrangem degradação ambiental, alcoolismo e tabagismo, altos níveis de mortes no trânsito e uma forte elevação no número de assassinatos e suicídios.

Os gastos da Rússia com saúde situam-se bem abaixo dos padrões europeus, se medidos em percentual do PIB, embora sejam típicos para um país de renda média.

O sistema de saúde atual é resultado de uma reforma incompleta. O sistema da era soviética era centralizado, integrado, hierarquicamente organizado e totalmente financiado por recursos públicos. Havia grande ênfase no controle de epidemias e doenças infecto-contagiosas e no atendimento hospitalar e especializado, em detrimento do atendimento primário. No início da década de 1990, as autoridades decidiram fazer a transição para um sistema baseado em seguros. Foram criados um Fundo Federal para Seguro-Saúde Obrigatório (FFSSO) e fundos regionais similares.

O sistema de seguro-saúde obrigatório (SSO) pretendia promover a eficiência e o direito de escolha dos pacientes, que poderiam optar entre companhias de seguro concorrentes que, por sua vez, seriam compradores qualificados e bem informados de serviços médicos. Mas isso não funcionou. O resultado foi um sistema exageradamente complexo e muito ineficiente. Os recursos públicos federais e regionais ainda financiam cerca de 60% dos gastos com saúde. Com a criação do imposto social unificado em 2001, o SSO passou a receber receitas da arrecadação desse imposto, mas insuficientes, deixando o sistema com falta de financiamento. A alternativa eram as transferências orçamentárias do governo federal para os regionais, mas como essas transferências não iam diretamente para os SSOs regionais, mas para os orçamentos regionais, muitos governos regionais optaram por não transferir os recursos para o SSO, já que as transferências não eram vinculadas à saúde. O corte no imposto social unificado em 2005 agravou ainda mais a falta de recursos.

As companhias de seguro não se desenvolveram como compradores ativos e informados de serviços médicos. A maioria são intermediários passivos que apenas transferem recursos recebidos dos SSOs regionais para os provedores de serviços de saúde, pelo que são remunerados a título de custos administrativos, sendo que, em 2004, esses custos estavam, em média, em cerca de 3% dos pagamentos processados. Se as seguradoras tiverem de fazer frente a gastos elevados, são reembolsadas pelos recursos dos SSOs regionais. Essas características fazem com que essas seguradoras não enfrentem nenhum risco, o que levanta um questionamento sobre sua própria razão de ser. A efetividade da reforma variou muito regionalmente.

O sistema atual padece de desequilíbrios fundamentais entre compromissos e recursos e entre a estrutura de provisão de serviços e as necessidades de saúde da população. Os reformadores miraram no primeiro, na expectativa de que os incentivos aí gerados levariam a soluções para o segundo, mas, como a reforma não prosseguiu, as conseqüências na estrutura de provisão de serviços também não ocorreram.

Conclusões

O ajuste fiscal na Rússia contou com pelo menos três elementos: redução de despesas, aumento de receitas provenientes dos elevados preços do petróleo e taxas de juros reais negativas. A redução de despesas incluiu a área de defesa, subsídios à indústria e à agricultura, redução do número de servidores públicos e redução de gastos em saúde, educação e habitação. Junto com o forte crescimento do PIB, essa combinação permitiu ao país reduzir a relação dívida/PIB de quase 90% em 1999 para menos de 20% em 2005. A taxa de desemprego caiu de 13% em 1999 para cerca de 8% nos últimos anos.

Anexo

TABELA 2.8

Rússia — execução fiscal do governo (1997-2004 — % do PIB)

	1997	1998	1999	2000	2001	2002	2003	2004
Governo federal								
Receitas	**12,1**	**11,1**	**12,6**	**15,4**	**17,8**	**17,2**	**16,7**	**17,7**
Imposto sobre rendas e lucros	1,4	1,4	2,1	2,8	2,4	1,6	1,3	1,2
IVA	4,6	4,3	4,5	5,1	7,1	7,0	6,7	6,4
Outras receitas	3,5	3,7	3,9	5,3	6,7	7,1	7,4	8,6
Receitas não-tributárias	1,1	0,7	1,0	1,0	1,3	1,4	1,3	1,3
Fundos orçamentários	1,5	1,0	1,1	1,3	0,2	0,1	0,1	0,1
Despesas	**19,1**	**17,0**	**16,8**	**14,6**	**15,1**	**15,9**	**15,2**	**14,9**
Corrente (custeio)	7,5	5,3	5,6	6,0	7,4	7,0	6,7	6,5
Corrente (gastos sociais)	2,1	2,4	1,9	1,9	2,3	2,7	2,5	2,3
Empréstimos líquidos	0,7	0,3	0,2	−0,2	−0,5	0,1	0,1	0,1
Transferências intragovernamentais	1,9	2,3	1,8	1,9	3,1	3,6	3,6	2,8
Fundos orçamentários	1,1	0,9	1,1	1,3	0,2	0,1	0,1	0,1
Outras despesas	1,1	1,1	0,2	−0,7	−0,1	0,3	0,6	2,0
Juros	4,6	4,5	6,0	4,3	2,7	2,1	1,7	1,2
Resultado primário	**−2,4**	**−1,4**	**1,7**	**5,2**	**5,4**	**3,4**	**3,3**	**2,9**
Resultado nominal	**−7,0**	**−5,9**	**−4,2**	**0,8**	**2,7**	**2,2**	**1,6**	**1,7**
Governos regionais e locais								
Receitas	**13,7**	**14,2**	**13,8**	**13,8**	**12,3**	**12,5**	**12,1**	**13,0**
Imposto sobre rendas e lucros	5,5	4,9	4,9	5,0	6,2	6,0	6,1	7,4
IVA	2,1	1,9	1,4	1,2	0,0	0,0	0,0	0,0
Outras receitas	6,0	4,6	4,0	3,9	3,5	4,2	3,9	3,4
Receitas não-tributárias	0,0	0,7	1,3	0,8	1,0	1,2	1,3	1,2
Fundos orçamentários	0,0	2,0	2,3	2,8	1,6	1,2	0,8	1,0
Transferências do governo federal	3,1	2,0	1,7	1,7	2,7	2,7	2,4	1,4
Despesas	**35,2**	**17,4**	**15,3**	**14,6**	**15,2**	**15,7**	**15,1**	**14,2**
Corrente (custeio)	17,6	2,9	2,5	2,5	3,7	3,9	4,4	3,7
Corrente (gastos sociais)	11,7	9,8	8,0	7,8	8,2	8,9	8,1	8,0
Empréstimos líquidos	0,0	0,0	0,0	0,0	0,0	0,0	0,0	0,0
Transferências intragovernamentais	0,0	0,0	0,0	0,0	0,0	0,0	0,0	0,0
Fundos orçamentários	0,0	2,3	2,3	2,8	1,5	1,4	1,1	1,0

Continua

	1997	1998	1999	2000	2001	2002	2003	2004
Outras despesas	5,9	2,4	2,1	1,3	1,7	1,4	1,3	1,3
Juros	0,0	0,0	0,4	0,3	0,1	0,1	0,2	0,2
Resultado primário	**−0,9**	**−1,2**	**−0,4**	**0,6**	**−0,4**	**−0,6**	**−0,7**	**0,0**
Resultado nominal	**−0,9**	**−1,2**	**0,0**	**0,8**	**−0,2**	**−0,5**	**−0,5**	**0,2**
Fundos extra-orçamentários								
(resultado nominal = receitas – despesas)								
Fundo de pensão	**0,2**	**−1,0**	**0,9**	**1,1**	**0,2**	**−0,1**	**0,1**	**0,3**
Fundo de emprego	0,0	0,0	0,1	0,1	0,0	0,0	0,0	0,0
Fundo de seguro social	0,0	0,0	0,2	0,2	0,0	−0,1	0,0	0,1
Fundo de seguro-saúde	0,0	0,0	0,0	0,0	0,0	0,0	0,0	0,0
Float	−0,1	0,1	0,0	0,0	0,1	0,0	0,0	0,0
Governo geral								
Receitas	**31,1**	**34,4**	**33,6**	**36,9**	**37,3**	**37,6**	**36,3**	**38,5**
Imposto sobre rendas e lucros	6,9	6,3	6,9	7,9	8,6	7,6	7,4	8,6
IVA	6,7	6,3	5,9	6,3	7,2	7,0	6,7	6,4
Outras receitas	9,5	8,3	7,8	9,2	10,3	11,3	11,3	12,0
Receitas não-tributárias	1,1	1,4	2,3	1,8	2,2	2,5	2,6	2,5
Fundos orçamentários	1,5	3,0	3,4	4,1	1,8	1,3	0,9	1,1
Receitas dos fundos extra-orçamentários	9,8	8,7	8,1	8,3	8,0	8,8	8,6	8,2
Ajuste de receita[1]	−4,4	0,5	−0,9	−0,6	−0,7	−0,9	−0,9	−0,3
Despesas	**41,5**	**42,5**	**36,7**	**33,7**	**34,6**	**37,0**	**35,5**	**33,6**
Não-financeiras (custeio e investimento)	25,1	8,2	8,0	8,5	11,1	10,9	11,1	10,2
Não-financeiras (gastos sociais)[2]	13,8	13,2	8,8	8,3	10,3	11,8	10,5	9,8
Empréstimos líquidos	0,7	0,3	0,2	−0,2	−0,5	0,1	0,1	0,1
Fundos orçamentários	1,1	3,2	3,5	4,1	1,6	1,6	1,2	1,1
Outras despesas	6,9	3,5	2,3	0,6	1,5	1,7	1,9	3,3
Juros	4,6	4,5	6,4	4,6	2,9	2,2	1,8	1,4
Despesas dos fundos extra-orçamentários	9,7	9,6	6,9	6,8	7,7	9,0	8,5	7,8
Ajuste de despesa[1]	−20,4	0,0	0,6	1,0	−0,1	−0,3	0,4	0,0
Resultado primário	**−5,8**	**−3,6**	**3,3**	**7,8**	**5,4**	**2,7**	**3,3**	**6,3**
Resultado nominal	**−10,4**	**−8,1**	**−3,1**	**3,2**	**2,7**	**0,6**	**1,4**	**4,9**

Fonte: FMI.

[1] Ajustes necessários para harmonizar os dados apresentados de forma desagregada com o resultado fiscal fechado.

[2] Subtrai, dentro de gastos sociais, os resultados nominais (receitas – despesas) dos fundos extra-orçamentários, cujos objetivos são financiar despesas consideradas sociais.

Tabela 2.9

Rússia — execução fiscal do governo (1997-2004 — em bilhões de rublos constantes de 2004)

	1997	1998	1999	2000	2001	2002	2003	2004
Governo federal								
Receitas	**1.577**	**1.186**	**1.303**	**2.001**	**2.320**	**2.347**	**2.460**	**2.959**
Imposto sobre rendas e lucros	177	147	212	366	318	218	192	206
IVA	599	466	469	660	933	950	978	1.070
Outras receitas	460	394	401	687	879	971	1.081	1.444
Receitas não-tributárias	146	76	103	124	168	189	193	225
Fundos orçamentários	195	104	118	165	22	19	16	14
Despesas	**2.491**	**1.819**	**1.740**	**1.889**	**1.971**	**2.164**	**2.230**	**2.258**
Corrente (custeio)	975	565	574	779	962	961	984	1.085
Corrente (gastos sociais)	280	263	199	250	307	364	360	380
Empréstimos líquidos	93	36	19	−32	−64	9	8	9
Transferências intragovernamentais	254	251	191	243	409	488	533	462
Fundos orçamentários	148	96	118	172	22	19	16	14
Outras despesas	141	123	21	−85	-18	37	81	103
Juros	600	486	617	562	353	286	248	205
Resultado primário	**−314**	**−147**	**178**	**672**	**707**	**463**	**478**	**493**
Resultado nominal	**−914**	**−629**	**−437**	**110**	**353**	**305**	**230**	**288**
Governos regionais e locais								
Receitas	**1.784**	**1.524**	**1.423**	**1.783**	**1.606**	**1.701**	**1.784**	**2.170**
Imposto sobre rendas e lucros	724	525	506	653	808	818	901	1.237
IVA	278	207	141	151	3	0	0	0
Outras receitas	783	494	409	511	463	567	573	564
Receitas não-tributárias	0	80	131	108	126	158	194	200
Fundos orçamentários	0	219	236	360	207	158	116	169
Transferências do governo federal	400	211	174	218	353	370	357	234
Despesas	**4.592**	**1.863**	**1.586**	**1.895**	**1.989**	**2.144**	**2.217**	**2.372**
Corrente (custeio)	2.296	310	257	321	489	532	650	618
Corrente (gastos sociais)	1.532	1.055	829	1.013	1.072	1.208	1.186	1.335
Empréstimos líquidos	0	0	0	0	0	0	0	0
Transferências intragovernamentais	0	0	0	0	0	0	0	0

Continua

114 AJUSTES FISCAIS

	1997	1998	1999	2000	2001	2002	2003	2004
Fundos orçamentários	0	243	240	360	191	194	165	169
Outras despesas	764	255	219	167	218	192	194	224
Juros			541	34	19	218	22	26
Resultado primário	**-111**	**-131**	**243**	**276**	**-51**	**-85**	**-100**	
Resultado nominal	**-111**	**-131**	**-2**	**110**	**-32**	**-67**	**-78**	**30**
Fundos extra-orçamentários								
(resultado nominal = receitas − despesas)								
Fundo de pensão[1]	22	-111	121	147	23	-19	13	48
Fundo de emprego	0	0	6	7	0	0	0	0
Fundo de seguro social		4	19	30	-6	-13	-7	18
Fundo de seguro-saúde	4	-4		4			4	2
Float	-17	-12	0	-2	13	3	-2	0
Governo geral								
Receitas	**4.636**	**3.642**	**3.564**	**4.856**	**4.968**	**5.253**	**5.502**	**6.502**
Imposto sobre rendas e lucros	901	673	718	1.018	1.126	1.037	1.092	1.443
IVA	877	673	611	811	936	950	978	1.070
Outras receitas	1.243	888	810	1.198	1.342	1.538	1.655	2.008
Receitas não-tributárias	146	155	234	232	294	347	387	425
Fundos orçamentários	195	322	354	525	229	177	132	183
Receitas dos fundos extra-orçamentários	1.275	931	838	1.072	1.041	1.206	1.258	1.373
Ajuste de receita								
Despesas	**8.075**	**4.557**	**3.733**	**4.238**	**4.527**	**5.085**	**5.154**	**5.399**
Não-financeiras (custeio e investimento)	3.271	1876	1832	1.100	1.451	1.493	1.634	1.703
Não-financeiras (gastos sociais)[2]	1.797	1.417	909	1.077	1.345	1.604	1.537	1.647
Empréstimos líquidos	93	36	19	-32	-64	19	18	9
Fundos orçamentários	148	338	358	532	213	213	181	183
Outras despesas	906	378	240	82	200	228	275	327
Juros	600	486	658	596	372	304	271	231
Despesas dos fundos extra-orçamentários	1.260	1.027	1.708	884	1.008	1.235	1.249	1.299
Ajuste de despesa								
Resultado primário	**-2.838**	**-430**	**489**	**1.214**	**813**	**472**	**619**	**1.334**
Resultado nominal	**-3.438**	**-915**	**-169**	**617**	**441**	**168**	**348**	**1.103**

Fonte: FMI.

[1] Ajustes necessários para harmonizar os dados apresentados de forma desagregada com o resultado fiscal fechado.

[2] Subtrai, dentro de gastos sociais, os resultados nominais (receitas − despesas) dos fundos extra-orçamentários, cujos objetivos são financiar despesas consideradas sociais.

Rússia — execução fiscal do governo (1998-2004 — variações % reais anuais)

	1998	1999	2000	2001	2002	2003	2004
Governo federal							
Receitas	−24,8	9,9	53,6	15,9	1,1	4,8	20,3
Imposto sobre rendas e lucros	−16,7	44,1	72,3	−12,9	−31,5	−12,0	7,4
IVA	−22,3	0,8	40,6	41,4	1,8	3,0	9,4
Outras receitas	−14,3	1,7	71,3	28,0	10,5	11,4	33,5
Receitas não-tributárias	−48,3	36,0	20,7	35,2	12,6	2,0	16,6
Fundos orçamentários	−46,8	13,9	40,0	−86,7	−13,6	−17,9	−9,8
Despesas	−27,0	−4,3	8,6	4,3	9,8	3,1	1,2
Corrente (custeio)	−42,1	1,6	35,6	23,6	−0,1	2,4	10,3
Corrente (gastos sociais)	−6,2	−24,1	25,5	22,6	18,8	−1,1	5,4
Empréstimos líquidos	−61,5	−46,1	−265,6	101,2	−113,7	−12,0	15,9
Transferências intragovernamentais	−1,1	−23,9	27,4	68,2	19,4	9,3	−13,4
Fundos orçamentários	−35,4	23,4	46,0	−87,3	−13,6	−17,9	−9,8
Outras despesas	−12,7	−82,6	−497,4	−79,4	−308,7	121,4	27,2
Juros	−19,0	27,1	−8,9	−37,2	−19,0	−13,2	−17,5
Resultado primário	53,1	220,8	278,0	5,1	−34,5	3,3	3,1
Resultado nominal	31,2	30,5	125,2	221,3	−13,6	−24,8	25,5
Governos regionais e locais							
Receitas	−14,6	−6,6	25,3	−9,9	5,9	4,9	21,6
Imposto sobre rendas e lucros	−27,4	−3,7	29,1	23,7	1,3	10,0	37,4
IVA	−25,6	−31,7	6,6	−98,1	−100,0		
Outras receitas	−36,9	−17,1	24,8	−9,4	22,6	1,0	−1,6
Receitas não-tributárias	—	64,2	−17,2	16,0	25,5	23,1	3,1
Fundos orçamentários		7,7	52,8	−42,4	−24,0	−26,1	45,1
Transferências do governo federal	−47,2	−17,7	25,7	61,9	4,6	−3,3	−34,5
Despesas	−59,4	−14,9	19,5	5,0	7,8	3,4	7,0
Corrente (custeio)	−86,5	−17,2	24,9	52,3	8,8	22,1	−4,9
Corrente (gastos sociais)	−31,1	−21,4	22,1	5,8	12,7	−1,9	12,6
Empréstimos líquidos	—	—					
Transferências intragovernamentais							
Fundos orçamentários		−1,1	50,0	−46,9	1,5	−14,9	2,3

Continua

	1998	1999	2000	2001	2002	2003	2004
Outras despesas	−66,7	−14,2	−23,7	30,5	−11,9	1,3	15,4
Juros	−	−	−17,2	−43,7	−7,0	25,6	17,2
Resultado primário	−18,0	67,4	−278,0	−167,0	65,3	18,1	−104,0
Resultado nominal	−18,0	98,4	5.232,5	−129,2	108,0	16,2	−138,6
Fundos extra-orçamentários							
(resultado nominal = receitas − despesas)							
Fundo de pensão[1]	−598,3	−180,8	63,6	−84,1	−181,0	−170,4	260,7
Fundo de emprego	−	−	10,4	−100,0	−	−	−
Fundo de seguro social	−28,8	384,7	56,4	−119,4	115,9	−47,2	−370,5
Fundo de seguro-saúde	−211,9	−207,7	−17,2	−17,7	−186,4	−275,9	−54,9
Float	−171,2	−100,0	−	−840,7	−80,8	−188,0	−100,0
Governo geral							
Receitas	−21,5	−2,1	36,2	2,3	5,7	4,7	18,2
Imposto sobre rendas e lucros	−25,3	6,7	41,8	10,6	−7,9	5,4	32,1
IVA	−23,3	−9,2	32,7	15,4	1,4	3,0	9,4
Outras receitas	−28,6	−8,7	47,8	12,1	14,6	7,6	21,4
Receitas não-tributárias	6,0	50,5	−0,5	26,3	18,1	11,6	9,8
Fundos orçamentários	65,6	9,7	48,5	−56,3	−23,0	−25,2	38,7
Receitas dos fundos extra-orçamentários	−27,0	−10,0	27,9	−2,8	15,8	4,3	9,2
Ajuste de receita[1]							
Despesas	−43,6	−18,1	13,5	6,8	12,3	1,3	4,8
Não-financeiras (custeio e investimento)	−73,2	−5,0	32,3	32,0	2,9	9,4	4,3
Não-financeiras (gastos sociais)[2]	−21,2	−35,9	18,5	24,9	19,3	−4,2	7,2
Empréstimos líquidos	−61,5	−46,1	−265,6	101,2	−113,7	−12,0	15,9
Fundos orçamentários	128,7	5,8	48,7	−59,9	0,0	−15,2	1,2
Outras despesas	−58,3	−36,5	−66,0	145,1	14,1	20,5	18,9
Juros	−19,0	35,5	−9,4	−37,5	−18,4	−11,0	−14,6
Despesas dos fundos extra-orçamentários	−18,5	−30,1	23,1	14,2	22,3	1,2	4,0
Ajuste de despesa[1]							
Resultado primário	84,9	213,7	148,3	−33,0	−42,0	31,2	115,6
Resultado nominal	73,4	81,5	464,7	−28,6	−62,0	107,6	216,7

Fonte: FMI.

[1] Ajustes necessários para harmonizar os dados apresentados de forma desagregada com o resultado fiscal fechado.

[2] Subtrai, dentro de gastos sociais, os resultados nominais (receitas − despesas) dos fundos extra-orçamentários, cujos objetivos são financiar despesas consideradas sociais.

3

México

O México é apontado como um caso de sucesso em termos de administração de sua dívida pública. Isso se reflete em um custo reduzido e, principalmente, num elevado prazo de vencimento da dívida.

Após a moratória ocorrida em 1982, o país procurou empreender um significativo programa de ajuste fiscal. De um déficit primário de 7,6% do PIB em 1981, o governo alcançou um superávit primário de 7,8% do PIB em 1989. Com isso, a dívida pública, que chegou a um patamar superior a 110% do PIB na década de 1980, caiu para pouco mais de 45% do PIB em 2005.

Uma característica importante da política fiscal mexicana é o baixo nível da carga tributária, mesmo quando comparado a países semelhantes. Antes das reformas iniciadas em 2002, o país apresentava arrecadação total em torno de 22% do PIB, sendo que a partir de então essa margem foi elevada para pouco mais de 23%. Vale observar que a participação das receitas do petróleo no total da arrecadação do governo mexicano é de extrema importância, representando cerca de 1/3 das fontes de financiamento do governo.

A contrapartida da carga tributária baixa é o reduzido nível de cobertura de serviços do setor público. Conforme aponta o Banco Mundial, aumentar os gastos do governo em áreas como educação, saúde, infra-estrutura e redução da pobreza seria desejável, mas financiar essas despesas requer uma maior base tributária (Bird, 2001:146).

O ajuste fiscal e as conseqüências macroeconômicas

Definições adotadas

Todas as especificidades da contabilidade pública mexicana serão explicadas posteriormente, em seção dedicada ao assunto. No entanto, antes de se analisar o ajuste fiscal é importante ressaltar algumas diferenças conceituais verificadas nas finanças públicas do México. A primeira delas é a definição de setor público, que engloba o governo federal, as empresas estatais e as transferências aos estados e municípios. Na medida em que as transferências do governo federal representam a maior parte das receitas totais dos governos subnacionais, a ausência de dados sobre a arrecadação própria desses níveis de governo não chega a representar um problema.

A segunda diferença diz respeito ao conceito de déficit público, que não incorpora algumas operações extraorçamentárias, apresentando-se menor que o conceito de déficit utilizado pelo FMI, que, por sua vez, é denominado no México "déficit aumentado". Diante disso, o déficit não reflete o total das necessidades de financiamento do setor público, que passaram a ser publicadas pelo governo mexicano apenas a partir de 2001.

O ajuste fiscal: uma análise geral

O ajuste foi obtido por um drástico corte de despesas, principalmente dos investimentos do governo. Entre os anos 1980 e 1990, as despesas não-financeiras no México reduziram-se, em média, de 25% para 19% do PIB. A partir de então, com exceção do ano de 1993, esses dispêndios apresentaram comportamento bastante volátil, acompanhando o movimento das receitas. Como pode ser visto nos gráficos 3.1 e 3.2, a redução dos gastos foi feita não só em relação ao PIB como também em termos reais.

GRÁFICO 3.1

México — receitas x despesas do setor público
(1980-2006 — % do PIB)

Fontes: Secretaría de Hacienda y Crédito Público (SHCP) e OCDE.

GRÁFICO 3.2
México — receitas x despesas
(1980-2006 — bilhões de pesos a preços constantes de 2006)

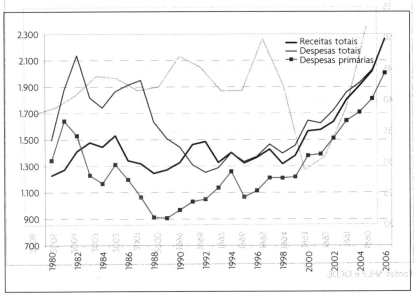

Fontes: SHCP e Banco de México.

A dívida pública bruta que no período 1986/87 encontrava-se no patamar de 115% do PIB foi gradativamente caindo. Em 2005, a dívida bruta do setor público consolidado representava 44% do PIB (FMI, 2006c). Já a dívida líquida (gráfico 3.3) estava em 37,8% do PIB em 2006, sendo que 28% denominada em moeda estrangeira.

As tabelas 3.1, 3.4 e 3.5 apresentam, de forma mais detalhada, o desempenho fiscal do México entre 1980-2005. Como se pode observar, de um elevado déficit nominal no início dos anos 1980, o país passou a apresentar expressivo superávit no começo dos anos 1990. Isso foi conseguido com reduções consideráveis nas despesas primárias, de 9,6 pontos percentuais do PIB, com destaque para os investimentos, comprimidos em 63% em relação ao patamar de 1980/81. Houve também ligeira elevação de receitas no período — 2,6 pontos percentuais do PIB — propiciada, fundamentalmente, pela elevação de receitas não-tributárias.

GRÁFICO 3.3
México — dívida líquida do setor público (1990-2006 — % do PIB)

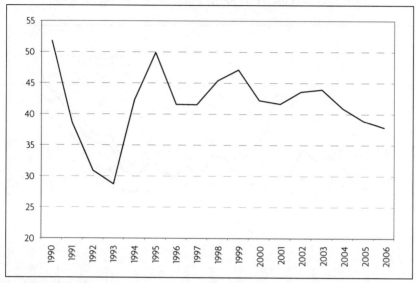

Fontes: SHCP e OCDE.

TABELA 3.1
México — ajuste fiscal: tamanho e composição — setor público
(médias por período, em % do PIB)

Resultado fiscal	1980/81	1990-92	1993/94	1995	1997/98	1999-2006
Resultado primário	−5,2	7,7	2,9	4,7	2,6	2,4
Resultado nominal	−9,2	1,4	0,4	0,0	−1,0	−0,6
Receitas totais	23,7	26,1	23,1	22,8	21,7	22,7
Receitas tributárias	10,0	10,9	11,3	9,3	10,2	10,7
Receitas não-tributárias	13,7	15,2	11,8	13,5	11,5	12,0
Despesas totais	31,9	24,5	22,8	23,0	22,6	23,3
Despesas primárias	28,2	18,6	20,3	18,4	19,1	20,3
Investimentos	8,8	3,3	3,1	2,7	3,0	3,3
Despesas financeiras	3,7	5,9	2,5	4,6	3,5	3,0
Resultado das entidades sob controle orçamentário indireto	−1,0	0,1	0,0	0,2	0,0	0,0
Discrepância estatística	0,0	−0,2	0,1	0,0	−0,1	0,0
Impacto do petróleo						
Receitas relacionadas ao petróleo	7,5	6,9	6,0	7,6	7,0	7,6
Receitas não relacionadas ao petróleo	16,2	19,2	17,1	15,2	14,8	15,1

Fontes: SHCP e OCDE.

Durante a década de 1980 a economia mexicana foi marcada por crises recorrentes, que podem ser atribuídas não apenas a choques externos, mas também a questões internas, que deixaram a economia do país mais vulnerável às oscilações das variáveis externas. A queda nos preços do petróleo entre 1982 e 1986 e a elevação nas taxas de juros internacionais foram os principais choques externos enfrentados no período. Foi então que o governo mexicano empreendeu algumas mudanças no sistema tributário, com destaque para a criação de mecanismos de indexação para o imposto sobre valor adicionado e a integração entre o imposto de renda pessoal e o de empresas, que, como mencionado, propiciaram pequena elevação na arrecadação do governo.

Devido à forte dependência das receitas de petróleo e à imprevisibilidade de tais receitas, o governo teve que reduzir suas despesas não-financeiras. No entanto, a trajetória de queda dessas despesas só fica mais evidente após a estabilização econômica de 1988, ano em que as despesas de juros começaram a cair com o declínio da inflação (Bird, 2001). No início da década de 1980, enquanto as despesas com juros da dívida se elevavam, as despesas não-financeiras do governo demonstravam considerável trajetória de queda, principalmente as de capital. As transferências do governo e os recursos compartilhados com os estados, em compensação, se elevaram ao longo do período, principalmente a partir de 1988.

Comparando os anos 1980 com o cenário atual, as despesas não-financeiras do governo (correntes e de capital) foram reduzidas em mais de 10 pontos percentuais do PIB. De fato, a cada crise verificada no país obteve-se como resposta uma redução mais acentuada nos gastos não-financeiros. Se, por um lado, esta foi a forma conseguida pelo governo para financiar os seus gastos, por outro contribuiu para uma drástica queda nos investimentos públicos.

Outra questão que merece ser destacada é o caráter pró-cíclico da política fiscal mexicana. Nos momentos de depressão, a redução nas despesas do governo contribui para que esse movimento se acentue. Nos períodos de crescimento econômico, não obstante os estabilizadores automáticos existentes, os gastos não-financeiros, que até então permaneciam represados, são elevados (Bird, 2001).

Os gráficos 3.1 e 3.2, que ilustram a trajetória das despesas e receitas do governo (em pontos percentuais do PIB e em valores constantes), mostram que há uma correlação entre as receitas totais e as despesas não-financeiras, isto é: no momento em que as receitas do governo são reduzidas, as despesas apresentam o mesmo comportamento, evitando pressões sobre o déficit do governo. Por outro lado, quando a arrecadação se eleva, o governo aproveita para aumentar tais despesas, confirmando o caráter pró-cíclico da política fiscal.

Os gráficos 3.4 e 3.5 ilustram a trajetória dos resultados primário e nominal do governo federal e empresas estatais para o período 1980-2006. Desde 1983, embora o resultado primário tenha sido positivo em todos os anos, apenas entre 1991-94 o mesmo se verificou em relação ao resultado nominal. Isso se deu porque, embora as despesas financeiras tenham caído percentualmente, também houve redução de impostos.

GRÁFICO 3.4

México — resultado primário (1980-2006 — % do PIB)

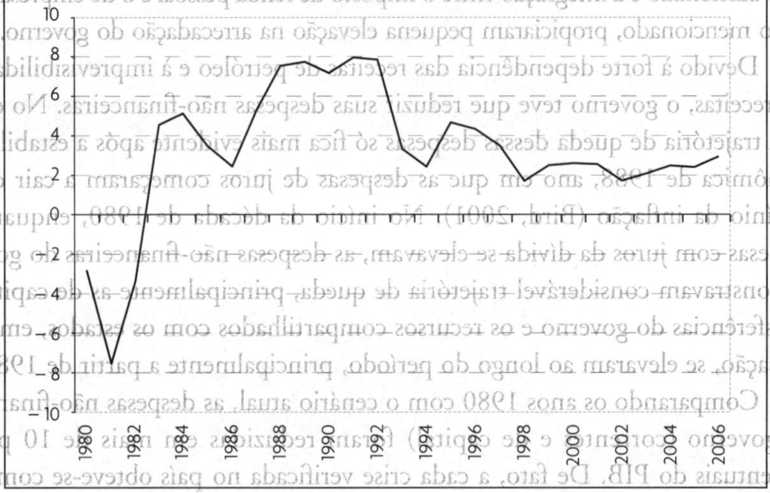

Fontes: SHCP e OCDE.

GRÁFICO 3.5

México — resultado nominal x despesas financeiras (1980-2006 — % do PIB)

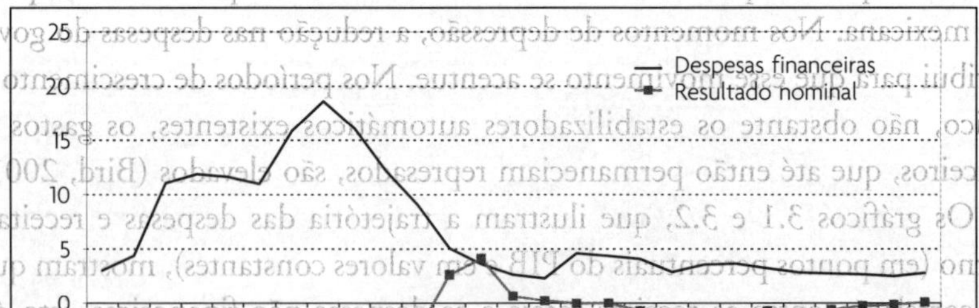

Fontes: SHCP e OCDE.

Conseqüências macroeconômicas do ajuste fiscal

A busca pela consolidação fiscal permitiu a redução da relação dívida/PIB, contribuindo para a melhora do *rating* soberano. Entre 2000 e 2001, o México recebeu a recomendação de "grau de investimento" (*investment-grade*) das três principais agências de avaliação de risco.

A credibilidade da política fiscal teve como principais resultados a redução das taxas de juros, o aumento do prazo da dívida e a diminuição da vulnerabilidade a crises em outros mercados emergentes. Mas, de acordo com a OCDE (2005c), em outros aspectos, a estrutura fiscal do México ainda deixa muito a desejar:

► as receitas totais são muito baixas (23% do PIB em 2005), sendo que 1/3 são originadas do setor petrolífero (sujeitas à volatilidade dos preços da *commodity* do mercado internacional);
► como a volatilidade das receitas é absorvida, principalmente, por mudanças no investimento, o planejamento de meio-termo fica prejudicado;
► os cortes de investimentos realizados ao longo dos períodos de ajuste resultaram em graves problemas de infra-estrutura;
► os baixos níveis de gastos sociais são os principais responsáveis pela baixa qualidade dos serviços oferecidos à população (saúde e educação);
► há um consenso sobre a necessidade de uma reforma tributária a fim de se aumentar a base de arrecadação, especialmente com impostos indiretos, gerando receitas mais estáveis e reduzindo as distorções do atual sistema.

Fica claro, portanto, que é necessário promover melhoramentos na estrutura das contas públicas, de forma a melhorar a sustentabilidade da situação fiscal. Uma das principais medidas é conseguir aumentar a arrecadação do governo, de forma a viabilizar a elevação das despesas sem prejudicar a situação fiscal, e simultaneamente reduzir a dependência do governo em relação às receitas relacionadas ao petróleo, que é elevada, como evidencia o gráfico 3.6.

Apesar da instituição do Fundo de Estabilização do Petróleo, com o objetivo de economizar parte dessas receitas, na prática muito pouco tem sido feito em relação a isso, e grande parte desses recursos tem sido consumida. Com a elevação nessas receitas, o que se observa é que o governo tem promovido redução de outros impostos, como taxas sobre consumo de combustível e redução no imposto de renda, aprovada em 2004.

GRÁFICO 3.6
México — comportamento de receitas relacionadas ao petróleo
(1980-2006 — % do PIB)

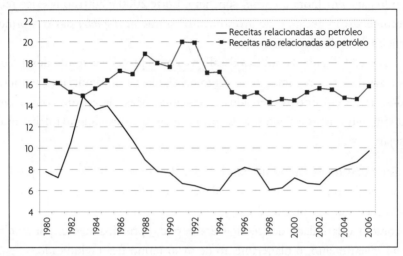

Fontes: SHCP e OCDE.

O crescimento da economia, por sua vez, ainda permanece errático e a taxa de investimento da economia não consegue superar muito os 20% do PIB, conforme ilustra o gráfico 3.7.

GRÁFICO 3.7
México — crescimento real do PIB e taxa de investimento
(1980-2006 — formação bruta de capital fixo/PIB)

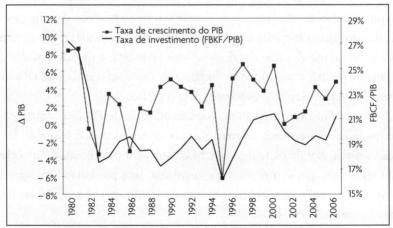

Fontes: FMI e Instituto Nacional de Estatística, Geografia e Informática (Inegi).

No que se refere ao nível geral de preços, observa-se que a inflação estava sendo mantida sob controle desde o processo de estabilização empreendido em 1988. Até que, em 1995, quando o país passou por uma grave crise cambial, a inflação voltou a subir. Porém, já a partir de 1997, observa-se uma trajetória declinante da inflação, que vem sendo mantida bem abaixo dos dois dígitos desde 2000, como se pode ver pelo gráfico 3.8.

GRÁFICO 3.8

México — taxa de inflação (1980-2006 — %)

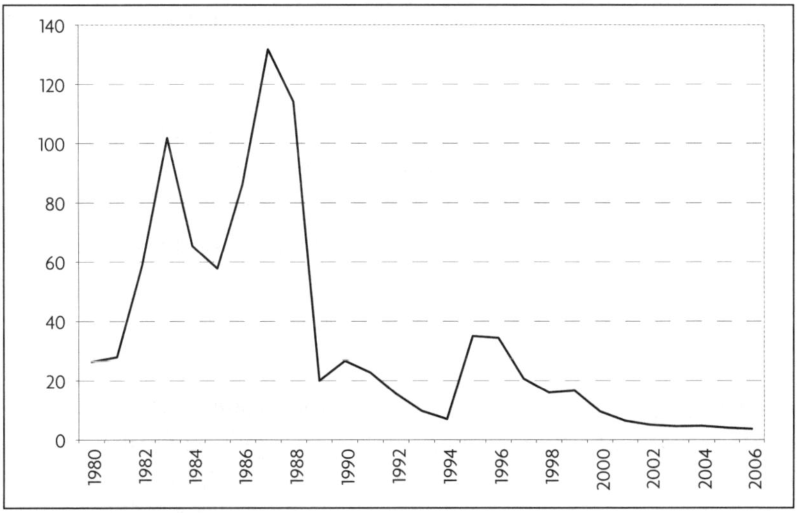

Fonte: Banco de México.

Detalhamento da política fiscal mexicana

Reformas propostas no Pronafide 2002-06

O Pronafide 2002-06, que pode ser considerado uma espécie de plano plurianual mexicano, consistiu em uma estratégia de médio e longo prazos do governo para alcançar os seguintes objetivos:

➤ gerar recursos necessários para financiar os diferentes programas sociais;
➤ expandir o crescimento do produto potencial;
➤ gerar o número de empregos requerido para incorporar a dinâmica da população mexicana;
➤ consolidar um ambiente macroeconômico estável.

Como estratégia para alcançar tais objetivos, o programa confiava na "geração de poupança doméstica e na implantação de uma ambiciosa agenda de reformas" (México, 2002:1).

Tais reformas abrangiam: reforma educacional, agrária, federativa, financeira, fiscal e orçamentária, judiciária e do mercado de trabalho. No que se refere especificamente às reformas fiscal e orçamentária são citados os seguintes objetivos (México, 2002:9).

Reforma fiscal:

► manter uma sólida atuação fiscal e promover alocação de recursos favoravelmente às áreas sociais e aos projetos de investimento em detrimento das despesas correntes;
► reduzir a dependência das receitas relacionadas ao petróleo;
► concorrer para evitar o *crowding-out* sobre o investimento privado;
► incentivar o cumprimento das obrigações tributárias;
► aumentar as fontes permanentes de receitas fiscais, de forma a atender às demandas sociais.

Reforma orçamentária:

► modernizar o processo de aprovação e execução orçamentária;
► estabelecer regras de médio e longo prazos para a política fiscal;
► melhorar a eficiência do gasto público;
► melhorar o desempenho do processo de contabilização.

Embora alterações pontuais venham sendo paulatinamente votadas, a aprovação de reformas mais amplas como as propostas em relação ao código tributário fica pendente para o período pós-eleitoral (setembro/2006) (FMI, 2005b).

Contabilidade pública

Os princípios básicos da contabilidade governamental mexicana passaram recentemente por um processo de revisão com vistas a trazer mais eficiência, agilidade e transparência para o registro das operações finançeiras e orçamentárias realizadas pelo setor público. Estão reunidos no *Sistema integral de contabilidad gubernamental — subsistema de egresos* (2006), manual editado pela Secretaría de Hacienda e Crédito Público (SHCP), responsável pela normatização e execução do orçamento federal. Esses princípios guiam o registro das operações de todas as

México   127

unidades do governo federal, bem como das empresas públicas (incluindo a Pemex, empresa do petróleo mexicana).

O período fiscal adotado no México é o ano calendário e as despesas são registradas no momento em que o fato gerador ocorre e as receitas no momento em que ingressam nos cofres públicos, isto é, despesas registradas pelo regime de competência e receitas pelo regime de caixa.

O conceito "tradicional" de déficit público mexicano não incorpora algumas operações extra-orçamentárias, apresentando-se em valores menores que o déficit calculado de acordo com os padrões internacionais, que, por sua vez, é denominado no México "déficit aumentado". No conceito normalmente usado no país, a autoridade fiscal não inclui em suas contas gastos associados ao processo de reestruturação bancária, os projetos de investimento incluídos no Pidiregas, as necessidades de financiamento dos bancos de desenvolvimento, entre outros. Diante disso, o déficit não reflete o total das necessidades de financiamento do setor público, que passaram a ser publicadas pelo governo mexicano apenas a partir de 2001.

As contas do setor público no México englobam o governo federal e as empresas estatais. Não obstante, as outras esferas de governo (estados e municípios) são consideradas, na medida em que as transferências do governo federal são incluídas nos dados como itens de despesas. De acordo com o FMI (2002a), as informações dos governos subnacionais só estão disponíveis com um significativo atraso e não são apresentadas de forma padronizada. Por isso, o Ministério da Fazenda (SHCP) não publica as informações fiscais desses níveis de governo de forma consolidada. Cabe ressaltar, porém, que essa ausência de dados não é relevante, pois, conforme a OCDE (2005), as receitas tributárias próprias dos estados e municípios representaram apenas 4% das receitas tributárias totais do México e menos de 5 e 10%, respectivamente, das fontes de recursos dos estados e municípios em 2002. [13]

As grandes questões que afastam a contabilidade pública do país dos padrões recomendados por organizações como FMI e OCDE são a forma de contabilização de receitas extraordinárias (chamadas de "não-recorrentes") e a existência de diversos mecanismos extra-orçamentários. No conceito de déficit público que o México di-

---

[13] A Constituição mexicana proíbe os estados e municípios de se endividar no exterior. Além disso, impõe uma série de restrições aos empréstimos internos, que têm que se submeter à aprovação do Legislativo local e têm que destinar-se exclusivamente a investimentos. Alguns estados chegam até a proibir qualquer tipo de empréstimo (FMI, 2002a).

vulga desde 1977, chamado de déficit "tradicional", receitas extraordinárias obtidas, por exemplo, com privatizações, são somadas às receitas totais, quando deveriam ser contabilizadas como ajuste patrimonial. No entanto, o que gera de fato a maior discrepância são os mecanismos extra-orçamentários, explicados a seguir.

Proyectos de Impacto Diferido en el Registro del *Gasto* (Pidiregas): como será explicado com mais detalhes em seção específica, os projetos Pidiregas são investimentos em infra-estrutura energética (petróleo e eletricidade) de longo prazo, com impactos diferidos no orçamento público e financiados pelo setor privado.

Fideicomiso de Apoyo para el Rescate de Autopistas Concesionadas (Farac): fundo criado em 1997 para cobrir despesas de projetos de concessão de rodovias que fracassaram. O fundo, controlado pelo banco de desenvolvimento Banobras, assumiu um passivo que era garantido pelo governo.

Instituto para la Protección del Ahorro Bancario (Ipab): organismo descentralizado da administração pública federal, com personalidade jurídica e patrimônio próprios e criados pela lei de proteção aos depósitos bancários. Seus principais objetivos são o estabelecimento de um sistema de proteção ao sistema bancário e a conclusão dos processos da reabilitação de instituições financeiras iniciados durante a crise de 1995. O governo garante o pagamento do débito de Ipab e o custo financeiro da dívida do Ipab é registrado em dois níveis: seu componente real é incluído na despesa de governo e refletido no déficit orçamentário; e seu componente da inflação é financiado com a introdução de dívidas novas ao passivo do Ipab.

Outras necessidades de financiamento, que incluem: garantias do governo em empréstimos concedidos por bancos de desenvolvimento; subsídios a programas de financiamento imobiliário; ajustes contábeis para refletir mudança nos valores de mercado da dívida pública.

Em 2001, o governo mexicano começou a publicar, juntamente com o resultado "tradicional" de finanças públicas, as necessidades de financiamento do setor público (NFSP), com e sem receitas extraordinárias. Essa nova forma de divulgação de dados também é chamada de déficit "aumentado". O gráfico 3.9 mostra que as diferenças entre os dois conceitos vêm diminuindo ao longo dos anos, embora continuem a ser significativas. Com base na tabela 3.2, que apresenta uma desagregação do fluxo de recursos destinados às operações extra-orçamentárias, é possível verificar uma redução dos gastos com o Ipab e uma elevação das despesas com o Pidiregas.

Esses fluxos de NFSP acumularam um saldo devedor que equivale a quase metade da dívida líquida "aumentada" do setor público, como pode ser visto na tabela 3.3.

GRÁFICO 3.9
México — necessidade de financiamento do setor público *x* conceito "tradicional" de déficit (1996-2006 — % do PIB)

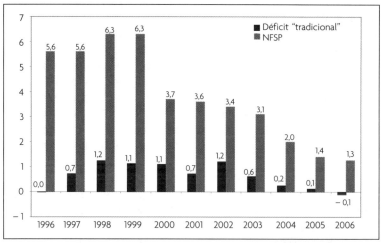

Fontes: SHCP e FMI (2004b e 2006c).

TABELA 3.2
México — ajustes ao conceito "tradicional" de déficit (2001-06 — % do PIB)

	2001	2002	2003	2004	2005	2006
Déficit "tradicional"	0,7	1,2	0,6	0,2	0,1	−0,1
Ajustes ao déficit "tradicional"	2,9	2,2	2,5	1,7	1,2	1,4
Pidiregas	0,8	0,8	1,1	1,1	0,9	1,2
Ipab	1,0	0,5	0,3	−0,7	0,3	0,1
Ajustes orçamentários	0,3	0,2	0,1	0,1	0,1	0,0
Fundo de estabilização do petróleo	0,0	0,0	−0,1	−0,5	−0,2	0,3
Farac	0,1	0,4	0,0	0,2	0,0	0,0
Apoio a devedores	0,0	−0,1	0,0	−0,2	0,0	0,0
Bancos de desenvolvimento	0,1	−0,4	0,4	0,2	−0,1	−0,6
Receitas não-recorrentes	0,7	0,7	0,7	1,5	0,2	0,4
Déficit "aumentado" (NFSP)	3,6	3,4	3,1	2,0	1,4	1,3

Fontes: SHCP, FMI (2006) e OCDE.
Nota: (+) déficit / (−) superávit.

130 AJUSTES FISCAIS

TABELA 3.3
México — dívida líquida "aumentada" do setor público (% do PIB)

	2000	2001	2002	2003	2004	2005	2006
Dívida líquida total	42,2	41,7	43,6	43,9	40,9	38,9	37,8
Interna	27,6	28,2	28,3	27,8	25,6	26,3	27,2
Orçamentária	10,2	11,2	12,1	12,4	12,2	13,1	15,0
Governo federal	11,0	11,9	13,1	13,5	13,4	14,1	17,4
Organismos e empresas públicas	−0,8	−0,7	−1,0	−1,0	−1,1	−1,0	−2,5
Extra-orçamentária	17,4	16,9	16,2	15,4	13,4	13,2	12,2
Bancos de desenvolvimento e fundos	2,7	2,0	1,8	1,9	1,4	1,3	0,7
Farac	1,9	1,9	2,2	2,0	2,0	1,9	1,8
Passivos do Ipab	11,8	12,0	11,3	10,5	8,7	8,3	7,9
Pidiregas	0,0	0,0	0,0	0,2	0,8	1,3	1,3
Programa de apoio a devedores	1,0	1,0	0,8	0,8	0,5	0,5	0,5
Externa	14,6	13,5	15,3	16,1	15,3	12,6	10,6
Orçamentária	10,9	9,8	10,6	10,9	10,0	7,7	5,3
Governo federal	8,9	8,1	8,8	9,2	8,6	7,0	4,9
Organismos e empresas públicas	1,9	1,8	1,8	1,8	1,4	0,8	0,4
Extra-orçamentária	3,7	3,7	4,7	5,2	5,3	4,9	5,4
Bancos de desenvolvimento e fundos	1,0	1,0	1,0	0,9	1,0	0,6	0,5
Pidiregas	2,7	2,7	3,7	4,3	4,3	4,2	4,9
Orçamentária total	21,1	21,0	22,7	23,3	22,2	20,8	20,2
Extra-orçamentária total	21,1	20,6	20,9	20,6	18,7	18,1	17,6

Fontes: SHCP e OCDE.

Processo orçamentário[14]

O processo orçamentário mexicano tem evoluído bastante nos últimos anos. Com a introdução da nova lei de orçamento e responsabilidade fiscal, o país passou a apresentar projeções de médio prazo (cinco anos seguintes) para receitas, despesas e dívida, dentro do próprio orçamento anual. Entre os países da OCDE, 73% utilizam esse tipo de estrutura. Já o grau de rigidez dos gastos da lei orçamentária anual é de 76%, valor dentro da faixa de 60 a 80%, na qual se encontram 54% dos países da OCDE.

A separação entre o planejamento de médio prazo e o orçamento anual criava problemas, principalmente, no que se refere aos investimentos públicos. A su-

---

[14] Os dados comparativos sobre o processo orçamentário dos países da OCDE estão disponíveis em <http://ocde.dyndns.org/>.

gestão da OCDE (Bird, 2004) era que fosse criado um orçamento multianual, atualizado todo ano e com objetivos compatíveis com o plano plurianual. Outra opção indicada pela OCDE seria alterar completamente o processo, criando um orçamento anual no qual seriam feitas projeções de receitas e gastos para três anos. Essa alteração faria com que o próprio processo orçamentário passasse a ser um exercício de planejamento de médio prazo.

A solução encontrada pelo México foi, a partir da aprovação da lei de orçamento e responsabilidade fiscal em 2006, incorporar à lei orçamentária anual projeções (de receitas, despesas e dívida) para os cinco anos seguintes. Com isso, eliminou-se a necessidade de elaboração do Pronafide. Esse tipo de planejamento, com projeções de médio prazo, é utilizado também em 73% dos países da OCDE.

Além das projeções de médio prazo, o governo pode agora celebrar contratos plurianuais de obras públicas, aquisições e arrendamentos, sempre que esse tipo de contrato apresentar vantagens econômicas ou que suas condições sejam mais favoráveis que as de um contrato de curto prazo.

Quanto ao grau de rigidez orçamentária, segundo o Bird (2004), o caso do México possui dois aspectos: o primeiro diz respeito ao orçamento anual, o segundo refere-se à rigidez entre o orçamento atual e o do próximo período. Como mostra o gráfico 3.10, as obrigações rígidas (serviço da dívida, salários, receitas "carimbadas" para os governos subnacionais e outras) representam 57% do orçamento. Por outro lado, a rigidez dos gastos da lei orçamentária anual é de 76%, valor dentro da faixa de 60 a 80%, na qual se encontram 54% dos países da OCDE.

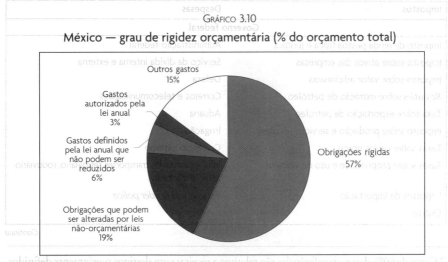

GRÁFICO 3.10
México — grau de rigidez orçamentária (% do orçamento total)

Fonte: Banco Mundial (Bird, 2004).

Critério de transferência de recursos para os governos subnacionais

Dentro da estrutura federativa mexicana, os estados têm recebido cada vez mais responsabilidade. Entretanto, a maior parte das receitas é arrecadada pelo governo federal, sendo que os entes subnacionais são financiados em grande medida pelas transferências de recursos federais. As transferências aos estados e municípios são classificadas em duas categorias: as *participaciones*, verbas discricionárias que representam de 20 a 22% do total da arrecadação federal; e as *aportaciones*, que são recursos com destinos previamente definidos, sendo transferidos pelo governo federal para que os estados realizem os gastos necessários em saúde, educação, infra-estrutura social etc. Considerando o ano de 2002, os recursos dos estados referentes às transferências do governo federal corresponderam, em média, a 89% de suas receitas.[15] Dessa forma, as receitas próprias dos estados giravam naquele ano em torno de 11% (FMI, 2004b). Pelo lado das despesas, os gastos dos governos subnacionais concentram-se em despesas correntes, principalmente transferências e folha salarial.

O quadro 3.1 apresenta a distribuição de competências pela arrecadação e despesas no setor público mexicano.

QUADRO 3.1
México — estrutura de competência pela arrecadação e gastos no setor público mexicano

Impostos	Despesas
Governo federal	
Imposto de renda pessoa física e jurídica	Administração federal
Imposto sobre ativos das empresas	Serviço da dívida interna e externa
Imposto sobre valor adicionado	Defesa
Royalties sobre extração de petróleo	Correios e telecomunicações
Taxa sobre exportação de petróleo	Aduana
Imposto sobre produção e serviços (*excises*)	Irrigação
Taxas sobre carros novos	Comércio externo
Taxas sobre propriedade e uso de veículos	Infra-estrutura de transportes ferroviário, rodoviário, aéreo e marítimo
Impostos de importação	*Federal and border police*
Outros	

Continua

[15] Cerca de 60% dessas transferências são relativas a receitas com destinos previamente definidos.

Impostos	Despesas
Compartilhadas	
Imposto de renda	Saúde
Imposto sobre valor adicionado	Educação
Excises	Programas de propósitos específicos
Taxa sobre exportação de petróleo	Desenvolvimento de acordos (convênios, polícias especiais etc.)
Impostos de importação	
Taxas sobre propriedade e uso de veículos	
Taxas sobre carros novos	
Governos estaduais	
Imposto sobre sua folha de pagamento	Administração estadual
Real state transfer tax	Infra-estrutura estadual
Imposto sobre veículos com mais de 10 anos de uso	Ordem e segurança pública estadual
Imposto sobre propriedade de terras	Saneamento e abastecimento de água
Taxa de educação	Serviço da dívida doméstica
Impostos indiretos sobre indústria e comércio	Bibliotecas públicas
Taxas e licenças sobre serviços públicos	
Governos municipais	
Imposto sobre propriedade local	Administração municipal
Real state transfer tax	Ordem e segurança pública estadual
Taxas sobre água	Transporte local
Outras taxas e licenças	Infra-estrutura local, abrangendo oferta de água, tratamento do lixo, iluminação pública etc.
Imposto ind. sobre agricultura, indústria e desenvolvimento residencial	

Fonte: FMI (2004c:114).

O volume de receitas dos governos estaduais e municipais cresceu substancialmente na década de 1990. Em 2002, esse volume de receitas *per capita* foi o dobro comparado a 1992, antes do processo de descentralização iniciado em 1993 (Bird, 2004).

Metas fiscais

A partir da promulgação da Lei Federal de Orçamento e Responsabilidade Fiscal, em 2006, a meta fiscal básica adotada atualmente é a manutenção do resultado nominal do setor público (no conceito "tradicional") equilibrado. Ou seja, a meta fiscal determinada por lei é déficit nominal igual a zero.

A lei de responsabilidade fiscal (México, 2006), publicada em março de 2006 e reformada em dezembro do mesmo ano, determina que o orçamento pode prever um déficit somente se as condições econômicas e sociais o tornarem necessário. Toda vez que esse mecanismo for utilizado, o Executivo federal deverá esclarecer ao Congresso:

➤ o valor da necessidade de financiamento;
➤ as razões excepcionais que justificam o déficit;
➤ o número de exercícios fiscais e as ações requeridas para que este déficit seja eliminado e se restabeleça o equilíbrio orçamentário.

De acordo com a lei (México, 2006), o prazo solicitado pelo Executivo para o restabelecimento do equilíbrio terá que ser cumprido. Além disso, o Executivo federal terá que relatar, nos informes trimestrais ao Congresso, o avanço das ações até que o orçamento volte ao equilíbrio.

Antes da entrada em vigor dessa lei de responsabilidade fiscal, as metas de déficit nominal eram fixadas no Plan Nacional de Desarollo (Pronafide), que é um instrumento similar ao Plano Plurianual (PPA) utilizado pelo governo brasileiro. Entretanto, as metas fiscais definidas no Pronafide não tinham qualquer conexão formal com os orçamentos anuais. O gráfico 3.11 mostra que, embora em alguns anos o déficit tenha sido um pouco superior à meta, os objetivos determinados quanto ao resultado nominal têm sido bons balizadores para a atuação do governo. No ano de 2002, contudo, o déficit foi bem maior que a meta, em função de despesas extraordinárias, principalmente, de antecipação de aposentadorias no setor público. Por outro lado, em 2006, o resultado positivo das contas públicas foi melhor do que a meta, definida na lei orçamentária de 2006 (México, 2005), que era de déficit zero. O problema foi que esse resultado deveu-se, em parte, ao aumento das receitas relacionadas à produção de petróleo.

Neste modelo, não há uma coordenação formal entre as políticas fiscal e monetária. O Banco Central do México é independente, portanto, não está subordinado ao ministro responsável pela política fiscal. A legislação do país apenas prevê que uma das prioridades de gastos em casos de receitas excedentes (maiores que as projetadas no orçamento) são os custos adicionais de eventuais elevações da taxa de juros.

A preocupação clara da legislação é com relação à oscilação dos preços do petróleo, que pode ter impactos bem maiores sobre o orçamento mexicano que a variação da taxa de juros.

GRÁFICO 3.11
México — déficit nominal do setor público: meta x realizado (2002-06 — % do PIB)

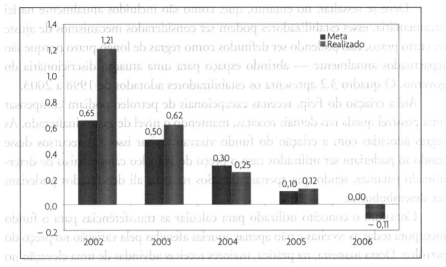

Fontes: SHCP e OCDE.

Ajuste da despesa pública a choques na receita

No México existem dois instrumentos para controlar a execução do orçamento e economizar as receitas excepcionais: os estabilizadores automáticos para lidar com flutuações não-previstas nas receitas, existentes desde 1998; e o Fondo de Estabilización de los Ingresos Petroleros (Feip), introduzido em 2000 e que, a exemplo do que ocorre na Rússia, tem por objetivo suavizar os efeitos das flutuações de curto prazo no preço do petróleo no orçamento governamental.

Os estabilizadores automáticos relacionam-se ao conceito de resultado fiscal tradicional e são definidos anualmente na lei orçamentária. Eles implicam cortes de despesas quando as receitas encontram-se abaixo das previsões do orçamento. Portanto, nos momentos em que a economia se retrai, provocando queda nas receitas, as despesas do governo também são automaticamente reduzidas. Quando o inverso ocorre, ou seja, quando as receitas estão acima do previsto, os estabilizadores automáticos contribuem para suavizar o ciclo, promovendo maior redução no déficit do governo.

Um estudo do Banco Mundial (Bird, 2001) conclui que a política fiscal do México é pró-cíclica. Nos momentos de queda do produto, isso fica claro, devido à atuação dos ajustes automáticos, que reduzem os gastos. Entretanto, nos mo-

136 AJUSTES FISCAIS

mentos de excesso de receita, esse efeito ocorre porque, mesmo a base de arrecadação sendo reduzida, os limites definidos nem sempre são respeitados.

Deve-se ressaltar, no entanto, que, como são incluídos anualmente na lei orçamentária, esses estabilizadores podem ser considerados mecanismos de ajuste de curto prazo, não podendo ser definidos como regras de longo prazo porque são repactuados anualmente — abrindo espaço para uma atuação discricionária do governo. O quadro 3.2 apresenta os estabilizadores adotados de 1998 a 2003.

Até a criação do Feip, receitas excepcionais de petróleo podiam compensar uma possível queda nas demais receitas, mantendo o nível de gastos inalterado. As regras adotadas com a criação do fundo visavam evitar isso. Os recursos desse fundo só poderiam ser utilizados caso o preço do petróleo caísse abaixo de determinado patamar, sendo que apenas 50% dos recursos ali depositados poderiam ser desembolsados.

Contudo, o conceito utilizado para calcular as transferências para o fundo incorpora todas as receitas e não apenas aquelas afetadas pela variação no preço do petróleo. Dessa maneira, na prática, maiores receitas advindas de uma elevação no preço do produto podem acabar sendo compensadas por quedas na arrecadação de um modo geral, de forma que os recursos acumulados no fundo são bastante reduzidos — como pode ser visto na tabela 3.4.

QUADRO 3.2

México — mecanismos de ajuste automático do orçamento mexicano

Ano	Resposta a receitas mais elevadas	Resposta a receitas mais reduzidas
1998	Um por cento do excesso de receita tributária obtido nos primeiros nove meses do ano serão gastos em desenvolvimento rural e social, e na manutenção de estradas. Os 99% restantes, bem como todo o excesso de receita apurado nos três meses restantes, serão economizados	Quedas inesperadas nas receitas acima de 1% deverão ser compensadas por cortes de despesas. Contudo, é necessária a aprovação do Congresso para reduções de gastos para enfrentar quedas superiores a 10% nas receitas
1999	Idem ano anterior	Idem ano anterior
2000	Todo o excesso de receitas acima de 0,13% do PIB, 40% serão destinados ao Feip, e os 60% restantes serão destinados ao abatimento da dívida pública	Idem ano anterior
2001	Trinta e três por cento do excesso de arrecadação geral e das receitas de petróleo serão transferidos ao Feip, 33% serão	Quedas em receitas não-tributárias causadas por redução no preço do petróleo até US$1,5 por barril serão compensadas completamente

Continua

Ano	Resposta a receitas mais elevadas	Resposta a receitas mais reduzidas
	economizados e os 34% restantes serão gastos em investimentos em infra-estrutura na região Sul-Sudeste, e no desenvolvimento de projetos em áreas menos desenvolvidas e produtoras de petróleo	por redução nas despesas. Se a redução no preço do petróleo for superior a esta, até 50% dos recursos do Feip podem ser utilizados pelo governo. Caso as reduções de receitas sejam ainda superiores, as despesas deverão ser reduzidas para compensar. Quaisquer outras quedas nas receitas orçamentárias deverão ser compensadas por ajustes nas despesas. Contudo, é necessária a aprovação do Congresso para reduções de gastos para enfrentar quedas superiores a 5% nas receitas
2002	Idem ano anterior	Todas as quedas em receitas relacionadas ao petróleo, não apenas aquelas causadas por redução no preço do produto, poderão ser compensadas com a utilização de até 50% dos recursos do Feip. Caso as reduções de receitas sejam ainda superiores, as despesas deverão ser reduzidas para compensar. Uma disposição transitória permitiu a utilização do total de recursos do Feip em março de 2002 (MX$8 bilhões). Quaisquer outras quedas nas receitas orçamentárias deverão ser compensadas por ajustes nas despesas em áreas especificadas. É necessária a aprovação do Congresso para reduções de gastos para enfrentar quedas superiores a 5% nas receitas
2003	Vinte e cinco por cento do excesso de arrecadação geral e das receitas de petróleo serão transferidos ao Feip, 25% serão economizados e 50% serão gastos em investimentos em infra-estrutura nos estados	Quedas em receitas relacionadas ao petróleo poderão ser compensadas com a utilização de até 50% dos recursos do Feip. Caso as reduções de receitas sejam ainda superiores, as despesas deverão ser reduzidas para compensar. Quaisquer outras quedas nas receitas orçamentárias deverão ser compensadas por ajustes nas despesas em áreas especificadas. É necessária a aprovação do Congresso para reduções de gastos para enfrentar quedas superiores a 5% nas receitas

Fonte: FMI (2004c:114).

138 AJUSTES FISCAIS

TABELA 3.4

México — saldo do fundo de estabilização das receitas do petróleo (Feip)

Ano	Saldo do Feip (% do PIB)	Saldo do Feip (milhões de pesos)
2000	0,17	9.133
2001	0,14	8.052
2002	0,00	74
2003	0,09	6.276
2004	0,15	11.608
2005	0,12	10.239
2006	0,39	34.645

Fonte: SHCP.

Contribuição das empresas estatais para o déficit

O resultado nominal das empresas estatais antes das transferências do governo federal é negativo, contribuindo para aumentar o déficit do setor público consolidado. Entretanto, o resultado nominal da estatal responsável pela produção de petróleo no país, a Pemex, tem sido superavitário ou próximo de zero. Além disso, os pagamentos de impostos e de *royalties* sobre a produção de petróleo representam uma parcela significativa da receita total do setor público.

A produção de petróleo, que é um monopólio estatal exercido pela Petróleos Mexicanos (Pemex), possui grande importância na economia mexicana. A empresa vem obtendo superávits nominais ou resultados próximos de zero desde 1982, como mostra o gráfico 3.12. Por outro lado, o resultado total das demais empresas controladas pelo governo é deficitário e, por isso, o governo federal tem que transferir para elas valores em torno de 1,5% do PIB.

O gráfico 3.13 ilustra a relevância das receitas do setor público relacionadas ao petróleo, que representaram 38% das receitas totais do setor público em 2006. Mais especificamente, os impostos e *royalties* sobre a produção do petróleo somaram mais de 60% das receitas brutas da Pemex.

Por outro lado, um estudo do Bird (2004) mostra que as estatais do setor de energia elétrica recebem vultosos subsídios do governo. De acordo com esse estudo, em 2002, a tarifa residencial média cobria apenas 45% dos custos, enquanto a tarifa para as atividades agrícolas cobria menos ainda, 29%. Somente as tarifas industriais e comerciais conseguiam cobrir quase todo o custo da energia (97%).

GRÁFICO 3.12
México — resultado nominal das empresas estatais (antes das transferências do governo federal) x setor público (1980-2006 — % do PIB)

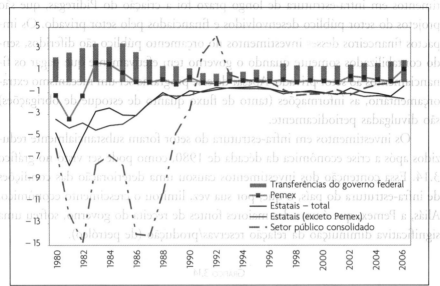

Fonte: SHCP.

GRÁFICO 3.13
México — receitas do setor público consolidado relacionadas e não relacionadas ao petróleo (1980-2006 — % do PIB)

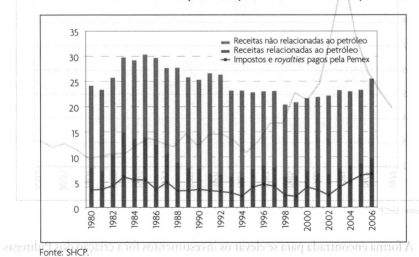

Fonte: SHCP.

Investimentos do setor público

A forma encontrada pelo governo do México para viabilizar o aumento dos investimentos em infra-estrutura de longo prazo foi a criação do Pidiregas, que são projetos do setor público desenvolvidos e financiados pelo setor privado. Os impactos financeiros desses investimentos no orçamento público são diferidos, sendo contabilizados somente quando o governo tem efetivamente que pagar os financiamentos ao setor privado. Apesar de esse programa ser um mecanismo extra-orçamentário, as informações (tanto de fluxo quanto de estoque de obrigações) são divulgadas periodicamente.

Os investimentos em infra-estrutura do setor foram substancialmente reduzidos após a crise econômica da década de 1980, como pode ser visto no gráfico 3.14. Essa contenção dos investimentos causou uma deterioração das condições de infra-estrutura do país, o que, por sua vez, limitou o crescimento econômico. Aliás, a Pemex, que é uma das maiores fontes de receita do governo, sofreu uma significativa diminuição da relação reservas/produção (de petróleo).

Gráfico 3.14
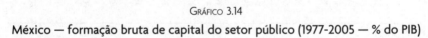
México — formação bruta de capital do setor público (1977-2005 — % do PIB)

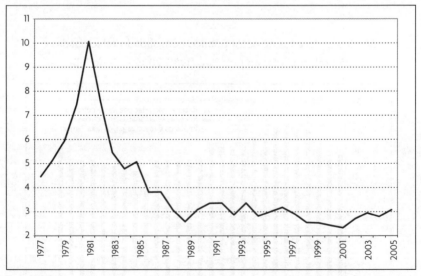

Fonte: SHCP.

A forma encontrada para se elevar os investimentos foi a criação dos Pidiregas, que podem ser usados apenas por duas empresas: a Pemex e a Comisión Federal de Eletricidad (CFE) — estatal de energia elétrica. Esses Pidiregas são "projetos de impacto diferido no registro do gasto", mecanismo legalmente criado em 1995 e que começou a ser utilizado de fato a partir de 1998.

A execução das obras fica a cargo de companhias privadas, escolhidas por licitação pública, geralmente, internacional. Tais companhias realizam os investimentos, por ordem da Pemex ou da CFE, e obtêm o financiamento com o qual cobrem os gastos com os projetos durante o período da construção. Quando a obra é entregue (já em operação), a estatal paga à empresa privada por meio de seu orçamento específico para os Pidiregas (Vega, 2005; Pemex, 2006).

Esse orçamento não consiste em despesas que o Congresso aprova na lei orçamentária, é simplesmente uma autorização que o Legislativo dá às duas estatais para obter recursos por meio dos financiamentos nacionais (somente Pemex) e internacionais (Pemex e CFE).

Um ponto fundamental dos Pidiregas é que o fluxo de caixa gerado por tais projetos deve ser, no mínimo, suficiente para cobrir os gastos com amortizações, pagamento de juros e com as despesas correntes de operação e de manutenção que esses projetos geram durante sua vida útil.

Categorias

Os projetos são divididos em duas categorias de investimento.

► Direto: são projetos nos quais as estatais têm o compromisso de comprar os ativos produtivos construídos por empresas privadas, conforme definido previamente em contrato, e de operar as unidades ao longo de sua vida útil.
► Indireto ou condicional: são projetos em que a Pemex ou a CFE se comprometem a comprar os produtos e serviços produzidos nas unidades construídas e operadas por empresas privadas. Nesse caso, a compra dos ativos produtivos só é realizada se o construtor ou o operador apresentar determinados tipos de problema, como definido em contrato. Essa categoria é mais usada pela CFE, que freqüentemente faz contratos para a construção de usinas de produção de energia elétrica, se comprometendo a comprar a energia gerada.

Contabilidade dos investimentos

Como o próprio nome indica, as necessidades de financiamento dos Pidiregas têm impactos diferidos no resultado fiscal e na dívida pública, contabilizados pela metodologia "tradicional". Anualmente, a Pemex e a CFE registram como dívida o passivo correspondente às amortizações do ano corrente e do ano seguinte. Os gastos com investimentos, por sua vez, são registrados quando se realiza a amortização dos financiamentos ligados a esses projetos.

Por outro lado, a fim de dar transparência às contas das estatais e do setor público como um todo, os investimentos feitos pelo esquema Pidiregas também são contabilizados de acordo com os padrões internacionais. Ou seja, tanto as contas públicas (conforme detalhado em seção anterior) quanto os balanços da Pemex e da CFE são divulgados das duas formas.

É importante notar também que os investimentos do governo federal e das estatais mexicanas têm que passar por uma prévia avaliação dos custos e benefícios sociais para, então, serem aprovados e fazer parte do orçamento. Durante a execução, e mesmo depois de finalizados, os projetos são avaliados. As informações de todas essas avaliações são disponibilizadas publicamente, pela internet, tornando o processo mais transparente.

Nos últimos anos, uma série de medidas foi tomada pelo governo mexicano para melhorar a eficiência e a eficácia dos investimentos públicos, tanto da administração direta quanto das estatais. Uma das medidas mais importantes foi a exigência de uma avaliação custo-benefício, que leva em conta os chamados preços sociais (cujos valores refletem o custo de oportunidade de um bem ou serviço para a sociedade como um todo). Isso significa que o projeto precisa ter uma "rentabilidade" positiva para a economia e para a sociedade, mas não necessariamente ter um fluxo financeiro positivo. Para tanto, é preciso levar em consideração os custos e benefícios diretos e indiretos que os projetos de investimento geram para a sociedade, incluindo as externalidades e os efeitos intangíveis.

O nível de exigência desse tipo de análise custo-benefício varia de acordo com o valor do projeto, conforme detalhado no documento da SHCP denominado "Lineamientos para la elaboración y presentación de los análisis costo y beneficio de los programas y proyectos de inversión".[16] A SHCP poderá ainda solicitar a análise de um especialista independente.

---

[16] Disponível em: <www.apartados.hacienda.gob.mx/cartera/temas/lineamientos/documentos/lineamientos_050106.pdf>. Acesso em: 17 fev. 2007.

Dentro da estrutura do Ministério da Fazenda (SHCP) foi instituída a Unidade de Investimento, que conta com um sistema informatizado que permite o registro de projetos ou programas de investimento. No site da Unidade de Investimento da SHCP <www.apartados.hacienda.gob.mx/cartera/index.html> qualquer pessoa pode ter acesso à lista de projetos e programas de investimentos com seus respectivos códigos de identificação. Com esses códigos, é possível acessar a situação atual de cada projeto, assim como as principais informações e valores sobre a avaliação custo-benefício.

Após a aprovação, os projetos continuam a ser avaliados, seja durante a execução ou até mesmo quando já foram concluídos (avaliação *ex post*), como determinado no seguinte documento: "Lineamientos para el seguimiento de la rentabilidad de los programas y proyetos de inversión de la Administración Pública Federal".[17] Esse procedimento tem o objetivo de fiscalizar a execução e os resultados dos projetos que foram aprovados e de garantir a transparência da aplicação dos recursos públicos.

O acompanhamento da rentabilidade ao término da etapa de execução dos projetos de investimentos consiste na emissão de um relatório da Unidade de Investimento feito com base nas seguintes informações:

➤ comparação dos gastos definidos na análise custo-benefício com os valores efetivamente desembolsados;

➤ verificação do cumprimento dos prazos definidos no projeto;

➤ comparação dos indicadores de rentabilidade (por exemplo, taxa interna de retorno e valor presente líquido) efetivamente obtidos com aqueles que haviam sido previstos.

Esse tipo de análise dos investimentos é um importante instrumento de gestão governamental, pois propicia discussões, baseadas em dados detalhados, sobre como otimizar a alocação dos recursos públicos. Outros pontos positivos são a cobrança dos resultados previstos e a maior transparência sobre a destinação dos recursos públicos.

O esquema a seguir reflete os principais marcos que orientam a nova visão a respeito do investimento público no México:

---

[17] Disponível em: <www.apartados.hacienda.gob.mx/cartera/temas/lineamientos/documentos/lineamientos_20.pdf>. Acesso em: 17 fev. 2007.

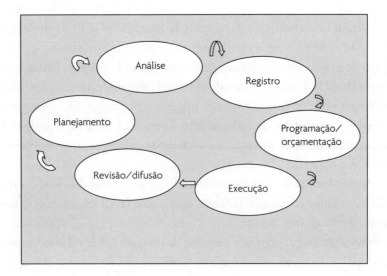

Esse tipo de análise dos investimentos é um importante instrumento de gestão governamental, pois propicia discussões, baseadas em dados detalhados, sobre como otimizar a alocação dos recursos públicos. Outros pontos positivos são a cobrança dos resultados previstos e a maior transparência sobre a destinação dos recursos públicos.

Questões de longo prazo

Reforma tributária

Nos últimos anos, o México não fez nenhuma alteração substantiva em seu sistema tributário. A última reforma tributária realizada no país foi em 1980, quando os governos estaduais perderam a maior parte de poder arrecadatório e passaram a depender de recursos repassados pelo governo federal.

De acordo com a OCDE (2005c), até 1980, os estados tinham grande participação na arrecadação tributária do país. O resultado era um sistema tributário complexo, com mais de 430 diferentes tributos sobre o consumo e a produção, impostos em cascata, alocação ineficiente de recursos e até "guerras tributárias" entre estados. Além disso, havia pouca coordenação entre os diferentes níveis de governo, o que dificultava a administração do sistema tributário.

Com a reforma tributária implantada em 1980, foi criado um imposto sobre o valor adicionado arrecadado exclusivamente pelo governo federal. Os estados aderiram a um contrato no qual concordavam em restringir sua autonomia arrecadatória e, em troca, passavam a receber uma parcela da receita do governo federal sem destino definido, as chamadas *participaciones*.

Previdência

Em dezembro de 1995, o Congresso mexicano aprovou uma grande reforma da previdência dos trabalhadores do setor privado, passando de um regime de repartição simples para um regime de contribuição definida baseado em fundos de pensão administrados por instituições privadas. O novo sistema também inclui a garantia de um valor mínimo para as aposentadorias igual ao salário mínimo do Distrito Federal — que é indexado ao índice de preços ao consumidor.

A reforma, que começou a ser implantada em 1997, dividiu o sistema de seguridade social dos trabalhadores do setor privado em dois: um para a aposentadoria e outro para garantir um valor mínimo para os benefícios e para gerenciar o atendimento médico desses trabalhadores. O Instituto Mexicano del Seguro Social (IMSS), que anteriormente cuidava de todo o sistema, passou a cuidar somente das atividades ligadas estritamente à seguridade social — complementação da aposentadoria mínima e saúde. As aposentadorias, por sua vez, passaram a ser administradas por instituições privadas chamadas de Administradoras de Fundos para el Retiro (Afores — FMI, 2002c).

Desde setembro de 1997, o antigo sistema de repartição simples foi abolido e os trabalhadores passaram a contribuir para fundos de pensão formados por contas individuais. Parte dessas contribuições é compulsória e o restante é voluntário, definido pelo próprio contribuinte. Os valores acumulados nesses fundos cresceram rapidamente, acumulando o equivalente a mais de 8% do PIB em dezembro de 2006 (gráfico 3.15).

Os objetivos de longo prazo da reforma eram prover uma aposentadoria mais segura aos trabalhadores e limitar o crescimento dos gastos com previdência. Sem a reforma, o aumento da população idosa faria o déficit da previdência atingir 2,5% do PIB em 2050 e 3,2% do PIB em 2075 (Bird, 2004).

Com a reforma, as contribuições que eram feitas ao IMSS deixaram de existir. O governo passou, então, a ter que cobrir esse hiato de recursos, com o pagamento de quem já estava aposentado, e terá que continuar a fazê-lo durante o longo período de transição. Outro custo de transição são as aposentadorias das pessoas que contribuíram pelo sistema antigo, mas ainda não haviam se aposentado quando a reforma foi feita (geração de transição). A essas pessoas é dada a opção de escolher entre receber parte da aposentadoria pelo sistema antigo ou receber integralmente pelo sistema novo. A existência dessa opção criou um passivo contingente para o governo, uma vez que o governo se compromete a repassar ao fundo aquilo que a pessoa teria acumulado quando contribuía ao IMSS.

GRÁFICO 3.15
México — total de recursos administrados por Afores
(1998-2006 — total em dezembro de cada ano, em % do PIB)

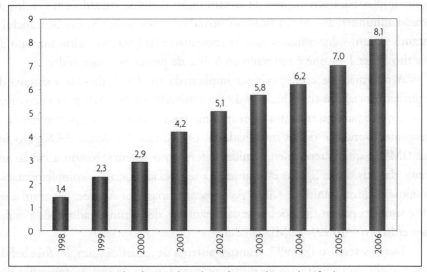

Fonte: Asociación Mexicana de Administradoras de Fondos para el Retiro (Amafore).

Há também os custos permanentes com a nova previdência. Esses custos incluem a chamada "cota social", que é a contribuição que o governo faz bimestralmente a todos os participantes (equivalente a 5,5% do salário mínimo de julho de 1997, indexado ao IPC), e a complementação de aposentadoria para aqueles que não conseguem acumular o suficiente para receber o equivalente a um salário mínimo.

Mesmo com todos esses custos, o Bird (2004) estima que as despesas do governo com a previdência do setor privado deverão atingir apenas 0,8% do PIB em 2020 e declinar para o nível de "estado estacionário" de 0,3% do PIB em 2075.

Quanto à previdência dos servidores públicos (Instituto de Seguridad y Servicios Sociales de los Trabajadores del Estado — ISSSTE), é necessária a realização de reformas. O déficit no início dos anos 2000 era em torno de 0,2% do PIB e a expectativa do Bird é que esse déficit aumente para 0,5% em 2010 e para

1,0% em 2030. O plano de previdência dos servidores públicos permanece no esquema de benefício definido e repartição simples. Outra diferença em relação ao setor privado são os critérios para a concessão da aposentadoria. Para os servidores públicos, basta completar 30 anos de contribuição, independentemente da idade. Já para as pessoas do setor privado, é exigida uma idade mínima de 65 para homens e de 63 para mulheres.

Conclusões

Os ajustes feitos na condução da política fiscal mexicana após a crise da década de 1980 resultaram numa bem-sucedida redução da dívida pública e numa melhora expressiva da percepção de risco dos agentes externos em relação à sua capacidade de pagamento. Com isso, o país conseguiu diminuir as taxas de juros e alongar os prazos da dívida.

A credibilidade da política fiscal teve como principais resultados a redução das taxas de juros, o aumento do prazo da dívida e a diminuição da vulnerabilidade a crises em outros mercados emergentes. Mas, em outros aspectos, a estrutura fiscal do México ainda deixa muito a desejar. Fica claro, portanto, que é necessário promover melhoramentos na estrutura das contas públicas, de forma a melhorar a sustentabilidade da situação fiscal. Discute-se também, neste país, um aumento não-distorcido da arrecadação do governo, de forma a viabilizar elevação de despesas sem prejuízo da situação fiscal, e simultaneamente reduzir a dependência do governo em relação às receitas relacionadas ao petróleo (que representam cerca de 1/3 do total).

Comparando os anos 1980 com o cenário atual, as despesas não-financeiras do governo foram reduzidas em mais de 10 pontos percentuais do PIB. De fato, a cada crise ocorrida, o governo reagiu reduzindo os gastos não-financeiros. Uma conseqüência negativa desse tipo de política foi a drástica queda nos investimentos públicos importantes para o desenvolvimento do país.

Por último, vale ressaltar que os estabilizadores automáticos criados pelo governo mexicano em 1998 são efetivos apenas na redução das despesas quando há quedas nas receitas. Por isso, acabam tornando a política fiscal pró-cíclica. Quando o inverso ocorre, pode haver um movimento compensatório, a depender do comportamento dos dois tipos de receita (petróleo e não-petróleo), fazendo com que receitas excepcionais de petróleo não sejam economizadas.

Anexo

TABELA 3.5

México — resultado fiscal do setor público (1980/81-2006 — % do PIB)

Resultado fiscal	1980-81	1990	1991	1992	1993	1994	1995	1996	1997	1998	1999	2000	2001	2002	2003	2004	2005	2006
Resultado primário	-5,2	7,2	8,0	7,8	3,3	2,4	4,7	4,3	3,5	1,7	2,5	2,6	2,6	1,7	2,1	2,5	2,4	2,9
Resultado nominal	-9,2	-2,6	2,7	4,1	0,7	0,2	0,0	0,0	-0,7	-1,2	-1,1	-1,1	-0,7	-1,2	-0,6	-0,2	-0,1	0,1
Receitas totais	23,7	25,3	26,6	26,3	23,1	23,2	22,8	23,0	23,1	20,4	20,8	21,6	21,9	22,1	23,2	23,0	23,3	25,5
Receitas tributárias	10,0	10,7	10,7	11,3	11,4	11,3	9,3	8,9	9,8	10,5	11,4	10,6	11,3	11,6	11,1	10,0	9,7	10,0
Receitas não-tributárias	13,7	14,6	15,9	15,1	11,7	11,9	13,5	14,0	13,2	9,8	9,5	11,0	10,6	10,5	12,1	13,0	13,6	15,5
Despesas totais	31,9	27,5	23,8	22,2	22,5	23,1	23,0	23,1	23,7	21,6	22,0	22,7	22,6	23,3	23,9	23,2	23,4	25,4
Despesas primárias	28,2	18,5	18,8	18,6	19,8	20,8	18,4	18,7	19,6	18,7	18,4	19,1	19,3	20,5	21,1	20,6	20,9	22,6
Investimentos	8,8	3,1	3,4	3,4	2,9	3,4	2,8	3,0	3,2	2,9	2,6	2,5	2,4	2,3	2,7	3,0	2,8	3,1
Despesas financeiras	3,7	9,1	5,1	3,6	2,7	2,3	4,6	4,4	4,1	2,9	3,6	3,7	3,2	2,8	2,8	2,7	2,5	2,8
Resultado das entidades sob controle orçamentário indireto[1]	-1,0	0,1	0,0	0,1	0,0	0,1	0,2	0,1	0,0	0,0	0,1	0,0	0,0	0,0	0,0	0,1	0,0	0,0
Discrepância estatística[2]	0,0	-0,5	-0,2	-0,1	0,0	0,1	0,0	0,1	-0,1	0,0	0,0	0,0	0,0	-0,1	0,1	-0,1	0,0	0,0
Impacto do petróleo																		
Receitas relacionadas ao petróleo	7,5	7,7	6,7	6,4	6,1	6,0	7,6	8,2	7,8	6,1	6,2	7,2	6,7	6,5	7,7	8,3	8,7	9,7
Receitas não relacionadas ao petróleo	16,2	17,6	20,0	19,9	17,1	17,2	15,2	14,8	15,2	14,3	14,6	14,5	15,2	15,6	15,5	14,7	14,6	15,8

Fontes: SHCP e OCDE.

[1] Para o período 1977-88 o setor público com controle orçamentário indireto refere-se, exclusivamente, a: Telmex, Ahmsa, Metró e Distrito Federal (Departamento del Distrito Federal — DDF). Nos anos posteriores, a informação considera todo o universo das organizações dos paraestatais que não estão sob o controle orçamentário direto. Devido à privatização, se exclui a Telmex e a Ahmsa a partir de 1991 e 1992, respectivamente. Em 1995, por determinação oficial, o DDF adquire caráter de entidade federativa, de tal forma que, junto com o Metró (que pertence ao governo do DDF), deixa de fazer parte do setor público.

[2] A discrepância estatística refere-se à diferença entre os resultados "acima e abaixo da linha".

TABELA 3.6

México — resultado fiscal do setor público (1980/81-2006 — bilhões de pesos constantes de 2006)

Resultado fiscal	1980/81	1990	1991	1992	1993	1994	1995	1996	1997	1998	1999	2000	2001	2002	2003	2004	2005	2006
Resultado primário	−278	376	437	442	192	147	271	258	217	110	166	189	184	127	162	206	209	261
Resultado nominal	−489	−137	146	233	38	14	−1	1	−45	−81	−75	−80	−52	−89	−48	−21	−10	10
Receitas totais	1.251	1.327	1.463	1.485	1.327	1.403	1.324	1.366	1.427	1.317	1.380	1.565	1.575	1.636	1.805	1.909	2.019	2.263
Receitas tributárias	529	562	588	635	653	684	538	532	609	680	753	766	811	859	865	830	840	888
Receitas não-tributárias	722	764	875	850	674	719	786	834	819	637	627	799	764	777	941	1.079	1.179	1.375
Despesas totais	1.688	1.444	1.310	1.254	1.288	1.400	1.334	1.374	1.465	1.397	1.456	1.645	1.625	1.722	1.859	1.931	2.029	2.255
Despesas primárias	1.491	1.640	1.529	1.230	1.166	1.311	1.196	1.063	912	906	968	1.031	1.049	1.136	1.260	1.066	1.114	1.212
Investimentos	464	549	415	271	237	255	173	182	138	128	162	184	190	165	204	164	178	197
Despesas financeiras	197	240	608	590	576	554	717	887	722	603	476	279	205	152	140	268	260	254
Resultado das entidades sob controle orçamentário indireto[1]	−52	8	2	4	−1	3	12	5	1	2	4	3	0	2	1	6	2	3
Discrepância estatística[2]	0	−27	−10	−3	−1	9	−3	4	−8	−3	−3	−3	−2	−6	6	−4	−1	−1
Impacto do petróleo																		
Receitas relacionadas ao petróleo	395	393	573	737	673	704	561	511	399	385	402	365	363	348	364	439	486	485
Receitas não relacionadas ao petróleo	856	880	840	741	772	825	781	808	847	887	925	1.097	1.122	979	1.039	885	880	942

Fontes: SHCP e OCDE.

[1] Para o período 1977-88 o setor público com controle orçamentário indireto refere-se, exclusivamente, a: Telmex, Ahmsa, Metrô e Distrito Federal (Departamento del Distrito Federal — DDF). Nos anos posteriores, a informação considera todo o universo das organizações dos paraestatais que não estão sob o controle orçamentário direto. Devido à privatização, se exclui a Telmex e a Ahmsa a partir de 1991 e 1992, respectivamente. Em 1995, por determinação oficial, o DDF adquire caráter de entidade federativa, de tal forma que, junto com o Metrô (que pertence ao governo do DDF), deixa de fazer parte do setor público.

[2] A discrepância estatística refere-se à diferença entre os resultados "acima e abaixo da linha".

4

Nova Zelândia

A Nova Zelândia emergiu da II Guerra Mundial como uma bem-sucedida economia baseada na agricultura. Durante os anos 1950 e 1960, um período sustentado de pleno emprego, o PIB cresceu a uma média anual de 4%. Os preços agrícolas mantiveram-se altos, em parte devido a um *boom* na indústria da lã durante a Guerra da Coréia. O ponto fraco desse período foi o baixo crescimento da produtividade. No final dos anos 1960, diante de crescentes problemas de balanço de pagamentos, sucessivos governos tentaram manter o elevado padrão de vida com níveis crescentes de empréstimos externos e políticas protecionistas.

Os problemas econômicos se acumularam na década de 1970. O acesso a mercados internacionais de *commodities* agrícolas tornou-se mais difícil e o choque do petróleo de 1973 coincidiu com quedas nos preços das exportações neozelandesas. Como em muitos outros países, as políticas governamentais eram voltadas para a busca de altos níveis de atividade econômica e emprego no curto prazo. Elevados níveis de proteção da indústria minaram fortemente a competitividade e a habilidade da economia para se adaptar ao ambiente internacional em transformação. A combinação de políticas macroeconômicas expansionistas com proteção industrial levou a desequilíbrios macroeconômicos, especialmente a um rápido crescimento da dívida pública. Depois do segundo choque do petróleo, em 1979, a situação da Nova Zelândia agravou-se ainda mais.

Durante a década de 1970 e o início da de 1980, prevaleciam políticas fiscais com vistas ao manejo da demanda agregada. O Fiscal Responsibility Act de 1994 é um marco importante na mudança de abordagem fiscal, mas deve ser entendido no contexto de uma série de reformas iniciada em 1984, que mudaram a forma de administração do setor público. Desse ano em diante, o foco mudou da intervenção para a eliminação de várias formas de assistência governamental. A política macroeconômica passou a ser direcionada para a obtenção de inflação baixa e posição fiscal sólida, enquanto no lado microeconômico as reformas miravam a abertura da economia às pressões competitivas e aos preços internacionais.

As reformas incluíram a flutuação da taxa de câmbio, a extinção de controles de capitais, o fim da assistência à indústria, a remoção de controles de preços, a desregulamentação de vários setores, "corporatização" (*corporatisation*) e privatização de ativos estatais. A nova legislação trabalhista objetivou facilitar a adoção de padrões mais flexíveis de negociação salarial.

O desempenho da economia melhorou significativamente ao longo dos anos 1990. A partir de meados de 1991, a economia cresceu fortemente, particularmente entre 1993-96.

Os problemas na economia de importantes parceiros asiáticos em 1997 e 1998, época da crise financeira na região, atingiram também o crescimento neozelandês. Junto com uma seca que afetou vastas regiões do país nos verões de 1997/98 e 1998/99, a crise asiática fez com que a economia se contraísse por três trimestres, terminados no primeiro de 1998.

A partir de 1999, a economia voltou a crescer. Após uma desaceleração em 2001, uma combinação de fatores favoráveis permitiu a retomada: boas safras, preços de *commodities* de exportação relativamente elevados, câmbio desvalorizado e um mercado de trabalho robusto contribuindo com fortes fluxos de renda em toda a economia. Nos 10 anos terminados em 2002, o PIB cresceu a média anual de 3,6%.

Desde meados da década de 1970, a Nova Zelândia consistentemente gerou déficits em suas contas externas. De 1991 a 1994, o déficit em conta corrente anual foi moderado, ficando entre 3% e 4% do PIB. A partir de meados de 1990 cresceu, atingindo aproximadamente 7% do PIB em 1997 e em 2000. O episódio de 1997 foi causado pelo aumento do déficit na conta de rendas internacionais e o de 2000 por uma virada na balança comercial, que passou de superavitária para deficitária. O déficit na conta de rendas internacionais reflete o serviço do elevado passivo externo líquido, que em março de 2003 situava-se em torno de 77% do PIB.

O sistema bancário sólido, a posição fiscal forte, o regime de câmbio flutuante e o papel do investimento direto estrangeiro na formação das obrigações externas põem o déficit em conta corrente em perspectiva, sem, é claro, deixar-se de considerar que um elevado déficit em conta corrente deixa qualquer economia mais vulnerável a mudanças nos mercados.

O ajuste fiscal e as conseqüências macroeconômicas

O ajuste fiscal: visão geral

De acordo com The Treasury (2005), a administração do setor público da Nova Zelândia vem, desde o final da década de 1980, focando a promoção do melhor desempenho do setor público. Essa abordagem da administração voltada para a performance dá ênfase, entre outras coisas, a objetivos e responsabilidades claros, maior liberdade de gerência e uma correspondente maior expectativa de compromissos com resultados. Um sistema assim requer boas medidas de desempenho, em que as partes interessadas (*stakeholders*) externas ao governo possam confiar. Os elementos-chave de uma boa administração, inclusive no setor público, são: clareza de objetivos; liberdade gerencial; responsabilidade (*accountability*); avaliação efetiva do desempenho; fluxo de informações adequado.

As reformas se basearam na idéia teórica da administração de que o administrador, para ser responsável pelos resultados, precisa de liberdade para alocar recursos dentro de um dado orçamento e administrar suas organizações sem controles externos *ex ante*, mas sujeito a entregar as requeridas quantidade e qualidade de bens e serviços.

A outra idéia básica deriva da teoria econômica de agente-principal; para fazer frente à possibilidade de o interesse do agente ser diferente do interesse do "proprietário" (principal), são especificados critérios de performance (Janssen, 2001).

Em 1994, foi promulgado o Fiscal Responsibility Act (Lei de Responsabilidade Fiscal), que objetivou a administração fiscal consistente e de boa qualidade ao longo do tempo. A gestão fiscal de boa qualidade deveria habilitar o governo a dar uma contribuição significativa à saúde econômica do país e a se posicionar melhor para prover serviços à população em base sustentada.

A Lei de Responsabilidade Fiscal de 1994 almejava a transparência nos relatórios de finanças públicas no tocante às intenções do governo na área fiscal e também encorajar os governos a levar em conta as conseqüências de longo prazo das decisões de política. Mas os princípios estabelecidos em 1994 podem ser também vistos como resposta à situação fiscal de então, exemplificada no elevado e crescente nível de endividamento do setor público que, de menos de 10% do PIB na década de 1970, no caso da dívida líquida, cresceu fortemente ao longo dos anos 1980, para situar-se na vizinhança dos 50% do PIB na primeira metade dos anos 1990. A partir daí, a dívida como proporção do PIB iniciou uma fase de expressiva queda (gráfico 4.1).

154 AJUSTES FISCAIS

GRÁFICO 4.1

Nova Zelândia — dívida do governo geral (% do PIB)

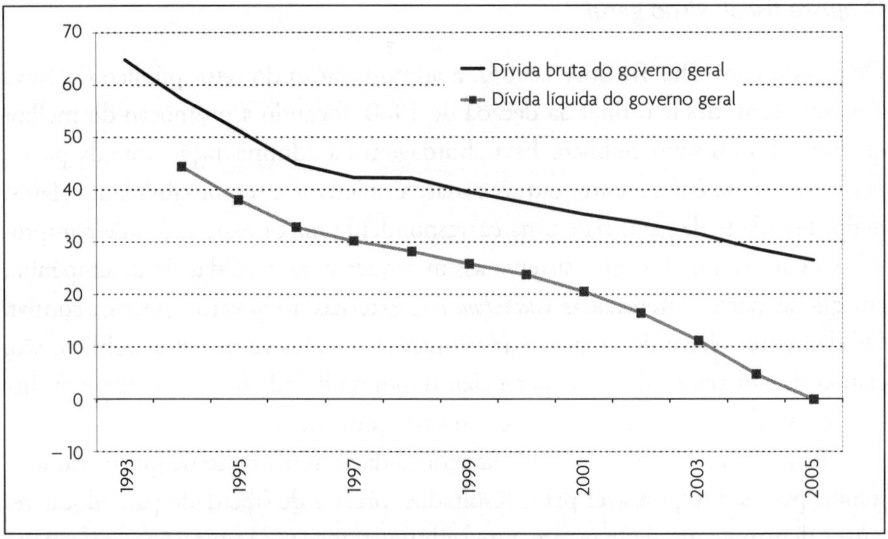

Fonte: OCDE.

A dívida líquida caiu de 44% do PIB em 1993/94 para 11% em 2002/03. Os pagamentos da dívida foram financiados com os superávits operacionais e, até 2000, com vendas de ativos.

Os gráficos 4.2 e 4.3 permitem identificar algumas fases do ajuste fiscal, observando-se o resultado primário no gráfico 4.2 e as receitas e despesas primárias no gráfico 4.3, em ambos os casos em percentual do PIB. Primeiramente, há uma significativa melhora no superávit primário entre 1990-93, obtido com elevação da carga tributária, concomitantemente com alguma redução das despesas.

De 1994 a 1998, há forte redução do superávit primário de 5% do PIB para zero, mas o comportamento das receitas e despesas nesse período é importante: a redução de 5 pontos percentuais do PIB no superávit primário foi composta de uma redução de 8 pontos nas receitas e 3 pontos nas despesas, aproximadamente. Assim, em que pese à piora no resultado primário, houve uma significativa redução da carga tributária e das despesas.

De 1998 a 2003, uma nova rodada de elevação do superávit primário, que chegou a 6% do PIB. Dessa vez o ajuste foi obtido com redução de 3 pontos percentuais do PIB nas despesas e aumento da mesma magnitude nas receitas. Em 2004 e 2005, observou-se alguma piora no superávit primário, apesar da continuidade do aumento da carga tributária: as despesas cresceram ainda mais.

Gráfico 4.2
Nova Zelândia — superávit primário (1989-2006 — % do PIB)

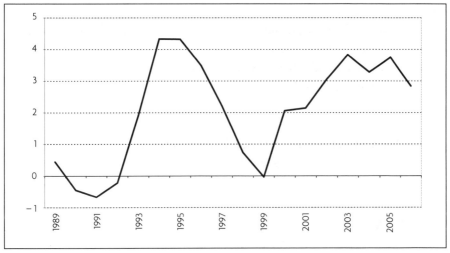

Fonte: OCDE.

Gráfico 4.3
Nova Zelândia — receitas totais e despesas primárias (1989-2006 — % do PIB)

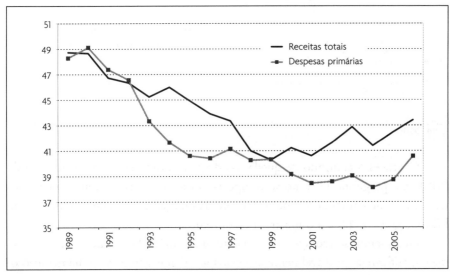

Fonte: OCDE.

É de se notar que houve um processo de redução das despesas primárias ao longo de mais de uma década, ao todo da ordem de 10% do PIB, tendência que se reverteu somente em 2005.

Um aspecto interessante, notado no gráfico 4.4, é que as despesas com juros caíram continuamente ao longo desse processo, fazendo com que, enquanto o ajuste primário tenha sido da ordem de 6 pontos percentuais do PIB, o ajuste no resultado nominal tenha sido de cerca de 10 pontos.

Gráfico 4.4

Nova Zelândia — despesas líquidas com juros e superávit nominal
(1988-2005 — % do PIB)

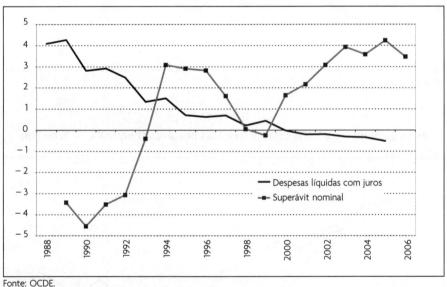

Fonte: OCDE.

O processo contínuo de queda das despesas primárias como proporção do PIB leva à pergunta de como se comportaram as despesas e receitas em termos reais, isto é, descontando-se apenas o efeito da inflação e não o do crescimento do PIB. Os gráficos 4.5 e 4.6 mostram essa evolução.

Observaram-se reduções reais nas receitas em 1995-97, neste último caso mais significativa, provavelmente associada ao menor ritmo de crescimento econômico causado pela crise asiática. Reduções reais na despesa só ocorreram em 1991 e 1997.

GRÁFICO 4.5
Nova Zelândia — receitas totais e despesas primárias reais
(1989-2006 — em milhões da moeda local, preços constantes de 2005)

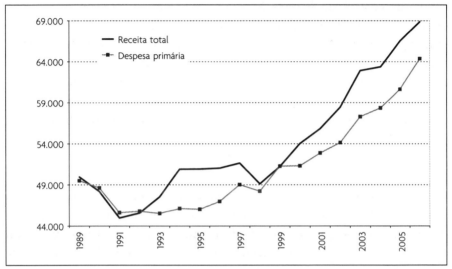

Fonte: OCDE.

GRÁFICO 4.6
Nova Zelândia — receitas totais e despesas primárias
(1990-2006 — variação real, %)

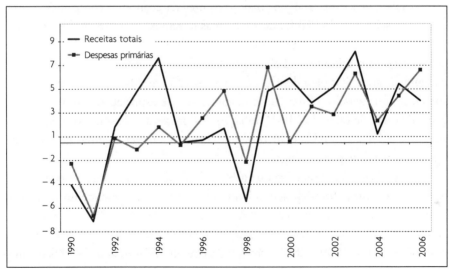

Fonte: OCDE.

158   Ajustes fiscais

Após um longo período de déficits fiscais, a Nova Zelândia atingiu um superávit operacional em 1993/94 e manteve o resultado superavitário desde então. A melhoria inicial refletiu o crescimento da economia, receitas tributárias crescentes e um firme controle de despesas. Num período seguinte, o resultado piorou devido a duas rodadas de reduções de impostos, menor crescimento em 1997/98 e mudanças contábeis. O resultado operacional voltou a melhorar a partir de 2000, refletindo a intenção de se criarem superávits estruturais para incluírem despesas com criação prévia de fundos para fazer frente a futuras pressões demográficas sobre a previdência. As despesas operacionais da Coroa foram reduzidas, como percentual do PIB, de mais de 40% em 1992/93 para 32,4% em 2002/03.

Conseqüências macroeconômicas do ajuste fiscal

Os retornos macroeconômicos das reformas foram significativos. Crescimento maior e mais sustentável, expectativas inflacionárias muito menores e queda forte da taxa de desemprego na última década, ficando entre as mais baixas do mundo atualmente. Na área fiscal, persistentes déficits foram substituídos por persistentes superávits. De um déficit de 5,1% do PIB em 1992, passou-se a um superávit de 5,9% do PIB em 2005. Também houve uma grande melhoria no endividamento público, com a posição líquida recentemente tendo se tornado positiva (isto é, credora). A clareza de objetivos de desempenho foi uma parte importante no alcance desses resultados.

A tabela 4.1 mostra alguns dados recentes da economia neozelandesa. Em 2005 o crescimento do PIB foi de 2,3%, mas nos anos anteriores vinha em torno de 4%. A taxa de investimento supera os 20%, mas não chega a 25%. A taxa de desemprego vem caindo e está abaixo de 4%. O saldo comercial transitou, recentemente, de superávit para déficit, de 1,6% do PIB em 2004. A economia é bem aberta, se considerado o fluxo de comércio (soma de exportações e importações), que é de cerca de 60% do PIB. A inflação dos preços ao consumidor tem estado entre 2% e 3% ao ano. Os gráficos seguintes permitem ver algumas dessas variáveis em perspectivas mais longas.

No gráfico 4.7, observa-se que a Nova Zelândia passou por um período de baixo crescimento, 1985-91, acumulando nesses sete anos crescimento de apenas 2,4%, equivalente à taxa média de 0,3% ao ano. De 1992 a 1996, o PIB cresceu 20,8% (4,8% ao ano). Depois de voltar a crescer pouco em 1997 e 1998, nos últimos sete anos (1999 a 2005), cresceu 28,8% ou 3,7% ao ano. O gráfico compara essa trajetória com a do Brasil, no mesmo período.

TABELA 4.1
Nova Zelândia — indicadores macroeconômicos (2001-05)

Indicador	2001	2002	2003	2004	2005
Taxa real de crescimento do PIB	3,5	4,6	3,6	4,4	2,3
Taxa de investimento (% PIB)	21,2	22,5	23,0	24,6	24,7
Taxa real de crescimento da FBCF	6,3	7,4	15,1	7,8	nd
Taxa de desemprego	5,3	5,2	4,6	3,9	3,7
Saldo comercial (% PIB)	1,9	0,5	-0,8	-1,6	nd
Fluxo total de bens e serviços (% PIB)	67,7	63,0	57,9	58,9	58,2
Variação da taxa de câmbio efetiva real	-1,1	9,4	13,7	6,9	nd
Taxa de inflação (preços ao consumidor)	2,6	2,7	1,8	2,3	3,0

Fontes: OCDE e FMI (taxa de investimento).

GRÁFICO 4.7
Nova Zelândia — taxa de crescimento do PIB — Nova Zelândia x Brasil
(1971-2006 — %)

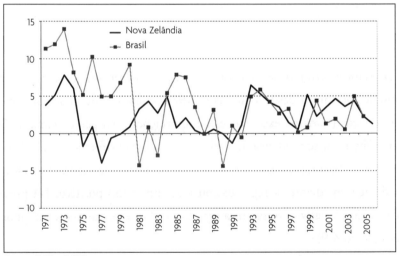

Fontes: IBGE e OCDE.

O período de pouco crescimento identificado (1985-91) foi caracterizado pela elevação da taxa de desemprego de cerca de 4% para mais de 10% e pela queda da taxa de investimento, de 27% para 17%, aproximadamente. A partir do início da década de 1990, as tendências se invertem e a taxa de desemprego volta, nos últimos anos, para níveis próximos a 4%, enquanto a taxa de investimento se situa entre 20% e 25% (gráfico 4.8).

GRÁFICO 4.8
Nova Zelândia — taxa de investimento e taxa de desemprego (1980-2006)

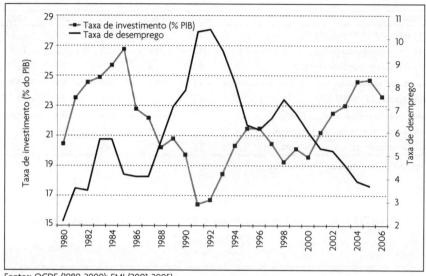

Fontes: OCDE (1980-2000); FMI (2001-2005).

No setor externo, observa-se que a economia neozelandesa tem um razoável grau de abertura já desde a década de 1980, estando o fluxo de comércio de bens e serviços (soma de exportações e importações), em geral, acima de 50% do PIB. Observou-se mudança no saldo comercial: na primeira metade da década de 1980, a balança oscilava em torno do equilíbrio; da segunda metade daquela década em diante, a regra passou a ser um saldo positivo. Na presente década, saldos negativos voltaram a ser observados, especialmente em anos recentes (gráfico 4.9).

Em termos de inflação (gráfico 4.10), é fácil identificar dois períodos: 1980-90, as taxas anuais estiveram sempre acima de 6%, sendo que, em vários anos, acima de 13%; de 1991 até hoje, a inflação anual tem oscilado em torno de 2%, não ultrapassando 4% em nenhum ano.

GRÁFICO 4.9

Nova Zelândia — contas externas: balança comercial e saldo em conta corrente (1980-2006 —% do PIB)

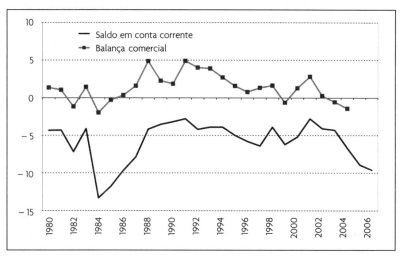

Fontes: FMI e OCDE.

GRÁFICO 4.10

Nova Zelândia — inflação: preços ao consumidor — Nova Zelândia x Brasil (1980-2006 — %)

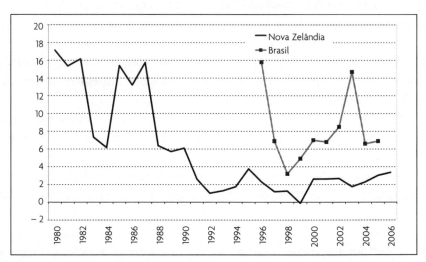

Fontes: IBGE e OCDE.

Política fiscal neozelandesa

Depois de um período de grandes e persistentes déficits fiscais, a situação fiscal melhorou ao longo da primeira parte dos anos 1990, fato possibilitado pela consolidação fiscal e pela recuperação econômica. Em 1990/91, o país tinha déficit fiscal equivalente a 3% do PIB. Em 2002/03, completaram-se 10 anos de superávit fiscal.

Legislação referente à reforma do setor público e ajuste fiscal[18]

Como observado, o processo concernente ao ajuste fiscal e à reforma do setor público na Nova Zelândia tem durado anos e foi formado por uma série de novas leis, as principais citadas e comentadas a seguir.

1986: State-Owned Enterprises Act (Lei das Estatais) — onde cabível, deviam assumir formas similares às de empresas privadas; princípios de autonomia de gestão, clareza de objetivos e transparência dos processos. As empresas estatais receberam objetivos comerciais claros. Algumas foram vendidas mais tarde.

1988: State Sector Act (Lei do Setor Estatal) — regulamentou a relação entre chefes de departamento (o equivalente aos secretários no Brasil) e ministros. Os ministros definem requisitos de performance para os secretários e há incentivos para o desempenho. Os cargos de chefe de departamento são baseados em contratos renováveis, que prevêem acordos anuais de desempenho, e os secretários são responsáveis pela contratação dos auxiliares e pela determinação da sua remuneração. Os secretários são indicados pelo comissário de serviços estatais, uma espécie de ministro da administração, sendo que o gabinete tem poder de veto. Os executivos principais do governo passaram a atuar com muito mais liberdade gerencial e, em contrapartida, a serem mais cobrados para entregarem os serviços e produtos esperados.

1989: Public Finance Act (Lei de Finanças Públicas) — determinou a maneira pela qual o Parlamento aloca recursos e dá às autoridades do Executivo poderes e responsabilidades de gestão financeira.

1994: Fiscal Responsabiliy Act (Lei de Responsabilidade Fiscal) — implementada em 1º de julho de 1994. A forma final foi dada por um comitê

---

[18] São apresentadas as principais leis referentes. O conjunto completo das leis que regem a reforma do setor público e o ajuste fiscal neozelandês é, naturalmente, mais extenso.

composto de membros do governo e da oposição no Parlamento. O objetivo foi especificar princípios de responsabilidade fiscal, como a adoção dos padrões contábeis Gaap (*generally accepted accouting practice* — práticas contábeis geralmente aceitas) da Nova Zelândia: onde cabível, a apresentação das contas públicas deve assemelhar-se à forma como outras entidades, inclusive empresas, apresentam seus resultados, facilitando seu entendimento e acompanhamento por analistas do setor privado; e, também, com a publicação regular de projeções fiscais de curto prazo. O comitê via a lei como neutra do ponto de vista da postura fiscal, mas o governo deveria fazer um relatório de estratégia fiscal definindo os objetivos fiscais gerais e projeções de no mínimo 10 anos.

Os principais indicadores fiscais são o resultado operacional, a dívida e o patrimônio líquido.

O resultado operacional (*operating balance*) inclui o resultado nominal e variações patrimoniais. Entre as receitas, estão: tributárias; cobranças, taxas, multas e penalidades; vendas de bens e serviços; renda de investimentos; outras. As despesas incluem: subsídios e transferências; despesas operacionais; custos financeiros; perdas e ganhos cambiais; variações no passivo do Government Superannuation Fund (GSF — sistemas de previdência de funcionários públicos já fechados); variações no passivo da Accident Compensation Corporation (ACC); depreciação (por exemplo, de edifícios, rede elétrica, ativos de geração de energia, equipamento militar, rodovias, aeronaves, outras plantas e equipamentos, outros ativos); outras (exemplos: aluguel e *leasing*, variações na provisão para devedores duvidosos, cancelamento de dívidas, taxas de auditoria, prêmios de loteria, perdas e ganhos na venda de ativos, perdas líquidas de reavaliação, redução de empréstimos estudantis ao valor justo).

Os princípios de gestão fiscal responsável que devem ser seguidos pelo governo incluem:

➤ redução da dívida a níveis prudentes para fornecer proteção contra eventos adversos. O governo atual concluiu que 20% do PIB para a dívida bruta — nível atual aproximado — é um nível prudente para a próxima década (a dívida líquida atual é ligeiramente negativa);

➤ manutenção, na média, de equilíbrio operacional, após o alcance dos níveis prudentes de endividamento, isto é, ao longo do tempo o governo deve viver de acordo com suas disponibilidades, com alguma margem de flexibilidade ao longo do ciclo econômico.

No orçamento de 2006, as "intenções fiscais de curto prazo" prevêem:

➤ superávit de 2% do PIB nos próximos três anos. *Grosso modo*, o conceito de superávit em questão corresponde ao nominal, mas trata-se do Operating Balance Excluding Revaluations and Accounting Policy Changes (Oberac), que exclui do resultado operacional já explicado reavaliações e mudanças nas diretrizes contábeis e é, por isso, menos volátil; nesse caso particular das intenções para os próximos anos, também são excluídos os retornos líquidos dos ativos do New Zealand Superannuation Fund;
➤ dívida total bruta em 21,4% do PIB no ano fiscal 2009/10;
➤ despesas totais de 41,3% do PIB em 2009/10;
➤ receitas totais de 44,1% do PIB em 2009/10;
➤ alcance e manutenção de níveis de patrimônio líquido suficientes para fazer face a eventos adversos;
➤ administração prudente de riscos fiscais;
➤ adoção de políticas consistentes com um grau razoável de previsibilidade do nível e da estabilidade das alíquotas futuras de impostos.

2001: Public Audit Act (Lei de Auditoria Pública) — estabelece a legislação que rege a auditoria das contas públicas e determina que o *controller* e auditor-geral é um membro do Parlamento.

2004: Crown Entities Act (Lei das Entidades da Coroa) — reformou a lei anterior a esse respeito, fornecendo uma infra-estrutura consistente para o estabelecimento, a governança e a operação das entidades da Coroa, os membros de seus conselhos, os ministros responsáveis e a House of Representatives. As entidades da Coroa não são departamentos do governo, mas também não são empresas estatais. Não obstante, respondem por mais de 50% das despesas operacionais totais do governo. Administram ativos de aproximadamente NZD 38 bilhões (sendo o PIB de NZD 150 bilhões). Essas entidades têm administrado um volume crescente de ativos financeiros. Por exemplo, o Fundo de Pensão da Nova Zelândia, que é administrado por uma entidade da Coroa, tem projeção de chegar a NZD 100 bilhões em 2025.

2004: Public Finance Bill (Lei de Finanças Públicas — LFP2004) — primeira mudança de vulto no sistema de gestão pública em uma década, trouxe mudanças significativas em relação ao Public Finance Act de 1989, incorporando-o. Alguns de seus pontos centrais são o princípio do controle das finanças públicas pelo Parlamento, o uso do conceito de competência em vez do de caixa, a prescrição de auditorias independentes e o requerimento de relatório com planejamento fiscal de longo prazo.

O ministro da Fazenda deve apresentar os objetivos fiscais do governo até 31 de março, três meses antes do início do ano fiscal — esses objetivos são discutidos no Parlamento antes da discussão do orçamento. É mantida uma projeção de quatro anos da manutenção das políticas fiscais vigentes e as projeções econômicas e fiscais são publicadas semestral e imediatamente antes de uma eleição geral. Os documentos do orçamento incluem:

➤ apresentação de motivos e estratégia fiscal para o médio prazo (10 anos);
➤ cenário econômico e fiscal;
➤ estimativas das dotações orçamentárias que os ministros solicitam ao Parlamento (as dotações aprovadas pelo Parlamento são autorizativas: definem um limite de gasto, não havendo obrigação do governo de incorrer na despesa pelo fato de estar prevista);
➤ projeções para secretarias (*government department*).

Uma dificuldade comum em sistemas de administração pública é a superestimação orçamentária e a acumulação de ativos de pouca utilidade: para minimizar esse problema, o governo cobra dos departamentos pelos ativos que utilizam. A alocação de custos, incluindo a cobrança pelo uso de ativos, é feita por produtos, de modo que possam ser comparados com custos de produtos similares no setor público e no setor privado. Com vistas à administração do caixa, antes do início do ano cada secretaria opera junto ao Tesouro para fazer um acordo sobre o perfil do influxo de caixa durante o ano. O Tesouro faz um gerenciamento centralizado do caixa e seu sistema, todas as noites, "limpa" as contas bancárias de todos os órgãos de governo e aplica esses recursos no *overnight*.

No regime contábil de competência, cada unidade que faz relatórios contábeis deve fazê-los, sejam de dados passados ou de previsões, em regime de competência, não de caixa. Esse regime foi adotado porque fornece um conjunto de informações mais abrangente do que o de caixa. Dá suporte ao compromisso do governo de fornecer relatórios abrangentes e transparentes. A contabilidade por competência dá informação sobre:

➤ ativos e mudanças nos valores dos ativos devidas a condições de mercado;
➤ obrigações, incluindo dívidas com fornecedores, e obrigações de longo prazo, como provisões para pagamentos de direitos relacionados ao desligamento de empregados ou obrigações previdenciárias sem cobertura;
➤ a posição financeira global da entidade que relata ou do governo como um todo;

166   AJUSTES FISCAIS

➤ o impacto de variações na taxa de câmbio e na taxa de juros sobre ativos e passivos financeiros;

➤ o custo total de bens e serviços usados ou consumidos num determinado período, independentemente de quando foram encomendados, recebidos ou pagos.

Os fluxos de caixa são relatados em documento separado.

O relatório fiscal de longo prazo deve ser publicado pelo menos a cada quatro anos e abordar o cenário para pelo menos os próximos 40 anos. O primeiro relatório foi publicado em junho de 2006 e pode ser acessado em <www.treasury.govt.nz/longtermfiscalposition/2006>. Nesse primeiro relatório, a variável fiscal principal é o nível da dívida. Uma questão de destaque é a evolução da estrutura etária da população, por causa de suas conseqüências sobre a previdência e o setor de saúde. Mesmo a dívida líquida já tendo sido eliminada, o governo planeja continuar gerando superávits nominais (operacionais, no conceito neozelandês) de forma a atingir dívida líquida negativa de 12% do PIB em 2016, resultante da acumulação de recursos no New Zealand Superannuation Fund para fazer frente às despesas previdenciárias futuras.

Desempenho do setor público na Nova Zelândia após as reformas

Não é suficiente estabelecer objetivos de desempenho para o setor público. O melhor desempenho também requer:

➤ forte apoio político e da população para traduzir os objetivos em resultados;
➤ compromisso das instâncias superiores da administração pública;
➤ arranjos institucionais e de governança sólidos;
➤ incentivos corretos para sustentar o alcance do sucesso;
➤ informação de boa qualidade para permitir análises e avaliações robustas.

A Nova Zelândia se beneficia de uma longa tradição de arranjos governamentais e institucionais robustos, incluindo fortes tradições de respeito ao império da lei e baixos níveis de corrupção na burocracia. As reformas das duas últimas décadas procuraram levar essas tradições em conta, construindo sobre elas.

Dos problemas enfrentados pela economia neozelandesa em meados da década de 1980, a ineficiência do setor público era parte importante. Na segunda metade dos anos 1980, o governo reagiu com mudanças estruturais abrangentes, afetando tanto o setor público quanto o privado. A maior parte das reformas principais daquela época continua em vigor atualmente. Os objetivos principais das reformas eram aumentar a eficiência e a *accountability* da economia e do setor público. Controles e distorções na economia foram reduzidos de forma significativa.

A clareza de objetivos é importante, mas é apenas parcialmente responsável pelos resultados alcançados (ver seção Conseqüências macroeconômicas). Contou-se também com forte esforço de direção por parte dos ministros, ênfase na produção de relatórios transparentes, verificação independente do auditor-geral, e mudanças no sistema orçamentário.

Como já mencionado, a Lei de Responsabilidade Fiscal de 1994 (Fiscal Responsability Act), mais tarde incorporada na Lei de Finanças Públicas de 2004 (Public Finance Bill), requer que os governos persigam políticas de acordo com princípios de responsabilidade fiscal, entre os quais:

➤ alcançar níveis prudentes de dívida;
➤ manter níveis prudentes de dívida, garantindo que, em média e ao longo do tempo, as despesas operacionais totais não excedam as receitas operacionais totais; e
➤ um grau razoável de previsibilidade do nível e da estabilidade das alíquotas de impostos.

O governo também deve produzir relatórios financeiros auditados independentemente e de acordo com as práticas contábeis geralmente aceitas, produzir um relatório anual de estratégia fiscal e atualizar regularmente suas projeções econômicas e fiscais.

A reforma das empresas estatais trouxe retorno imediato e dramático, pois essas empresas passaram de consumidoras do dinheiro dos contribuintes para pagadoras de impostos e lucros aos cofres públicos, ao lado de enormes ganhos de produtividade. Os cidadãos também se beneficiaram de grandes melhorias na prestação de serviços.

A Receita Federal (The Inland Revenue Department), como todas as agências governamentais, atualmente reconhece totalmente a importância de acompanhar e medir a eficiência de suas operações. O custo de arrecadação, que é uma medida largamente utilizada nesse setor, caiu de NZD 0,89/NZD 100 em 2002 para NZD 0,77/NZD 100 em 2005, uma queda de 13%.

Outro exemplo é o Companies Office (Escritório de Empresas), divisão do Ministério de Desenvolvimento Econômico, que é responsável pelo registro das companhias. Por meio de mais liberdade gerencial para aplicar novas tecnologias e expectativas de performance claras, o Companies Office conseguiu reduzir o custo de registrar uma empresa de NZD 200 em 1995 para NZD 70 em 1999. O tempo médio de registro de uma empresa caiu de duas semanas para apenas 30 minutos. Recentemente, a Nova Zelândia foi identificada como um dos países do mundo em que é mais fácil começar um novo negócio do ponto de vista do cumprimento de normas.

A experiência da Nova Zelândia sugere que os objetivos traçados devem ser suficientemente gerais para permitir que os gerentes administrem, mas, ao mesmo tempo, devem prover orientação suficiente sobre o que é importante ser alcançado. Um excesso de especificações de objetivos de desempenho pode comprometer a habilidade de um executivo chefe de fazer um bom trabalho. Os objetivos de desempenho mostraram-se parte essencial do processo de transferência de atribuições para as instâncias inferiores de governo, a partir de uma burocracia anteriormente centralizada.

Para abordar questões de longo prazo, por exemplo, as conseqüências fiscais do envelhecimento da população, o Tesouro deve publicar, a cada quatro anos, um Relatório Fiscal de Longo Prazo — como mencionado, o primeiro foi publicado em junho de 2006.

Atualmente há preocupação em algumas áreas com a possibilidade de o aparato contábil ter ido longe demais, fazendo com que algumas exigências de confecção de relatórios tenham apenas adicionado custo, sem adicionar valor. Uma forma de não se perder a visão geral é o estabelecimento de grandes temas que ajudem todo o setor público a ordenar suas prioridades. Atualmente, há três grandes temas definidos: transformação econômica; famílias, jovens e idosos; e identidade nacional. Três agências receberam a responsabilidade de coordenar esses temas por meio do governo. Esses temas também têm ajudado os ministros no processo orçamentário.

Alguns pontos de destaque no que foi exposto merecem ser reiterados, como conclusão desta seção:

➤ estabelecer objetivos de desempenho e trabalhar na direção de obter melhores resultados para o público leva tempo;
➤ as agências governamentais precisam aprender ao longo do processo e aprender com os erros;
➤ o sistema de administração pública precisa saber lidar com mudanças nas preferências políticas, nas expectativas das partes interessadas (*stakeholders*) e nas circunstâncias econômicas e sociais;
➤ estabelecer objetivos de performance no setor público é necessário, mas não suficiente. É preciso o reforço de outros fatores, como: forte apoio governamental e político; compromisso da administração superior; arranjos institucionais e de

NOVA ZELÂNDIA 169

governança sólidos; os incentivos corretos; e informação e análise de boa qualidade, incluindo a habilidade de se ter uma visão de prazo mais longo.

O processo orçamentário

A Nova Zelândia reforçou, a partir dos anos 1980, a sua estrutura legal para o processo orçamentário. O país se insere na tradição britânica do direito consuetudinário, com Constituição não-escrita, e não tem uma lei orçamentária maior, mas várias leis e ordens do Parlamento. O ciclo orçamentário é formado de cinco fases: preparação e apresentação pelo Executivo, processo orçamentário no Parlamento, execução, contabilidade e relatórios de auditoria externa. Estão comprometidos com despesas obrigatórias de 20% a 40% do orçamento.

O governo da Nova Zelândia é centralizado, com as autoridades locais tendo poderes limitados. O executivo é composto pelo governador-geral, que é o representante da rainha, o primeiro-ministro, o Gabinete de Ministros, ministros, entidades da Coroa e empresas estatais. O Legislativo é unicameral, formado pela Câmara dos Deputados (House of Representatives). Os deputados têm mandatos de três anos. O partido que tem o maior número de deputados eleitos é convidado pelo governador-geral a formar o governo. O líder do governo é o primeiro-ministro, que nomeia os ministros, que formam o gabinete.

Ciclo orçamentário na Nova Zelândia

Preparação e apresentação pelo Executivo

Inclui projeções para todos os departamentos e agências do governo.

Fundos extra-orçamentários e vinculação de receitas: o escopo do orçamento anual é limitado à Coroa. Há vários fundos e entidades cujos orçamentos são aprovados por outras instâncias que não o Parlamento. Algumas dessas entidades são o New Zealand Superannuation Fund[19] (Fundo de Aposentadoria da Nova

---

[19] Esse fundo foi criado pelo New Zealand Superannuation and Retirement Income Act 2001 para fazer frente às necessidades futuras do New Zealand Superannuation, devidas à esperada mudança na estrutura etária da população — espera-se que o número de aposentados dobre até 2050. O New Zealand Superannuation paga uma assistência financeira a quem tem 65 anos ou mais. Disponível em: <www.nzsuperfund.co.nz/>; <www.govt.nz/record?recordid=660>.

170 AJUSTES FISCAIS

Zelândia), a Earthquake Commission (Comissão de Terremotos), e a Accident Compensation Corporation (Empresa de Compensação de Acidentes). As compras de serviços feitas pela Coroa dessas entidades e as injeções de capital nelas são previstas no orçamento, mas as receitas próprias e as despesas dessas entidades não. Mas todas as entidades e empresas estatais são incluídas nas projeções governamentais de receitas e despesas operacionais, mostradas nos documentos de estratégia fiscal e orçamentária. Algumas receitas, como as do IR, não são vinculadas a usos específicos, mas a retenção de receitas próprias por departamentos e entidades é permitida.

Cronograma de preparação e apresentação do orçamento ao Parlamento (o ano fiscal começa em 1º de julho).

➤ Agosto a novembro: fase estratégica. Os ministros determinam os objetivos da estratégia orçamentária para os próximos três anos. O gabinete avalia a importância relativa dos resultados desejados pelo governo para o próximo orçamento. Os ministros identificam prioridades para os chefes de departamentos pra guiar a preparação do orçamento.
➤ Dezembro a fevereiro: ministros e chefes de departamento preparam primeiras versões dos orçamentos e "acordos de compra" para o próximo ano e planos orçamentários para os próximos dois anos.
➤ Fevereiro a abril: revisão das linhas básicas do orçamento. Os departamentos refinam as propostas orçamentárias. A composição de insumos pode ser mudada para se adequar às linhas básicas adotadas. O gabinete considera os pedidos dos ministros e os documentos orçamentários propostos. Supõe-se que os ministros manterão os totais de despesas dentro dos níveis aprovados. Os ministros podem pedir ao gabinete mudanças nas projeções básicas.
➤ "Dia do Orçamento": nunca depois de 31 de julho — apresentação dos documentos do orçamento ao Parlamento. Na prática, o orçamento é apresentado em maio ou junho.
➤ Julho a setembro: o Parlamento discute o relatório da Comissão de Finanças e Gastos. O Parlamento deve aprovar o orçamento dentro de três meses a partir da entrega do orçamento pelo governo.

Documentos que acompanham a lei orçamentária:

➤ informações detalhadas, por exemplo, para cada dotação e cada departamento;
➤ relatório de estratégia fiscal;
➤ relatório de atualização sobre a situação fiscal e econômica;

> as intenções de operações futuras de cada departamento, com mais detalhes para o primeiro ano;
> orçamento do Parlamento e outras entidades constitucionais.

Processo orçamentário no Parlamento

Cronograma. Há um calendário detalhado para o processo, que é centrado na Comissão de Finanças e Economia. O Executivo tem a prerrogativa — dada pelo Parlamento — de determinar quais assuntos serão debatidos em que dias e quanto tempo deve durar o debate naquele dia. Em países com separação maior entre Executivo e Legislativo, seria inconcebível o Executivo ter tanto poder na definição da agenda de debates.

Orçamentos provisórios. Geralmente é feito um orçamento provisório — uma autorização de gastos — para os primeiros dois meses do ano fiscal, já que o orçamento geralmente ainda não se tornou lei no início do ano fiscal. O orçamento provisório pode ser estendido se o orçamento atrasar ou se a convocação de eleições parecer provável.

Poderes para emendas. As comissões podem propor emendas que alterem o tamanho e a composição dos votos — que são grupos de estimativas preliminares de despesas[20] —, mas o governo pode vetar as emendas. A Câmara não pode aprovar uma emenda que o governo considere que teria impacto significativo: nos agregados fiscais e na composição do voto (isto é, na composição de um grupo de despesas). Essa é uma restrição forte, já que o Parlamento não pode alterar significativamente os totais e a composição das despesas, receitas e dívida pública. O veto do Executivo não pode ser derrubado. Porém, as razões para exercer o poder de veto podem ser debatidas.

Aprovação de recursos. A Câmara não pode fazer alterações de despesas ou de tributos que não tenham sido propostos pelo Executivo que, por sua vez, não pode incorrer em despesas, endividamento ou alterar tributos sem aprovação do Parlamento.

Natureza, estrutura e duração das dotações. São feitas dotações separadas para cada categoria de despesa, classificadas em: despesas correntes, benefícios e outras despesas não-recuperáveis (aposentadorias e auxílio-desemprego, por exemplo), despesas financeiras (como juros) e despesas de capital.

---

[20] Em geral, há um voto por departamento — equivalentes às secretarias ministeriais no Brasil — mas um departamento poderá ter mais de um voto se atender a mais de um ministério.

172   AJUSTES FISCAIS

Dotações plurianuais. O mais comum é que as autorizações de despesa se esgotem no primeiro ano fiscal, mas as dotações podem, para despesas correntes ou de capital, incluir mais de um ano, até o máximo de cinco anos.

Aprovação de dívida pública. Nenhum endividamento é permitido sem ter sido aprovado por lei.

Promulgação, veto e publicação do orçamento. O orçamento deve se tornar lei quando o soberano ou o governador-geral o aprova e assina. Como todas as outras leis, é publicada na página na internet do Parlamento.

Orçamentos suplementares (leis retificadoras). São usados para alterar a composição dos produtos a serem entregues pelos departamentos, injetar mais capital nos departamentos etc. Devido às regras de responsabilidade fiscal, os orçamentos suplementares geralmente não alteram o nível global de despesas, só sua composição. Não há limitação ao número de orçamentos suplementares, mas tipicamente são feitos dois por ano.

Implicações orçamentárias de outras leis. Não há nenhuma legislação que preveja que conseqüências orçamentárias de outras leis sejam avaliadas pela Comissão de Finanças e Economia ou outra comissão.

Execução orçamentária

Distribuição da autoridade para fazer despesas. Uma vez que o orçamento é aprovado, os departamentos acertam com o Tesouro o repasse dos recursos para as contas bancárias por eles administradas. Os departamentos devem relatar mensalmente ao Tesouro o *status* das despesas referentes a uma dotação. Essa informação é repassada ao auditor-geral até 10 dias úteis depois do fim do mês. O auditor pode ordenar a qualquer ministro que dê explicações caso julgue que as despesas estiveram em desacordo com o orçamento. Se o auditor entender que alguma despesa a ser realizada está em desacordo com o orçamento, pode ordenar a suspensão do pagamento.

Cancelamento de autoridade orçamentária e outros controles de gastos intra-anuais. As dotações do orçamento são autorizativas, não impositivas, o que significa que o governo não precisa de aprovação do Parlamento para cancelar dotações, embora isso possa também ser feito por meio de atos do Legislativo.

Gastos de emergência, gastos excessivos e fundos contingenciais. Até certos limites pequenos — NZD 10 mil ou 2% da apropriação — o ministro da Fazenda pode, nos últimos três meses do ano fiscal, autorizar gastos em excesso dos aprovados. Além desse limite, é necessária aprovação do Parlamento. Em casos de emergências e catástrofes, não há limites, mas os gastos devem ser aprovados pelo Parlamento, o que geralmente é feito por meio de um orçamento provisório.

Transferência entre dotações dentro do ano. Uma dotação é feita para um propósito específico e recursos não-utilizados não podem ser redirecionados para nenhum outro fim. Porém, a lei permite que o governador-geral faça transferências entre dotações de despesas correntes se: a transferência não aumentar uma dotação em mais de 5% no ano; nenhuma outra transferência ocorreu para aquela dotação no ano e se o total orçado para despesas correntes não se alterar. Essas transferências autorizadas pelo Executivo devem ser aprovadas pelo Legislativo.

Planejamento do caixa e administração dos ativos e dívida pública. Todo dinheiro público deve ser mantido em contas bancárias da Coroa ou dos departamentos. Isso permite a gestão centralizada do caixa pelo Tesouro. O Tesouro pode investir os recursos como lhe parecer mais apropriado.

Auditoria interna. Os executivos chefes dos departamentos são responsáveis, perante os seus ministros, pela gestão financeira do seu departamento. Isso inclui a manutenção de auditorias internas.

Contabilidade governamental e relatórios fiscais

A estrutura contábil. Deve seguir os princípios contábeis geralmente aceitos (Gaap, na sigla em inglês) da Nova Zelândia, que requerem o uso do regime de competência, mas também a apresentação de um relatório de fluxo de caixa.

Arranjos bancários. Todos os tributos devem ser pagos numa conta bancária da Coroa ou dos departamentos. O Tesouro contratou um banco privado para atender à maior parte de suas atividades. Toda noite os recursos nas contas do governo são recolhidos para a conta da Coroa no Banco Central.

Relatórios intra-anuais ao Parlamento. A lei requer que o Tesouro prepare um relatório mensal do resultado financeiro consolidado da Coroa acumulado no ano até o mês em questão. Os departamentos devem também fazer relatórios mensais aos ministros e ao Tesouro.

Relatórios e contas anuais. A lei requer que o Tesouro e os departamentos preparem relatórios anuais consolidados. Quando há eleições gerais para o Parlamento, o ministro da Fazenda deve publicar um relatório fiscal e econômico atualizado, não antes de 42 dias e não depois de 28 dias antes das eleições.

174 AJUSTES FISCAIS

Auditoria externa

A auditoria externa é feita pelo auditor e controlador-geral, que dirige o escritório do auditor e controlador-geral.

Independência gerencial, financeira e operacional. Para ter garantida sua independência, o auditor-geral é um funcionário do Parlamento, é indicado pelo governador-geral por recomendação da Câmara dos Deputados para um mandato único de até sete anos, tem um vice que é também um funcionário do Parlamento e tem os mesmos poderes e funções, pode se reportar diretamente ao Parlamento e a ninguém mais, é remunerado pelo Parlamento e a remuneração é definida independentemente pela Comissão de Altos Salários, e faz requerimentos de recursos diretamente à Câmara dos Deputados.

Cobertura institucional das auditorias. As atividades do auditor-geral abrangem uma gama ampla de entidades: os relatórios financeiros da Coroa, 41 departamentos e ministérios, 3 mil entidades da Coroa, incluindo 2.600 mesas diretoras de escolas, 15 empresas estatais, incluindo as de transportes, serviços de utilidade pública e televisão, todas as autoridades regionais e locais, cerca de 200 diretorias estatutárias de órgãos públicos, incluindo autoridades aeroportuárias.

Tipos de auditorias. Financeiras e de desempenho.

Poderes de investigação. O auditor-geral pode requerer relatório, dados e evidências a todas as autoridades públicas e pode examinar ou auditar a conta de qualquer pessoa em qualquer banco. Também pode entrar e permanecer em instalações públicas e procurar, examinar e copiar documentos.

Obrigações sobre relatório e publicação. Uma das principais atribuições anuais do auditor-geral é auditar os relatórios financeiros anuais do governo. O auditor deve fornecer um relatório sobre eles até 30 dias após recebê-los.

Aplicação dos achados. A lei não prevê a forma como os achados das auditorias devem ter sua aplicação garantida.

Questões de longo prazo

Reforma tributária

Depois de alterado nos anos 1980, o sistema fiscal da Nova Zelândia é um dos mais neutros, eficientes e de maior base da OCDE. Não há necessidade de reforma tributária atualmente.

Segundo Dalsgaard (2001), as principais mudanças da reforma tributária ocorreram na segunda metade da década de 1980. O objetivo geral era melhorar a eficiência e a eqüidade do sistema, ampliando-se a base de arrecadação, reduzin-do-se as alíquotas e removendo as isenções e incentivos fiscais. As principais medidas foram:

- redução da alíquota mais alta do IRPJ de 66% para 33% (depois aumentada para 39% em 2000);
- redução da alíquota para empresas residentes de 48% para 33% e para não-residentes de 53% para 38% (depois reduzida também para 33%);
- substituição de vários impostos sobre vendas no atacado por um IVA de alíquota única e base ampla, o imposto sobre bens e serviços; a alíquota era inicialmente de 10% e foi aumentada para 12,5% em 1989;
- eliminação de uma grande quantidade de incentivos fiscais a investimentos e exportações;
- criação de um abrangente imposto sobre *fringe benefits*, que são remunerações em espécie pagas pelas empresas aos funcionários; os empregadores é que pagam o imposto;
- para evitar dupla taxação de lucros distribuídos aos acionistas, foi criado um sistema de imputação para dividendos corporativos;
- remoção de regimes diferenciados preferenciais para rendas recebidas de fundos de pensão, pondo esse tipo de poupança em pé de igualdade com outras formas de poupança;
- retenção de impostos na fonte sobre juros e dividendos;
- introdução de regras para taxar a renda recebida do exterior por residentes, independentemente da fonte.

Apesar de radical, a reforma parece ter sido bem aceita porque foi percebida como justa e administrável. A experiência da Nova Zelândia põe em relevo a importância da seqüência e do *timing* de uma reforma tributária. Os contribuintes aceitaram uma taxação maior, no caso do fim das isenções, bases mais largas e a introdução do IVA em troca de alíquotas marginais mais baixas e concessões mais generosas para famílias na base da distribuição de renda.

Reforma do sistema de saúde

Houve duas reformas do sistema de saúde na Nova Zelândia: uma em 1993 e outra em 2000. A primeira foi "orientada ao mercado", num sistema "comprador/provedor", e a segunda "orientada à comunidade", implantada em 2000, com o New Zealand Public Health and Disability Act 2000, que criou os District Health

176   AJUSTES FISCAIS

Boards, ou Conselhos Distritais de Saúde, cruciais na mudança de modelo. Os conselhos são responsáveis por prover ou financiar o provimento dos serviços de saúde no distrito. Há 21 conselhos, que foram criados em janeiro de 2001. São mantidos pelo Ministério da Saúde, que define políticas nacionais, regula, financia e monitora o desempenho dos conselhos. O atendimento primário é feito principalmente pelas Primary Health Organisations (Organizações de Atendimento Primário), que são equipes de médicos, enfermeiros e outros profissionais de saúde encarregados de atender às pessoas inscritas na respectiva organização.

Em 1993 foi estabelecido um modelo que separava as funções de aquisição de serviços de saúde e de provimento dos serviços. A responsabilidade da compra era de quatro autoridades regionais de saúde, tanto para os serviços primários quanto para os secundários. Essas autoridades não eram responsáveis pelos serviços de saúde pública, que cabiam a uma quinta organização, a Comissão de Saúde Pública. Esse modelo refletia uma tendência internacional, de sistemas baseados em incentivos de mercado.

Em 1996, o Acordo de Coalizão sobre Saúde manteve a separação entre comprador e provedor de serviços, mas a ênfase na concorrência entre fornecedores deixou de existir. A Comissão de Saúde Pública foi extinta e as quatro autoridades regionais foram substituídas pela Autoridade Financiadora da Saúde.

Em 2000, as mudanças uniram de novo as funções de comprador e fornecedor de serviços numa mesma organização e descentralizaram a tomada de decisão para os Conselhos Distritais de Saúde (CDS).

A estrutura do sistema de saúde tem as seguintes características:

➤ o ministro da Saúde tem a responsabilidade geral pelo sistema e combina as regras de responsabilidade com os CDS, determina a estratégia de saúde e define com os demais ministros quanto dinheiro público será gasto na entrega dos serviços;

➤ os CDS têm até 11 membros, sendo até sete eleitos pela comunidade. Os outros (até) quatro são indicados pelo ministro da Saúde;

➤ alguns provedores de serviços, incluindo pronto-socorros, serviços de reabilitação e a maioria dos serviços públicos de saúde estão sob a administração dos CDS, enquanto clínicos gerais, Organizações de Atendimento Primário e asilos são independentes e são contratados pelos CDS ou pelo Ministério da Saúde. Ao todo há cerca de 80 instalações hospitalares públicas e um grande número de entidades privadas voltadas para o cuidado de idosos;

➤ a Accident Compensation Corporation (ACC) é uma "entidade da Coroa";

► há vários conselhos especializados ligados ao ministro da Saúde, para aconselhá-lo em assuntos como regulação, informação ao consumidor, pesquisa, ética, ética em reprodução humana assistida, epidemiologia e segurança e classificação de medicamentos;
► várias agências promovem e protegem os direitos dos consumidores em matérias de saúde.

O financiamento da saúde é predominantemente público. As outras principais fontes são seguros privados e pagamentos particulares.

O gráfico 4.11 mostra o gasto total com saúde, público e privado, na Nova Zelândia como percentual do PIB, em comparação com os demais paises da OCDE. Observa-se que nessa estatística a Nova Zelândia encontra-se em nível intermediário.

GRÁFICO 4.11
Nova Zelândia — total de gastos com saúde (2004 — % do PIB)

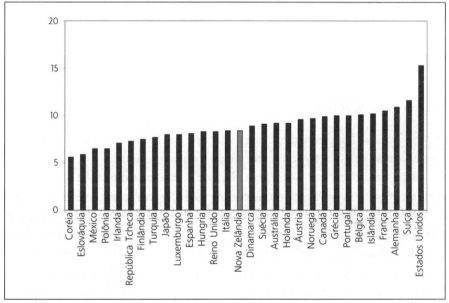

Fonte: OCDE.

O gráfico 4.12 mostra a comparação para o percentual do gasto público no gasto total com saúde.

GRÁFICO 4.12

Nova Zelândia — gastos públicos com saúde
(2004 — % do total de gastos públicos)

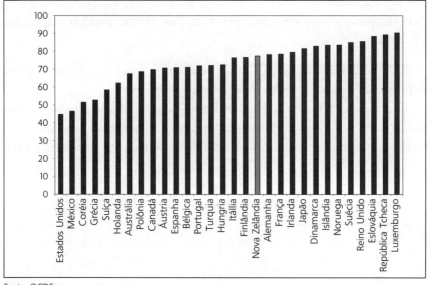

Fonte: OCDE.

Sistema de previdência

O New Zealand Superannuation paga uma assistência financeira a quem tem 65 anos ou mais, sem relação com contribuição, renda ou riqueza. É um sistema de repartição financiado pelos impostos. Devida à esperada mudança na estrutura etária da população — espera-se que o número de pessoas acima de 65 anos dobre até 2050, de um em cada oito para um em cada quatro pessoas — foi criado o New Zealand Superannuation Fund pelo New Zealand Superannuation and Retirement Income Act 2001. A lei só permite saques do fundo a partir de 2020. As contribuições de capital para o fundo, de acordo com o planejamento do Tesouro, cessarão em 2028, quando o governo começará a sacar do fundo. Os ativos do fundo devem atingir um máximo de 36% do PIB entre 2036-39 e depois deverão cair como proporção do PIB. Como os saques previstos serão inferiores ao rendimento esperado, o fundo continuará a crescer em termos nominais.

Em julho de 2007 começará a operar o KiwiSaver, que é um fundo de pensão complementar de capitalização, criado e incentivado pelo governo. É voluntário e baseado no local de trabalho (na maior parte dos casos), isto é, as contribuições são descontadas da folha de pagamento e as informações sobre o sistema são recebidas através do empregador. Quem começar em um novo emprego a partir de julho de 2007 e tiver entre 18 e 65 anos será automaticamente inscrito no KiwiSaver, podendo optar por sair. Quem já estiver empregado e novos empregados com menos de 18 anos não são automaticamente inscritos, mas podem optar pela inscrição. Quem tem mais de 65 anos, mesmo estando empregado ou trabalhando, não pode se inscrever, mas se a inscrição tiver sido feita antes dessa idade, é possível continuar a contribuir após os 65 anos. Autônomos também podem se inscrever. Há duas alíquotas de contribuição: 4% e 8%.

Há ainda o State Sector Retirement Savings Scheme, um plano de contribuição voluntária para funcionários públicos.

Conclusões

O ajuste fiscal na Nova Zelândia tem sido um processo longo, que já dura duas décadas e baseou-se em uma série de novas leis. Foram perseguidos objetivos globais, como redução da dívida e sua manutenção em níveis prudentes, com geração de superávits nominais. A gestão do setor público passou a se basear em maior liberdade e responsabilidade gerencial, ao lado da avaliação de desempenho e ênfase em produção de relatórios, para melhorar a transparência e garantir um fluxo de informações adequado. A dívida bruta foi reduzida à terça parte, partindo de mais de 60% do PIB, e a dívida líquida caiu a zero, eliminando-se as despesas líquidas com juros. O longo prazo é levado em consideração, especialmente no tocante às questões previdenciárias advindas da mudança na estrutura etária. Mesmo depois de a dívida líquida ter sido zerada, o governo pretende continuar gerando superávits nominais de 2% do PIB para acumular fundos para fazer frente às necessidades previdenciárias previstas.

5

Índia

O desempenho fiscal indiano apresenta traços idiossincráticos que o diferenciam consideravelmente do desempenho do Brasil e de outras economias em desenvolvimento. Entre as características mais marcantes está o fato de que, no período 1982-2005, o país não registrou sequer um episódio de superávit no resultado primário, acumulando déficits consecutivos, conforme ilustra o gráfico 5.1. Ao contrário de outras economias que também registraram um aumento na relação dívida/PIB, a Índia não direcionou sua política econômica para um cenário onde os gastos primários fossem inferiores às receitas, fato que pode ser considerado uma exceção.

Gráfico 5.1
Índia — resultado primário (1982-2005 — % do PIB)

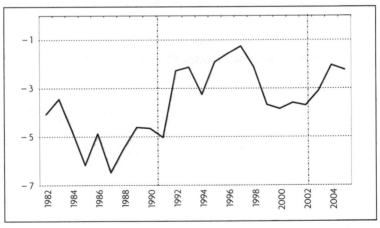

Fonte: Reserve Bank of India.

As linhas pontilhadas no gráfico 5.1 destacam os períodos de início do ajuste fiscal, conforme a definição proposta por Alesina, Ardagna e Gali (1998:496). O primeiro episódio remete ao intervalo 1991/92, quando o déficit primário passou de 5% para 2,3% do PIB. Por seu turno, o segundo episódio — iniciado em 2002 — não se encaixa exatamente na definição dos autores citados: o déficit primário passou de 3,7% do PIB neste ano para 2% em 2004. Apesar de o período não contemplar os requisitos sugeridos por Alesina, Ardagna e Gali (1998), optamos por incluí-lo na análise, tendo em vista o fato de que o mesmo concentra importantes medidas político-econômicas de cunho reformador.

O capítulo se subdivide em três seções, além das considerações finais. A primeira seção descreve o contexto macroeconômico que possibilitou a melhora no resultado primário indiano ao longo das últimas décadas, inserindo esses episódios na discussão do ajuste fiscal. A segunda seção detalha algumas políticas conduzidas pelo país no intuito de aprimorar o seu desempenho fiscal. Por seu turno, a terceira seção traz apontamentos sobre o sistema previdenciário indiano.

O gráfico 5.2 traça a evolução do estoque da dívida pública bruta indiana como proporção do PIB. Salta aos olhos a trajetória claramente ascendente da dívida ao longo das últimas décadas, com um crescimento mais vigoroso a partir de 1998. Se até então a dívida indiana se mantivera entre 50% e 60% do PIB, a partir desse ano a relação dívida/PIB passou a crescer a taxas maiores, atingindo 82% em 2005.

Conforme será apresentado no decorrer do capítulo, as taxas de crescimento econômico da Índia nos últimos anos foram altas e positivas. Nesse contexto, a evolução da relação dívida/PIB assume um caráter ainda mais preocupante, pois sinaliza um crescimento real da dívida superior ao crescimento da economia.

GRÁFICO 5.2
Índia — estoque da dívida (1982-2005 — % do PIB)

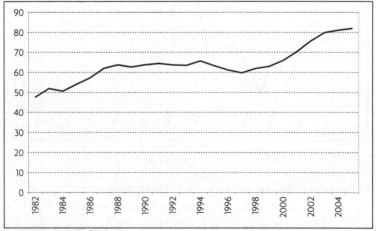

Fonte: Reserve Bank of India.

A explosão do crescimento da dívida indiana tem forte relação com as pressões exercidas pelo serviço da mesma. Pelo gráfico 5.3 é possível notar um constante aumento nas despesas com o pagamento de juros, que ultrapassaram o patamar de 6% do PIB a partir do ano 2000. Esse fato tem sido apontado como a principal alegação em prol de medidas de ajuste fiscal na Índia. Argumenta-se que a economia do país precisa se tornar menos dependente de empréstimos e financiamentos, de forma a diminuir os gastos com juros, o que possibilitaria direcioná-los a políticas que promovam o desenvolvimento econômico e reduzam a pobreza que acomete grande parte da população (FMI, 2003a; 2005c).

A poupança e o investimento do governo precisam aumentar de forma a possibilitar o aprimoramento da infra-estrutura que gera gargalos para o crescimento econômico do país. Ademais, a Índia não pode prescindir dos gastos sociais que possam combater a pobreza. Por exemplo, o país apresenta uma renda *per capita* que equivale à metade das rendas *per capita* da China e da Indonésia — países que também integram a lista dos mais populosos do mundo. Tal fato, por si, é suficiente para justificar a necessidade de medidas urgentes que acelerem o crescimento da renda indiana (Pinto e Zahir, 2004:2).

Gráfico 5.3

Índia — despesas com o pagamento de juros (1982-2005 — % do PIB)

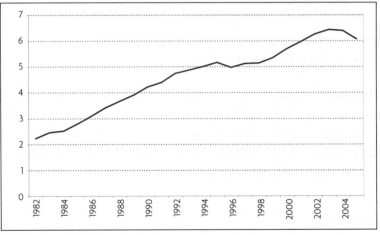

Fonte: Reserve Bank of India.

Diante do cenário de degradação fiscal verificado nos últimos anos, torna-se importante entender por que os maus indicadores econômicos não provocaram uma crise de confiança no país, conduzindo-o ao colapso. Pinto e Zahir (2004) recorrem a outras especificidades encontradas na economia da Índia para explicar este fenômeno. Para os autores, ao contrário de países como Brasil, Argentina ou Turquia, a Índia apresenta características econômicas que a diferenciam no contexto internacional. Elas incluem: a inexistência de histórico de moratórias, as altas (e relativamente estáveis) taxas de crescimento econômico, o alto volume de reservas internacionais, a taxa de câmbio flexível e o controle parcial do fluxo de capitais internacionais.

Ademais, conforme salientam Buiter e Patel (2005), diferentemente do cenário assistido no início da década de 1990, a Índia tem financiado seu déficit público majoritariamente por vias internas. Com a dívida externa relativamente baixa e um volume de reservas internacionais consideráveis, o país tem conseguido posicionar seu *rating* soberano em patamares relativamente satisfatórios. A Índia está, atualmente, ligeiramente melhor posicionada que o Brasil em algumas das últimas avaliações. Contudo, mantida a trajetória ascendente da dívida indiana, não é possível afirmar até que ponto o país conseguirá permanecer imune a uma crise de confiança.

Não se pode dizer que os formuladores de política econômica do país estejam assumindo postura negligente no que toca às questões fiscais na Índia. Reformas foram implementadas, inclusive no passado recente. Por essa razão, a sua efetividade nem sempre pode ser avaliada. Este livro investiga os períodos de aperfeiçoamento do resultado fiscal indiano, descrevendo as características e medidas que os tornaram factíveis.

Torna-se necessário, num primeiro momento, apontar os períodos em que a economia da Índia demonstrou melhoras em seu desempenho fiscal. Para tanto, é conveniente um novo exame do gráfico 5.1, que apresenta a evolução do resultado primário do país. Pautando-se na definição proposta por Alesina, Ardagna e Gali (1998:496), é possível discriminar os possíveis períodos de ajuste fiscal. Para os autores, esses episódios são caracterizados por anos em que o resultado primário de um país melhora em pelo menos 2% do PIB. Alternativamente, o ajuste também pode ser configurado por períodos de no mínimo dois anos em que o resultado primário melhora em pelo menos 1,5% do PIB por ano.

O ajuste fiscal

Redução no déficit primário entre os anos 1991/92

Não se pode afirmar que o primeiro episódio de melhora no resultado primário indiano, ocorrido no início da década de 1990, esteja efetivamente relacionado a políticas de ajuste fiscal. Na verdade, o período foi marcado por uma forte crise econômica relacionada a um colapso no balanço de pagamentos do país. Tal colapso, por sua vez, tem suas origens no cenário macroeconômico da década de 1980, quando a Índia experimentou uma fase de crescimento econômico acelerado contrabalançado, porém, pelo agravamento do déficit fiscal (Ghosh, 2004:4).

O aumento no consumo proporcionado pelo elevado crescimento econômico contribuiu para o agravamento do déficit comercial do país, deteriorado desde a alta dos preços do petróleo na década de 1970. O aumento das importações não teve contrapartida no aumento das exportações, influenciadas pelo desaquecimento econômico do principal parceiro comercial da época: os EUA.

A Guerra do Golfo, iniciada após a invasão iraquiana ao Kuwait, também influenciou negativamente a economia indiana no início da década de 1990. Além de expor a região central da Ásia às instabilidades de um conflito armado, a guerra pressionou para cima os preços do petróleo, um dos principais produtos da pauta de importações indiana.

Esse conjunto de fatores levou a Índia a registrar o pior resultado nas transações correntes de sua história recente. Em 1991, o déficit corrente foi equivalente a 3,1% do PIB (gráfico 5.4). Completando o cenário de intempéries, as reservas internacionais do país, que em 1980 correspondiam a 3,9% do PIB, sofreram reduções graduais, atingindo 2% do PIB em 1991 (FMI, 2006a). Tal fato contribuiu para abalar a confiança dos credores internacionais (Pinto e Zahir, 2004:5).

GRÁFICO 5.4
Índia — saldo nas transações correntes (1991-2005 — % do PIB)

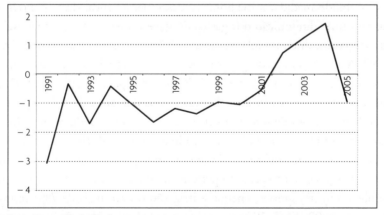

Fonte: Reserve Bank of India.

Por conseguinte, o crescimento econômico também foi fortemente afetado neste ano. O gráfico 5.5, que ilustra a variação percentual anual do PIB, mostra que em 1991 a economia indiana cresceu 2,1%, sendo a taxa de crescimento mais baixa entre todos os anos analisados. Se levarmos em conta o fato de que ao longo de toda a década de 1990 o crescimento médio anual do PIB indiano esteve próximo da casa dos 5,2%, podemos concluir que esse foi um ano atípico. O aprimoramento do resultado primário entre 1991/92, portanto, se insere num contexto inquestionavelmente recessivo.

GRÁFICO 5.5
Índia — taxa de crescimento anual do PIB (1982-2005 — %)

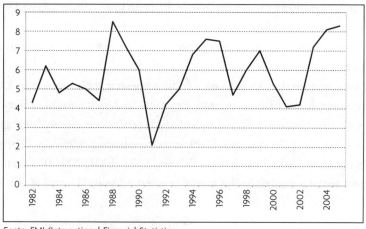

Fonte: FMI/International Financial Statistics.

Em grande medida, a melhora no desempenho fiscal desse período esteve associada a uma diminuição dos gastos do governo geral. A taxa de crescimento real desses gastos, discriminada na tabela 5.8, mostra uma variação negativa entre 1991/92. A relação gastos do governo geral/PIB, ilustrada no gráfico 5.6, mostra que os gastos passaram de 19,2% do PIB em 1990 para 18,1% em 1992. Ainda que as taxas de crescimento do PIB nesses anos tenham sido baixas para os padrões indianos, o fato de serem positivas contrasta com a redução real dos gastos e garante uma melhora no indicador resultado primário/PIB (gráfico 5.1).

Os cortes nos investimentos foram os principais responsáveis pela diminuição dos gastos do governo geral no período em questão. Em 1991, os investimentos públicos em transportes, energia e irrigação caíram mais de 7% comparados aos gastos de 1990 (FMI, 1998a). Esse fato corrobora a idéia de que o aprimoramento do resultado primário indiano do início da década de 1990 não é fruto de políticas e reformas econômicas planejadas e, sim, conseqüência de decisões tomadas num período de contingência. O governo central se viu obrigado a reduzir o investimento na tentativa de frear o forte crescimento do déficit fiscal que marcou o período da crise de 1991 e, assim, tentar recuperar a credibilidade externa da economia indiana. Como contrapartida, a já frágil infra-estrutura do país ficou numa posição ainda mais comprometida.

Gráfico 5.6
Índia — gastos do governo geral (1982-2005 — % do PIB)

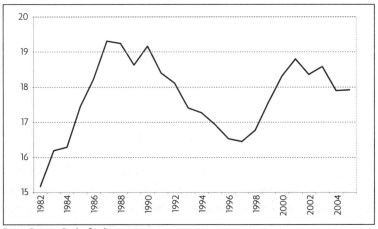

Fonte: Reserve Bank of India.

Diante do exposto, fica evidenciado que, nesse período, a melhora no resultado primário do país está muito mais associada a ajustes emergenciais de uma fase recessiva do que a políticas planejadas de ajuste fiscal.

Além disso, quando se analisa o gráfico 5.7, que traz as taxas anuais de inflação, tem-se a comprovação de que o período em questão não traduz um bom momento da economia indiana. A taxa anual de inflação do país, tradicionalmente baixa para os padrões de economias emergentes, registrou um pico de 13,9% exatamente em 1991. Tal resultado é 65% superior à taxa média de inflação registrada pelo país ao longo da década de 1980, que foi de 8,4% ao ano. Assim, ainda cabe supor que parte da melhora percebida no resultado primário indiano teve conexão com a arrecadação de imposto inflacionário, o que impede, em definitivo, que o biênio 1991/92 seja entendido como um bom exemplo de ajuste fiscal.

GRÁFICO 5.7
Índia — taxa anual de inflação (1982-2005 — %)

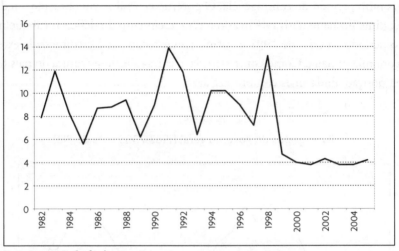

Fonte: Reserve Bank of India.

O aprimoramento fiscal nos anos recentes (2002-05)

O segundo episódio de aprimoramento do resultado fiscal assinalado no gráfico 5.1 remete a um período de reformas econômicas mais emblemáticas, ainda que os resultados práticos não se enquadrem na definição de ajuste fiscal indicada por Alesina, Ardagna e Gali (1998:496). Como aponta o gráfico 5.1, o resultado primário indiano partiu de um déficit de 3,7% do PIB em 2002, chegando a um déficit de 2% do PIB em 2004.

O período coincide com uma série de reformas conduzidas pelo governo da Índia. Desde o final da década de 1990, a importância do ajuste ganhou vulto no debate econômico indiano. Parece haver consenso no país sobre a importância de se conter a escalada da relação dívida/PIB, sob pena de se expor o país novamente ao risco de uma crise econômica (Banco Mundial, 2003a). O gráfico 5.2 deixa claro que, após relativa estabilidade da razão dívida/PIB em torno de 60% ao longo de toda a década de 1990, a partir de 2001, um novo aumento no patamar do indicador colocou a economia indiana novamente em situação de alerta. Nesse ano, a dívida do país já representava 70% do PIB, ultrapassando a casa dos 80% já em 2003.

Os vitoriosos das eleições de 1998 pautaram seus discursos no argumento de que as reformas econômicas seriam necessárias para reduzir as obrigações do país com o pagamento de juros, de forma a possibilitar maiores investimentos na esfera social. Os gastos com a folha de pagamento do funcionalismo público também provocaram questionamentos (Banco Mundial, 2004:8). Embora fosse possível supor que, ao eleger tais representantes, a população estivesse endossando a sua postura em relação às reformas, existem dúvidas sobre o envolvimento do grande público com tal projeto político. Pesquisas de opinião apontam que apenas 26% dos eleitores indianos já ouviram falar das reformas, o que interfere na capacidade do governo de implementá-las (Banco Mundial, 2004:20).

O fato é que, desde aquela eleição, o país tem trilhado o caminho das reformas econômicas, sendo mais notórias as políticas de aumento das receitas em detrimento das políticas de corte dos gastos. O objetivo primaz é melhorar a arrecadação do país, simplificando o sistema de tributos, o que deverá permitir um melhor controle da sonegação. A tabela 5.8 confirma a variação real positiva nas receitas totais do governo geral indiano desde 2002.

Não se nota variação considerável no peso exercido pela arrecadação dos impostos indiretos na economia. O gráfico 5.8 evidencia que a arrecadação desse tipo de tributo passou de 10,5% do PIB em 2003 para 10,8% do PIB em 2005. Por seu turno, a arrecadação de impostos diretos aumentou sua participação na economia, passando de 3,3% do PIB em 1999 para 5,0% em 2005.

GRÁFICO 5.8
Índia — receitas com impostos diretos e indiretos (1982-2005 — % do PIB)

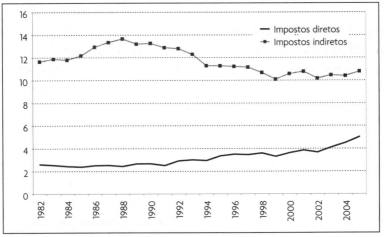

Fonte: Reserve Bank of India.

190   AJUSTES FISCAIS

A mudança na legislação do imposto de renda tem relação direta com esse fato. A tributação sobre as pessoas físicas teve suas faixas de isenção alteradas, com uma estrutura de alíquotas também diferenciadas. O objetivo primaz era aumentar a base tributária e, em contrapartida, praticou-se uma redução das alíquotas. A alíquota máxima sofreu redução de 35% para 30%. A quantidade de faixas com alíquotas diferenciadas também foi reduzida de oito para três. O argumento por trás dessa mudança era que, em comparação com economias de porte semelhante, a Índia possui uma distribuição de renda relativamente igualitária, que permite uma taxação mais uniforme, já que a diferença de renda entre as diferentes camadas sociais não é grande.

As mudanças na tributação sobre as pessoas jurídicas também visavam aumentar a base tributária. O governo indiano negociou a extinção de parte de subsídios a investimentos em troca de redução nas alíquotas de imposto de renda. As alíquotas máximas foram reduzidas de 40% para 35% para as empresas estrangeiras e de 35% para 30% para as empresas domésticas (FMI, 2005c:37). Pode-se avaliar que a opção por reduzir alíquotas em troca de um alargamento na base tributária proporcionou aumentos de arrecadação na Índia. As receitas com tributos diretos aumentaram não apenas como proporção do PIB (gráfico 5.8), mas também em termos reais. A tabela 5.8 mostra que, desde 2002, as taxas de crescimento anual do volume arrecadado com esses impostos (a preços constantes) superam os 16%.

O sistema de tributação indireta também está sendo submetido a mudanças significativas, que objetivam sua simplificação e o combate à sonegação. Os impostos indiretos na Índia apresentam um alto grau de complexidade, o que expõe as empresas do país à tributação em cascata, prejudicando a sua competitividade. As reformas em curso buscam imprimir maior racionalidade ao sistema, tornando-o mais simples e menos vulnerável a sonegações. Ainda que num primeiro momento as reformas possam estagnar (ou mesmo diminuir) a arrecadação de impostos indiretos, acredita-se que, no médio prazo, o crescimento econômico por elas proporcionado deve ampliar as receitas, compensando o sacrifício inicial (Poirson, 2006). A principal reforma no sistema de tributação indireta tem relação com a introdução do imposto por valor adicionado (IVA) que será explorado de maneira detalhada adiante.

Uma última consideração sobre as medidas de aprimoramento fiscal instauradas na Índia a partir de 2003 tem relação com a evolução dos gastos públicos. Como já mencionado, a relativa melhora assistida no desempenho primário indiano desde 2002 apresenta uma relação muito mais forte com a evolução das receitas do que com a redução dos gastos. O gráfico 5.6 deixa claro que, desde 2002, os gastos dos governos central e locais pouco se reduziram. Se nesse ano eles totalizavam 18,4% do PIB, em 2004 e 2005 passaram a representar 17,9% do mesmo.

De fato, essa redução é explicada muito mais pelo aumento do PIB do que pela redução dos gastos. A tabela 5.8 não deixa dúvida de que a sua variação, a preços constantes, permaneceu positiva ao longo do intervalo 2002-04. O principal desafio proposto ao governo indiano consiste na melhora da qualidade do gasto realizado.

Mesmo mantido no patamar entre 15% e 20% do PIB, o gasto público da Índia nas últimas décadas não se mostrou decisivo para a redução da pobreza no país. O Banco Mundial argumenta que os altos gastos com despesa corrente contribuem para a explicação desse fenômeno. De acordo com a entidade, os gastos de capital despendidos pelo governo variam entre 3% e 4% do PIB, enquanto os inquestionáveis gargalos estruturais do país exigiriam investimentos de pelo menos 5%. Tais gargalos impedem que o país cresça a taxas maiores, uma vez que interferem no investimento privado. Por exemplo, o banco avalia que os atuais gastos com a manutenção das rodovias do país não atingem sequer 40% do valor considerado ideal (Banco Mundial, 2004:ii).

Em face desses argumentos, nota-se que o ajuste fiscal na Índia ainda é um processo em construção, que demanda a consolidação das reformas propostas para as receitas, e o amadurecimento das propostas de revisão dos gastos.

Detalhamento das políticas

Como mencionado, a Índia encontra-se em pleno curso de implementação de reformas para aperfeiçoar o seu desempenho fiscal. A forte elevação da dívida pública assistida ao final da década de 1990 pode ser entendida como elemento de propulsão das reformas, com efeitos potenciais, sobretudo no médio prazo.

Esta seção descreve as principais políticas econômicas instauradas no país desde o final da década de 1990. O caráter recente de quase todas as medidas dificulta uma avaliação definitiva da sua efetividade no sentido de promover aprimoramentos no desempenho fiscal. De qualquer maneira, a descrição das reformas já contribui para a compreensão do grau de comprometimento do governo indiano no sentido de consolidar ajustes no país.

Esta seção se divide em quatro subseções. A primeira discorre sobre as especificidades do regime federativo indiano e seus desdobramentos sobre a implementação de uma legislação de responsabilidade fiscal. A segunda traz considerações acerca do orçamento público no país enquanto a terceira apresenta as recentes mudanças no sistema de tributação indireta adotado por alguns estados. Na seqüência, a quarta subseção descreve os esforços do governo para reduzir o seu papel na economia, estimulando a inserção da iniciativa privada.

O federalismo e a responsabilidade fiscal

A despeito de ter conquistado a independência há pouco mais de meio século, a Índia apresenta uma das composições federativas mais estáveis e sólidas do mundo. Os estados gozam de considerável autonomia para instituir suas leis e conduzir suas políticas, o que confere pluralidade e, ao mesmo tempo, muitas discrepâncias inter-regionais.

A tendência de descentralização tem se fortalecido ao longo dos anos, outorgando aos estados uma autonomia tributária cada vez maior. Ainda assim, em 2004, os tributos recolhidos por esses entes totalizavam apenas 39% de todas as receitas do setor público, o que contrasta com a participação dos mesmos no total de gastos governamentais. Nesse ano, os estados indianos foram responsáveis por 56,7% de todos os gastos do governo, o que denota a importância das transferências da administração central para as administrações locais (Reserve Bank of India, 2006).

A folha de pagamento do funcionalismo público figura entre os tópicos mais críticos da gestão financeira estadual na Índia. A responsabilidade de prover serviços essenciais faz com que eles assumam o papel de principais empregadores formais da economia indiana. Entre 1996-2000, a despesa de salários começou a pressionar os gastos públicos do país. O gráfico 5.9 mostra que de 1996-2000, os gastos públicos com salários passaram de 3,9% para 4,7% do PIB. Desde então, observou-se um arrefecimento da tendência e, em 2002, esses gastos se posicionaram em 4,3% do mesmo.

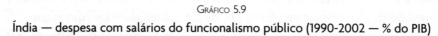

GRÁFICO 5.9
Índia — despesa com salários do funcionalismo público (1990-2002 — % do PIB)

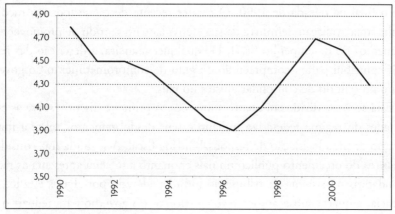

Fonte: Banco Mundial (2004:10).

Tal fenômeno tem relação com uma política de redução de gastos com pessoal, que pode ser considerada crítica na Índia. Ainda que a política salarial seja específica em cada estado, é possível notar um movimento de reajuste salarial que repõe apenas as perdas decorrentes da inflação. Sustentando esse argumento de reajuste real zero para o funcionalismo público está a constatação de que, em 2000, o salário médio do setor público era 2,33 vezes maior que o salário médio do setor privado no país (Banco Mundial, 2004:21-22).

Para adotar essa medida inquestionavelmente impopular, os governantes se fazem valer do discurso de que, ainda que importantes para a valorização dos servidores, os altos salários pouco ou nada contribuem para a redução da pobreza no país. Tal argumento se torna mais forte quando se analisam os impactos da folha de pagamento nos estados mais pobres. O gráfico 5.10 aponta que nas sete unidades federativas indianas de menor renda *per capita*, as despesas com a folha de pagamento dos servidores públicos representaram mais da metade das despesas correntes ao longo de todo o intervalo 1991-2002. No último ano, para cada rúpia gasta em despesas correntes nos estados mais pobres, gastava-se 1,02 rúpia com o pagamento de salários. Nos estados com renda *per capita* maior, essa relação era de 1:0,68. Tal cenário tende a depauperar a infra-estrutura nos estados mais pobres, agravando as diferenças inter-regionais assistidas no país.

O peso dos salários nas contas de cada estado os expõe a sérias dificuldades de financiamento. O apelo por disciplina fiscal se justifica com base na averiguação de que muitos estados acabam recorrendo a empréstimos inclusive para financiar gastos correntes (FMI, 2005c:42-43). Tal situação relembra o final da década de 1990, quando a maior parte dos estados indianos não possuía recursos suficientes sequer para pagar os salários de seus funcionários. O governo central viu-se obrigado a intervir concedendo empréstimos aos estados em dificuldade, estando tal fato no cerne do aumento do endividamento observado nos últimos anos.

Os incentivos para contrair empréstimos são outra ineficiência do sistema de empréstimos e financiamentos governamentais na Índia. As taxas de juros são as mesmas para todos os estados e incorporam diferentes níveis de risco. Os estados em melhor situação fiscal as classificam como altas, pois refletem um risco médio que supera seus riscos individuais. Por outro lado, os estados de pior desempenho fiscal se deparam com uma taxa que incorpora um risco inferior ao seu próprio. A partir desse arcabouço é fácil concluir que o endividamento dos estados mais indisciplinados do ponto de vista fiscal — em geral, estados mais pobres — se torna cada vez mais explosivo (Banco Mundial, 2004:7).

GRÁFICO 5.10
Índia — razão despesas públicas com pagamento de salários sobre outras despesas públicas correntes. Estados de menor renda *per capita* e outros estados
(1990-2002)

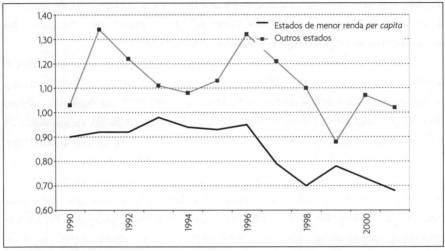

Fonte: Banco Mundial (2004:11).

O problema do endividamento dos governos estaduais na Índia é um tópico imprescindível para qualquer tentativa de ajuste. A falta de rigor fiscal nos últimos anos, associada ao peso representado por essa esfera dentro do sistema público indiano fez com que esses governos assumissem o papel de protagonistas do déficit público no país. Se na década de 1990 os estados eram responsáveis por 1/3 do déficit total, atualmente já respondem por metade. A questão se torna ainda mais grave quando se constata que a dimensão da dívida é maior justamente nos estados de menor PIB *per capita*. Tal fenômeno ocorre a despeito do fato de as transferências do governo central indiano assumirem caráter progressivo, isto é, serem proporcionalmente maiores para os estados mais pobres (Purfield, 2004:4).

Nesse ambiente de crescente endividamento, a importância de políticas que procurem imprimir maior disciplina aos gastos públicos tende a se ampliar. Entre as mais importantes está a Lei de Responsabilidade Fiscal (LRF), já regulamentada ou em fase de implementação em diversos estados. O governo central aprovou uma lei desse tipo para gerir suas próprias finanças, mas não tem competência para enquadrar os estados em obrigações semelhantes. Portanto, cada unidade da federação precisa redigir e regulamentar sua própria legislação.

Entre 2000-04, cinco dos 28 estados adotaram seus próprios termos de responsabilidade fiscal e a perspectiva é que, até o final de 2006, outros seis estados o façam. Não é difícil imaginar, contudo, que o teor e a eficácia das leis variem de estado para estado. Com poucas exceções, as unidades federativas têm limitado seus gastos e endividamentos à determinada fração das receitas, o que contribui para que a relação déficit/receitas não aumente. Entretanto, como muitos estados já se encontram altamente endividados, tal medida perde relevância, pois não contribui para a redução da dívida. Em outras palavras, a legislação adotada por muitos estados permite que a dívida absoluta aumente, desde que as receitas absolutas também aumentem. Para os estados já muito endividados, este tipo de LRF não contribui para a redução da dívida (Hausman e Purfield, 2004).

Os estados também diferem na punição aplicada aos gestores que infringirem a lei, o que representa outra fragilidade. O governo central discute a possibilidade de centralizar a análise do cumprimento das regras fiscais numa única agência nacional, uma alternativa incerta até o momento. De qualquer forma, seja por meio de uma agência centralizada ou por meio de outros mecanismos, é essencial que o governo central assuma o papel de articulador da responsabilidade fiscal no país (Banco Mundial, 2004:iv).

Um instrumento útil para esse fim pode ser a Fiscal Reform Facility, legislação aprovada entre 2000/01. Ela concede ao governo central a possibilidade de adotar medidas de incentivo aos estados engajados com a reforma fiscal, outorgando-lhes garantias que funcionam como uma carta de fiança. Assim, o acesso ao crédito por parte desses estados seria facilitado, revertendo, em parte, o deletério sistema de incentivos ao endividamento mencionado anteriormente (Banco Mundial, 2004:13). A regulamentação da LRF poderia funcionar como fiel da balança para eleger os estados merecedores de tais garantias.

Os incentivos possibilitados pela Fiscal Reform Facility têm sido pouco usados pelo governo central, assim como o seu poder constitucional de vetar a concessão de empréstimos para unidades federativas altamente endividadas. Se a indisciplina fiscal de alguns estados não for revertida, o governo indiano acabará obrigado a lançar mão desse instrumento legal para conter o endividamento de determinados estados, sob pena de expor toda a nação a um colapso das contas públicas (Banco Mundial, 2004:64).

Poucas avaliações podem ser extraídas da experiência indiana com a LRF. Além de recente, essa medida ainda não se estendeu por todo o país, tornando

196　AJUSTES FISCAIS

precitada qualquer avaliação global. Nota-se, contudo, que mesmo após a regulamentação da LRF pelo governo central e por alguns estados, a relação dívida/PIB do país permaneceu aumentando (gráfico 5.2). Além disso, a não-limitação de parâmetros nominais para o endividamento, percebido nas legislações da maior parte dos estados, pode significar um impedimento para a reversão na tendência de crescimento da dívida, embora possa impedir que ela se amplie.

O orçamento na Índia

Conforme consta no relatório econômico do orçamento indiano referente ao ano fiscal de 2005/06,[21] o componente tributário é um importante item do financiamento dos gastos públicos. Podemos observar a partir da tabela 5.1 que há uma tendência de manutenção da carga tributária como percentual do PIB, o que em face do alto crescimento indiano implica aumento real de arrecadação. Observa-se, no entanto, uma mudança da composição nos últimos 15 anos, diminuindo a participação do imposto indireto e aumentando a participação do imposto direto com particular destaque para o imposto de renda corporativo.

TABELA 5.1

Índia — fontes de receita tributária do governo central (% do PIB)

Fonte	1990	2000	2001	2002	2003	2004	2005
Impostos diretos	1,9	2,8	3,2	3	3,4	3,8	5
Imposto de renda pessoal	0,9	1,3	1,5	1,4	1,5	1,5	1,9
Imposto de renda corporativo	0,9	1,4	1,7	1,6	1,9	2,3	3,1
Impostos indiretos	7,9	6,5	5,6	5,1	5,4	5,3	5,4
Impostos alfandegários	3,6	3	2,3	1,8	1,8	1,8	1,5
Impostos seletivos	4,3	3,4	3,3	3,2	3,4	3,3	3,4
Impostos sobre serviços	0	0,1	0,1	0,1	0,2	0,3	0,5
Total	10,1	9,4	8,9	8,2	8,8	9,2	10,5

Fonte: Ministério de Finanças da Índia.

As receitas tributárias estaduais também representam uma parcela significativa da arrecadação tributária e do próprio financiamento dos gastos estaduais. Conforme podemos observar a partir da tabela 5.2, em 2005 elas representavam 6,1% do PIB, o que constituía quase 70% da arrecadação tributária estadual.

Ao analisar o déficit nominal do governo central observamos (tabela 5.3) que a maior parte é financiada por receitas de capital domésticas e apenas uma

---

[21] Disponível em: <http://indiabudget.nic.in/es2005-06/esmain.htm>.

pequena parte via poupança externa. Não houve mudanças significativas nessa relação nos últimos anos.

TABELA 5.2

Índia — receita e desembolsos dos governos estaduais (% do PIB)

	1990	2000	2001	2002	2003	2004	2005
Receita total	16	16,6	16,4	17,4	19,1	18,9	16,5
Receitas correntes	11,7	11,3	11,2	11,4	11,5	12,3	12,2
Receitas tributárias	7,8	8	7,9	8,1	8,2	8,6	8,6
Receitas tributárias estaduais	5,3	5,6	5,6	5,8	5,8	6	6,1
Receitas não-tributárias	3,8	3,3	3,3	3,3	3,2	3,7	3,5
Receita de capital	4,3	5,3	5,2	5,9	7,6	6,5	4,3

Fonte: Ministério de Finanças da Índia.

TABELA 5.3

Índia — gastos totais e formação de capital do governo central (% do PIB)

	1990	2000	2001	2002	2003	2004	2005
I. Gasto total	17,2	15,6	15,8	16,3	15,4	15,2	14,5
II. Formação bruta de capital (FBC) advinda dos recursos orçamentários do governo central	4,9	3,2	3,4	3,1	3	3,1	2,3
FBC do governo central	1,5	1,1	0,6	0,9	0,9	1	1
Assistência financeira para formação de capital no resto da economia	3,4	2,1	2,8	2,2	2,1	2,1	1,3
III. Poupança bruta do governo central	−1,8	−2,7	−3,3	−3,3	−2,6	−2,3	−2,1
Diferença (II − III)	6,8	5,9	6,7	6,5	5,6	5,3	4,4
Financiado por:							
Receitas de capital domésticas	4,1	5,5	6,5	6,8	6,2	4,2	4
Déficit orçamentário	2	−0,1	−0,1	0,1	−0,1	0,7	0,1
Poupança externa	0,7	0,4	0,3	−0,4	−0,4	0,4	0,4

Fonte: Ministério de Finanças da Índia.

O governo indiano não disponibiliza muitos detalhes sobre a composição dos gastos no nível do governo consolidado. No entanto, analisando exclusivamente o governo central, observamos que mais da metade das despesas se referem a pagamento de juros, subsídios e gastos com defesa. Infelizmente, não há a discriminação dos gastos referentes à parcela.

Segundo Rediff (2006), a Constituição indiana requer que o governo apresente ao Parlamento um relatório que mostre separadamente as receitas e despesas esperadas, tanto corrente quanto de capital. Do lado das despesas, estimativas iniciais são providas por vários ministérios. Existem dois componentes de despesa: planejada e não-planejada. As despesas planejadas são estimadas após discussões entre cada um dos ministérios responsáveis e a Comissão de Planejamento. Fora alocações referentes a programas iniciados em anos fiscais anteriores, a Comissão de Planejamento decide sobre novos programas que podem ser levados a cabo com base na estimativa ou nos recursos disponíveis para gastos planejados que são providos pelo Ministério da Fazenda. Gastos não-planejados dos vários ministérios são preparados pelas suas respectivas assessorias financeiras. Eles são enviados às suas secretarias de despesas que, depois de discussões exaustivas com os assessores financeiros, fazem uma avaliação de prioridades para o ano fiscal vindouro. Em um sentido, a avaliação dos gastos não-planejados é comparativamente simples. Quase 90% das despesas não-planejadas correspondem a pagamento de juros, subsídios (principalmente sobre comida e fertilizante) e pagamento de salários para os empregados. Paralelamente aos exercícios no lado da despesa, é feita uma avaliação e uma estimativa das receitas. Da mesma forma que as despesas, as receitas são de dois tipos: correntes e de capital.

Uma vez que esses exercícios tenham sido completados, as estimativas de despesas são comparadas às estimativas de receitas para chegar a uma primeira estimativa do quanto falta de receitas para atingir o nível de despesas projetado. A partir dessa estimativa, o governo determina o nível ótimo de empréstimo.

O nível de empréstimos externos é facilmente estimado porque uma boa parte desses empréstimos na conta do governo consiste de assistências bilaterais ou multilaterais já conhecidas no momento do exercício orçamentário.

O nível de empréstimos orçamentários domésticos depende parcialmente do nível desejado de déficit fiscal que o governo estabelece como meta. Ao longo dos últimos anos, o déficit orçamentário tem sido governado por um entendimento entre o Banco Central indiano e o Ministério da Fazenda sobre o nível máximo de títulos do Tesouro que devem ser emitidos durante um ano fiscal. O motivo para essa coordenação é garantir que a emissão de títulos para cobrir o déficit orçamentário não leve a problemas de natureza monetária.

Depois que as metas para os déficits fiscais e orçamentários tenham sido decididas pelo governo, qualquer déficit restante é preenchido por meio de uma revisão nas alíquotas tributárias, quando factíveis, e mudanças na estrutura de incentivos dos tributos para estimular o crescimento em diferentes setores. Ou seja, há margem para que haja mudanças em algumas alíquotas de forma a estreitar o déficit. Subseqüentes ajustes são feitos nas despesas para assegurar que as metas fiscais sejam atingidas.

Tais ajustes são costumeiramente feitos no lado das despesas planejadas. Com quase 90% das despesas não-planejadas sendo compostas por pagamentos de juros, subsídios etc. Em suma, as despesas não-planejadas do governo indiano são caracterizadas por um grau extraordinário de rigidez.

Inevitavelmente, despesas planejadas são determinadas residualmente após as despesas não-planejadas terem sido efetuadas.

A apresentação do orçamento para o ano fiscal (começando em 1º de abril) é usualmente feita no último dia útil de fevereiro. A análise detalhada das propostas pelo Parlamento e a passagem do orçamento não é geralmente completada até a segunda semana de maio, bem depois do início do ano fiscal.

Dado que as despesas não podem ser incorridas em um novo ano fiscal sem a aprovação parlamentar, o governo geralmente busca uma aprovação interina para atender despesas emergenciais que precisam ser incorridas até a aprovação do orçamento pendente. Esse mecanismo é chamado de *vote-on-account* e as sanções dadas pela passagem desse mecanismo são automaticamente canceladas, uma vez que o orçamento tenha sido aprovado pelo Parlamento.

Como descrito por Buiter e Patel (2005), o Fiscal Responsibility and Budget Management Act (FRBMA) aprovado em agosto de 2003, requeria que o déficit fiscal do governo central não excedesse 3% do PIB no ano fiscal de 2007/08 e o déficit da receita fosse eliminado na mesma data. A redução anual especificada foi de 0,5% anual para o primeiro e 0,3% para o segundo. O FRBMA sofre uma emenda em julho de 2004 deslocando o prazo final para 2008/09. Em fevereiro de 2004, o governo constituiu uma força-tarefa para desenvolver uma estratégia de implementação do FRBMA. As principais recomendações dessa força-tarefa repousaram sobre o lado das receitas, especificamente medidas para aumentar os impostos diretos em 2% do PIB e para aumentar a base tributária dos impostos indiretos, pela inclusão de uma maior gama de serviços.

Sob a estrutura política indiana, os estados são muito autônomos. Estender o arcabouço do FRBMA para os estados requer ação legislativa independente pelos estados. Em adição ao governo indiano, vários estados passaram leis de responsabilidade fiscal. A característica comum inclui a imposição de metas quantitativas e de prazo, planos fiscais plurianuais e relatórios regulares para as respectivas legislaturas acerca do progresso em relação às metas.

O planejamento dos gastos públicos na Índia esbarra em problemas ligados à legislação orçamentária que, nas palavras do Banco Mundial (2004:37-38), permite a geração de orçamentos irrealistas. Muitos projetos são incluídos sem o

200 AJUSTES FISCAIS

detalhamento da provisão de recursos e, não raro, acabam não se concretizando em conseqüência do caráter autorizativo do orçamento.

As receitas são recorrentemente superestimadas, provocando inúmeras distorções. Entre 1998-2003, os orçamentos indianos superestimaram as previsões de receitas em 8%, em média. Adicionalmente, a possibilidade de incluir projetos ao longo do período de vigência do orçamento tem gerado gastos suplementares que, em média, corresponderam a 5% dos gastos previamente determinados (Purfield, 2004:5). Fatos como esse conclamam revisões no processo orçamentário do país.

Bancos públicos, muitos deles estaduais, acabam acomodando essas distorções do planejamento orçamentário. Atualmente, tais atores respondem pela maior parte do financiamento público na Índia. Isso figura como outro ingrediente da indisciplina fiscal na Índia que fomenta profundas mudanças no país (Banco Mundial, 2004:59; FMI, 2005c:45-46).

Reformas na arrecadação dos tributos indiretos — a implementação do imposto por valor adicionado (IVA)

A exemplo do que ocorre com as questões que envolvem o gasto público, as questões relacionadas à tributação na Índia precisam ser pensadas dentro do contexto federalista. De forma bastante sintética, o governo central é responsável pela arrecadação dos tributos sobre a renda e a propriedade, sobre o comércio exterior e sobre o comércio de determinados produtos e em determinados fluxos. Cabe aos governos locais complementarem a arrecadação sobre o consumo, sendo essa a sua principal fonte de receitas. Tal como já fora mencionado, a arrecadação dos estados é responsável por aproximadamente 40% de toda a arrecadação indiana (Reserve Bank of India, 2006).

Ao longo dos últimos anos, a Índia ampliou sua arrecadação como proporção do PIB alavancada sobretudo pelo aumento na tributação direta (gráfico 5.8). As medidas que possibilitaram a ocorrência de tal fenômeno já foram resumidas. Todavia, a principal fonte de arrecadação do país permanece ligada aos impostos indiretos.

Assim como na maioria dos países, esse tipo de imposto ocupa lugar de destaque nas receitas públicas. O gráfico 5.8 mostra que, ao longo das últimas décadas, algo entre 10% e 14% do PIB do país foi arrecadado por meio desses tributos. Contudo, o sistema de arrecadação da Índia apresenta uma das mais complexas estruturas do mundo. A autonomia dos estados em formular seus próprios sistemas desenvolveu uma imbricada estrutura, sujeita a tributações em cascata, e uma ampla gama de tarifas, isenções e sobretaxas (FMI, 2005c:28-30).

A necessidade de simplificar esse sistema e corrigir suas distorções são alguns dos motivos que fomentaram o desenvolvimento de reformas no sistema de tributos indiretos. A consolidação de impostos por valor adicionado (IVA) constitui o mote da reforma, também implementada no âmbito dos estados desde o final da década de 1990. Os estados que já adotaram esse tipo de reforma têm conseguido eliminar a sobretaxa cobrada sobre os insumos e produtos, fazendo com que cada contribuinte recolha impostos que incidam apenas nas parcelas que ainda não foram taxadas. A introdução do IVA também possibilitou a eliminação de impostos sobre a rotação dos estoques entre as empresas (Banco Mundial, 2004:xv).

Aggarwal (2003 apud Banco Mundial, 2004:46) elaborou um resumo das principais características da reforma nos tributos indiretos proposta pelo governo central aos estados. Vale lembrar, contudo, que os últimos gozam de certa flexibilidade para alterar determinados pontos. As propostas principais incluem:

- ➤ duas alíquotas principais para o IVA — 4% e 20%. A tarifa de 4% se aplica a bens de consumo básicos, insumos e bens de capital. Aos derivados de petróleo são aplicadas alíquotas de 20%, enquanto às bebidas alcoólicas devem ser aplicadas alíquotas iguais ou superiores a essa;
- ➤ bens de capital podem ser depreciados em 36 meses;
- ➤ nenhum produto deverá ser isento de tributação;
- ➤ a tributação sobre tecidos, fumo e açúcar continua sob a égide do governo central, o que permite que tais produtos sejam isentos do IVA estadual;
- ➤ o comércio interestadual continua sendo taxado de acordo com o Central Sales Tax (CST). Abatimentos de tarifas podem ser aplicados a insumos usados para gerar produtos comercializados interestadualmente;
- ➤ estímulo às exportações de determinado produto pode alterar a tributação do mesmo;
- ➤ impostos sobre as importações permanecem sendo cobrados pelo governo central. O IVA estadual pode ser cobrado a partir da primeira venda após a importação;
- ➤ para minimizar a guerra fiscal, nenhum estado pode praticar tarifas abaixo do mínimo estabelecido pelo governo central;
- ➤ os estados que adotarem o IVA podem contar com ressarcimento das perdas de receitas nos três primeiros anos de vigência do mesmo. O governo central cobre 100% das perdas estimadas no primeiro ano, 75% das perdas no segundo

e 50% das perdas no terceiro. Tal medida tem a finalidade de possibilitar que os estados se adaptem gradativamente ao novo tipo de arrecadação.

A última iniciativa citada pode ser considerada vital para a ampliação do número de estados a adotarem o IVA, visto que o imposto sobre o consumo representa aproximadamente 60% da arrecadação estadual. A coordenação do governo central é importante para garantir uniformidade a esse tipo de cobrança. A complexidade do sistema atual afugenta os investimentos privados no país, além de abrir margem para a sonegação e a corrupção. Uma pesquisa realizada entre as indústrias indianas em 2002 revelou que 31% delas já haviam subornado agentes de fiscalização para que eles acobertassem irregularidades (Banco Mundial, 2004:42-46). Um sistema mais simplificado e uniforme poderia diminuir as brechas para a sonegação e facilitar a cooperação entre as diversas agências estaduais de fiscalização.

Outra reforma recente no sistema tributário indiano (2001) consistiu em uma emenda constitucional que permitiu que o setor de serviços passasse a ser taxado. Em termos práticos, tal medida ainda não foi totalmente instaurada. Todavia, já configura uma possibilidade de reverter a sobrecarga de tributação sobre o setor industrial, o principal arrecadador do país até o momento (Banco Mundial, 2004:48). O importante comércio de produtos agrícolas de pequenos agricultores, responsável por boa parte do abastecimento alimentar do país, permanece sem ser taxado.

A experiência internacional de adoção desse tipo de reforma, em geral, aponta para a redução na arrecadação nos primeiros anos de vigência. O fato de a Índia ter começado a implementá-la em 2002 sem registrar grandes oscilações na arrecadação de tributos indiretos (gráfico 5.9) pode ser avaliado como um êxito. Vale lembrar, contudo, que uma parte significativa dos estados ainda não substituiu seus sistemas de tributação pelo IVA, o que pode distorcer essa conclusão.

De acordo com o FMI (2006e), na Índia, a autoridade para cobrar impostos é dividida entre o governo central e os governos estaduais. O governo central estabelece impostos diretos como o imposto de renda pessoal e corporativo; impostos indiretos como os impostos seletivos (*excise duties*); impostos sobre serviços; e impostos sobre vendas em transações interestaduais. Estados cobram impostos de valor adicionado sobre bens, impostos sobre vendas estaduais e várias tarifas locais.

Desde 1991, a estrutura tributária tem sido substancialmente racionalizada. Mudanças no nível do governo central incluem a redução de tarifas alfandegárias e de impostos seletivos, diminuição de impostos de renda corporativos, extensão de uma forma de imposto de valor adicionado para algumas indústrias e ampliação da base tributária para alguns serviços. No nível estadual, a principal reforma foi a introdução em 2005 do imposto de valor adicionado em 24 estados e na União, após 10 anos de atraso.

As diretivas gerais para a reforma tributária foram reforçadas em 2004 no mapa do governo para a consecução das metas fiscais do FRBMA. Esse mapa propõe:

➤ medidas de impostos diretos incluem reduções adicionais nas alíquotas estatutárias. O mapa inclui entre outras coisas a redução da alíquota de imposto de renda corporativo para 30% e a eliminação de sobretaxas;
➤ a introdução do GST (imposto sobre bens e serviços) e reduções adicionais de impostos alfandegários constituem a base das propostas de reforma dos impostos indiretos. O GST substituiria os impostos existentes de valor adicionado, de vendas e serviços. As tarifas já têm caído e o governo planeja novas reduções para trazer as tarifas para o nível dos países da Association of Southeast Asian Nations (Asan).

Convém ressaltar que o GST não está em prática ainda e planeja-se a sua implementação somente a partir de 2010. A idéia é harmonizar uma série de impostos indiretos estaduais e federais, tanto de bens quanto de serviços, para se obter um imposto de valor adicionado unificado no nível federal.

A introdução recente do imposto sobre valor adicionado estadual é um importante passo em direção ao GST. Ao permitir plena integração de impostos de bens e serviços no nível nacional, o GST ajudaria a assegurar ganhos de eficiência econômica, com efeitos favoráveis sobre investimentos e exportações. Entretanto, o sucesso dessa diretiva depende da introdução do IVA nos estados remanescentes, da extinção do imposto sobre vendas e da obtenção de um acordo entre os estados para a divisão das receitas com o GST.

A atuação do governo central como agente responsável pela harmonização desse tipo de tributo pode ser entendida como decisiva para o êxito da reforma. A avaliação conclusiva dos impactos da reforma tributária sobre o ajuste fiscal da Índia demanda um prazo maior, visto que ela entrou em vigor há aproximadamente cinco anos, e ainda não pode ser considerada concluída. Porém, conforme advertem Alesina e Perotti (1996), a experiência internacional mostra que os casos de crescimento econômico assistidos a partir de ajustes fiscais baseados na revisão de receitas são muito mais raros que os casos baseados na revisão dos gastos.

O programa de privatizações

O Estado indiano exerce grande papel na provisão de serviços de massa no país. Além do setor energético, que responde pela maior parte da atuação estatal na Índia, os diferentes níveis de governos também atuam nos serviços de abastecimento de água (para irrigação e consumo doméstico), esgotamento sanitário, telecomunicações, entre outros.

A avaliação da atuação dessas empresas é extremamente complicada, dado o grande volume de subsídios que marca a economia da Índia, sobretudo no setor elétrico. A qualidade dos serviços ofertados é questionável e a população parece disposta a tolerar uma diminuição da qualidade em troca da manutenção dos preços subsidiados (Banco Mundial, 2004:xi).

O corte dos subsídios, principalmente nas áreas rurais, configura uma discussão política totalmente impopular. Recentemente, o governo até conseguiu lograr êxito na revisão dos subsídios para a energia elétrica dos consumidores urbanos. Entretanto, entre o influente grupo de fazendeiros, a renegociação dos subsídios rurais é matéria de difícil condução. O fato é que, num ambiente onde a política de determinação de preços é instável, o interesse privado em assumir a condução dos negócios é praticamente nulo.

No intuito de acelerar os projetos de privatizações no país foi criado, em dezembro de 1999, o Departamento de Desinvestimento. Tal instância, gerida pelo governo central, tem o papel de preparar as empresas e o ambiente econômico do país para a transferência de ativos do setor público para o setor privado. Argumenta-se que o Estado não tem capacidade de realizar os investimentos requeridos para a modernização e democratização dos serviços, que poderiam ser assumidos pela iniciativa privada (Índia, 2006).

Além disso, a propriedade pública dessas empresas as expõe a ineficiências que poderiam ser corrigidas pela propriedade privada. O alto grau de inadimplência tolerado pelas empresas públicas, por exemplo, possivelmente seria revertido pela gestão particular. Em tese, muitas empresas poderiam deixar de operar com prejuízos, potencializando a capacidade de investimentos do país.

O Departamento de Desinvestimento já avaliou 367 empresas públicas de 14 estados, iniciando programas de reestruturação em 289 delas. Os resultados não foram satisfatórios. Detectou-se que a maior parte das empresas não era candidata à privatização, dada sua baixa atratividade para o setor privado. Muitas foram fechadas após a verificação de que o saneamento de suas contas para o leilão seria muito oneroso. As primeiras tentativas geraram um desgaste político que desestimulou o prosseguimento do projeto (Banco Mundial, 2004:34).

Dois estados conseguiram concretizar a privatização das empresas distribuidoras de energia elétrica: Orissa, em 2000; e Delhi, em 2002. A melhora da qualidade dos serviços é mais clara no segundo estado ao passo que, no primeiro, os benefícios foram mais rarefeitos. Cabe salientar, contudo, que a privatização nessas unidades federativas foi facilitada pela baixa representatividade da agricultura na sua economia. Como já salientado, em estados onde o setor rural é mais pujante, as privatizações das empresas de energia elétrica são dificultadas pelo complexo sistema de subsídios ao setor agrícola.

Atualmente, as ações do governo no sentido de reduzir sua participação na economia estão voltadas para o aprimoramento do ambiente regulatório, ainda incipiente, e promotor de muitas incertezas para o setor privado. A política de subsídios apresenta traços perenes e, enquanto o poder público não torná-la estável, parece difícil contar com a inserção do setor privado na economia (Banco Mundial, 2004:36).

O sistema previdenciário

Os debates em torno da reforma do sistema previdenciário na Índia entraram na agenda política na década de 1990. Contudo, ao contrário da maioria dos países que lançaram reformas recentes, a Índia não tem sua reforma motivada pela revisão de benefícios considerados demasiadamente generosos, nem apresenta problemas graves relacionados à mudança da estrutura etária da população.

O estrato populacional com mais de 60 anos representa apenas 7% da população total do país, percentual que cai para 5% quando se considera a coorte com mais de 65 anos. A expectativa de vida ao nascer é de 64,4 anos em média (Gillingham e Kanda, 2001). Trata-se, pois, de um país relativamente jovem, sobretudo se comparado aos padrões europeus.

O principal propulsor da reforma na Índia tem conexão com a baixa cobertura do sistema previdenciário, que mantém boa parte da população sem assistência durante a velhice. Tal fato agrava os problemas relacionados à pobreza no país, o que torna a reforma ainda mais premente. Estima-se que a população economicamente ativa (PEA) da Índia seja composta por aproximadamente 400 milhões de pessoas. Dessas, apenas 35 milhões (aproximadamente 9%) possuem algum tipo de cobertura previdenciária sendo, em sua maioria, funcionários públicos que integram o grupo de maior renda do país (Gupta, 2002:1-3).

O limitado sistema previdenciário operava sob o regime de repartição (*pay-as-you-go*), que tende a se tornar deficitário ainda nesta década. Trabalhadores do chamado "setor não-organizado" — que inclui atividades não-reguladas por um estatuto ou provisão legal — até podem contar com um fundo suplementar público chamado de Public Provident Fund (PPF). A adesão ao mesmo é voluntária, embora conte com incentivos fiscais. Contudo, a precariedade dos contratos de trabalho dentro desse setor deixa os trabalhadores à beira da informalidade, o que torna mínima a abrangência do fundo em questão. Em 2001, ele contava com apenas 2,8 milhões de contas, o que equivale a menos de 1% da PEA (Gillingham e Kanda, 2001).

No entanto, conforme Dave (2006), a Índia fez importantes progressos no tocante a reformas previdenciárias de 1998-2005. Antes das reformas havia três componentes previdenciários principais:

➤ o Employee Provident Fund Organisation (EPFO) que era o sistema obrigatório para empresas privadas com mais de 20 funcionários. Esse fundo constituía-se de uma mistura de sistema de contribuição definida chamada Employee Provident Fund (EPF), e de um sistema de benefício definido chamado Employee Pension Scheme (EPS);
➤ a previdência de funcionários públicos se aplica a funcionários do governo e trata-se de um sistema de benefício definido não-financiado;
➤ o setor descoberto corresponde a cerca de 90% da mão-de-obra. O primeiro e mais importante objetivo das reformas a partir de 1998 foi diminuir o tamanho do setor descoberto.

A Índia está em um momento único na transição demográfica, onde um grande número de pessoas jovens está entrando na força de trabalho. Se esses indivíduos puderem ser colocados em um sistema previdenciário moderno, poderão acumular ativos para a velhice, e a Índia poderia evitar crises associadas ao envelhecimento populacional que têm sido verificadas em inúmeros outros países.

Além disso, existem problemas estruturais com o EPFO e com a previdência do funcionalismo público que precisam ser tratados. Supõe-se que o EPS seja baseado em contribuições e ativos, mas na realidade não possui fundo suficiente. Adicionalmente, a participação no EPFO por toda a vida não garante ao aposentado um fluxo de renda adequado e seguro. Em relação à despesa com a previdência de funcionários públicos, convém observar que está crescendo significativamente.

As reformas previdenciárias indianas começaram em 1998 dentro do projeto denominado Old Age Social and Income Security (Oasis) no âmbito do então

Ministério do Bem-estar. O objetivo do projeto era obter diretivas políticas implementáveis com as quais a grande massa do setor descoberto poderia ser assistida por um setor previdenciário formal e garantir uma existência digna na velhice para a parcela predominante da população.

Três decisões-chave foram tomadas. A primeira seria, ao contrário da pressão exercida por alguns setores, não voltar atrás em direção a um sistema de benefício definido. A segunda que dois problemas (setor público e setor descoberto) seriam fundidos em uma estrutura institucional única. Haveria apenas uma conta individual, sistema de contribuição definida. Ambos os grupos, novos funcionários públicos recrutados e o setor descoberto seriam alocados neste sistema único chamado New Pension System (NPS). Terceiro, o NPS seria regulado por um novo regulador independente chamado Pension Fund Regulatory and Development Authority (PFRDA).

A racionalidade para fundir os problemas relacionados ao funcionalismo público aos problemas do setor descoberto era baseada em duas idéias: promover economias de escala e promover um fluxo bidirecional no mercado de trabalho entre empregados do setor público e do setor privado. A lógica por trás de um regulador independente era baseada no reconhecimento de que as pensões formam um importante pilar das finanças indianas.

Entretanto, de janeiro de 2003 em diante, a implementação do NPS foi desapontadoramente lenta. Em agosto de 2003, com medidas administrativas, foi aprovada a criação de um PFRDA interino e também decidido colocar funcionários públicos contratados a partir do início de 2004 no NPS.

Um problema que se tornou logo evidente diz respeito à questão dos dados. Na medida em que começaram os trabalhos do PFRDA e do NPS, se tornou crescentemente claro que muito pouca coisa se sabia tanto a respeito do funcionalismo público quanto do setor descoberto na Índia. Por exemplo, não se possuía estimativa disponível sequer sobre o número de pensionistas no funcionalismo público. Apenas no final de 2004 iniciou-se um projeto de elaboração de uma pesquisa domiciliar nesse sentido chamada Indian Retirement, Earnings and Savings (Ires).

Em face de tal cenário, alguns projetos de reforma encontram-se em trâmite visando instaurar na Índia um sistema previdenciário de fato inclusivo. O declínio da população rural no país pode comprometer a estrutura de assistência familiar na velhice, configurando outra justificativa para as reformas. Elas, todavia, caminham a passos lentos e tentam estabelecer um sistema previdenciário misto, compos-

208   AJUSTES FISCAIS

to por um programa de adesão obrigatória e gestão pública e outro programa de adesão voluntária e gestão privada.

Nota-se, assim, um descolamento considerável entre o conteúdo da discussão da reforma previdenciária na Índia e no Brasil, sendo difícil estabelecer um intercâmbio de experiências em reformas tão distintas.

Tópicos adicionais

Gestão, orçamento e finanças públicas

Empresas estatais

As empresas estatais indianas foram criadas com base em uma economia mista, que foi implantada como forma de atingir uma industrialização rápida. O argumento básico é similar ao de outros países emergentes: o processo de industrialização foi fundamentado em setores altamente intensivos em capital com retornos de longo prazo. Como o setor privado desses países não tinha capital suficiente para investir nesses setores, a iniciativa estatal era obrigatória para fomentar o processo de industrialização. Nas décadas de 1970 e 1980, período da política de substituição de importações, foram criadas mais empresas estatais que nada tinham a ver com a política da economia mista. Até a década de 1990, as empresas estatais indianas se espalharam pelos mais diversos setores, desde aço, energia e bens de capital até a indústria de bens de consumo.

Nos últimos 10 anos, muitos setores foram abertos à iniciativa privada, restando, segundo Bajpai (2002), apenas seis indústrias ainda restritas ao setor público: armas e munição, energia atômica, óleo mineral, minérios atômicos e transporte ferroviário. No entanto, Bajpai ressalta que o setor público ainda era, em 2002, responsável por 25% do PIB indiano e por 31% dos investimentos em capital realizados no país.

Em 1991, o governo indiano lançou, como parte do pacote de reformas econômicas, a Nova Política Industrial (NPI), que continha uma série de diretrizes para o desenvolvimento econômico indiano e o futuro papel das empresas públicas nesse processo. A NPI visava o aumento das receitas e lucros das empresas estatais de modo a reduzir o déficit fiscal além do aumento na eficiência. Adicionalmente, a nova diretriz também tinha como meta incentivar a participação privada no capital das estatais.

As principais diretrizes da NPI foram:

- ➤ a abertura de um grande número de setores da economia ao setor privado;
- ➤ a criação de um programa de desinvestimento envolvendo a venda parcial das ações do governo nas empresas;
- ➤ a introdução em larga escala de um sistema de contrato de performance baseado em um memorando de entendimento;
- ➤ o envio das informações das empresas deficitárias, para o Conselho de Reconstrução Financeira e Industrial, para avaliação da possibilidade de reversão dos resultados ou do seu fechamento.

Segundo Ghuman (1999), as duas primeiras diretrizes foram implementadas com maior sucesso e escala enquanto as últimas duas foram pouco eficientes e tiveram suas finalidades desvirtuadas. O sistema de performance, criado para aumentar a autonomia das estatais em contrapartida das metas estipuladas nos contratos, teria sido utilizado apenas como mais uma ferramenta de controle nas mãos dos ministérios administrativos. Além disso, as metas estabelecidas eram pouco ambiciosas, gerando pouca melhora nos resultados. Já a avaliação das empresas deficitárias resultou apenas na criação de um fundo para proteger os funcionários das empresas em reestruturação.

Na segunda metade da década o governo indiano aprofundou as medidas iniciadas na NPI, com quatro iniciativas principais:

- ➤ aumento da autonomia das estatais de maior porte;
- ➤ a profissionalização do conselho administrativo das empresas;
- ➤ forte redução nas diretrizes governamentais a serem seguidas pelas empresas;
- ➤ a criação de uma comissão de desinvestimento.

O objetivo principal desse segundo pacote de medidas era dotar as empresas, de maior porte e potencial, de condições suficientes para competir no mercado nacional e internacional.

Por fim, no final da década de 1990, o governo indiano coloca a privatização como prioridade para complementar as medidas iniciadas em 1991. Além disso, promoveu o fechamento de empresas ineficientes e sem valor de mercado e iniciou um programa de demissão voluntária de empregados de empresas estatais deficitárias e pouco lucrativas.

Segundo o censo anual das empresas do setor público central, referente ao ano fiscal de 2005 e realizado pelo Departamento de Empresas Estatais ligado ao Ministério das Indústrias Pesadas e Empresas Públicas, 58 das 225 empresas

210   AJUSTES FISCAIS

consideradas tiveram prejuízo neste ano. O número de empresas deficitárias vem declinando desde o ano fiscal de 2000, quando atingiu 47% da amostra ou 110 empresas.

O resultado agregado das empresas do setor público central, após se manter estável entre 1997-2000, tem melhorado substancialmente. Entre 2000-05, o crescimento médio do lucro líquido agregado das empresas analisadas aumentou a uma taxa média de 35% ao ano.

TABELA 5.4

Índia — resultado das empresas estatais

Ano fiscal	Número de empresas	Lucro líquido (rúpias crores)*	Lucrativas	Deficitárias	Lucrativas (%)
1997	236	13.582	136	100	58
1998	235	13.203	128	107	54
1999	232	14.331	127	105	55
2000	234	15.653	124	110	53
2001	231	25.978	122	109	53
2002	226	32.344	121	105	54
2003	230	52.985	141	89	61
2004	227	64.963	148	79	65
2005	225	70.288	167	58	74

Fonte: Departamento de Empresas Estatais da Índia.

* Crores é uma unidade do sistema numérico indiano usado ainda em larga escala em países como Índia, Bangladesh, Maldivas, Paquistão e Sri Lanka. É uma medida amplamente utilizada nas estatísticas econômicas indianas. Um crore indiano = 10 milhões de rúpias.

Financiamento do déficit público

O principal instrumento de financiamento do déficit público na Índia são as emissões de títulos domésticos de curto prazo no mercado. Nos últimos cinco anos essas emissões (notas do Tesouro de um ano e *dated securities*) responderam, em média, por quase metade dos recursos captados pelo governo. No entanto, as fontes de financiamento que têm ganhado mais importância nesse período são os títulos especiais do governo central e dos estados comprados pelo fundo nacional das pequenas poupanças. Por sua vez, eles são constituídos pelo recolhimento de pequenas poupanças. Nos últimos anos a participação desse instrumento nas fontes de financiamento do déficit agregado passou de 19% em 1999/2000 para 33%, segundo estimativa revisada do Reserve Bank of India. O financiamento externo é quase irrelevante, tendo sido inclusive negativo em 2002/03 e 2003/04.

TABELA 5.5

Índia — fontes de financiamento (%)

	1999/2000	2000/01	2001/02	2002/03	2003/04	2004/05R	2005/06E	Média
Empréstimos no mercado	45	43	46	56	58	30	45	46
Pequenas poupanças	19	21	19	22	29	33	34	25
Fundos estaduais de providência	12	8	5	5	5	5	5	6
Déficit orçamentário	2	−2	1	−1	−2	10	0	1
Outros	21	27	26	23	16	17	13	20
Financiamento externo	1	4	2	−5	−6	4	4	0

R = revisão; E = estimado.

Arcabouço institucional e reformas

Perspectiva histórica

Segundo Panagariya (2004), durante a II Guerra Mundial foram implantados controles sobre todas as importações e exportações. Após a independência, em 1947, os controles sobre as importações foram reduzidos com uma ampliação intermitente da lista Licença Geral Aberta com o 1º Plano Qüinqüenal (1951-56) representando um período de liberalização progressiva. A crise cambial de 1956/57, no entanto, encerrou essa fase de liberalização e uma série de controles sobre as importações foi novamente imposta e mantida até 1966. Em junho desse ano, sobre forte pressão do Banco Mundial, a Índia desvalorizou a moeda de 4,7 rúpias/dólar pra 7,5 rúpias/dólar. A desvalorização de 57,5% foi acompanhada por alguma liberalização na concessão de licenças de importação e por cortes nas tarifas de importação e nos subsídios à exportação por ano. No entanto, em 1968, após forte reação doméstica à desvalorização, todas as iniciativas liberais foram revertidas e os controles sobre as importações aumentados.

Esse regime foi consolidado e fortalecido nos anos subseqüentes e se manteve mais ou menos intacto até o início de uma nova fase de liberalização no final da década de 1970. A severidade do controle sobre as importações pode ser verificada na redução da proporção da importação ex-petróleo e ex-cereais sobre o PIB de 7% em 1957/58 para cerca de 3% em 1975/76. Como a importação de bens de consumo havia sido banida, os maiores responsáveis por esse declínio foram as importações de máquinas, matéria-prima e componentes, o que afetou os padrões de industrialização e eficiência da economia indiana e também a sua competitivi-

212 AjUSTES FISCAIS

dade no mercado internacional. Não obstante o fato de que a política de substituição de importações tenha resultado numa estrutura industrial diversificada, muitas indústrias apresentavam altos custos de produção e atraso tecnológico.

Em 1976, entretanto, a obsolescência do estoque de capital e o atraso tecnológico de muitas indústrias eram visíveis. Como conseqüência, os industriais, com o intuito de exercer pressão sobre o governo, constituíram um *lobby* doméstico em favor da liberalização das importações. Além disso, a melhoria no desempenho das exportações e o aumento na remessa de recursos por parte de trabalhadores indianos residentes no Oriente Médio resultaram na acumulação de um nível confortável de reservas de moeda estrangeira. Essas reservas geraram uma confiança adicional aos formuladores de política na medida em que reduziam a probabilidade de uma crise no balanço de pagamentos.

Reformas microeconômicas da década de 1980

As reformas econômicas implementadas durante a década de 1980, embora tenham ocorrido sem alardes, foram abrangentes e criaram as condições necessárias para o lançamento do plano econômico de 1991. A maior parte das mudanças ocorreu no período de 1985-88, mas o processo continuou a avançar nos anos seguintes. A taxa de crescimento do PIB indiano atingiu o pico de 7,6% no período 1988-90 para 1990/1991 e as exportações, que haviam crescido apenas 1,2% no período 1980-85, registraram um crescimento de 14,4% no período 1985-90.

Os principais objetivos das reformas ocorridas na década de 1980 foram: ampliar as importações de bens de capital e material (necessários para modernizar e ampliar o parque industrial indiano), ampliar as exportações e reduzir o controle estatal sobre o ambiente empresarial. Primeiro, a lista de bens sem restrição a importação foi ampliada consistentemente ao longo da década. Além disso, pela primeira vez, bens intermediários também foram incluídos na lista. Segundo Panagariya, o número de bens de capital incluídos na lista passou de 79 em 1976 para 1.170 em abril de 1988 e 1.329 em abril de 1990. Já o número de bens intermediários incluídos teria superado a casa dos 600. A inclusão de um bem na lista normalmente era acompanhada de redução tarifária sobre o mesmo. Em sua grande maioria, os itens acrescidos à lista foram máquinas e matérias-primas para os quais não havia substitutos contribuindo sobremaneira para o aumento da produtividade.

Outro item das reformas foi a redução nas importações "canalizadas". A "canalização" se refere aos direitos de monopólio do governo sobre a importação de certos itens. Segundo Panagariya, entre 1980/81 e 1986/87, a fatia dessas importações sobre as importações totais caiu de 67% para 27%. Essa mudança ampliou o leque de possibilidades de importação de máquinas e matérias-primas pelos empresários.

Outro setor contemplado nas reformas foi o exportador onde vários incentivos foram introduzidos ou ampliados principalmente a partir de 1985, o que ajudou a aumentar as importações, seja diretamente nos casos em que as importações estavam condicionadas à exportação, seja indiretamente pela redução da pressão sobre o mercado de câmbio. Licenças de reabastecimento eram dadas aos exportadores e permitiam ao portador importar bens da categoria restritos, ou seja, aqueles que se encontravam fora da Lista Geral Aberta ou canalizados. Embora houvesse limites à importação dos que competiam com os nacionais, à medida que as exportações aumentavam, a importação dos mesmos também aumentava — o que ocorreu durante o período 1985-90.

Além disso, um importante item das reformas foi a diminuição das imposições sobre o setor privado com a diminuição da regulação e do universo de licenças exigidas. Até então o governo regulava todos os setores sendo obrigatória a licença para abertura de empresas com capital acima de determinados montantes. Tradicionalmente, o sistema de licenciamento industrial se aplicava a todas as firmas com capital acima de 3,5 milhões de rúpias e os limites dependiam da localização da planta. Além disso, havia 27 indústrias principais que eram sujeitas ao licenciamento, não importando o seu tamanho ou localização.

Reforma institucional

De acordo com Kodwani (2006), a Índia vem tentando resolver o problema dos seus desequilíbrios fiscais com a reforma das instituições orçamentárias. Depois de uma discussão de três anos, a Lei de Responsabilidade Fiscal e Gestão Orçamentária (LRFGO) foi aprovada em 2003. O seu objetivo principal é restaurar a sustentabilidade fiscal pela determinação de metas de médio prazo para guiar a política fiscal. As metas embutem um arcabouço que coloca ênfase crescente na transparência. A legislação na Índia, embora baseada nas experiências de países como a Nova Zelândia, tem aspectos específicos. Um deles é que embora os estados representem metade do déficit governamental, a nova legislação só determina metas para o governo central.

A LRFGO de 2003 determinava que o governo central eliminasse o seu déficit corrente fiscal até março de 2008, apesar da emenda proposta ao orçamento de 2004/05 para estender o prazo até março de 2009. A LRFGO objetiva eliminar o déficit de receitas e reduzir o déficit fiscal para 3% do PIB em 2009. Leis similares têm sido aprovadas pela maioria dos governos estaduais. Dessa forma a responsabilidade fiscal se tornou recentemente parte dos compromissos legislativos. A regra do déficit corrente balanceado permite efetivamente que o governo incorra em déficits para financiar o investimento. Hausman e Purfield (2004) ponderam que, embora esse critério evite que o ajuste seja feito com base no contingenciamento dos investimentos do governo, a falta de uma regra que obrigue o governo a fazer retiradas sobre o investimento, aliada à classificação oportunista de gastos correntes como se fossem investimentos, pode resultar na manutenção do nível geral de gastos e dos déficits. Para reduzir esse risco, a meta de médio prazo é sustentada por regras complementares que determinam um ajuste mínimo anual do déficit corrente de 0,5% do PIB e do déficit total de 0,3% de maneira que o déficit total não seja superior a 3% do PIB em 2008.

Para garantir a qualidade e a durabilidade do ajuste, a legislação sobre responsabilidade fiscal explicita os procedimentos contábeis adotados na meta de ajuste fiscal. Na Índia os procedimentos contábeis que são utilizados na lei foram delegados às regras de suporte. Elas requerem que o governo informe ao parlamento as mudanças significantes nos padrões contábeis.

Não há na Índia penalidades explícitas, embora as regras de 2003 determinem que o ministro das Finanças proponha ao Parlamento medidas corretivas no decorrer da execução orçamentária no caso em que haja uma queda de 40% nas receitas em relação ao estimado no orçamento ou no caso em que os déficits corrente ou fiscal sejam 45% superiores ao previsto. Entretanto, brechas nas metas de médio prazo são permitidas em caso de desastres naturais, segurança ou outras circunstâncias especificadas pelo Parlamento.

A LRFGO de 2003 busca dar mais transparência e complementa os procedimentos constitucionais existentes para a elaboração do orçamento. O sistema orçamentário indiano tem sido tradicionalmente hierarquizado, tendo o ministro das Finanças como protagonista. Na teoria, uma vez que o orçamento é enviado, o Congresso pode reduzir ou rejeitar propostas específicas de despesas, mas tem poucos poderes para modificar o tamanho do déficit orçamentário.

Apesar de manter os poderes hierárquicos do ministro das Finanças e do Executivo, a LRFGO impõe maiores obrigações quanto à transparência. O Executivo, após a mesma, deve submeter ao Parlamento documentação adicional apoiando o orçamento, incluindo um relatório sobre a política fiscal de médio prazo discorrendo sobre a sustentabilidade do déficit e da dívida, outro relatório sobre a estratégia de política fiscal conjuntamente com os indicadores fiscais para o ano em questão e ainda um relatório sobre a conjuntura macroeconômica.

Marco regulatório e agências reguladoras

As reformas econômicas de 1991 envolveram uma mudança estrutural na estratégia de desenvolvimento da Índia. A estratégia anterior adotada era baseada predominantemente no planejamento central da economia e dos investimentos públicos efetuados pelas empresas estatais aliado aos controles discricionários sobre os investimentos privados. As reformas econômicas de 1991 tinham como objetivo colocar a economia num rumo de crescimento rápido e sustentável com uma maior participação na divisão internacional do trabalho e nos movimentos de capital privado e uma maior dependência da iniciativa privada e dos mercados de capitais.

Nesse contexto, as indústrias de infra-estrutura, como as de telecomunicações e eletricidade, foram reestruturadas e abertas para a iniciativa privada. Simultaneamente ao processo de reestruturação e privatização, foram criadas agências regulatórias independentes para os setores de telecomunicações e eletricidade. No entanto, Kodwani (2006) ressalta que enquanto existe apenas uma agência regulatória no setor de telecomunicações (Autoridade Regulatória de Telecomunicações da Índia), no setor elétrico há um sistema de agências regulatórias em nível central e estadual. Além da Comissão Central de Regulamentação do Setor Elétrico, existem ainda 18 outras comissões estaduais de regulamentação do setor elétrico criadas pelo poder local (estadual) para regular os mercados de energia elétrica, fomentar a competição e o investimento privado. Essa estrutura é conseqüência da natureza federativa do governo na Índia e porque a constituição indiana coloca o setor elétrico na chamada Lista Concorrente, que significa que tanto o governo federal quanto os governos estaduais estão autorizados a legislar sobre o setor elétrico (exceto sobre a energia nuclear, de competência exclusiva do governo federal).

A legislação recente que norteou a reestruturação e regulamentação da indústria de energia elétrica na Índia foi o Eletricity Regulatory Comission Act em 1998, que mais tarde foi revogado e substituído pelo Eletricity Act em 2003. A Comissão Central de Regulamentação do Setor Elétrico foi criada em 1998 com os objetivos de fiscalizar o desenvolvimento dos mercados de energia elétrica em nível nacional e de liderar o desenvolvimento de um arcabouço legal para ser seguido pelos estados.

216　Ajustes fiscais

As comissões estaduais de regulação do setor elétrico foram criadas após a aprovação de cada legislação sobre o assunto. Segundo Kodwani (2006), a estrutura e as funções dessas comissões são similares em todos os estados. No entanto, Kodwani (ibid.) ressalta que o governo central continua a orientar todo o desenvolvimento da indústria e sua regulamentação através da Política Nacional do Setor Elétrico.

As últimas diretrizes políticas para o setor elétrico foram emitidas pelo governo em 2005 e tinham como metas principais: acesso à eletricidade para todas as residências até 2010; disponibilidade de energia para atender integralmente à demanda até 2012; e reestruturação financeira do setor.

Segundo Kodwani (2006), para conseguir atingir essas metas são necessários investimentos em todos os segmentos do setor elétrico. Kodwani ressalta que, embora a maioria da empresas estatais de energia já tenha segregado os serviços em geração, transmissão e distribuição, o investimento privado ainda é incipiente.

No setor de telefonia, o marco regulatório inicial foi a Política Nacional de Telecomunicações sancionada em 1994. Os principais objetivos da legislação foram:

➤ a universalização dos serviços básicos de telefonia a preços razoáveis;
➤ a disponibilização imediata de linha telefônica assim que demandado;
➤ promoção da maior gama possível de serviços com qualidade internacional de forma a atender às demandas dos consumidores a preços razoáveis;
➤ desenvolvimento de uma indústria de fabricação de equipamentos de telecomunicação para atender à demanda interna e às exportações;
➤ proteção dos interesses nacionais em questões de segurança e defesa.

A incapacidade do governo de atender aos objetivos da Política Nacional de Telecomunicações e as constantes mudanças tecnológicas levaram à promulgação da Nova Política de Telecomunicações em 1999. O novo plano tinha como diretrizes principais, além da universalização dos serviços e a proteção dos interesses nacionais já presentes na regulamentação anterior:

➤ esforço para promover eqüitativamente a universalização dos serviços a todas as áreas, inclusive as rurais, e os serviços de alta tecnologia capazes de atender às necessidades do país;
➤ estimular o desenvolvimento de infra-estrutura de telecomunicações em áreas remotas, montanhosas e tribais;
➤ criar uma moderna infra-estrutura considerando a convergência entre a tecnologia da informação, a mídia, a telefonia e os bens de consumo eletrônicos

impulsionando a Índia à condição de superpotência da tecnologia da informação;

► transformar no tempo necessário o setor de telecomunicações em um ambiente altamente competitivo, tanto nas áreas urbanas quanto nas áreas rurais, promovendo oportunidades iguais entre os concorrentes;

► estimular a pesquisa e o desenvolvimento dentro do setor de maneira a desenvolver infra-estrutura de classe mundial;

► melhorar a governança no setor buscando a eficiência e a transparência;

► transformar as companhias indianas locais em competidores globais.

Além das diretrizes principais, a nova regulamentação também definiu metas específicas para o setor como: tornar as linhas telefônicas imediatamente disponíveis, ou seja, sem fila de espera, até 2002; estimular a telefonia em áreas rurais com tarifas subsidiadas e a obrigatoriedade de atendimento desses consumidores por todos os provedores de telefonia fixa; atingir a cobertura completa de todas as cidades do país até 2002; prover acesso à internet a todas as sedes de poder distritais; e prover capacidade multimídia e serviço de transmissão de dados em alta velocidade para todas as cidades acima de determinado tamanho.

Com o rápido desenvolvimento de novas tecnologias, o governo indiano sancionou a Broadband Policy em 2004, que veio a detalhar e estruturar alguns objetivos para o desenvolvimento da internet na Índia. Os segmentos atingidos por essa regulamentação foram: fibra óptica, linhas digitais (DSL), rede de TV a cabo, mídia por satélite e tecnologias de telefonia sem fio terrestre. Assim como a Nova Política de Telecomunicações, a Broadband Policy também continha metas específicas para os segmentos abrangidos, tais como número de assinantes de serviços de internet e de assinantes de serviços de banda larga.

Mudanças institucionais e ajuste fiscal

Conforme Mohan (2006), várias reformas foram conduzidas nos últimos 15 anos e, direta ou indiretamente, influenciaram as iniciativas de ajuste fiscal. Podemos dividi-las em reformas macroeconômicas e microeconômicas.

No âmbito do ajuste fiscal, destaca-se entre as reformas macroeconômicas a reforma no sistema fiscal. O sistema tributário era extremamente complexo na Índia. A alíquota marginal de imposto de renda era alta e havia um grande número de alíquotas para diferentes intervalos de renda. A alíquota de imposto corporativo também era alta. Conseqüentemente, o código tributário era repleto de provisões especiais para isenção de diferentes tipos de renda e o código tributário corporativo possuía inúmeras exceções e incentivos. Em função das altas taxas e da complexidade a evasão era naturalmente alta.

Da mesma forma, no caso de impostos indiretos, havia grande número de impostos domésticos e tarifas aduaneiras com uma miríade de alíquotas para diferentes *commodities*. Novamente, isso implicou um grande espectro de provisões específicas e isenções para diferentes tipos de produtores e usuários finais, levando à grande complexidade administrativa.

Outro importante desenvolvimento do sistema tributário consiste na transformação dos impostos sobre vendas a nível estadual em impostos sobre valor adicionado (IVA), que introduziu uma grande dose de racionalidade e uniformidade no sistema tributário estadual. Uma característica vital deste processo tem sido o processo consultivo entre todos os estados mediado pelo governo central, que resultou no consenso para a reforma ampla.

Convém ressaltar as importantes reformas microeconômicas. Em maior ou menor medida a desregulamentação da indústria, o desenvolvimento da infra-estrutura e o fortalecimento do setor financeiro possuíram relevância direta ou indireta para o ajuste fiscal.

A desregulamentação maciça do setor industrial constituiu julho de 1991 no primeiro pacote importante de reformas. O sistema obsoleto de licenciamento de capacidade industrial foi interrompido, as restrições legislativas então existentes para a expansão de grandes companhias foram removidas, programas de incentivo à manufatura foram extintos e a reserva de várias indústrias básicas para o investimento exclusivo do setor público foi encerrada. Ao mesmo tempo, restrições que existiam referentes à importação de produtos de alta tecnologia foram retiradas e um novo regime mais favorável ao investimento estrangeiro direto foi introduzido.

Com a reforma maciça introduzida de uma só vez em 1991, as condições estavam dadas para um arcabouço de políticas públicas que encorajaram novas entradas, introduziram nova competição, tanto doméstica quanto estrangeira, que por sua vez estimularam um aumento de eficiência na indústria durante um período de tempo.

Várias medidas relacionadas ao desenvolvimento da infra-estrutura foram iniciadas desde 1996. Muitas dessas reformas emanaram das recomendações contidas no Relatório de Infra-estrutura da Índia de meados dos anos 1990. Houve, seguindo tendência global, a liberalização do marco regulatório de vários setores. Entre exemplos de reformas constam o caso do setor de telecomunicações com a desregulamentação, introdução do setor privado e a formação da autoridade regulatória (Trai). Em relação ao setor rodoviário, as principais reformas foram a imposição de tarifas sobre o consumo de combustível para financiar a construção de auto-estradas e a consecução do Projeto Nacional de Desenvolvimento de Auto-estradas. Operadores portuários privados foram introduzidos. No setor de aviação civil, novas companhias aéreas privadas, novos aeroportos privados e a abertura de políticas relacionadas ao espaço aéreo estão em evidência. Em todos esses casos a resposta tem sido bem-sucedida.

Em outros setores de infra-estrutura, a experiência das reformas tem sido ambígua. No setor de energia, onde os primeiros esforços de reforma foram feitos no início dos anos 1990, ainda há sérios problemas que restringem a sua expansão. Uma lei de eletricidade moderna foi decretada objetivando encorajar a entrada do setor privado, aumentar a competição e racionalizar a regulação. Entretanto, apesar da formação de uma autoridade regulatória central e outras nas esferas estaduais, a implementação da reforma tarifária tem sido bastante difícil. Companhias estaduais de energia continuam a sofrer prejuízos que vêm tanto do estabelecimento de tarifas inadequadas quanto de perdas excessivas de transmissão e distribuição. Conseqüentemente, a expansão dos investimentos do setor privado em geração de energia tem ficado bastante restrita. Apesar de a lei permitir a participação do setor privado na distribuição, tem sido muito difícil privatizar os sistemas de distribuição. Em relação ao setor ferroviário, apesar da melhora no financiamento das ferrovias nos últimos anos, existe ainda a necessidade de grandes reformas estruturais para que esse sistema de transporte cumpra as necessidades da almejada trajetória de crescimento indiana.

Em relação ao setor financeiro, o principal elemento de reforma do setor foi a introdução de medidas que aumentassem a competição. A introdução de autonomia operacional e desinvestimento parcial nos bancos do setor público, a entrada de novos bancos privados e estrangeiros e a permissão para investimentos estrangeiros diretos no setor bancário são algumas das principais reformas nessa área. A listagem da maioria desses bancos em bolsa é também uma importante medida. O conjunto dessas medidas tem sido extremamente importante para a orientação a mercado desses bancos e para a transparência em suas contabilidades e operações. O processo gradual de reforma no setor bancário tem contribuído significativamente para a melhora na saúde financeira do sistema bancário.

O mercado de capitais também foi reavivado tanto com reformas institucionais quanto com o desenvolvimento do financiamento de infra-estrutura. Foi criado um regulador para o mercado de capitais indiano, uma nova bolsa de valores orientada à tecnologia foi criada (National Stock Exchange — NSE), fundos mútuos do setor privado foram permitidos e encorajados e a figura do controlador de assuntos de capital (CCI,em inglês), que controlava a emissão de ativos financeiros e administrava os seus preços, foi abolida. A área que ainda exige considerável atenção diz respeito ao desenvolvimento do mercado de títulos corporativos.

Entretanto, para atingir os objetivos do FRBMA e garantir um aumento no patamar do crescimento real do PIB para em torno de 8%, outras reformas devem ser perseguidas. Conforme FMI (2006d), o governo deve buscar aumento de receitas com a expansão da base tributária (remoção rápida de isenções e implementação de um imposto de bens e serviços nacional — GST); aumento da eficiência nos gastos, via a publicação efetiva de um orçamento orientado a resultados; reestruturação das despesas com relação aos subsídios e contenção do aumento da folha de pagamento salarial com vistas a abrir espaço para gastos essenciais com a área social e infra-estrutura; aprimoramentos paramétricos na previdência social para funcionários públicos anterior a 2004, fundamentada em um sistema de benefício definido; e, por último, aumentar a atratividade dos investimentos no setor elétrico para que a geração de energia deixe de ser um impedimento para um aumento na trajetória de crescimento.

Considerações finais

Aspectos gerais do ajuste fiscal na Índia

Desde o final da década de 1990, o governo indiano vem implementando medidas que tentam reverter as vulnerabilidades fiscais demonstradas pelo país. Após experimentar uma crise em seu balanço de pagamentos no início dessa década, a economia indiana passou a registrar um crescente déficit público que elevou a relação dívida/PIB do país a patamares superiores a 80% nos anos recentes.

O país não apresenta registros de superávits primários para tentar amortizar a dívida, ao contrário de outros países em situação semelhante. O déficit primário também não demonstrou oscilações anuais consideráveis ao longo das últimas décadas, o que dificulta o diagnóstico de episódios de ajuste fiscal.

Entre 1991/92 houve uma redução mais expressiva no déficit primário que se insere, porém, num contexto de crise econômica. Investimentos públicos foram cortados em meio a um cenário de queda na taxa de crescimento do PIB, aumento na taxa de inflação e redução na arrecadação. Diante de tais fatores, torna-se insustentável o argumento de que o início da década de 1990 tenha representado um genuíno episódio de ajuste fiscal na Índia.

Novas reduções no déficit primário puderam ser percebidas desde o ano de 2002. Ainda que não se trate de aprimoramentos fiscais expressivos, pode-se dizer que tais reduções têm relação com as reformas econômicas recentemente engendradas no país. Em grande medida, essas reformas estão associadas a políticas de aumento de receitas e não a políticas de redução dos gastos. O governo indiano promoveu algumas reformas nos impostos sobre a renda de pessoas físicas e jurídicas, reduzindo as suas alíquotas em troca de um alargamento da base tributária. Tal medida teve fundamentação no argumento de que a distribuição da renda no país não é tão desigual a ponto de justificar uma tributação diferenciada para a população que se encontra nos decis intermediários de renda.

Outra reforma em curso prevê a revisão dos impostos indiretos. O governo central e alguns estados já passaram a tributar o consumo por meio de um imposto por valor adicionado (IVA), que ainda não se disseminou por todo o país. Acredita-se que no médio prazo tal reforma possa fomentar os investimentos privados na economia, extinguindo as cobranças em cascata. Além disso, o novo sistema tem a virtude de tornar a estrutura tributária da Índia menos complexa, facilitando a fiscalização e o combate à sonegação.

Do lado dos gastos, o governo tenta expandir a Lei de Responsabilidade Fiscal (LRF) para todas as unidades federativas como uma tentativa de disciplinar os gastos públicos nessas esferas, que aumentaram sensivelmente nos últimos anos. Desde a última década, os estados têm apresentado dificuldades em cobrir suas despesas, recorrendo a empréstimos de forma desordenada, o que contribui para o agravamento do déficit público do país. As LRFs são aprovadas no âmbito dos estados, o que dificulta um controle central dos gastos e abre margem para a possibilidade de coexistência de legislações de diferente teor.

Além de se estender para um maior número de estados, a LRF carece de maior rigor na fiscalização de seu cumprimento, o que passa por uma revisão das diretrizes orçamentárias do país. O orçamento, autorizativo, está sujeito à superestimação de receitas, possibilitando gastos desordenados que fomentam empréstimos posteriores.

Na disciplina fiscal, o governo central também pode fazer valer o seu poder de limitar os empréstimos de governos subnacionais e de outorgar garantias para os estados de melhor desempenho fiscal. Elas poderiam facilitar o crédito para estados mais disciplinados, corrigindo, em parte, o controvertido sistema de incentivos dos empréstimos públicos concedidos na Índia.

222 AJUSTES FISCAIS

Um maior controle do endividamento poderia reverter a escalada da relação dívida/PIB no país, reduzindo as despesas com os juros, que subiram abruptamente nos últimos anos e comprometeram os investimentos sociais e em infraestrutura. O Estado tenta rever a composição dos gastos públicos, tentando viabilizar também a transferência de ativos para o setor privado que, em tese, poderia melhorar a qualidade dos serviços públicos ofertados, viabilizando também a ampliação dos investimentos estruturais.

As privatizações esbarram, contudo, na falta de interesse do setor privado de assumir o controle de diversas empresas estatais que, em muitos casos, apresentam sérias dificuldades financeiras. A falta de um marco regulatório maduro e a instabilidade do sistema de formação de preços — influenciado pela ampla política de subsídios —, também contribuem para o emperramento do processo de privatização, que não conta com o apoio popular.

Comparações com o Brasil

Sobretudo nos últimos anos, a Índia tem experimentado altas taxas de crescimento econômico. Contudo, a degradação dos indicadores fiscais observada recentemente não permite argumentar que as altas taxas de crescimento do PIB foram motivadas por um ajuste fiscal engendrado pelo país. Além do mais, a maior parte das reformas relacionadas a um possível ajuste encontra-se em curso, o que impede uma avaliação definitiva das mesmas.

Em grande medida, o crescimento econômico indiano pode estar associado às mudanças na estrutura produtiva do país. Se, na década de 1950, a agricultura respondia por aproximadamente 55% do PIB indiano, atualmente sua participação equivale a 20%. Em contrapartida, a indústria ampliou sua participação de 19% para 26% do PIB entre 1950 e os anos atuais, enquanto a participação do setor de serviços no PIB passou de 28% para 54% no mesmo período (Rodrik e Subramanian, 2004). Tal mudança na estrutura produtiva tem conferido ganhos de produtividade na economia indiana, especialmente na produtividade do trabalho.

A evolução dos investimentos na economia indiana sinaliza que a participação da agricultura no PIB deverá permanecer em queda pelos próximos anos, abrindo margem para novos ganhos de produtividade. Os investimentos privados no país compensam, em parte, a queda do investimento público. Um exemplo notório é o investimento, inclusive externo, no setor de *call centers* que se proliferou na Índia ao longo dos últimos anos.

O gráfico 5.11 compara a formação bruta de capital fixo (FBCF) do Brasil e da Índia ao longo das últimas décadas. Após superar a Índia em alguns anos da década de 1980, o Brasil jamais superou a FBCF daquele país desde o início da década de 1990 e, nos últimos anos, a Índia aparece com uma FBCF superior à brasileira em pelo menos 5% do PIB. Tal variável contribui para o entendimento da diferença no desempenho recente dos dois países no que tange ao crescimento econômico.

GRÁFICO 5.11

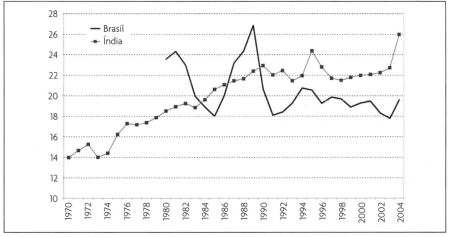

Fonte: FMI/International Financial Statistics.

Ainda que não raras vezes Brasil e Índia sejam equiparados como países emergentes, pode-se dizer que se trata de economias bastante distintas, e em estágios de desenvolvimento econômico diferentes. Além dos indicadores fiscais aqui apresentados, outros indicadores podem ilustrar as diferenças entre os dois países. As Nações Unidas apontam que, em 2005, enquanto o Brasil dispunha de uma renda *per capita* anual de US$8,049, a renda *per capita* indiana era de US$3,019. O Índice de Desenvolvimento Humano (IDH) dos dois países também apresentava discrepâncias: 0,792 para o Brasil e 0,611 para a Índia.

Enquadrar os dois países em programas de ajuste fiscal semelhantes também poderia ser precipitado. No passado recente, ambos adotaram estratégias de ampliação de receitas como uma saída para o aprimoramento fiscal, fato que não caracteriza os episódios de ajuste fiscal de maior êxito da literatura internacional (Alesina e Perotti, 1996). Contudo, enquanto a Índia apresenta uma carga tributária inferior a 20% do PIB, o Brasil conta com uma arrecadação que já ultrapassa os 35% do mesmo. Nesse contexto, é possível assinalar que a Índia possui uma maior margem de manobra para engendrar reformas que aumentem a carga de tributos sobre a população, opção aparentemente inviável para o Brasil.

Entretanto, as medidas recentes adotadas pela Índia podem apontar alternativas interessantes para o Brasil. No âmbito dos tributos diretos, por exemplo, o país conseguiu ampliar a arrecadação do imposto de renda das pessoas físicas e jurídicas mesmo com a redução de alíquotas. Tal evidência sinaliza que um sistema tributário mais simples e menos oneroso pode facilitar o combate à sonegação e aumentar a base tributária, possibilidade que merecia ser estudada no Brasil.

As demoradas negociações para a implementação do imposto por valor adicionado (IVA) na Índia demonstram que o grau de dificuldade para se implementar uma reforma tributária não é alto apenas no Brasil. Um esforço adotado por aquele país e que poderia servir de fomento para a discussão da reforma tributária no Brasil é a adoção de um patamar mínimo de imposto sobre o consumo em todas as unidades federativas. Se o combate à guerra fiscal de fato se configurar como uma prioridade no país, medidas como essa precisam constar da pauta da reforma. Ao repor as perdas dos estados nos primeiros anos de vigência do novo imposto, a Índia também assinala para a importância do governo central no sentido de garantir o envolvimento das diversas esferas subnacionais na reforma.

Nos temas relacionados à reforma da previdência e ao controle do endividamento dos estados, a Índia apresenta dificuldades semelhantes às assistidas no Brasil. No caso do controle do endividamento, em específico, ambos os países possuem legislações que conferem ao governo central a capacidade de vetar novos empréstimos para estados já muito endividados, uma possibilidade que, na prática, não tem sido vivenciada. Tal fato constitui um exemplo indiscutível de dificuldade política a ser superada rumo à concretização de um ajuste fiscal efetivo.

Anexo

Tabela 5.6

Índia — indicadores macroeconômicos (1983-2005 — % do PIB)

Indicador	1983	1984	1985	1986	1987	1988	1989	1990	1991	1992
Resultado primário	−3,44	−4,76	−6,17	−4,87	−6,47	−5,48	−4,61	−4,65	−5,03	−2,27
Receita governo geral	18,50	17,80	18,40	19,40	20,30	20,00	19,60	20,20	18,60	19,50
Receita tributária	14,42	14,22	14,57	15,45	15,88	16,09	15,87	15,93	15,40	15,72
Impostos diretos	2,54	2,43	2,39	2,51	2,53	2,43	2,66	2,67	2,51	2,92
Impostos indiretos	11,88	11,78	12,18	12,95	13,35	13,65	13,21	13,26	12,89	12,80
Gastos governo geral	16,19	16,29	17,45	18,23	19,31	19,24	18,63	19,16	18,40	18,11
Estoque da dívida	51,96	50,63	54,11	57,28	62,10	63,76	62,66	63,80	64,42	63,70
Conta corrente									−3,1	−0,3

Indicador	1993	1994	1995	1996	1997	1998	1999	2000	2001	2002	2003	2004	2005
Resultado primário	−2,13	−3,25	−1,91	−1,57	−1,25	−2,13	−3,67	−3,84	−3,59	−3,70	−3,10	−2,04	−2,24
Receita governo geral	19,10	18,00	18,40	18,30	18,00	17,80	16,60	17,70	18,10	17,60	18,40	18,50	19,90
Receita tributária	15,30	14,23	14,62	14,72	14,61	14,27	13,39	14,20	14,61	13,81	14,54	14,84	15,75
Impostos diretos	3,00	2,95	3,36	3,50	3,46	3,60	3,30	3,62	3,85	3,68	4,11	4,50	5,02
Impostos indiretos	12,29	11,28	11,27	11,22	11,15	10,68	10,09	10,58	10,77	10,17	10,46	10,40	10,78
Gastos governo geral	17,40	17,27	16,93	16,53	16,45	16,77	17,57	18,31	18,80	18,36	18,58	17,90	17,92
Estoque da dívida	63,52	65,67	63,28	61,21	59,75	61,91	63,01	65,97	70,43	75,80	79,96	81,10	82,00
Conta corrente	−1,7	−0,4	−1,0	−1,7	−1,2	−1,4	−1,0	−1,0	−0,6	0,7	1,2	1,7	−0,9

Fonte: Reserve Bank of India. Disponível em: <www.rbi.org.in>.

TABELA 5.7

Índia — indicadores macroeconômicos (1982-2005 — preços de 2005, deflacionados pelo Índice de Preços ao Consumidor Indiano; milhares de rúpias indianas)

Indicador	1982	1983	1984	1985	1986	1987	1988	1989
Resultado primário	35.786,60	51.513,78	69.018,50	58.460,20	79.963,42	70.865,73	64.790,05	70.966,72
Receita governo geral	191.862,99	192.906,55	206.353,91	233.258,39	250.479,01	258.840,28	275.611,97	307.986,09
Receitas tributárias	149.826,71	153.944,35	162.933,76	185.294,37	196.114,37	207.913,41	223.029,03	243.144,93
Gastos governo geral	168.305,23	176.412,86	195.228,95	218.633,64	238.437,67	248.688,47	261.827,70	292.482,24
Estoque da dívida	540.034,24	548.253,44	605.262,60	686.940,77	766.990,76	824.128,23	880.852,62	973.942,36
Conta corrente	—	—	—	—	—	—	—	—
PIB	834.626,22	886.373,05	928.918,96	978.151,66	1.027.059,24	1.072.249,85	1.163.391,09	1.247.155,25

Indicador	1990	1991	1992	1993	1994	1995	1996	1997
Resultado primário	82.338,01	37.574,98	36.047,57	59.395,06	37.258,31	32.558,03	27.553,79	48.640,64
Receita governo geral	304.629,03	322.159,07	323.507,46	329.217,60	360.060,78	380.807,06	395.734,82	405.728,24
Receitas tributárias	252.224,78	259.656,33	258.983,31	259.936,83	285.659,91	306.099,36	320.957,66	325.578,89
Gastos governo geral	301.391,39	299.193,77	294.601,09	315.428,63	330.851,02	343.793,71	361.493,34	382.513,59
Estoque da dívida	1.055.202,56	1.052.198,15	1.075.339,91	1.199.638,61	1.236.367,05	1.273.122,44	1.313.078,83	1.412.198,25
Conta corrente	—	−50.022,10	−5.652,18	−28.872,44	−7.725,74	−20.416,54	−34.392,68	−26.150,08
PIB	1.321.984,56	1.349.746,24	1.406.435,58	1.476.757,36	1.577.176,86	1.697.042,30	1.824.320,47	1.910.063,53

Indicador	1998	1999	2000	2001	2002	2003	2004	2005
Resultado primário	84.647,12	94.016,57	91.202,76	98.407,37	85.732,48	60.874,39	72.463,81	59.701,00
Receita governo geral	381.652,54	434.478,54	460.440,53	468.578,74	509.046,38	552.781,00	642.650,37	692.350,00
Receitas tributárias	308.466,94	347.591,43	371.172,80	367.502,73	402.176,88	443.008,74	509.640,12	572.979,00
Gastos governo geral	404.844,24	448.310,20	477.437,66	488.440,78	513.949,19	534.318,16	579.937,60	—
Estoque da dívida	1.451.940,93	1.615.162,34	1.788.768,88	2.016.542,46	2.211.350,89	2.421.052,06	2.653.480,09	2.829.306,00
Conta corrente	−31.286,96	−22.220,25	−25.700,18	−14.097,02	19.234,40	34.421,88	69.203,76	−25.827,01
PIB	2.024.667,35	2.166.394,06	2.281.212,94	2.374.742,68	2.474.481,87	2.652.644,56	2.867.508,77	3.105.512,00

Fontes: FMI/International Financial Statistics e Reserve Bank of India. Disponível em: <www.rbi.org.in>.

TABELA 5.8

Índia — indicadores macroeconômicos (1983-2005 — variação real anual, %)

Ano	Resultado primário	Receitagoverno geral	Receitas tributárias	Gastos governo geral	Estoque da dívida	Conta corrente	Inflação	PIB
1983	43,95	0,54	2,75	4,82	1,52	—	11,90	6,20
1984	33,98	6,97	5,84	10,67	10,40	—	8,30	4,80
1985	−15,30	13,04	13,72	11,99	13,49	—	5,60	5,30
1986	36,78	7,38	5,84	9,06	11,65	—	8,70	5,00
1987	−11,38	3,34	6,02	4,30	7,45	—	8,80	4,40
1988	−8,57	6,48	7,27	5,28	6,88	—	9,40	8,50
1989	9,53	11,75	9,02	11,71	10,57	—	6,20	7,20
1990	16,02	−1,09	3,73	3,05	8,34	—	9,00	6,00
1991	−54,36	5,75	2,95	−0,73	−0,28	—	13,90	2,10
1992	−4,06	0,42	−0,26	−1,54	2,20	−88,7	11,80	4,20
1993	64,77	1,77	0,37	7,07	11,56	410,82	6,40	5,00
1994	−37,27	9,37	9,90	4,89	3,06	−73,24	10,20	6,80
1995	−12,62	5,76	7,16	3,91	2,97	164,27	10,20	7,60
1996	−15,37	3,92	4,85	5,15	3,14	68,45	9,00	7,50
1997	76,53	2,53	1,44	5,81	7,55	−23,97	7,20	4,70
1998	74,03	−5,93	−5,26	5,84	2,81	19,64	13,20	6,00
1999	11,07	13,84	12,68	10,74	11,24	−28,98	4,70	7,00
2000	−2,99	5,98	6,78	6,50	10,75	15,66	4,00	5,30
2001	7,90	1,77	−0,99	2,30	12,73	−45,15	3,80	4,10
2002	−12,88	8,64	9,44	5,22	9,66	−236,44	4,30	4,20
2003	−28,99	8,59	10,15	3,96	9,48	78,96	3,80	7,20
2004	19,04	16,26	15,04	8,54	9,60	101,05	3,80	8,10
2005	−17,61	7,73	12,43	—	6,63	−137,32	4,20	8,30

Fontes: Reserve Bank of India e FMI.

6

Turquia

Como em outros países emergentes, a economia turca apresentou momentos de instabilidade ao longo das últimas décadas. A vulnerabilidade a choques externos, entre outros fatores, dificultou a experiência de ciclos de crescimento duradouros e estáveis, além de contribuir para o surgimento de um clima hostil para o investimento estrangeiro no país em determinados períodos.

As ambições da Turquia de se tornar um membro efetivo da União Européia, com o direito de usufruir as vantagens da moeda unificada e forte, têm esbarrado no persistente déficit fiscal. Nos últimos anos o país conseguiu ao menos diminuir sua relação dívida líquida/PIB (gráfico 6.1). O gráfico ilustra o forte salto registrado pela dívida líquida em 2001, quando o país passou por séria crise externa, com considerável evasão de divisas e grande aumento na taxa de juros. Nesse ano, a dívida líquida do país chegou a ultrapassar os 90% do PIB, reduzindo-se nos anos seguintes, até retornar ao patamar pré-crise, em torno dos 60%.

Gráfico 6.1
Turquia — dívida líquida (1999-2005 — % do PIB)

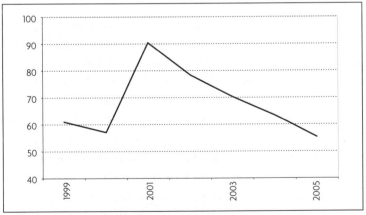

Fontes: Turkish Treasure. Para 2004 e 2005, FMI/International Financial Statistics.

A realização de robustos superávits primários foi um dos fatores que possibilitaram que o país conseguisse lograr êxito na redução da relação dívida líquida/PIB. O gráfico 6.2 evidencia que, nos anos recentes, os superávits primários turcos atingiram um patamar estável em torno de 5% do PIB. Tal resultado reverte a tendência observada na década de 1980, quando o país acumulou déficits primários em quase todos os anos. Ainda que a partir da década de 1990 os resultados primários tenham oscilado, na maior parte dos anos eles foram positivos, o que aponta para uma inflexão na política de gastos públicos na Turquia.

GRÁFICO 6.2
Turquia — resultado primário (1980-2005 — % do PIB)

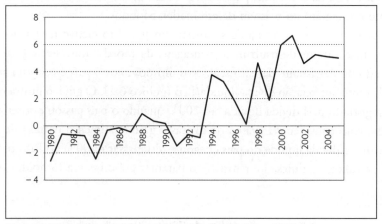

Fontes: Turkish Treasure. Para 2004 e 2005, FMI/International Financial Statistics.

O gráfico 6.2 permite a identificação de alguns episódios de ajuste fiscal que se encaixam na definição proposta por Alesina, Ardagna e Gali (1998:496). Para os autores, tais episódios de ajuste fiscal são caracterizados por anos em que o resultado primário de um país melhora em pelo menos 2% do PIB. Alternativamente, o ajuste também pode ser configurado por períodos de no mínimo dois anos em que o resultado primário melhora em pelo menos 1,5% do PIB por ano.

Além das considerações finais, o capítulo apresenta outras três seções. A primeira é dedicada a detalhar cada um dos episódios de aperfeiçoamento do resultado primário, descrevendo qual o cenário macroeconômico os tornaram factíveis. A segunda seção aborda políticas recentes implementadas pelo governo turco no sentido de tentar aprimorar o resultado fiscal no país. Por sua vez, a terceira aborda questões relacionadas ao sistema previdenciário na Turquia.

O ajuste fiscal e suas características

A melhora no resultado primário no ano de 1993

O primeiro período a se configurar como "candidato" a episódio de ajuste fiscal ocorreu entre 1993/94. Nesse intervalo, a Turquia saiu de um déficit em seu resultado primário equivalente a 0,9% do PIB para um superávit de 3,8%. Tal episódio, contudo, remete a um período de grave recessão, quando o PIB chegou a recuar mais de 5% (gráfico 6.3). Tal acontecimento pode ser explicado, em grande medida, pela falta de credibilidade externa do país, que teve suas reservas internacionais reduzidas para menos da metade entre 1993/94 (FMI, 2006h).

Esses mesmos anos também foram marcados por altos índices de inflação. De acordo com o gráfico 6.4, em 1994 chegou-se a registrar uma taxa anual de 106,3%. Nesse contexto, é plausível supor que a melhora no resultado primário turco nessa fase tenha forte conexão com o aumento de receitas governamentais oriundas da arrecadação de imposto inflacionário, o que descaracteriza o período como uma fase de ajuste fiscal de êxito.

GRÁFICO 6.3
Turquia — taxa de crescimento anual do PIB (1980-2005 — %)

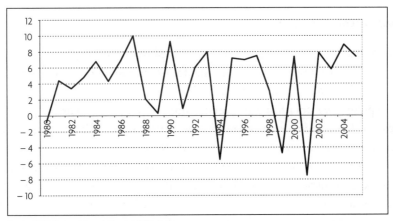

Fonte: FMI/International Financial Statistics.

Some-se a isso o fato de que o superávit primário não se sustentou nos anos seguintes, sendo praticamente zerado em 1997 (gráfico 6.2). Tal evidência leva a suspeitar que o intervalo 1993/94 não representou um ciclo de medidas perenes capazes de mudar os rumos da economia turca rumo a um ajuste fiscal eficaz. Por isso, este livro opta por não se aprofundar nos fundamentos que proporcionaram o aprimoramento do resultado primário no período.

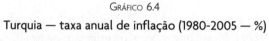

Gráfico 6.4
Turquia — taxa anual de inflação (1980-2005 — %)

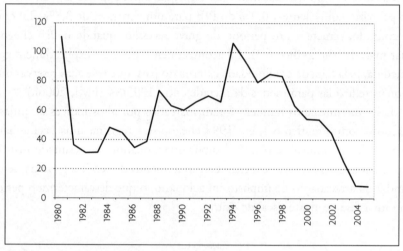

Fonte: FMI/International Financial Statistics.

O ajuste fiscal de 1997/98

O gráfico 6.2 indica um segundo ponto de melhora no resultado primário turco entre 1997/98. O superávit primário, que foi praticamente nulo no primeiro ano (0,1% do PIB), saltou para 4,6% do PIB no segundo. O imposto inflacionário ainda representava uma fonte de receitas importante para o país no período. O gráfico 6.4 deixa evidente que naquela época a taxa anual de inflação se encontrava em pontos que suplantavam o patamar de 80%.

Os gastos de consumo e investimentos do governo não apresentaram grandes variações no período em questão. Pelo gráfico 6.5 é possível notar que, como proporção do PIB, tais variáveis apresentaram oscilações marginais: o consumo passou de 10,9% para 11,1% do PIB entre 1997 e 1998, e o investimento variou de 6,5% para 6,8% do PIB entre os mesmos anos. Em termos reais, contudo, ambas as variáveis demonstraram um crescimento expressivo, conforme pode ser acompanhado pela tabela 6.9. Assim, não se pode dizer que a consecução do aumento no superávit primário tenha se originado na contenção de gastos por parte do governo.

GRÁFICO 6.5
Turquia — consumo e investimento do governo (1987-2005 — % do PIB)

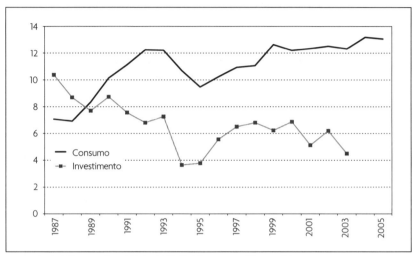

Fontes: Turkish Treasure. Para 2004 e 2005, FMI/International Financial Statistics.

O aumento das receitas explica melhor o aperfeiçoamento do resultado primário turco no episódio em análise. A partir do gráfico 6.6, percebe-se que as receitas tributárias subiram como proporção do PIB, ainda que de forma mais moderada se comparadas com as receitas totais. As primeiras passaram de 16,5% do PIB em 1997 para 17,3% do PIB em 1998, ao passo que as últimas subiram de 20% para 22,2% do PIB no mesmo intervalo. Conclui-se, então, que as receitas não-tributárias foram as que apresentaram variação mais emblemática no período, sendo responsáveis por um incremento de 1,4% do PIB nas receitas governamentais turcas.

O programa de privatizações do país tem conexão direta com esse acontecimento. Entre 1997/98, realizaram-se importantes leilões de licenças para a operação de telefonia celular com tecnologia GSM, além da privatização do IS Bank. Apenas essas vendas proporcionaram ao governo turco uma receita superior a US$1,8 bilhão, evento que se encontra no cerne da explicação do aumento das receitas, e subseqüente aprimoramento do resultado primário (FMI, 2000).

Contudo, o aperfeiçoamento do desempenho fiscal do período em questão não se prolongou pelos anos seguintes, e, já em 1999, o superávit primário turco recuaria de 4,6% para 1,9% do PIB. A explicação para tal fenômeno pode estar associada ao fato de que o ajuste fora proporcionado principalmente pelo incremento de receitas eventuais, sem que se alterassem os fundamentos principais da gestão pública. A falta de solidez nos fundamentos macroeconômicos da Turquia ainda submeteria o país a uma séria crise, o que permite supor que o intervalo 1997/98 não representa um período de ajuste fiscal consistente.

GRÁFICO 6.6
Turquia — receitas totais e receitas tributárias do governo geral
(1980-2005 — % do PIB)

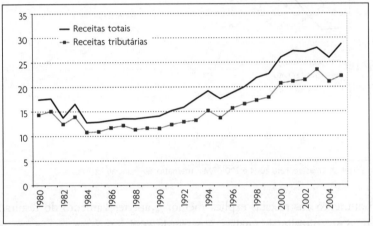

Fontes: Turkish Treasure. Para 2004 e 2005, FMI/International Financial Statistics.

O ajuste a partir de 1999

A partir de 1999 a economia turca inaugurou uma nova fase de ajuste fiscal que se enquadra no diagnóstico proposto por Alesina, Ardagna e Gali (1998:496) citado anteriormente. O superávit primário, que foi equivalente a 1,9% do PIB nesse primeiro ano, subiu para 5,9% do PIB já em 2000, mantendo resultados semelhantes desde então. Tal como já fora mencionado, esse tem sido um dos fatores que possibilitou a redução da relação dívida líquida/PIB do país nos últimos anos (gráfico 6.1).

Outro fator favorável é a taxa de crescimento do PIB que, de acordo com o gráfico 6.3, tem sido superior a 6% ao ano desde 2002. Taxas tão elevadas, indubitavelmente, sofrem influências da forte retração econômica assistida anteriormente no país. O fator de recuperação pode ter sido decisivo para o registro de altas taxas, uma vez que o investimento no país se encontra em patamares moderados.

O gráfico 6.7, que compara as formações brutas de capital fixo (FBCF) de Turquia e Brasil, mostra que os países vêm registrando desempenho semelhante, com o Brasil apresentando uma FBCF ligeiramente superior nos últimos anos. Entretanto, é importante salientar o fato de que, ao longo da década de 1990, a FBCF turca superou a brasileira de forma sistemática, sendo esse outro fator capaz de explicar por que as atuais taxas de crescimento econômico da Turquia são tão superiores às do Brasil. O país pode estar sendo beneficiado pelo estoque de investimento acumulado nos últimos anos, fato capaz de conferir um maior dinamismo à sua economia.

A estabilidade dos altos superávits primários como proporção do PIB mesmo em períodos de elevado crescimento econômico aponta que eles estão apresentando variação real positiva (tabela 6.9). A crise enfrentada pela Turquia em 2001 integra a lista das justificativas para a manutenção desses superávits. Existe um consenso em torno da necessidade de se fortalecer os fundamentos fiscais do país de forma a evitar a deflagração de novas crises. O acordo firmado com o Fundo Monetário Internacional (FMI) para conter a crise e recuperar o crédito do país previa superávits primários de pelo menos 4% do PIB, que implicam um esforço fiscal inequivocamente adotado pelo governo até o presente (Banco Mundial, 2003b).

GRÁFICO 6.7
Turquia — formação bruta de capital fixo — Brasil e Turquia
(1980-2004 — % do PIB)

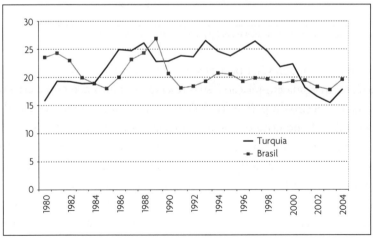

Fonte: FMI/International Financial Statistics.
Nota: Os dados referentes a 2002/03 diferem daqueles apresentados na tabela 9 em função do fato de terem sido utilizadas fontes diferentes.

Compreender as causas que culminaram na crise de 2001 na Turquia é essencial para o entendimento do contexto no qual o ajuste fiscal recente se insere. A degradação do saldo em transações correntes do balanço de pagamentos daquela época pode ser apontada como uma primeira causa. O déficit acusado em 2000 foi equivalente a 5% do PIB turco (gráfico 6.8). A seqüência de crises em economias consideradas emergentes como México, Rússia e países do Leste asiático diminuíra a liquidez internacional, provocando instabilidades no cenário mundial.

GRÁFICO 6.8

Turquia — saldo líquido em transações correntes
(1980-2005 — % do PIB)

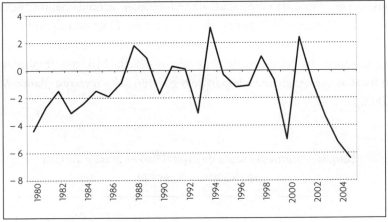

Fontes: Turkish Treasure. Para 2004 e 2005, FMI/International Financial Statistics.

A situação foi agravada pela postura dos bancos turcos que, ao assumirem uma posição arriscada em relação a suas reservas, comprometeram a credibilidade do sistema financeiro do país. A Turquia passou a figurar, então, na lista de países com possibilidade de crise eminente naquela época. O temor dos investidores internacionais provocou uma fuga de capitais, e a perda de reservas internacionais foi inevitável. Se em 2000 elas totalizavam US$22,5 bilhões, em 2001 não passavam de US$18,8 bilhões — uma queda de aproximadamente 16,5% em um ano. A lira turca sofreu uma desvalorização superior a 100% frente ao dólar americano no decorrer de 2001, agravando o problema da dívida externa do país (FMI, 2006h).

A relação dívida líquida/PIB também sofreu elevação acintosa, chegando a ultrapassar a casa de 90%. Tal agravamento se deve não apenas à redução do PIB, mas também ao aumento dos encargos relacionados ao serviço da dívida. O gráfico 6.9 exibe as despesas com pagamentos de juros e evidencia o quão crítica se tornou a situação turca no momento da crise de 2001, quando esse encargo chegou a comprometer 19,4% do PIB. A abrupta elevação dos juros como tentativa de conter a fuga de capitais tem associação direta com esse fenômeno.

Gráfico 6.9

Turquia — despesas com o pagamento de juros
(1980-2003 — % do PIB)

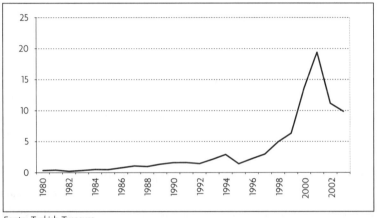

Fonte: Turkish Treasure.

A taxa de inflação anual, ainda superior a 50%, completava o cenário de intempéries na economia turca daquele ano (gráfico 6.4), quando experimentou uma retração de 7,5 pontos percentuais no PIB (gráfico 6.3). Tal recessão foi decisiva para que o país assistisse a uma elevação da relação dívida líquida/PIB para um patamar superior a 90%, tornando imprescindível a implementação de reformas de reestruturação na economia.

Embora as políticas de ajuste fiscal ainda permaneçam em curso, o que impede a sua avaliação definitiva, pode-se dizer que a partir de 2001 a Turquia inaugurou um ciclo persistente de combate ao déficit fiscal.

Os efeitos das reformas na retomada da credibilidade da economia turca se fizeram sentir na redução das taxas de juros básicos do país. Se em 2001 os juros nominais pagos pelo Tesouro turco chegavam a 85,3% ao ano (correspondente a uma taxa real de aproximadamente 30% a.a.), em 2004, a taxa nominal já estava em 22,1% ao ano (com taxa real de aproximadamente 13% ao ano) (FMI, 2006h). Sem embargo, essa queda contribuiu para a redução do peso da dívida sobre a economia da Turquia, conseqüência da redução com as despesas com o pagamento de juros. A análise do gráfico 6.9 permite notar que já em 2003 os gastos com juros haviam recuado para 9,9% do PIB, um percentual que, todavia, ainda pode ser considerado alto.

O entendimento das medidas que proporcionaram a obtenção de vultosos superávits primários permite avaliar melhor a efetividade e a sustentabilidade do ajuste fiscal conduzido pela Turquia. Analisando primeiramente a evolução dos gastos públicos o gráfico 6.5 mostra que, embora os investimentos tenham diminuído, os gastos de consumo aumentaram desde 1999. Tal verificação faz com que o tipo de ajuste fiscal engendrado na Turquia não coincida com os ajustes classificados por Alesina e Perotti (1996) como os de maior êxito. Segundo os autores, a experiência internacional aponta que os ajustes que privilegiaram o corte nos gastos em detrimento do aumento das receitas apresentaram conseqüências macroeconômicas mais satisfatórias e duradouras.

A recente queda dos investimentos públicos turcos tem relação com a intensificação do processo de privatizações do país. De acordo com o gráfico 6.5, os investimentos de capital realizados pelo governo caíram de 6,9% para 4,5% do PIB entre 2000-03. Tais investimentos se encontram em patamares bem abaixo dos observados até o início da década de 1990, quando o governo investia, em média, valores equivalentes a 8% do PIB. De fato, a redução no número de empresas estatais permite que o governo possa praticar investimentos menores. Entretanto, argumenta-se que os gargalos de infra-estrutura que interferem no crescimento do país demandam esforços governamentais que suplantam os atuais (OCDE, 2005a:16).

Ao contrário da evolução dos investimentos, os gastos correntes do governo como proporção do PIB têm mantido certa estabilidade nos últimos anos (gráfico 6.5). Em que pese ao fato de que desde 2002 o PIB tem variado a taxas altas e positivas, pode-se supor que a variação real desses gastos não é desprezível. Fatores específicos justificam o comportamento de elevação dos gastos, entre os quais:

➤ a pressão exercida pela folha de pagamento do funcionalismo público que tem aumentado nos últimos anos, assim como os gastos com a saúde e com a previdência social;
➤ a sucessão de terremotos que abalaram o país desde 1999 e que exigiram o aumento nos gastos correntes, em geral, extra-orçamentários;
➤ os gastos com segurança pública que também variaram positivamente desde os atentados terroristas de 2001, que intensificaram o ambiente de incerteza em países islâmicos (OCDE, 2005a:6).

Dessa forma, pode-se intuir que a concretização do ajuste tem recebido contribuição muito mais notável do lado das receitas do que do lado dos gastos. O gráfico 6.6 confirma essa hipótese ao exibir que, desde 1999, as receitas governamentais passaram de 22,8% para 27,9% do PIB — um aumento de 5,1 pontos percentuais. A tabela 6.9 confirma que a variação real das receitas totais foi considerável, sobretudo em 2000, quando aumentaram mais de 15% em relação ao ano anterior. Em que pese ao fato de que a taxa média de crescimento do PIB no intervalo 1999-2005 esteve em torno de 5% ao ano, tem-se uma dimensão melhor do quão expressivo tem sido o aumento das receitas turcas. Mesmo com a economia se expandindo, elas aumentaram sua participação no PIB do país.

O gráfico 6.6 mostra uma inclinação muito parecida entre as curvas de receitas totais e receitas tributárias como percentagem do PIB desde o ano de 1999. Exceções são diagnosticadas entre 2000-02, quando a curva de receitas totais parece ter se distanciado ligeiramente da curva de receitas tributárias. Tais exceções são explicadas pelo programa de privatizações do país que viveu um de seus principais momentos justamente nessa fase, quando foram privatizados ativos de empresas como a Poas (setor de petróleo), Erdemir (siderúrgica) e Turkish Airlines (aviação civil) (Banco Mundial, 2006:20-24). Desde 2002, contudo, as receitas não-tributárias se tornaram mais escassas, aproximando a variação das curvas de receitas totais e tributárias.

O gráfico 6.10 indica que, ainda que a arrecadação com tributos diretos tenha demonstrado uma retração em proporção do PIB, a expansão obtida com a arrecadação indireta mais que compensou essa queda. Se, em 1999, cifras equivalentes a 8,1% do PIB eram arrecadadas com impostos diretos, em 2005 elas não atingiam sequer 7% do PIB. Caminhando em sentido inverso, a arrecadação com tributos indiretos aumentou de 9,8% para 18% do PIB no decorrer desses anos.

Tais oscilações têm origem na reforma tributária conduzida pelo país entre 2002-04, que fora baseada em recomendações feitas pelo Banco Mundial. Para a instituição, o intrincado sistema de indexação que vigorava desde os períodos de alta inflação precisa ser revisto, dada a relativa estabilização dos preços alcançada nos últimos anos. Além disso, as sucessivas alterações no sistema de tributos, realizadas com o intuito de contrabalançar os altos déficits públicos do país, geraram um sistema instável e complexo. Tornava-se necessário substituir tal sistema por outro mais simples, que desonerasse o contribuinte, evitando que ele se expusesse a pagamentos de impostos em cascata. Ademais, um sistema mais simples poderia facilitar a fiscalização, o que reduziria os altos índices de sonegação (OCDE, 2005b:2).

240 AJUSTES FISCAIS

GRÁFICO 6.10
Turquia — arrecadação com impostos diretos e indiretos (1980-2005 — % do PIB)

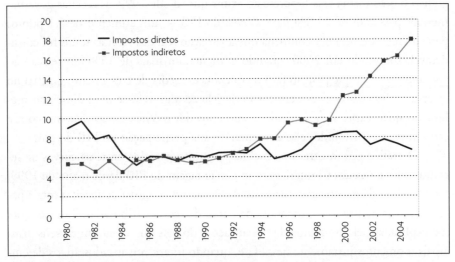

Fontes: Turkish Treasure. Para 2004 e 2005, FMI/International Financial Statistics.

As reformas relacionadas ao sistema de tributos diretos visavam torná-lo mais próximo do padrão das "melhores práticas internacionais" (*international best practices*) sugeridas pela OCDE. Tais práticas subentendem que um sistema de concessão de subsídios e isenções deve ser preterido frente a um sistema que possibilite a cobrança de impostos menores, ainda que negue tais incentivos.

O novo sistema permite que qualquer empresário deduza 40% do valor dos novos investimentos de suas declarações de imposto de renda de pessoa jurídica. Essa sistemática substitui um complexo sistema de concessão seletiva de incentivos, que permitia deduções de até 200% do valor dos investimentos na declaração de empresas que tivessem seus projetos de investimento bem-avaliados pelo corpo técnico do governo. Assim, o novo sistema de incentivos diminuiu a burocracia e estendeu benefícios, ainda que menores, para todo o empresariado. Reduziu-se, também, o espaço para a corrupção dentro do governo.

A negociação com os empresários para a revisão do sistema de renúncia fiscal incluiu uma redução na alíquota de imposto de renda da pessoa jurídica de 30% para 20%. A iniciativa de diminuir a alíquota também subsidiou a negociação para se reduzir ou extinguir as isenções fiscais em zonas francas e áreas de livre-comércio. Elas só foram mantidas nas regiões mais pobres do país (OCDE, 2005b:3-4).

Após essa reforma, a Turquia passou a praticar uma alíquota inferior à média praticada nos países-membros da OCDE. Espera-se que a desoneração da carga tributária sobre o setor produtivo impulsione de vez os investimentos privados, de forma a possibilitar que o país cresça e reponha as perdas com esse tipo de tributo a partir do aumento na arrecadação de impostos indiretos, principalmente sobre o consumo (Banco Mundial, 2006:84-88).

Este último componente também pode vir a ser favorecido pela redução das alíquotas de imposto de renda da pessoa física. Até as reformas, a alíquota máxima desse tipo de imposto na Turquia atingia 45% para os rendimentos não-salariais e 40% para os rendimentos salariais. No novo sistema, as alíquotas para ambos os tipos de rendimento foram reduzidas e unificadas. O número de faixas de rendimento tributadas também diminuiu de cinco para quatro. As novas faixas são taxadas de acordo com as seguintes alíquotas: 15%, 20%, 27% e 35% (OCDE, 2005b:3-4).

Ainda que tal conclusão possa ser precoce, é possível dizer que a Turquia tem logrado relativo êxito em sua estratégia de reduzir os impostos diretos contando com o crescimento econômico e o subseqüente aumento de arrecadação indireta. As medidas de redução das alíquotas, concedidas em troca de cortes nas isenções e aumento da base tributária, têm gerado reduções no total arrecadado com tributos diretos, mas tal fato não tem comprometido as receitas totais. Pelo contrário, estas últimas estão crescendo e o motivo está associado à ampliação da arrecadação indireta.

Além de serem influenciadas pelo crescimento do PIB, as receitas com tributos indiretos podem ter sido favorecidas pela alteração na legislação que as rege. Para simplificar a tributação sobre o consumo, aproximando-a do padrão assistido nos países da União Européia, foi instituído um tributo chamado de imposto especial sobre o consumo (SCT, em inglês). Ele substituiu e unifica uma gama de 16 impostos seletivos que incidiam de forma diferenciada sobre o petróleo e seus derivados, o fumo, o álcool e outros bens de luxo. O imposto é recolhido de uma só vez na importação ou produção desses bens.

Sobre as vendas posteriores o único imposto a incidir é o IVA, ou imposto por valor adicionado, que se aplica apenas à parcela ainda não-tributada da venda. As três alíquotas desse imposto (1%, 8% e 18%) variam dependendo do tipo de produto. Além de tornar o sistema de tributos indiretos mais racional, a simplificação tributária conduzida pelo governo fez com que o entendimento do contribuinte sobre as cobranças desses impostos se tornasse mais fácil. Além disso, deixou o sistema menos vulnerável a sonegações (Banco Mundial, 2006:5-6).

242 Ajustes fiscais

A avaliação do ajuste fiscal em curso na Turquia é positiva em diversos aspectos. A manutenção de altos superávits primários tem contribuído para que o país reduza sua relação dívida/PIB e sua taxa de juros, além de acenar para o comprometimento do setor público para com a disciplina fiscal. As taxas anuais de crescimento do PIB, superiores a 6% nos últimos anos, compõem o cenário favorável e ajudam na retomada da credibilidade frente aos investidores internacionais.

Todavia, a composição do ajuste fiscal — muito dependente do aumento de receitas — provoca suspeita sobre a sua sustentabilidade. Não se pode afirmar até que ponto a economia turca suporta um aumento da carga tributária sem comprometer o crescimento sustentado. Uma redução dos gastos públicos, especialmente dos gastos de consumo, poderia reduzir a pressão dos impostos sobre a população, além de proporcionar a ampliação dos investimentos estruturais tão importantes para o país. A próxima seção descreve algumas medidas que fatalmente interferirão na forma de gestão dos gastos. O seu sucesso pode se tornar decisivo para a eficácia do aprimoramento fiscal em curso.

Detalhamento das políticas

A seção anterior mostrou que, nos últimos anos, a Turquia tem obtido êxito na manutenção de altos superávits primários baseados, principalmente, no incremento das receitas governamentais. Contudo, as reformas pelas quais o país vem se submetendo não se resumem ao sistema tributário. O sistema financeiro, por exemplo, tido como um dos catalisadores da crise de 2001, passou por consideráveis reformulações visando o fortalecimento das fragilidades que o deixaram vulnerável a ataques especulativos. A rigidez no controle das reservas bancárias e a exigência da publicação de relatórios financeiros periódicos são apenas algumas das modificações concretizadas nessa área (Banco Mundial, 2006:50-53).

O avanço no programa de privatizações, que também foi responsável pelo incremento das receitas, cria uma agenda de reformas no eixo da regulação, uma vez que tal programa transferiu ao setor privado o controle de setores críticos e majoritariamente concentrados.

O fortalecimento do marco regulatório também pode contribuir para a consolidação de um projeto importante abraçado pelo país, ou seja, o programa de estímulo ao investimento estrangeiro direto. Ao concretizar o processo de desestatização, o governo reconheceu a importância de manter a economia cada vez mais aberta ao investimento privado, inclusive oriundo do exterior, uma vez que os planos da Turquia prevêem uma integração cada vez maior com a União Européia. Nesse contexto, as autoridades turcas reconhecem a importância de consolidar as regras de seu mercado interno, o que possibilitaria ao país se tornar cada vez mais atrativo para os investidores externos (Turkey, 2004).

Uma legislação específica voltada para o estímulo dos investimentos estrangeiros entrou em vigor em 2003, e será vista adiante. Antes, apresentamos algumas reformas que estão fortemente relacionadas com a gestão do gasto público na Turquia sendo, portanto, vitais para as pretensões de aperfeiçoamento do desempenho fiscal.

As origens da presença maciça do Estado na economia turca até a década de 1980 remontam à década de 1930 quando, após a queda do Império Otomano, o Partido Popular Republicano (partido detentor do poder na época) resolve adotar o estatismo como estratégia econômica. O programa de privatização turco foi efetivamente implementado a partir de 1986 com objetivo de aumentar a eficiência da economia, eliminar o déficit orçamentário gerado pelas empresas estatais e flexibilizar o mercado de trabalho.

Embora o programa de privatização na Turquia tenha se iniciado antes da maioria dos países emergentes, o seu alcance, em termos do tamanho do desinvestimento feito pelo Estado, foi, até bem pouco tempo, bastante limitado. Segundo dados apurados por Tecer (1992) para 1980 e 1989, dos 20 principais setores da economia turca, apenas a exploração de petróleo não cra controlada majoritariamente pelo Estado em 1980. Embora até 1989 tenha havido redução da participação do governo em seis desses setores (aéreo, chá, derivados de petróleo, coque e papel), o governo permanecia com o controle de todos eles.

Considerando a venda de ações através de ofertas públicas e venda direta de bloco de ações de valor superior a US$10 milhões, foram realizadas, no período 1986-95, 57 operações envolvendo a venda de participação de empresas estatais, totalizando US$1,96 bilhão. Os principais setores privatizados foram os de cimento, no qual o governo privatizou 20 empresas (totalizando US$656 milhões), e o de autopeças. No período 1996-2004, o processo de privatização continuou lento e abrangendo, em sua maioria, empresas de menor porte. Nesse período foram realizadas 34 operações, que totalizaram receitas de US$4,7 bilhões abrangendo 10 setores da economia. O foco principal nesse período foram as privatizações de seis bancos estatais e a venda de blocos de ações das estatais petrolíferas Tupras e Petrol Ofisi.

Uma nova fase se iniciou a partir de 2005, quando o processo atingiu, por fim, os monopólios estatais nas áreas de telefonia, petróleo e siderurgia. Em novembro de 2005, depois de sucessivos adiamentos, foram vendidos 55% do capital da Turkish Telecom, maior empresa do setor de telefonia turco, por US$6,5 bilhões.

O tipo de operação predominante no programa de privatização turco, até o momento, foi a venda de ações em bloco responsável por 70% (US$18,1 bilhões) das receitas obtidas — conforme demonstrado no gráfico 6.1. O biênio 2005/06 foi responsável por 80% (US$14,4 bilhões) desse total, sendo 95% concentrados nas operações da Turkish Telecom, da siderúrgica Edermir e de outro bloco de ações da petrolífera Tupras. As ofertas públicas de ações responderam por apenas 13% (US$3,3 bilhões) das receitas e as vendas de ativos por 12% (US$3 bilhões).

GRÁFICO 6.11
Turquia — privatização por tipo de operação (1986-2006 — US$)

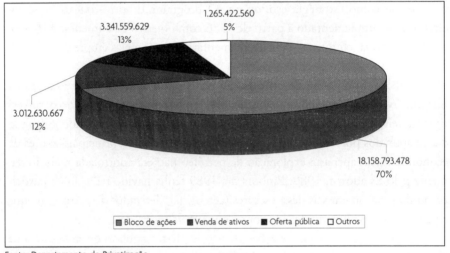

Fonte: Departamento de Privatização.

Um dos eixos do programa de reformas liberais do início da década de 1980 foi a criação do arcabouço legal e de instituições regulatórias para fomentar o desenvolvimento de um mercado de capitais nos moldes dos países mais modernos. Em 1981 foi sancionada a Lei dos Mercados de Capitais e no ano seguinte foi criada a Comissão de Mercado de Capitais, instituição responsável pela supervisão e regulação dos mercados de valores na Turquia. Em 1983 foi emitido um decreto prevendo a criação de uma bolsa de valores na Turquia, em 1984 foi publicado o documento "Regras para o estabelecimento e funcionamento das bolsas de valores" e, por fim, em 1985 a Bolsa de Valores de Istambul (ISE) é formalmente inaugurada.

Um importante efeito do programa de privatização foi o impulso dado sobre o mercado de capitais no final da década de 1980 e início da de 1990 quando ele ainda dava os seus primeiros passos. O programa de privatização teve início no ano seguinte à abertura da bolsa e nos seis primeiros anos de funcionamento da Bolsa de Istambul foram realizadas 23 ofertas públicas de ações de empresas estatais. No período 1990/91, foram realizadas, segundo dados da Bolsa de Istambul, 58 operações de oferta pública de ações, sendo que 21 referentes à privatização de empresas estatais. Não há dúvidas quanto à importância do programa de privatização para o desenvolvimento da bolsa nesse estágio inicial.

No entanto, a queda no ritmo das privatizações ao longo da década de 1990 e a preferência pela venda direta de blocos de ações em relação às ofertas públicas reduzem muito o impacto direto das privatizações sobre os mercados de capitais. As privatizações têm impacto apenas pontual no período 1994-2006 especificamente após a privatização da empresa automobilística Tofas (1994), do banco IS Bankasi (1998) e da petrolífera Tupras (2000). Em 1994, a privatização da Tofas por US$332 milhões contribui de maneira importante para o aumento do volume diário médio negociado de US$92 milhões naquele ano para US$209 milhões em 1995. Efeitos semelhantes são perceptíveis no período 1998-2000 quando ocorreram as vendas, com ofertas públicas de ações, do IS Bankasi (US$632 milhões) e de parte da Tupras (US$1,1 bilhão) concomitantemente a um aumento de US$509 milhões no volume diário médio negociado.

TABELA 6.1

Turquia — receita de privatizações x volume de contratos negociados na Bolsa de Istambul (1989-2006 — US$)

Ano	Receita de privatização	Volume diário (ISE)
1989	131	3
1990	487	24
1991	244	34
1992	423	34
1993	566	88
1994	412	92
1995	573	209
1996	292	153
1997	466	231
1998	1.020	284
1999	38	356
2000	2.717	740
2001	120	324
2002	536	281
2003	172	407
2004	1.266	593
2005	8.209	794
2006	8.094	919

Fontes: Departamento de Privatização da Turquia e Bolsa de Valores de Istambul.

246 Ajustes fiscais

O programa de reformas liberais dos anos 1980 tinha como um dos seus pilares a integração com os mercados internacionais pelo estabelecimento de uma economia de livre mercado. Como reflexo dessa política, nesse período foram implementadas mudanças institucionais, legais e estruturais no sistema bancário turco. Nesse contexto as taxas de juros e câmbio foram liberalizadas e permitiu-se a entrada de novas instituições privadas no sistema financeiro, inclusive bancos estrangeiros e em 1986 foi criado o mercado monetário interbancário. Nos anos seguintes foi criado um plano de contas uniformizado, adotado um sistema padronizado de publicação de relatórios financeiros e introduzida a prática da realização de auditoria externa de acordo com padrões aceitos internacionalmente. A regulamentação e legislação do setor bancário continuaram a se aperfeiçoar na década de 1990 quando a Turquia procurou se basear nos princípios determinados pelo BIS e pelas diretivas da União Européia.

No ano 2000, o programa de combate à inflação implementado teve impacto importante nos balanços dos bancos turcos. A trajetória pré-anunciada da taxa de câmbio e a respectiva apreciação real da lira turca reduziram o custo de captação em moeda estrangeira. Como resultado, um maior número de bancos procurou captar em moeda estrangeira em operações de curto prazo e emprestou em liras turcas em operações de longo prazo. Esse tipo de operação aumentou o descasamento de prazo dos bancos e as posições dos bancos em moeda estrangeira. A composição da estrutura dos ativos do setor bancário mudou significantemente durante esse período, com o aumento da carteira de empréstimos, especialmente os créditos ao consumidor, e a queda nos ativos líquidos. O resultado foi o aumento da exposição dos bancos aos riscos de liquidez, taxa de juros e câmbio durante o ano.

A crise de novembro de 2000 resultou em um fluxo significativo de saídas de capital estrangeiro da Turquia e a elevação das taxas de juros dos títulos do governo levou à erosão do capital do setor bancário — especialmente dos bancos estatais e daqueles sob intervenção do governo. Em dezembro de 2000, o governo turco anuncia um acordo com o FMI para tentar superar a crise. A mudança do regime de câmbio fixo para taxas flutuantes teve um forte impacto no setor, que se encontrava com uma posição fortemente vendida em moeda estrangeira. Os principais impactos foram o aumento abrupto dos custos de captação devido à elevação das taxas de juros e do descasamento de prazos, as perdas de capital devido à queda no valor dos títulos públicos e por fim as perdas por conta da forte desvalorização cambial.

Em resposta às crises do sistema financeiro o governo lançou um novo programa que teve como um dos seus pilares reformas estruturais no setor bancário.

O objetivo principal do programa de reestruturação e reabilitação do setor bancário era eliminar as distorções no sistema financeiro e adotar regras para promover um sistema financeiro eficiente e competitivo. Os principais eixos do programa eram a reestruturação operacional e financeira dos bancos estatais, a reestruturação dos bancos sob intervenção, o fortalecimento dos bancos privados e o fortalecimento do ambiente legal e regulatório.

Os dois primeiros eixos do programa de reabilitação e reestruturação do setor bancário tinham como foco a melhoria de gestão nos bancos de controle estatal ou sob intervenção. Na segunda metade da década de 1990 o governo interveio em 18 bancos. Cinco foram fundidos com o Sümerbank, vendido ao setor privado em 1995. No total, até o ano 2000, o governo turco havia vendido ações de quatro bancos comerciais estatais dos oito existentes até então (Sümerbank, Anadolubank, Denizbank e Etibank), além da venda de uma participação minoritária no banco privado IS.

TABELA 6.2

Turquia — venda de participação em bancos estatais comerciais (US$)

Empresa	Ações vendidas (%)	Tipo de operação	Data da transação	Valor (US$)
Sümerbank	100,00	Venda de bloco	17-10-1995	103.460.000
Anadolubank	100,00	Venda de bloco	7-5-1997	69.500.000
Denizbank	100,00	Venda de bloco	29-5-1997	66.000.000
Etibank	100,00	Venda de bloco	2-3-1998	155.500.000
IS Bankasi	7,39	Oferta internacional	1-5-1998	391.949.083
IS Bankasi	12,29	Oferta pública	1-5-1998	632.651.612
Total				1.419.060.695

Fonte: Departamento de Privatização.

O governo ainda transferiu os ativos do banco Emlak para o banco Ziraat preparando-o para um futuro processo de privatização. No entanto o processo de privatização do setor bancário não mais avançou, existindo ainda, além do Ziraat mais dois bancos comerciais estatais (Halk e Vakiflar).

Em dezembro de 2005, existiam 51 bancos operando na Turquia sendo seis estatais, 13 estrangeiros, 17 privados, 13 de investimentos ou desenvolvimento, quatro de participação e um sob intervenção do governo. Dos seis bancos estatais existentes, três são comerciais e três de desenvolvimento, que não recebem depósitos. Os bancos estatais respondiam, em dezembro de 2005, por 33% dos ativos, 25% dos empréstimos, 38% dos depósitos e 34% do patrimônio líquido do sistema financeiro turco.

248   AJUSTES FISCAIS

TABELA 6.3

Turquia — dados financeiros dos bancos estatais turcos (2005 — US$)

	Ativos	Empréstimos	Depósitos	PL	Lucro	ROE (%)
Ziraat Bankasi A.S.	48.480	10.005	38.589	4.320	1.343	31
Halk Bankasi A.S.	20.162	4.635	15.574	2.382	396	17
Vakiflar Bankasi	24.134	8.872	17.101	3.176	399	13
Iller Bankasi	2.741	2.028	0	2.044	90	4
Türk Eximbank	2.622	2.176	0	1.454	270	19
Kalkinma Bankasi A.S.	514	210	0	344	20	6
Bancos estatais total	98.653	27.927	71.264	13.720	2.518	18
Setor bancário total	295.849	114.070	188.984	40.048	4.259	11
Estatais/setor bancário (%)	33,3	24,5	37,7	34,3	59,1	

Fonte: Associação dos Bancos da Turquia.

Em 1994, ano imediatamente anterior ao início do processo de privatização do setor bancário, a participação dos bancos estatais era de quase 50% dos empréstimos, 45% dos ativos e 44% dos depósitos. No entanto, o lucro líquido dos bancos aumentou significativamente à medida que os bancos com baixa performance foram privatizados ou saneados.

TABELA 6.4

Turquia — dados financeiros dos bancos estatais turcos (1994 — US$)

	Ativos	Empréstimos	Depósitos	PL	Lucro	ROE (%)
Ziraat Bankasi A.S.	9.178	3.842	6.747	622	35	6
Halk Bankasi A.S.	3.646	703	2.675	162	23	14
Vakiflar Bankasi	2.733	1.416	1.738	133	30	23
Emlak Bankasi	4.406	1.679	2.690	238	26	11
Etibank	507	97	501	−124	−151	—
Sümerbank	111	3	31	42	26	62
Iller Bankasi	580	425	0	99	14	14
Türk Eximbank	1.861	1.480	0	37	12	32
Kalkinma Bankasi A.S.	692	204	0	−55	−105	—
Bancos estatais total	23.714	9.849	14.382	1.154	−90	−8
Setor bancário total	51.926	20.315	32.795	4.187	1.919	46
Estatais/setor bancário (%)	45,67	48,48	43,85	27,56	−4,69	—

Fonte: Associação dos Bancos da Turquia.

Reformas na administração pública e no orçamento

Até o momento (desde a crise de 2001), a Turquia obteve alguns resultados fiscais impressionantes, ao mesmo tempo em que melhorou a qualidade de instituições e processos fiscais. Isso decorre da vontade política do governo, motivada pelo reconhecimento da necessidade de a Turquia atingir e obter credibilidade fiscal. Porém, para assegurar um compromisso de longo prazo com um forte controle fiscal e eficiência nos gastos públicos, as instituições e os processos fiscais terão que ser mais robustos tanto em relação aos ciclos econômicos quanto aos políticos, e maior atenção terá que ser dada ao controle das despesas correntes. Os benefícios potenciais de estabelecer processos e instituições fiscais mais robustas e transparentes são enormes. Apesar do processo de fortalecimento institucional já ter começado, como será detalhado adiante, desafios significativos ainda permanecem (OCDE, 2006).

A Turquia apresenta um dos mais centralizados sistemas de gestão pública do mundo. Dados de 2001 indicavam que apenas 13% das receitas totais do governo geral eram geridos por administrações subnacionais. Os 3.225 municípios turcos, sendo 62,5% deles com mais de 5 mil habitantes, têm pouca autonomia para tributar. Quase toda a arrecadação é centralizada pelo governo central, que também se responsabiliza pelo provimento da maior parte dos serviços públicos (OCDE, 2005a).

No entanto, o sistema de governo centralizado turco obteve sucesso na tarefa de manter os gastos sob controle e fornecer serviços eficientemente. Por isso, tem havido ao longo dos anos um movimento na direção de "afrouxar" a atual estrutura e disposição de dar mais poder e responsabilidades aos governos locais (Bindebir, 2004).

QUADRO 6.1

Turquia — estágios das reformas dos governos locais

Ano	Marco legal/regulatório
1930	Ato das Municipalidades 1580. Válido até agora
1961	Adoção de uma nova Constituição estabelecendo o princípio da descentralização
1984	Ato 3030 estabelecendo as bases para a reorganização das grandes cidades
1987	Lei da Administração Provincial Especial. Confere mais poder às províncias
1995	Emenda constitucional relativa ao corpo administrativo das administrações locais

Fonte: Bindebir (2004).

Somente em 2004 tramitou pelo Parlamento turco uma lei que de fato revia os princípios federalistas do país. Trata-se da Lei de Estrutura da Administração Pública (Public Administration Framework Law). Aprovada naquele ano, a lei começou a ser implementada em 2005. Embora não preveja a descentralização da arrecadação, que continua sob a égide do governo central, tal lei prevê uma considerável descentralização dos gastos públicos, que gradualmente vêm sendo delegados aos municípios e províncias (Banco Mundial, 2006).

250 AJUSTES FISCAIS

Outra inovação da Lei de Administração Pública é a sua insistência na possibilidade dos governos subnacionais recorrerem a canais de provisão de serviços distintos dos serviços públicos monopolísticos. A lei autoriza o uso de prestadores de serviços privados por parte de autoridades públicas, notadamente governos subnacionais com novas responsabilidades, para aumentar a eficiência na oferta dos serviços. Vale notar que a pouca utilização de competição e sinais de mercado na provisão de serviços públicos tem sido uma importante área de fraqueza do sistema de gerenciamento de gastos públicos turco. A possibilidade de prestação de serviços, outrora monopolizados pelo mercado, por parte de entes privados pode, em algumas áreas e devidamente regulados, incentivar a competição e aumentar a qualidade e a eficiência dos serviços (OCDE, 2005a).

De acordo com estimativas iniciais, essa lei implicaria a devolução de metade das responsabilidades de gastos com serviços públicos às autoridades subnacionais, e tem o potencial de transformar a Turquia em um dos mais descentralizados países da OCDE no que diz respeito às despesas (OCDE, 2005a).

Um detalhado processo de limitação dos gastos nas esferas subnacionais acompanha o projeto de descentralização. Existem três tipos de fontes de receita nas municipalidades turcas: recursos locais (impostos municipais, cobranças por uso de serviços e receitas de outras taxas); transferências do governo central e empréstimos. A Turquia, em contraposição a outros países, tem aproximadamente 80% dos recursos financeiros providos às municipalidades advindos de transferências do governo central.

Existem três canais usados para distribuir transferências na Turquia. O primeiro, aproximadamente 55% de todas as transferências, se refere à alocação de receitas do governo central baseada no tamanho populacional. O segundo, cerca de 30% de todas as transferências, se refere a impostos arrecadados dentro das províncias repassados para as municipalidades metropolitanas. Mais especificamente, as 16 regiões metropolitanas recebem o equivalente a 4,1% das receitas totais coletadas nas províncias em que elas são localizadas. Uma vez recebida, a receita é dividida em três partes. A maior, 55%, vai para vários municípios distritais de acordo com as suas populações, 35% são alocados à municipalidade metropolitana, e os 10% restantes vão para a administração de águas e esgoto. O terceiro tipo de transferência consiste em alocações do orçamento do governo central a vários ministérios e outras agências que repassam os fundos para atividades municipais.

Depreende-se do exposto que, como as suas principais fontes locais de receita são provenientes de transferências do governo central e a capacidade de empréstimo dos entes federativos locais é limitada (existem ainda maiores limitações para empréstimos em moeda estrangeira), o perfil fiscal e os déficits das municipalidades são, a princípio, restritos pelas políticas do governo central.

Entretanto, existem sérios riscos de desvios que podem comprometer os objetivos fiscais do governo geral, principalmente pelos municípios que estão abaixo de seus limites de endividamento e/ou que são suficientemente grandes para ignorar ou conseguir brechas nos limites impostos pelo governo central (por exemplo, com a criação de corporações municipais). Vale frisar que esses riscos são particularmente grandes nos primeiros estágios da descentralização, quando as expectativas de gastos dos governos subnacionais serão grandes, e as salvaguardas e informações financeiras do governo central serão fracas. É essencial que as provisões das novas leis sejam totalmente consistentes em espírito e letra. Instrumentos administrativos e financeiros devem ser usados de maneira apropriada para assegurar o *compliance* com o arcabouço fiscal nacional. De outra forma, existe um claro risco de que a descentralização leve a um enfraquecimento da disciplina fiscal (OCDE, 2005a).

Além disso, existem várias outras fraquezas no sistema turco de atribuição de receitas. Em primeiro lugar, a base de arrecadação e a autonomia financeira dos governos locais na Turquia são muito restritas e a alíquota de impostos não é determinada pelos governos locais. Portanto, os governos locais não estão totalmente aptos a resolver assuntos e problemas locais e exercer de forma livre e plena as suas responsabilidades. Como conseqüência, governos locais não são obrigados a justificar as suas políticas tributárias ao seu eleitorado e estão, portanto, sob menos pressão para reduzir ou justificar as suas despesas.

Em segundo lugar, existe pouca coordenação entre os entes federativos. Na Turquia, existe pouca compatibilidade das políticas fiscais subnacionais com a política fiscal nacional, ou seja, com os objetivos governamentais gerais para receitas e despesas. Para aumentar essa compatibilidade é desejável que governos subnacionais sigam uma rotina de preparação, implementação e divulgação orçamentária que seja compatível com o arcabouço fiscal nacional. Sob o arcabouço legal atual, os governos subnacionais preparam e adotam os seus próprios orçamentos e os divulgam para o governo central e Parlamento apenas "para informação". Além disso, há pouca transparência nas transferências turcas e as parcelas alocadas muitas vezes não são tornadas públicas.

Por último, a dependência de transferências governamentais reduz a eficiência econômica e a autonomia local ao minimizar o controle dos governos locais sobre decisões de gastos. Adicionalmente, a pouca autonomia tributária faz com que os governos locais não tenham incentivos para aumentar as próprias receitas

252 AJUSTES FISCAIS

na medida em que sabem que o aumento de impostos locais teria pouco efeito na arrecadação local total e alto custo político para as autoridades locais (Bindebir, 2004). Portanto, a dependência das municipalidades das transferências governamentais precisa ser reduzida e a responsabilidade fiscal deve ser incentivada pelo fortalecimento da base de arrecadação municipal. A descentralização das responsabilidades de governos locais em relação a despesas deve ser claramente ligada aos recursos e atividades. Além disso, deve-se aumentar a transparência em relações fiscais intergovernamentais (OCDE, 2006d).

TABELA 6.5

Turquia — distribuição das receitas locais (2001 — %)

Tipo de receita	Total (%)
Participação na receita tributária do governo central	42,9
Tarifas de uso e outras taxas	35,5
Impostos locais	13,2
Receitas de empresas públicas	6,8

Fonte: Bindebir (2004).

A Lei de Estrutura da Administração Pública representa um importante passo na direção de transformar e aumentar a eficiência do sistema de finanças públicas da Turquia. Entretanto, é essencial para isso a consecução de um rigoroso arcabouço fiscal, institucional e regulatório no nível nacional, de modo que essa reforma cumpra suas promessas e não permita que fatores como os incentivos perversos advindos da pouca autonomia dos governos subnacionais, sobretudo na dimensão tributária, a ausência de metas de controle de gastos e a falta de coordenação apropriada entre os entes federativos dificultem a obtenção deste objetivo.

O sucesso da lei de reestruturação da administração pública demanda a consolidação do amadurecimento do processo orçamentário turco, iniciado pela Lei do Controle Gerencial e Financeiro (Public Financial Management Control Law). Tal lei foi aprovada em 2003, sendo aplicada pela primeira vez ao orçamento público de 2006. Seu objetivo básico é o de aproximar os padrões de orçamento da Turquia aos internacionais, melhorando o detalhamento das receitas e despesas, bem como a especificação do órgão governamental responsável por cada projeto. Pela primeira vez na administração pública turca objetiva-se consolidar todas as operações fiscais do governo em um enfoque de governo geral integrado desde os estágios de preparação até o fechamento do orçamento.

Até a aprovação dessa lei, o orçamento turco era gerido sob um regime de caixa que cobria o período de um ano. Recursos de algum projeto específico só podiam ser realocados para um período subseqüente após autorização explícita do ministro das Finanças, que avaliava essa possibilidade caso a caso. Não se estabelecia qualquer tipo de meta fiscal a ser cumprida pelo governo via orçamento, seja ela real, nominal ou em percentagem do PIB. A exemplo do Brasil, a Turquia enfrenta problemas com o volume de receitas vinculadas constitucionalmente ou por meio de outra legislação. Mais de 80% dos recursos são vinculados, proporção que contrasta com a média dos países da OCDE que é de 60% (OCDE, 2006b). O novo sistema orçamentário turco, que começou a valer a partir de 2006, será preparado de acordo com um cronograma inspirado no modelo padrão de muitos países da OCDE.

O orçamento central continuará tendo o papel de pivô das finanças públicas, entretanto, algumas importantes mudanças serão, em tese, introduzidas gradualmente em relação ao processo orçamentário turco anterior. Todos os fundos extra-orçamentários serão integrados ao orçamento central. Uma programação econômica de médio prazo preparada pelo Conselho de Ministros será preparada pela Organização de Planejamento do Estado (State Planning Organization — SPO), cobrindo políticas macroeconômicas; metas e indicadores econômicos no contexto de planos de desenvolvimento estratégico; e condições econômicas gerais. Um plano fiscal de médio prazo, consistente com a programação econômica de médio prazo, será preparado pelo Ministério da Fazenda. Ele incluirá projeções de receita e despesa total, metas orçamentárias e propostas de tetos para apropriações de administrações públicas. Ele será endossado pelo Alto Conselho de Planejamento (High Planning Council). Esses documentos estabelecerão as bases para as discussões e negociações com ministérios e agências, antes da reconciliação política do orçamento no gabinete e no Parlamento.

Um arcabouço orçamentário plurianual que contempla os dois anos seguintes (*rolling multi-yearly budget framework*) acompanhará a lei orçamentária. O orçamento votado será implementado por meio de um sistema de Tesouro unificado e o fechamento contábil será apresentado logo após o exercício do orçamento. Um relatório de auditoria detalhado será submetido ao Parlamento antes do fechamento das contas. A contabilidade das instituições de seguridade social, fundos extra-orçamentários e governos locais será preparada e fechada de acordo com as suas respectivas leis, mas será coordenada com o orçamento central. As suas provisões orçamentárias serão comunicadas ao Parlamento antes da votação do orçamento central. A contabilidade do governo geral integrado será publicada em

254 AJUSTES FISCAIS

períodos de três meses, junto com um relatório anual que será divulgado logo após o fechamento do ano de exercício do orçamento. A Instituição de Auditoria do Estado (State Audit Institution — Systay) terá autoridade para auditar todas as contas e organizações do governo geral.

De modo a alinhar a contabilidade com o padrão das estatísticas financeiras de governos (*government financial statistics* — GFS), o sistema de codificação será revisado. Pretende-se que cada item de gasto seja identificado em termos institucionais, administrativos, econômicos, funcionais e orçamentários. Além disso, o relatório do orçamento será compilado de acordo com diferentes classificações. O novo sistema de codificação será implementado por todas as entidades do governo geral gradualmente a partir de 2006.

QUADRO 6.2

Turquia — o novo ciclo de preparação do orçamento

Processo de preparação do orçamento	Meta de datas para cada ano
Programa econômico de médio prazo	Final de maio
Plano fiscal de médio prazo	15 de junho
Chamada orçamentária do primeiro-ministro e guia de preparação orçamentária	Final de junho
Circular de investimento da SPO e guia de preparação da programação de investimentos	Final de junho
Administrações públicas submetem as suas propostas de receitas e despesas orçamentárias ao Ministério da Fazenda	Final de julho
Administrações públicas submetem as suas propostas de investimento para a SPO	Final de julho
O Alto Conselho de Planejamento (subgabinete econômico) estabelece os indicadores macroeconômicos e tetos orçamentários	Primeira semana de outubro
A lei orçamentária do governo central é submetida ao Parlamento	17 de outubro
O plenário do Parlamento debate e aprova o orçamento	Dezembro
A lei orçamentária do governo central é publicada no *Diário Oficial* antes do começo do ano fiscal	Final de dezembro
Publicação do programa de investimento público no *Diário Oficial* em linha com a lei orçamentária do governo central	15 de janeiro

Fonte: OCDE (2006d).

É necessário que os governos locais, novos protagonistas do gasto público do país, passem a integrar efetivamente o orçamento, o que possibilitaria um melhor planejamento. A articulação entre as novas leis de orçamento e administração pública, portanto, é vital. Adverte-se, contudo, que o sistema orçamentário da

Turquia permanece autorizativo, o que, potencialmente, pode redundar em gastos efetivos diferentes dos gastos planejados (OCDE, 2005a).

A nova lei orçamentária foi colocada em prática pela primeira vez em 2006, e a Lei de Estruturação da Administração Pública vem esbarrando em entraves políticos que a impedem de funcionar na íntegra. O principal problema a ela relacionado remete à fusão de alguns municípios e vilarejos, prevista na lei. Acredita-se que as administrações municipais, jurisdições importantes para o sucesso do novo modelo de administração, ganhariam em escala se representassem pelo menos 5 mil habitantes. Dessa forma, alguns pequenos municípios teriam que se fundir, fato que não vem recebendo boa aceitação popular (OCDE, 2005a).

De qualquer forma, o novo arcabouço orçamentário representa uma evolução no sentido de impulsionar o ajuste fiscal, tendo em vista o fato de que representa uma tentativa firme de tornar os gastos públicos mais transparentes e efetivos. A introdução de um orçamento baseado em metas de performance irá requerer uma grande mudança cultural entre os servidores públicos, dadas a longa história de tomadas de decisão centralizadas e a falta de experiência com objetivos específicos de agências individuais (OCDE, 2006d).

No passado, e sob certas circunstâncias, iniciativas políticas que implicavam gastos consideráveis precisavam se financiar com fontes distintas do orçamento usual, aprofundando uma divisão funcional entre o orçamento oficial, votado pelo Parlamento e direcionado às despesas rotineiras, e canais de financiamento extra-orçamentários utilizados por ações governamentais. O exemplo-padrão consiste no esforço massivo para aumentar os investimentos em estradas, irrigação, energia, telecomunicações e moradia pública nos anos 1980 e 1990, que eram financiados por grandes fundos extra-orçamentários. Um exemplo mais recente se refere à ambiciosa campanha governamental para aumentar o período de educação primária de cinco para oito anos. A decisão foi tomada em 1997 e foi implementada via um programa orçamentário especial provido por empréstimos do Banco Mundial. Mais de 1% do PIB na forma de novos financiamentos podiam ser canalizados anualmente para esse projeto. Nesse arcabouço fragmentado, moldar prioridades, regras contábeis transparentes e direção coerente para os gastos era impossível.

Outra forma importante de recurso extra-orçamentário na Turquia refere-se aos fundos rotativos (*revolving funds* — RF). A Lei do Controle Gerencial e Financeiro estabelece que os fundos rotativos devem ser liquidados a partir de 2007. Eles eram comuns em várias agências públicas e vendiam serviços em troca de uma taxa. A Lei do Controle Gerencial Financeiro é bastante crítica em relação aos fundos rotativos. A lei explica que eles se degeneraram ao longo do tempo em coletores informais de impostos, obstruindo o acesso a serviços e distorcendo a competição em mercados privados. Em maio de 2004, existia um total de 1.440 "fundos rotativos" operados em universidades públicas, hospitais e prestadoras de serviços, vendendo vários serviços (pesquisa, assistência etc.) e gerando receitas orçamentárias para as suas organizações.

Parte dos fundos extra-orçamentários para infra-estrutura e moradia foi integrada ao orçamento em 1993. Os fundos restantes foram integrados em 2000 na forma de esquemas especiais de apropriação e pretendia-se que fossem inteiramente abolidos em 2005. O banco público que financiava investimentos em moradia foi fechado. O programa especial de educação foi abolido em 2003. Um quarto dos recursos do Conselho de Propaganda (Advertising Council) continua a ser vinculado para gastos com educação.

Até 2001 existiam dois fundos extra-orçamentários geridos pelo governo central que serviam às administrações locais (o fundo de municipalidades e o fundo de administração local). Atualmente, já não existem atividades extra-orçamentárias em administrações locais. Exceto as corporações financeiras estabelecidas por administrações locais, todas as receitas e despesas são incluídas nos orçamentos locais.

GRÁFICO 6.12
Turquia — evolução dos recursos extra-orçamentários e despesas totais
(1987-2003 — % do PIB)

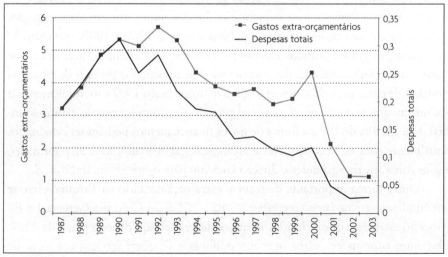

Fonte: SPO.

Apesar das disposições da Lei do Controle Gerencial e Financeiro, a importância de fundos rotativos não tem diminuído e o seu *status* ainda não foi resolvido. Dado que os fundos rotativos se desenvolveram como uma forma de valer-se de brechas nas regulamentações orçamentárias excessivamente rígidas (como restrições à cobrança de taxas no sistema de saúde), a sua resolução irá requerer reformas importantes em vários ministérios (especialmente Saúde e Educação). Essencialmente, uma decisão tem que ser feita entre incorporar os fluxos de receita e despesas dos fundos rotativos à contabilidade do governo geral ou transformar em corporações as instituições relevantes (por exemplo, hospitais). Dada a inconsistência dos fundos rotativos com os objetivos governamentais de contabilidade e transparência, essas decisões merecem receber prioridade (OCDE, 2006d).

Estímulo aos investimentos estrangeiros diretos

Paralelamente ao esforço de reestruturação dos gastos públicos do país, a Turquia desenvolve programas que visam ampliar o volume de investimentos na economia, dando prioridade aos investimentos privados. O amplo programa de privatizações conduzido ao final da década de 1990 e início da década atual caminhou nessa direção. Nesse contexto, o Estado reduz sua participação nos investimentos de capital, podendo ampliar o seu papel de gerador de infra-estrutura básica.

A abertura do país para investimentos estrangeiros vai ao encontro dos esforços de integração engendrados pela Turquia, aspirante a uma vaga de membro efetivo da União Européia. Fazendo-se valer da posição geográfica estratégica — que funciona como um elo entre o mercado europeu e o próspero mercado asiático —, o país almeja a consolidação de sua condição de receptor de investimentos privados externos. Para tanto, dedica-se a reforçar a abertura de sua economia, investindo no desenvolvimento de um ambiente de mercado mais transparente.

A Lei de Investimentos Estrangeiros Diretos, regulamentada em 2003, tem como foco a reafirmação dos propósitos de interferência mínima do Estado na economia, reforçando o respeito à propriedade privada. A redação da lei garante aos investidores estrangeiros tratamento idêntico àquele dispensado aos investidores locais, sujeitando-os aos mesmos marcos regulatórios e judiciais. Os estrangeiros podem se organizar em qualquer tipo de arranjo previsto pelo Código Comercial turco. A legislação estende seus benefícios a todos os investidores estrangeiros estabelecidos no país desde 1954, enfatizando a inconstitucionalidade da expropriação ou nacionalização de ativos por parte das autoridades turcas.

Concomitante à regulamentação da lei, a Turquia criou um Comitê Intergovernamental de Coordenação para reduzir os obstáculos burocráticos ao investimento externo. Tal comitê centraliza em um único escritório a representação legal de todos os órgãos jurídicos e econômicos que tratam das questões relacionadas ao investimento estrangeiro. O objetivo principal do comitê é a minimização dos custos de transação incorridos pelo investidor estrangeiro que, teoricamente, desconhece os procedimentos para a abertura de um negócio na Turquia.

Exige-se, basicamente, o cumprimento de apenas três requisitos para que a empresa estrangeira possa iniciar suas atividades:

- preparação e registro do contrato social da empresa;
- depósito de 0,04% do seu capital como contribuição para a respectiva entidade de representação onde a empresa irá atuar;
- apresentação do contrato social no Escritório de Registro Comercial do país.

Não há exigência de capital mínimo para qualquer empresa que queira se instalar na Turquia.

Assegura-se, ainda, a livre transferência — via bancos ou instituições financeiras especiais — de lucros, dividendos, reembolsos, compensações e recursos provenientes da liquidação (integral ou parcial) de qualquer tipo de investimento estrangeiro (Turkey, 2003). Com a adoção de tal resolução, a Turquia espera que o ambiente de investimentos do país se aproxime do ambiente observado na zona do euro, onde a transferência de recursos entre países é facilitada (Banco Mundial, 2006:121-122).

O Comitê Intergovernamental de Coordenação não seria a única instituição nova criada dentro do país para fomentar os investimentos estrangeiros diretos. Prevê-se, ainda, a formação de uma Agência de Promoção do Investimento capaz de articular a sintonia entre os projetos de investimento das empresas privadas e os investimentos de infra-estrutura conduzidos pelo setor público (Turkey, 2004).

Ainda não é possível avaliar de forma definitiva os impactos da nova lei sobre a economia turca. Os primeiros anos de vigência da mesma, contudo, apontam para boas perspectivas. De acordo com a Conferência das Nações Unidas sobre Comércio e Desenvolvimento (Unctad, 2006), os fluxos líquidos de investimento estrangeiro direto na Turquia aumentaram de 0,7% para 2,4% do PIB entre 2004/05. Os estoques de capital estrangeiro passaram de 8,5% para 9,4% do PIB entre os mesmos anos, o que denota uma maior disposição dos empresários estrangeiros em investir no país.

Tais ganhos tendem a se tornar mais evidentes à medida que o país consiga reforçar junto ao mercado sua condição de ambiente seguro para o investimento. A aproximação com a União Européia, responsável por mais da metade dos novos investimentos nos últimos anos (Turkey, 2006), também pode contribuir para novos influxos.

É importante, contudo, que a Turquia qualifique sua mão-de-obra e melhore seus indicadores educacionais, o que possibilitaria a atração de investimento nos setores mais sofisticados da indústria, que proporcionem maior desenvolvimento econômico para o país (OCDE, 2005a:23-24). Tem sido recorrente a afirmação de que a Turquia só está conseguindo se beneficiar de um maior fluxo de investimentos externos em virtude de sua regulamentação industrial permissiva, que atrai as chamadas "indústrias sujas", em geral, produtoras de bens de baixo valor agregado. A qualificação dos investimentos estrangeiros, portanto, consiste num novo obstáculo.

A reforma da previdência

Os problemas típicos relacionados ao envelhecimento populacional em países que operam sua previdência em sistemas de repartição (ou Payg — *pay as you go*) começaram a surgir na década de 1980, quando a arrecadação passou a ser inferior aos gastos. O déficit do sistema de seguridade social passou a ser financiado pelo governo e tornou-se o principal item de despesa do orçamento público, chegando a 3,5% do PIB em 2005 (Vorkink, 2005). Para 2006 há previsão de que o déficit chegue a 4,1% do PIB. As projeções indicam que, na ausência de alterações, esse déficit será de 5% do PIB até 2010, chegando a 16% do PIB em 2050 (Vorkink, 2005).

Assiste-se a tal problema a despeito do fato de a Turquia ser um país relativamente jovem. Em 2005, a população turca alcançou 73 milhões de pessoas, sendo 35,4 milhões (48,5%) com idade inferior a 24 anos (Tusiad, 2005). A crise no sistema previdenciário turco tem sido analisada como decorrente dos problemas enfrentados pelo sistema de repartição, que vem apresentando problemas no mundo inteiro por razões muito parecidas.

No caso específico da Turquia, os problemas foram agravados pela baixa idade mínima para a aposentadoria permitida antes da reforma: 38 anos para mulheres e 43 anos para homens. Até 1999, os servidores civis do sexo masculino podiam se aposentar depois de 25 anos de contribuição. As servidoras do sexo feminino o faziam após 20 anos. O benefício concedido correspondia a 75% do último salário, independentemente do histórico de contribuição do segurado. Os trabalhadores do setor público e de companhias do setor privado ainda contavam com a possibilidade de usufruir uma modalidade especial de aposentadoria, concedida após 14 anos de contribuição e que assegurava um benefício equivalente a 60% do último salário (Vorkink, 2005).

O sistema sempre foi muito vulnerável a fraudes e sonegações. A declaração de salários abaixo do verdadeiro é comum, bem como a retenção da contribuição social, visto que as multas por atrasos no recolhimento são inferiores aos juros das aplicações disponíveis no mercado.

Antes de maio de 2006, o sistema turco de seguridade social era feito de três instituições separadas: SSK para trabalhadores do setor público e privado; Emekli Sandigi (ES) para servidores públicos e Bag-Kur, para trabalhadores autônomos e rurais. Juntas, as três instituições fazem com que o sistema tem tido déficit por mais de uma década, apesar das condições demográficas muito favoráveis.

GRÁFICO 6.13
Turquia — condições demográficas (ano x mediana da idade em anos)

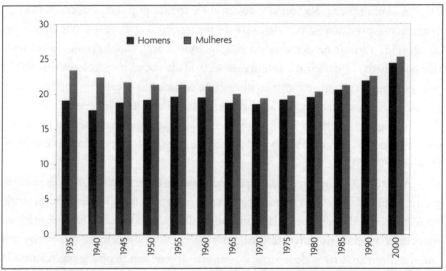

Fonte: SPO.

Ao longo do tempo esses déficits têm requerido maiores transferências do governo geral, implicando várias tentativas de reforma. A primeira reforma, em 1999, levou a uma queda temporária na despesa dos sistemas SSK, ES e Bag-Kur, no entanto eles começaram a subir novamente em função de uma combinação de aumentos discricionários no nível das pensões e de um encolhimento da base do prêmio.

GRÁFICO 6.14
Turquia — despesa dos diferentes sistemas de seguridade e transferências orçamentárias para a seguridade social (1980-2005 — % do PIB)

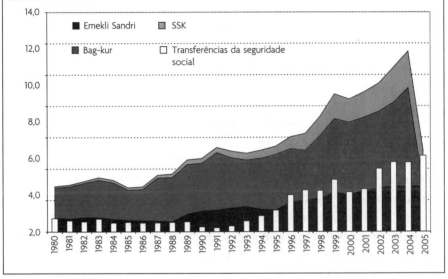

Fonte: SPO.

O valor acumulado desses déficits entre 1994-2004, mais o custo do serviço da dívida (calculado a partir da taxa dos títulos do Tesouro), foi de 475 bilhões de liras turcas a preços de 2004, igual a aproximadamente 110% do PIB e 1,5 vez o total consolidado de estoque da dívida ao final de 2004. Portanto, o sistema de seguridade social insustentável merece uma grande parte da culpa pelos desafios fiscais enfrentados pela Turquia na década passada. Nesse contexto, a reforma da seguridade social de 2006 é essencial. Em vez de continuar a crescer, os cenários atuariais mostram esses déficits declinando gradualmente ao longo das próximas quatro décadas e alcançando o equilíbrio em torno de 2045.

Após consideráveis atrasos, duas novas leis de seguridade social passaram em maio de 2006. A Lei de Reforma Administrativa da Seguridade Social se tornou efetiva desde maio de 2006 e a Lei de Reforma da Saúde e Seguro Social se tornou efetiva desde janeiro de 2007.

A primeira dessas leis (Lei de Reforma Administrativa da Seguridade Social) unificará as três instituições sociais em uma. Essa mudança aumentará consideravelmente a capacidade da administração em monitorar precisamente o número de pessoas asseguradas, receitas e despesas, assim como facilitará a provisão de me-

262 AJUSTES FISCAIS

lhores serviços aos clientes. Um importante benefício na área de pensões será o aumento na facilidade de impor o registro na seguridade social. O estabelecimento de um sistema de seguridade social integrado também permitirá uma maior mobilidade da força de trabalho entre os setores públicos, privados e autônomos, contribuindo potencialmente para uma maior produtividade da força de trabalho. Talvez, os benefícios sejam ainda maiores no financiamento à saúde.

A segunda lei (Lei de Reforma da Saúde e Seguro Social) unifica as regras de cálculo dos três sistemas de pensão introduzindo uma única fórmula que é baseada em parâmetros mais sustentáveis do que os atualmente em curso. Levando em consideração a taxa de reposição previdenciária líquida (pensão líquida como percentual dos ganhos individuais pré-aposentadoria) nos três sistemas de regras de aposentadoria: regras pré-1999 (sistema 1); regras 2000-06 (sistema 2) e regras 2007-15 (sistema 3), a OCDE (2006d) observou que, apesar das taxas de reposição serem altas sob o sistema 1, é bastante claro que o sistema 2, introduzido em 1999, implica taxas de reposição ainda mais altas. Felizmente para as finanças públicas turcas, a reforma de 2006 diminuiu novamente a taxa de reposição. Na prática, nenhum trabalhador receberá uma taxa de reposição integralmente pelo sistema 2, dado que esse sistema só vigorou por apenas sete anos. Entretanto, trabalhadores que participaram do mercado formal durante esses sete anos terminarão com taxas de reposição maiores do que os que não participaram.

QUADRO 6.3

Turquia — condições mínimas de aposentadoria

Sistema	Homens	Mulheres
Sistema 1: pré-regras de 1999 (até 1999)	Segurado por 25 anos + 5 mil dias de contribuição ou 55 anos de idade mais 5 mil dias de contribuição	Segurado por 20 anos + 5 mil dias de contribuição ou 50 anos de idade mais 5 mil dias de contribuição
Sistema 2: 2000-06	Sessenta anos + 7 mil dias de contribuição ou 60 anos + 25 anos como segurado + 4.500 dias de contribuição	58 anos de idade + 20 anos como segurado
Sistema 3: após 2006	Sessenta anos + 25 anos de trabalho (apenas para aqueles que ingressarem na força de trabalho após a introdução da nova lei) A partir de 2036 a idade começará a crescer em direção a 65 anos	Cinqüenta e oito anos + 25 anos de trabalho (apenas para aqueles que ingressarem na força de trabalho após a introdução da nova lei) A partir de 2036 a idade começará a crescer em direção a 65 anos

Fonte: OCDE (2006d).

Apesar dos cortes implicados pela reforma de 2006, a taxa líquida de reposição permanece alta para padrões da OCDE. Uma razão importante refere-se ao fato de que pensionistas na Turquia não pagam imposto de renda ou prêmios de seguro-saúde. Com a exceção do México e da República da Eslováquia, todos os outros membros da OCDE taxam as pensões e um número significante também requer que os pensionistas paguem prêmios de seguro-saúde. Além disso, alguns dos novos parâmetros são bastante "generosos", apesar do impacto ser parcialmente anulado por outros pontos. Em particular, o novo valor de pensão acumulado de 2% ao ano (*accrual rate*), apesar de menor do que o anterior (o que significa que os trabalhadores terão que trabalhar mais para ganhar a mesma pensão) permanece relativamente alto para padrões da OCDE. O único país que possui uma taxa mais alta é a Espanha. Além disso, o valor de pensão acumulado na Turquia é ainda mais alto — 2,5% ao ano — no curto prazo; apenas a partir de 2016 a taxa mais baixa de 2% passará a valer. Por outro lado, a nova taxa de correção é ligeiramente menos generosa do que a média da OCDE. Enquanto na Turquia ganhos passados serão corrigidos por uma média entre o índice de inflação ao consumidor e crescimento dos ganhos da economia como um todo, vários outros países da OCDE colocam 100% de peso nos ganhos médios (que em geral crescem mais rápido do que preços). A indexação da pensão pós-aposentadoria é baseada na inflação assim como já era anteriormente à reforma de 2006.

De maneira geral, a melhoria na fórmula de pensão explica apenas uma parte da melhora projetada da sustentabilidade fiscal do sistema. Outros fatores importantes incluem: um aumento na contribuição base para ES e Bag-Kur; uma mudança na indexação das pensões ES de salário para inflação; e uma transição gradual — após 2036 — para um patamar maior de idade de aposentadoria mínima de 65 anos. Apesar da reforma de 1999 já ter legislado a respeito de um aumento gradual dos limites mínimos de idade extremamente baixos que são verificados nos dias de hoje, a reforma de 2006 legislou também por um acréscimo para 65 anos — incluindo mulheres — entre 2035-48. No meio-tempo, entretanto, trabalhadores bem jovens têm ainda direitos a receber pensões integrais, gerando pouco incentivo para que continuem a trabalhar — pelo menos no setor formal — após se qualificarem para a aposentadoria (OCDE, 2006d).

Apesar das reformas que foram aprovadas recentemente, o sistema de pensão é ainda uma barreira significativa para a expansão do setor formal por dois motivos. Primeiro, o aumento dos limites de aposentadoria serve para direcionar a força de trabalho (geralmente mais educada) de meia-idade do setor formal para o informal. Segundo, as contribuições para a seguridade social permanecem altas, constituindo uma parcela significativa do custo trabalhista, desencorajando o emprego de trabalhadores pouco qualificados por empresas do setor formal. Além disso, o sistema de pensão turco atua pouco no sentido de lidar com os problemas de pobreza e eqüidade da população geral.

Apesar da melhoria na sustentabilidade do déficit previdenciário turco em função da reforma de 2006, a transição lenta para as novas regras é excessivamente cara e cria poucos incentivos para a participação do setor formal. As novas regras de aposentadoria têm sido implementadas muito lentamente em dois aspectos.

Em primeiro lugar, a idade para se candidatar à aposentadoria é a menor em toda a OCDE, e é esperado que a mesma se eleve gradualmente. Esse problema se originou entre 1986-92, quando medidas populistas eliminaram a idade mínima de aposentadoria, permitindo aposentadorias com menos de 15 anos de contribuição, aparentemente na esperança de diminuir o desemprego, o que não se verificou. No entanto, essas medidas aumentaram drasticamente o déficit da seguridade social e permitiram que trabalhadores precocemente aposentados continuassem trabalhando informalmente enquanto recebiam as suas pensões. Apesar das condições mais estritas introduzidas na reforma de 1999, mais da metade dos atuais pensionistas pertencentes ao sistema de trabalhadores do setor privado (SSK) ainda estão abaixo da idade mínima oficial de aposentadoria (58 para homens e 60 para mulheres). Além disso, mais do que 3/4 dos pensionistas são mais jovens do que a idade de referência mais alta de 65 anos, e é esperado que essa percentagem permaneça alta pelas próximas décadas que virão.

Atualmente, as mulheres podem se aposentar antes dos homens e, como vivem mais que os homens em média, tipicamente extraem maiores taxas de retorno implícitas de suas contribuições. Isso sugere que alguma economia pode ser feita acelerando a equalização das aposentadorias para homens e mulheres. No presente, as mulheres, com elegibilidade para aposentadoria aos 44 anos e uma expectativa de vida (aos 44 anos) de 76, desfrutam de um período médio de aposentadoria de 32 anos, enquanto os homens, com elegibilidade para aposentadoria aos 47 e expectativa de vida de 75 anos (aos 47) desfrutam de um período médio de aposentadoria de 28 anos. Nenhum outro membro da OCDE tem um período médio tão longo de elegibilidade para aposentadoria.

Em segundo lugar, o envelhecimento dos trabalhadores intitulados com regras de pensão anteriores é muito custoso em função da pouca velocidade com que os novos parâmetros de aposentadoria estão sendo implementados. Um dos problemas existentes antes da reforma de 1999 consistia na falta de ligação entre as contribuições de seguridade social pagas e os salários de aposentadoria subseqüentes. Como resultado, era comum para muitos empregados pagar o prêmio de seguridade social legalmente mínimo e, subseqüentemente, aumentar a contribuição para um patamar superior somente próximo do período de se qualificar para a aposentadoria, recebendo uma pensão atuarialmente generosa. Apesar de um grande percentual de trabalhadores estar ainda registrado como ganhando salário mínimo, trabalhadores que pagam a contribuição mínima a terão agora refletida em suas aposentadorias, pelo menos a porção pós-1999 de sua vida produtiva.

Tópicos especiais

Contribuições das estatais para o déficit e financiamento do déficit público

Na década de 1980, o resultado fiscal deteriorado da Turquia resultou em déficits fiscais insustentáveis que são a causa principal da inflação crônica observada nesse período. As empresas estatais foram atores principais desse processo, contribuindo decisivamente para o agravamento da situação. Embora as empresas estatais representassem uma parcela bastante significativa do PIB, eram muito ineficientes e deficitárias elevando as necessidades de financiamento do setor público (NFSPs). Na década de 1980, as empresas estatais foram responsáveis na média por 50% das necessidades anuais de financiamento do setor público. Após ultrapassar os 4% do PIB em 1980, o déficit das empresas estatais em relação ao PIB se manteve em torno dos 2% durante toda a década enquanto a média da relação NFSP/PIB foi de 5%. Em 1986, após 10 anos de uma leve redução da participação das estatais nas NFSPs, ela superou os 60%. Nesse mesmo ano, foi anunciado o início do programa de privatização visando fomentar o capital privado e aumentar a produtividade e a eficiência da economia além de melhorar o resultado fiscal do governo.

Embora o processo de privatização até 2004 tenha tido um alcance limitado em termos de volume de recursos obtidos e da redução dos principais monopólios estatais, os dados sugerem que em termos fiscais o impacto foi importante. O resultado das empresas estatais melhorou substancialmente até 1997, quando já registravam superávit, em conseqüência da opção do governo de vender as empresas e ativos com piores resultados e da melhoria da gestão das empresas ainda estatais. As NFSPs subiram levemente no período para 6% do PIB.

Com a crise cambial dos mercados emergentes, a situação fiscal da Turquia novamente se deteriorou e o resultado das estatais voltou a registrar déficits consecutivos até 2002. No entanto, nesse período, a importância do resultado das estatais em relação às NFSPs não superou os 20%. Elas, por sua vez, chegaram a atingir os 16% do PIB em 2002 pouco antes do FMI e Turquia fecharem um pacote de reformas econômicas. A análise do resultado das estatais de 2002-04 mostra uma evolução bastante positiva com um superávit de quase 1% do PIB em 2004. No entanto, a venda das grandes estatais lucrativas em 2005/06 (como a Turkish Telekom, a siderúrgica Erdemir e a petrolífera Tupras) deve resultar em novos resultados negativos para os próximos anos, apesar da expectativa de uma melhora no resultado das demais empresas restantes.

GRÁFICO 6.15

Turquia — déficit das estatais x NFSP (1975-2004 — % do PIB)

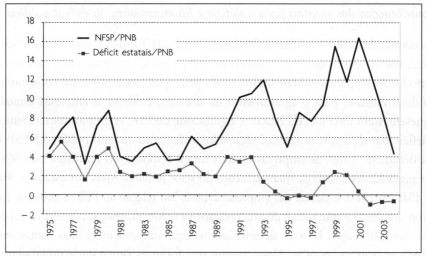

Fonte: Banco Central da Turquia.

As principais fontes de financiamento da Turquia são as emissões internas. No período 1994-2005, o governo financiou o seu déficit integralmente com emissões no mercado doméstico em sete dos 12 anos, sendo cinco anos seguidos de 1994-98. Em quatro anos, 1999 e nos últimos três anos analisados (2003-05) as emissões domésticas representaram quase a totalidade do financiamento do déficit nominal. Em apenas dois anos as emissões externas representaram uma parcela significativa: em 2000 quando representaram quase 20% do total e em 2002 quando atingiram 45% do financiamento.

Até 1998, os gestores da política econômica turca tinham como estratégia proteger a taxa real de câmbio e expandir a oferta de moeda de acordo com as expectativas inflacionárias. Os altos déficits orçamentários estavam no centro do processo inflacionário. O financiamento desses déficits acelerou o crescimento da base monetária, bem como em um segundo momento elevou as taxas de juros reais. Outros fatores que contribuíram para a inércia inflacionária foram os aumentos nos salários do setor público e os subsídios agrícolas.

GRÁFICO 6.16
Turquia — evolução do financiamento público interno x externo (1994-2005 — % do PIB)

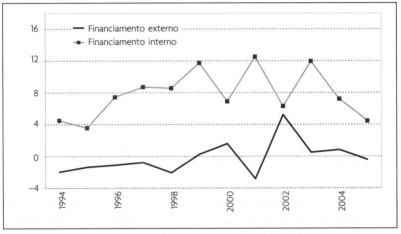

Fonte: Secretaria do Tesouro da Turquia.

Questões de longo prazo: reforma no sistema de saúde

Seguindo a aprovação da lei de reforma da seguridade social de 2006, o Sistema de Seguro de Saúde Universal (SSSU) será introduzido a partir de janeiro de 2007. Apesar do seu nome, entretanto, o seguro-saúde não será universal, dado que diferenças relacionadas à cobertura continuarão a existir. O escopo dos serviços de saúde que são atualmente fornecidos aos trabalhadores segurados por uma das instituições de seguridade social e seus beneficiários permanecerá o mesmo e o Estado pagará prêmios SSSU apenas para os pobres e crianças (a partir dos recursos alocados para benefícios sociais). Aqueles que não pagarem prêmios se qualificarão somente na base de um critério objetivo de nível mínimo de subsistência. Um sistema similar baseado em critérios subjetivos existe no presente, onde um número relativamente grande de pessoas pobres se qualifica para um *green card* administrado por funcionários públicos de governos locais. Dado que o novo critério para se qualificar como pobre é menos subjetivo do que o atual sistema de *green card*, espera-se que o número de requisições fraudulentas para cobertura de saúde caia.

268   AJUSTES FISCAIS

Trabalhadores informais que não se qualifiquem como sendo pobres, mas que não pagam nenhum prêmio de saúde, não poderão dispor do sistema de saúde, exceto em situações de emergência. Mesmo nessas situações, estabelece-se que paguem todas as despesas junto com os juros e o prêmio da dívida.

O impacto fiscal da reforma na saúde não está claro, mas sabe-se que é arriscado. De um lado, espera-se que o sistema simples de financiamento da saúde que será introduzido junto com o SSSU resulte em eficiências significativas em relação ao sério desperdício e mau uso de recursos que vigora sob o atual modelo misto de sistema de saúde. Até o momento anterior às reformas, o sistema de saúde era financiado com prêmios de seguro de pessoas registradas nas instituições de seguridade social SSK ou Bag-Kur, e o governo financiava os servidores públicos, os portadores de *green card* e os cidadãos carentes acima de 65 anos.

Pretende-se a partir do novo modelo de saúde, a criação de uma base de dados nacional referente a benefícios sociais a partir do número de identidade dos cidadãos. O governo argumenta que tornar os benefícios de saúde condicionais ao pagamento de prêmios pode aumentar os registros na seguridade social e os pagamentos. Por outro lado, muitos trabalhadores informais podem achar que os benefícios do pagamento do prêmio não superam os custos; especialmente dado que pagar prêmios de saúde também obrigaria os trabalhadores do setor informal a começar a pagar prêmios de pensão e imposto de renda ao mesmo tempo (uma grande carga tributária). Além disso, tais trabalhadores podem esperar que haja de qualquer forma cobertura de saúde para suas crianças e em casos de emergência.

Não apenas os incentivos para registro permanecem fracos, mas a relação custo/cobertura de saúde para antigos portadores do *green card* pode aumentar significativamente. As projeções de longo prazo do governo para o componente saúde do sistema de seguridade social implicitamente assumem que os ganhos de eficiência vão superar significativamente os custos potenciais de estender a qualidade dos serviços de saúde a uma porção maior da população e o acréscimo na demanda por assistência de saúde que daí resultaria. À luz do baixo nível médio de saúde da população, o também baixo nível de gastos com saúde *per capita* e o envelhecimento natural da população, os riscos fiscais de um aumento significativo de gastos com saúde são consideráveis (OCDE, 2006d).

Questões de longo prazo: reforma tributária

O ambiente corporativo foi caracterizado no passado por alíquotas altas de impostos e um número excessivo de isenções e benefícios que incentivavam o planejamento tributário e afetavam decisões financeiras. A complexidade do sistema tributário tem criado grandes desigualdades tanto entre as empresas formais e informais quanto dentro do setor formal, na medida em que a carga tributária efetiva caiu apenas para um pequeno grupo de contribuintes. Esse ambiente altamente opaco tem levado a uma confiança baixa por parte do setor público e empresarial na integridade do sistema de impostos corporativos. A reforma tributária recente melhorou a situação, embora deficiências ainda persistam.

A redução da alíquota-padrão de imposto corporativo de 30% para 20% em junho de 2006 reduziu as taxas médias e marginais efetivas das empresas. A alíquota corporativa média é hoje próxima de outros países de baixos impostos da Europa (como Hungria, Polônia e Eslováquia) e significativamente menor do que a maioria dos demais países europeus (com poucas exceções como Irlanda, Lituânia etc.). Sem o corte recente na alíquota estatutária, as alíquotas médias e marginais efetivas teriam crescido acima do nível de 2005, na medida em que a isenção de 40% dos gastos com investimentos foi eliminada ao final de 2005. De modo geral, e particularmente depois da reforma recente, a alíquota de imposto de renda de pessoa jurídica parece ser suficientemente atrativa para investidores domésticos e internacionais. O foco deve agora ser em outras políticas que afetam o ambiente de negócios e a criação de postos de trabalho, tais como custos de trabalho e regulatórios.

As autoridades têm sido relutantes em oferecer isenções fiscais temporárias *ad hoc* para investidores estrangeiros potenciais, o que parece sensato não apenas por conta dos custos fiscais, mas também porque medidas nesse sentido criariam novas distorções dentro do setor empresarial. No tocante à questão da transparência, os gastos tributários começaram a ser reportados somente a partir de 2006, mas a cobertura dessa reportagem deve ser ampliada e melhorada assim como outros subsídios estatais devem se tornar mais transparentes.

Desde 2004, todas as empresas na Turquia podem também deduzir 40% de seus investimentos em P&D de sua renda taxável, e empresas estabelecidas próximas de lugares designados como universidades e que cooperam com elas (parques tecnológicos) são isentas de impostos corporativos em suas vendas de software e P&D. As despesas de pessoal com pesquisadores e engenheiros são também isentas de imposto de renda de pessoa física. A generosidade desses incentivos e seus impactos potencialmente distorcidos na competição justificariam uma avaliação de custos e benefícios.

Uma alíquota de 15% sobre receitas de ativos financeiros pertencentes a investidores domésticos e estrangeiros foi introduzida no início de 2006, para substituir o sistema anterior baseado em declaração presumida. Quando a saída de capital se acelerou e a lira turca enfraqueceu em meados de 2006, essas taxas foram eliminadas para investidores estrangeiros e reduzidas a 10% para investidores domésticos. Investimentos em títulos do Tesouro turco e ações se beneficiam dessas isenções como impostos para depósitos bancários e contas com acordo de recompra (*repo accounts*).

A administração tributária tem sido delegada a agências semi-autônomas e agora passou a ser organizada de acordo com linhas funcionais (e não de acordo com tipo de impostos como antes). Como é o caso em toda reestruturação administrativa em larga escala, a transformação leva tempo e as fraquezas persistem. A cooperação ativa entre a administração tributária e o sistema bancário para reduzir a evasão de tributos começou apenas recentemente. Esse projeto está em uma fase inicial de implementação e deve ser levado adiante com salvaguardas que preservem a privacidade e a confiança no sistema bancário, conforme as melhores práticas da OCDE.

A principal razão para as empresas não se registrarem na economia formal é burlar impostos. Os perdedores dessa evasão de divisas são, além do governo, as firmas honestas e que pagam devidamente os impostos, mas vêem os seus preços e salários declinarem em função da competição desleal com os evasores de impostos. Entretanto, mesmo que o setor informal não pague impostos diretamente, algumas de suas atividades são taxadas indiretamente. Dada a flexibilidade de preços e salários, é freqüentemente difícil identificar quem arca efetivamente com a carga tributária (incidência de impostos). O deslocamento de tributos do setor formal para o informal pode ocorrer com aumento nos preços de produtos ou diminuição nos preços de insumos. Por exemplo, o dinheiro que é ganho no setor informal e gasto em compras do setor formal arca com o IVA e outros impostos indiretos. Além disso, se as firmas informais vendem bens intermediários para o setor formal, essas vendas são taxadas na medida em que os compradores não podem reclamar créditos tributários relacionados ao IVA sobre esses insumos. Ao mesmo tempo, a evasão de impostos do setor formal para o setor informal pode ser limitada na medida em que atividades do setor informal podem pressionar para baixo os preços e salários das firmas formais e trabalhadores pela competição.

TABELA 6.6

Turquia — parâmetros tributários corporativos (%)

Parâmetros	2005	2006 antes da reforma	2006 após a reforma
Alíquota corporativa nominal	30	30	20
Alíquota sobre dividendos	0-20	0-17,5	0-17,5
Alíquota sobre juros	0-40	0-35	0-36

Considerações finais

Grandes instabilidades marcaram o cenário macroeconômico da Turquia nas últimas décadas. Períodos de recessão e degradação das contas públicas intercalaram momentos de relativa prosperidade. A exemplo de outras economias emergentes, o país convivera até pouco tempo com altas taxas de inflação. Até certo ponto, a instabilidade da moeda reduzia os efeitos deletérios da indisciplina fiscal, um comportamento que não mais se sustenta, dada a relativa contenção dos preços. Esse pode ser apenas mais um argumento para se destacar a importância de um desempenho fiscal austero para estas economias no mundo contemporâneo.

O esforço do governo turco para solidificar os fundamentos de sua economia pode ser considerado notável. Desde 1999 percebe-se uma seqüência de seis anos com altos superávits primários, um cenário que contrasta com períodos anteriores, quando os mesmos sequer se estendiam por dois anos. Por isso, essa pode ser considerada a mais emblemática experiência de ajuste fiscal vivida pela Turquia. Graças à ela e à conjunção de outros fatores, o país tem conseguido reduzir o seu déficit público, ainda que ele permaneça alto.

A principal fragilidade do ajuste turco recente remete ao fato de ser mais dependente do aumento de receitas do que da redução de gastos. O consumo corrente do governo tem apresentado variações positivas, o que obriga uma elevação de receitas para a consecução de superávits primários.

Até o momento, o governo tem obtido êxito na condução das reformas importantes para o país. Essa afirmativa se aplica, por exemplo, à negociação da redução de subsídios e isenções em troca de reduções nos impostos diretos. Os tributos indiretos também passaram por reformas que os simplificaram e permitiram aumentar sua participação na arrecadação. Questiona-se, todavia, até que ponto o ajuste da Turquia pode se fundamentar apenas em reestruturações da receita.

Outras leis aplicadas ao controle do gasto e aos investimentos estrangeiros também foram aprovadas, mas a sua avaliação ainda não pode ser concluída. Pode-se alegar, contudo, que tanto o controle dos gastos quanto a ampliação dos investimentos que aprimorem a competitividade da Turquia serão fatores decisivos para as pretensões do país de ingressar, até 2010, na União Européia.

Anexo

TABELA 6.7

Turquia — indicadores macroeconômicos (1980-2005 — em % do PIB)

Indicador	1980	1981	1982	1983	1984	1985	1986	1987	1988	1989	1990	1991	1992
Resultado primário	−2,6	−0,6	−0,7	−0,7	−2,4	−0,3	−0,1	−0,4	0,9	0,3	0,2	−1,5	−0,6
Consumo do governo	−	−	−	−	−	−	−	7,1	6,9	8,3	10,1	11,1	12,2
Investimentos do governo	−	−	−	−	−	−	−	10,4	8,7	7,7	8,7	7,6	6,8
Receitas totais	17,4	17,6	13,8	16,5	12,8	13,1	14	14	14	14,2	14,1	15,2	15,9
Receitas tributárias	14,3	15,1	12,4	13,9	10,8	10,9	11,7	12,2	11,3	11,6	11,6	12,3	12,9
Impostos indiretos	5,3	5,4	4,6	5,6	4,5	5,7	5,6	6,1	5,7	5,4	5,5	5,9	6,4
Impostos diretos	9	9,7	7,9	8,3	6,3	5,2	6,1	6	5,6	6,2	6	6,4	6,5
Conta corrente	4,2	6,6	9,1	9,6	12,3	12,3	10	12	13,4	0,9	−1,8	0,2	−0,6

Indicador	1993	1994	1995	1996	1997	1998	1999	2000	2001	2002	2003	2004	2005
Resultado primário	−0,9	3,8	3,3	1,8	0,1	4,6	1,9	5,9	6,6	4,6	5,2	5,1*	5,0*
Consumo do governo	12,2	10,7	9,5	10,2	10,9	11,1	12,6	12,2	12,3	12,5	12,3	13,2*	13,1*
Investimentos do governo	7,3	3,6	3,8	5,6	6,5	6,8	6,2	6,9	5,1	6,2	4,5	−	−
Receitas totais	17,5	19,2	17,6	18,8	20	22,2	22,8	26,4	27,5	27,5	27,9	27,2*	27,9*
Receitas tributárias	13,2	15,2	13,7	15,6	16,5	17,3	17,9	20,7	21,1	21,4	23,5	23,6*	24,7*
Impostos indiretos	6,8	7,8	7,9	9,5	9,8	9,2	9,8	12,3	12,6	14,2	15,8	16,3*	18,0*
Impostos diretos	6,4	7,3	5,8	6,2	6,7	8	8,1	8,5	8,5	7,2	7,8	7,3*	6,7*
Conta corrente	−3,6	2,1	−1,4	−1,4	−1,4	1	−0,7	−5	2,4	−0,8	−2,8	−	−

Fonte: Tesouro da Turquia.

Nota: Os dados assinalados com asterisco são provenientes do FMI/International Financial Statistics.

Tabela 6.8

Turquia — indicadores macroeconômicos
(1980-2003 — preços de 2005, deflacionados pelo Índice de Preços ao Consumidor turco)

Ano	Resultado primário	Consumo do governo	Investimentos do governo	Receitas totais	Receitas tributárias	Impostos indiretos	Impostos diretos	Transações correntes	PIB
1980	−5.510.391	−	−	36.952.032	30.388.184	11.304.404	19.083.779	117.906.153	143.769.309
1981	−1.419.898	−	−	41.379.023	35.378.619	12.565.202	22.813.417	139.702.472	150.814.005
1982	−1.581.546	−	−	32.741.175	29.569.020	10.830.645	18.738.375	133.457.109	156.243.309
1983	−1.749.845	−	−	39.690.770	33.374.761	13.546.633	19.828.128	101.901.739	164.055.475
1984	−6.256.192	−	−	32.618.250	27.583.062	11.512.324	16.070.739	85.923.797	175.047.192
1985	−898.210	−	−	36.995.018	30.715.569	16.071.541	14.644.028	66.202.878	182.399.174
1986	−451.007	−	−	42.622.559	35.582.544	17.074.921	18.507.623	45.180.995	195.167.116
1987	−1.427.966	22.592.206	33.134.949	44.835.090	38.852.769	19.569.466	19.283.304	44.308.711	212.732.156
1988	2.762.913	21.510.194	27.013.779	43.462.751	35.171.540	17.709.335	17.462.205	29.480.136	217.624.996
1989	1.145.606	27.803.259	25.655.815	47.472.263	38.666.082	18.016.427	20.649.655	1.419.522	218.277.871
1990	640.082	37.549.573	32.347.729	52.149.668	42.859.986	20.526.043	22.333.943	−2.478.193	238.577.713
1991	−5.370.583	40.358.567	27.445.236	55.021.675	44.725.418	21.354.712	23.370.706	142.180	240.247.757
1992	-2.385.878	44.994.658	24.956.428	58.250.723	47.343.758	23.473.947	23.869.810	−325.651	252.260.145
1993	-3.499.761	49.301.325	29.295.446	70.731.941	53.195.696	27.365.269	25.830.427	−1.294.903	271.684.176
1994	14.255.733	40.467.236	13.798.609	72.702.336	57.348.822	29.664.473	27.684.350	256.712	258.915.020
1995	13.078.104	37.830.203	15.098.183	70.256.913	54.649.804	31.444.389	23.205.415	−117.883	279.369.306
1996	7.283.721	41.207.884	22.389.345	75.907.979	63.043.113	38.220.035	24.823.078	−68.462	300.042.635
1997	565.882	47.688.834	28.336.192	87.317.251	72.061.860	42.724.210	29.337.651	−40.059	322.845.875
1998	20.501.644	48.985.938	30.092.263	98.320.643	76.364.555	40.767.526	35.597.028	16.409	333.176.943
1999	7.938.133	53.018.868	26.095.894	95.775.725	74.879.535	40.907.481	33.972.054	−6.799	317.517.627
2000	24.895.478	51.123.291	28.765.696	110.668.799	86.925.246	51.356.743	35.568.503	−32.191	340.696.413
2001	26.624.141	49.450.552	20.521.935	110.373.516	84.715.435	50.460.217	34.255.219	7.222	315.144.182
2002	18.809.545	51.235.712	25.335.379	112.397.676	87.732.170	58.194.899	29.537.272	−2.239	340.040.573
2003	22.083.109	51.928.448	18.931.245	117.785.006	99.097.126	66.429.131	32.667.994	−8.049	359.762.926

Fonte: Tesouro da Turquia.

TABELA 6.9

Turquia — indicadores macroeconômicos (1980-2005 — variação real anual, %)

Ano	Déficit primário	Superávit primário	Consumo do governo	Investimentos do governo	Receitas totais	Receitas tributárias	Impostos indiretos	Impostos diretos	Transações correntes Superávit	Transações correntes Déficit	Inflação	PIB
1981	−74,23	−	−	−	11,98	16,42	11,15	19,54	18,49	−	36,40	4,90
1982	11,38	−	−	−	−20,87	−16,42	−13,80	−17,86	−4,47	−	31,10	3,60
1983	10,64	−	−	−	21,23	12,87	25,08	5,82	−23,64	−	31,30	5,00
1984	257,53	−	−	−	−17,82	−17,35	−15,02	−18,95	−15,68	−	48,40	6,70
1985	−85,64	−	−	−	13,42	11,36	39,60	−8,88	−22,95	−	45,00	4,20
1986	−49,79	−	−	−	15,21	15,85	6,24	26,38	−31,75	−	34,60	7,00
1987	216,62	−	−	−	5,19	9,19	14,61	4,19	−1,93	−	38,80	9,00
1988	−	−293,49	−4,79	−18,47	−3,06	−9,47	−9,51	−9,44	−33,47	−	73,70	2,30
1989	−	−58,54	29,26	−5,03	9,23	9,94	1,73	18,25	−95,18	−	63,30	0,30
1990	−	−44,13	35,05	26,08	9,85	10,85	13,93	8,16	−	−274,58	60,30	9,30
1991	−939,05	−	7,48	−15,16	5,51	4,35	4,04	4,64	−105,74	−	66,00	0,70
1992	−55,58	−	11,49	−9,07	5,87	5,85	9,92	2,14	−	−329,04	70,10	5,00
1993	46,69	−	9,57	17,39	21,43	12,36	16,58	8,21	−	297,64	66,10	7,70
1994	−	−507,33	−17,92	−52,90	2,79	7,81	8,40	7,18	−119,82	−	106,30	−4,70
1995	−	−8,26	−6,52	9,42	−3,36	−4,71	6,00	−16,18	−	−145,92	93,60	7,90
1996	−	−44,31	8,93	48,29	8,04	15,36	21,55	6,97	−	−41,92	79,40	7,40
1997	−	−92,23	15,73	26,56	15,03	14,31	11,78	18,19	−	−41,49	85,00	7,60
1998	−	3.522,95	2,72	6,20	12,60	5,97	−4,58	21,34	−140,96	−	83,60	3,20
1999	−	−61,28	8,23	−13,28	−2,59	−1,94	0,34	−4,56	−	−141,43	63,50	−4,70
2000	−	213,62	−3,58	10,23	15,55	16,09	25,54	4,70	−	373,48	54,30	7,30
2001	−	6,94	−3,27	−28,66	−0,27	−2,54	−1,75	−3,69	−122,43	−	53,90	−7,50
2002	−	−29,35	3,61	23,46	1,83	3,56	15,33	−13,77	−	−131,01	44,80	7,90
2003	−	17,40	1,35	−25,28	4,79	12,95	14,15	10,60	−	259,48	25,20	5,80
2004	−	−	−	−	−	−	−	−	−	−	8,60	8,9*
2005	−	−	−	−	−	−	−	−	−	−	8,20	7,4*

Fonte: Tesouro da Turquia.

Nota: Os dados assinalados com asterisco são provenientes do FMI/International Financial Statistics.

7

Irlanda

A Irlanda no início dos anos 1980 apresentava um comportamento macroeconômico substantivamente inferior às demais economias da União Européia no que diz respeito à produção, desemprego e inflação. O PIB irlandês crescia a uma taxa média anual de 3% e a inflação estava em torno de 20% ao ano. A taxa de desemprego, por seu turno, se apresentava também substantivamente elevada — em torno de 15% ao ano — fato que levou a Irlanda a experimentar uma forte emigração.

Esse quadro começa a mudar a partir de meados dos anos 1980 quando a Irlanda implementa um vigoroso projeto de ajuste fiscal. O ajuste fiscal apresentou três fases bastante distintas. Inicialmente, em 1983, o ajuste se traduziu em uma elevação nas receitas governamentais com a alta dos impostos. As receitas passaram de um total de 36% do PIB em 1982 para 40% em 1984. Como observam Alesina, Ardagna e Gali (1998:533), as receitas do governo apresentaram um crescimento de 2,6% entre 1983/84. As principais medidas nesse sentido foram: não ajuste das parcelas a deduzir do imposto de renda pela inflação; imposição de um ajuste adicional de 1% no imposto de renda; e elevação da alíquota mais elevada de imposto de renda de 60% para 65%. Como conseqüência, a alíquota média de imposto de renda do trabalhador se elevou em 3% e as alíquotas do imposto sobre o valor adicionado (IVA) aumentaram de 23% para 35%. Houve uma redução nas receitas tributárias de pessoa jurídica, que, contudo, é atribuída a uma queda nos lucros das empresas. Houve também um corte de gastos, notadamente do investimento público, que, contudo, mostrou-se bastante inferior ao observado nos episódios seguintes de ajuste. Como resultado, o déficit primário foi reduzido em mais de 3 pontos percentuais do PIB em comparação com o déficit médio observado entre 1981/82.

Apesar da alta das receitas, o endividamento público não deu sinais de arrefecimento. A dívida bruta do governo central continuou se elevando, passando de 87,3% do PIB em 1982 para nada menos que 103% do PIB em 1984.[22] Por outro lado, o ajuste efetuado entre 1983/84 mostrou-se contracionista — o PIB apresentou crescimento negativo de 0,2% em 1983, expandindo-se 4,4% em 1984 — bem como não resultou em queda da inflação, que continuou próxima a 10% ao ano. Diante desse quadro, o novo governo (de minoria) que assumiu o poder em 1987 decidiu iniciar um processo de ajuste fiscal baseado no corte das despesas. Assim, gastos planejados foram cortados e agências do governo foram fechadas.

Um aspecto desse processo de redução dos gastos públicos que merece especial atenção foi o programa de anistia dos contribuintes devedores implementado pelo novo governo. Nessa ocasião, a alíquota marginal máxima de imposto de renda atingia o nível de 58% para a pessoa física e 50% para as corporações (Burnham, 2003:542). O governo, então, decidiu dar aos devedores seis meses para ajustar suas contas com o fisco, sem a cobrança de juros ou multas. Como resultado, o governo arrecadou uma receita adicional de cerca de USD 750 milhões, contra uma expectativa de arrecadação de apenas USD 45 milhões.

É também digno de nota a implementação do Programa de Recuperação Nacional implementado nesse período. Como observa Burnham (2003:542), esse programa consistiu essencialmente em "uma negociação com os principais sindicatos trabalhistas a respeito de um teto para o crescimento dos salários, um alívio fiscal modesto e uma promessa de manter constante o valor real dos benefícios governamentais".

A implementação do Programa de Recuperação Nacional representa uma nova etapa no processo de ajuste (não só fiscal) da economia irlandesa. Assim, diferentemente da solução adotada no ajuste de 1983/84, o novo processo de ajuste das contas públicas é caracterizado por uma intensa negociação entre o governo e sindicatos de trabalhadores dos mais diversos tipos para garantir a recuperação da economia. Esse processo consiste basicamente na implementação de sucessivos programas de recuperação (ou programas de desenvolvimento), que definiam medidas de alívio tributário, ajuste nas contas públicas e esquema de reajuste dos salários, tanto do funcionalismo público quanto da iniciativa privada. Esse pacto é recontratado a cada três anos a partir de então. Assim, podemos afirmar que o ajuste fiscal observado na Irlanda a partir de 1987 faz parte de um grande pacto nacional pelo desenvolvimento, melhoria da

---

[22] Como mostram Giavazzi e Pagano (1990:9a), a dívida pública apresentou uma taxa média de crescimento de 6,8% entre 1982-84.

competitividade da economia, redução do desemprego e da inflação. O ajuste fiscal propriamente dito, portanto, é iniciado em 1987 para não mais ser "concluído", passando o equilíbrio das contas públicas a ter um valor especial para a sociedade irlandesa.

Deve-se notar que vários autores associam os programas de redução dos gastos públicos ao forte crescimento econômico exibido pela Irlanda no período (Alesina, Ardagna e Gali, 1998; Giavazzi e Pagano, 1990), no que ficou conhecido na literatura como ajuste fiscal expansionista — visto que a redução dos gastos públicos parece ter ensejado expectativas futuras de redução nos impostos, fazendo o gasto privado se elevar. Nesse sentido, é fundamental observar o esforço irlandês de reduzir alíquotas de imposto *pari passu* a redução nos gastos, de modo a promover alívio tributário para a pessoa física e a pessoa jurídica e, ao mesmo tempo, ao fazer as alíquotas de imposto convergir para as alíquotas médias observadas na União Européia, elevar a competitividade da economia.

O ajuste fiscal

Como observado, em função do comportamento das contas públicas e das principais variáveis macroeconômicas, o governo que assumiu a Irlanda em 1987 decidiu aprofundar o ajuste fiscal implantado entre 1983/84 alterando, contudo, sua natureza. De um ajuste voltado para a expansão das receitas, com pequena redução dos gastos — os investimentos do governo sofreram uma redução de 17,9% em 1983, quando comparado ao gasto efetuado em 1982, e de 9,3% em 1984, em comparação com 1983,[23] ao passo que as receitas do governo apresentaram um crescimento de 2,6% do PIB no período em comparação com os anos anteriores ao ajuste (Alesina, Ardagna e Gali, 1998:533) — o novo ajuste buscou reduzir os gastos públicos de forma sistemática.

O gráfico 7.1 apresenta o desempenho das receitas totais, despesas primárias e resultado primário do governo geral da Irlanda. Como se pode observar, as despesas primárias apresentaram forte queda depois do ajuste de 1987 e uma clara tendência de queda no período 1995-2000. Com relação especificamente aos investimentos, o gráfico 7.2 mostra que, após atingir os valores mínimos em 1988/89 (em termos reais e em percentual do PIB), esse tipo de gasto voltou a crescer e deixou de ser um dos responsáveis pela redução das despesas primárias.

---

[23] Dados do Central Statistics Office.

O programa de ajuste fiscal implantado em 1987 foi precedido de um pacto para redução dos gastos que visava um corte inicial de despesas da ordem de 6% no gasto nominal. O quadro 7.1 resume as principais medidas adotadas nessa fase inicial do ajuste.

GRÁFICO 7.1

**Irlanda — receitas totais, despesas primárias e resultado primário
(1988-2005 — % do PIB)**

Fonte: OCDE.

GRÁFICO 7.2

**Irlanda — investimentos do governo geral
(1980-2005 — % do PIB, bilhões de euros a preços constantes de 2000)**

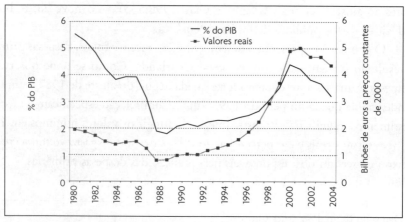

Fontes: Central Statistics Office (CSO) e OCDE.

QUADRO 7.1
Irlanda — eventos econômicos e políticos relativos ao ajuste fiscal de 1987-89

Mês	Evento
Março 1987	O partido Fianna Fail vence as eleições e Charles Haughey assume o Parlamento
Julho 1987	O governo anuncia um programa de aposentadoria voluntária dos servidores públicos com a intenção de reduzir em 10 mil o número de servidores
Outubro 1987	O governo lança o Programa de Recuperação Nacional, um acordo entre o governo e os atores sociais que implica o estabelecimento de um teto de crescimento de 2,5% nos salários dos servidores públicos
Outubro 1988	As estimativas para 1988 implicam uma redução de 6% no gasto nominal

Fonte: OCDE (1999).

O Programa de Recuperação Nacional (Taoiseach, 1987) foi um plano pensado para durar até o final de 1990. O mesmo objetivava um progresso em quatro grandes áreas: fiscal, tributária, desigualdade de renda e criação de empregos. O programa define a questão fiscal como o elemento-chave para a retomada do crescimento e recuperação de emprego da economia irlandesa. Para tanto, são estabelecidas várias metas:

► redução da necessidade de financiamento do setor público (*exchequer borrowing requirement*) — que, em 1986, era de 10,7% do PNB — para 5% do PNB no período.[24] Nesse sentido, o programa define como essencial a implementação de medidas de controle do gasto público, embora reconheça que o crescimento econômico possa desempenhar um papel importante nesse processo;
► redução da taxa de inflação. O programa reconhece que a redução da inflação é essencial para elevar a competitividade e garantir a viabilidade da economia irlandesa;
► manutenção da taxa de câmbio associada ao Sistema Monetário Europeu;
► política monetária voltada para o objetivo de reduzir a taxa de juros ao menor nível possível, consistente com os desenvolvimentos internacionais e a política cambial;
► redução do imposto de renda, com elevação máxima dos salários do setor público — com impactos sobre os salários do setor privado — de 2,5% ao ano entre 1988-90;

---

[24] O programa estabelece que esta necessidade poderia ser igual até 7% do PNB, dependendo do desenvolvimento econômico e da evolução da taxa de juros.

280 AJUSTES FISCAIS

➤ redução do número de servidores públicos com um programa de desligamento voluntário.

Como observado, o programa resultou em uma efetiva redução dos gastos (como percentual do PIB) e uma melhora nas principais variáveis macroeconômicas. O programa também levou a um alívio tributário sobre a renda pessoal da ordem de €800 milhões pela redução das alíquotas médias, o que fez com que mais de dois terços dos contribuintes caíssem na alíquota média de imposto (30% e 35% antes do programa), fato também permitido pela elevação da renda necessária para estar localizado na alíquota-padrão, de €1.800 para um contribuinte solteiro e €3.600 para um contribuinte casado. A alíquota máxima de imposto de renda de pessoa física, por seu turno, foi reduzida de 58% para 53%. A renda necessária para se localizar na alíquota de 48% também foi elevada em €300 para um contribuinte solteiro e €2.600 para um contribuinte casado. O programa também instituiu uma dedução para dependentes (crianças) de £2.300 por criança com o propósito explícito de elevar o número de contribuintes isentos.

Em relação às alíquotas cobradas das pessoas jurídicas, o programa também promoveu uma redução na alíquota máxima — de 50% para 40% —, de modo a aproximá-la das alíquotas cobradas nos demais países da OCDE. Tal redução ajudou a elevar as receitas totais, ainda que, em percentual do PIB, elas apresentem um comportamento descendente no período. O programa também instituiu uma alíquota especial de 10% sobre a atividade manufatureira, vigente até 2000.

Um aspecto importante a ser observado em relação ao comportamento dos gastos — tanto os correntes quanto os de capital — nesse ajuste é que não houve sua redução nominal substantiva. O ajuste foi caracterizado principalmente por uma elevação dos gastos inferior à elevação do PIB, fato que se refletiu em uma participação cadente em relação ao PIB ao longo do ajuste.

Quando se observam os gastos em termos desagregados, contudo, é possível ter uma melhor idéia da composição do ajuste. O menor crescimento dos gastos permitiu que o governo reduzisse a dívida pública, que sai de 117% do PIB em 1987 para ainda elevados 96% do PIB em 1991, chegando a cair para 28% do PIB em 2005. Tal fato acarretou uma despesa com juros declinante (gráfico 7.3).

As despesas com investimento do setor público também sofreram um declínio, saindo de um total de 3,9% do PIB em 1986 para nada menos que 1,8% do PIB em 1989 (Central Statistics Office). A queda no número de servidores públicos, combinada ao Programa de Recuperação Nacional, por seu turno, produziu resultados em termos dos salários pagos — que foram reduzidos em quase 1,5 ponto percentual do PIB (Alesina, Ardagna e Gali, 1998:535).

GRÁFICO 7.3
Irlanda — resultado nominal (1987-2005) e despesas com juros
(1988-2005) (% do PIB)

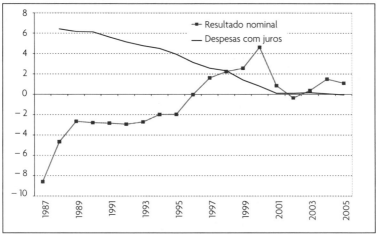

Fontes: FMI e OCDE.

Como resultado, o saldo primário do setor público apresenta uma melhora substantiva, passando de 1,8% do PIB em 1988 para nada menos que 3,5% do PIB em 1989/90 (gráfico 7.1).

As medidas implementadas no âmbito do Programa de Recuperação Nacional foram seguidas por um novo programa, denominado Programa para o Progresso Econômico e Social (Taoiseach, 1991) que visava à complementação do processo iniciado em 1987.

O programa tinha como objetivo manter níveis baixos para a inflação, taxas de juros e de desemprego, bem como buscava também a redução da dívida pública — a qual, à época em que o programa foi lançado, atingia 96% do PIB.[25] O programa também indicava a busca por um aprofundamento da reforma tributária iniciada em 1987 e a manutenção do "firme controle" das finanças públicas. Esse controle é caracterizado pela busca do equilíbrio orçamentário, claramente indicado no programa. Ainda, o programa estabelece explicitamente que os gastos públicos não devem crescer em termos reais até 1993.[26]

---

[25] O programa estabelecera como meta uma relação dívida/PIB de 75% até 2000.

[26] Como observado no programa: "O objetivo da [contenção] do gasto público requer muito esforço. Isso vai levar a decisões de política muito difíceis. Tal fato será aceito em nome do interesse coletivo de longo prazo" (Taoiseach, 1991:13).

282   AJUSTES FISCAIS

Assim como o programa de 1987, o novo programa estabelece tetos para crescimento dos salários dos servidores: 4% em 1991, 3% em 1992 e 3,75% em 1993. O programa mantém a necessidade de redução da carga tributária — ainda que reconhecendo as limitações para fazê-lo dados os parâmetros fiscais — bem como esclarece a necessidade de alterações na estrutura de incentivos implícita no gasto público e na tributação.

Nesse sentido, o novo programa estabelece como meta a redução da alíquota média de imposto de renda da pessoa física de 30% para 25% em 1993, bem como estabelece a necessidade de aumentar a alíquota mais elevada, embora não defina um valor para tal. Estabelece também a necessidade de elevar os limites de isenção e melhorar o valor a ser deduzido por dependente.

O programa calcula que o custo dessas isenções será de cerca de €400 milhões em um ano. O mesmo será pago com o esperado crescimento econômico, melhoria na capacidade arrecadatória, controle firme e contínuo dos gastos públicos e gestão prudente da dívida pública.

Em termos do imposto de renda da pessoa jurídica, o programa objetiva estender a alíquota especial de 10% vigente sobre a atividade manufatureira até 2010, bem como a estende para o Centro de Serviços Financeiros Internacional até 2005. O programa também confia na ampliação dos lucros e nos efeitos positivos do crescimento econômico para observar um crescimento nessa fonte de receita. É digno de nota, também, que o novo programa estabelece a finalização do alívio às exportações implementado no Programa de Recuperação Nacional.

É importante observar que o ajuste efetivado a partir de 1987 não pode ser entendido como um fato isolado. A partir daquele ano o governo da Irlanda entendeu que um longo processo de ajuste fiscal teria de ser implementado a fim de que as mudanças instituídas então se tornassem efetivas. Em outras palavras, o governo entendeu que o ajuste estabelecido em 1987 deveria ser recontratado a cada três anos, sistematicamente, e que mudanças deveriam ser feitas a cada nova recontratação a fim de aprimorar o programa e permitir que o crescimento econômico, a recuperação do emprego e a baixa inflação fossem atingidos e mantidos. Assim, ao Programa de Recuperação Nacional se seguiu o Programa para o Progresso Econômico e Social e a este se seguiu o Programa para Competitividade e Trabalho (Taoiseach, 1994).

Esse programa enfatiza prioritariamente a necessidade de elevar o número de pessoas trabalhando na economia irlandesa e de reduzir a taxa de desemprego, bem como garantir a continuidade do crescimento econômico.

Especificamente em termos da política fiscal, o novo programa estabelecia que a dívida como proporção do PNB devesse cair para um nível não superior a

95%. Para tanto, o programa estabelecia uma contenção ainda mais forte dos gastos públicos — notadamente os gastos correntes — em comparação com o definido no programa anterior. Como observado nas tabelas 7.7 e 7.8, as despesas totais são reduzidas em quase 6 pontos percentuais do PIB no período do primeiro *round* do ajuste fiscal, ainda que, em termos reais, não tenham sido reduzidas (gráfico 7.4). Dessa forma, a contenção dos gastos foi obtida prioritariamente pela redução da sua taxa de crescimento e não de novos cortes, como observado no Programa de Recuperação Nacional. No que diz respeito às despesas primárias, o novo programa levou a uma redução das mesmas de cerca de 6 pontos percentuais no período.

GRÁFICO 7.4
Irlanda — receitas totais, despesas totais e primárias
(1988-2005 — milhões de euros de 2000)

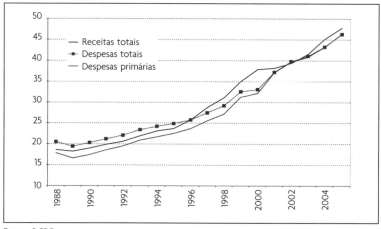

Fonte: OCDE.

Quando a economia dá início a um processo de controle das despesas públicas, a rubrica a ser afetada mais radicalmente, no curto prazo, é a despesa de investimentos (gráfico 7.2). No caso da Irlanda, observa-se uma queda real da mesma entre 1987-89, anos iniciais do ajuste. O processo, entretanto, deve durar pouco, sob pena de ameaçar a infra-estrutura produtiva. Isso foi exatamente o que se observou na Irlanda: as despesas de capital de origem no setor público retrocederam apenas nesse período inicial, tendo se elevado a partir de então (embora de forma não-monotônica, devido à instabilidade provocada pela crise de 1998).

284　Ajustes fiscais

Nesse sentido, a política fiscal é entendida nesse e em todos os programas como um item de fundamental importância para garantir o sucesso da política tributária, para a retomada do crescimento, do emprego e da competitividade da economia irlandesa. Especificamente, o novo programa estabelece duas medidas na área do imposto de renda da pessoa física como objetivos: redução na tributação dos trabalhadores de baixa renda, notadamente aqueles com famílias; e ampliação da faixa de renda na qual é aplicada a alíquota máxima de imposto.

O programa também estabelece um teto de correção dos salários, tanto do setor público quanto do setor privado, de 8%, a ser pago da seguinte forma no caso do setor privado: 2% no primeiro ano, 2,5% no segundo ano, 2,5% no primeiro semestre do terceiro ano e 1% no segundo semestre do terceiro ano. No caso do setor público, o esquema de pagamento é o seguinte: 2% por ano para o primeiro e o segundo anos, 1,5% para o primeiro quadrimestre do terceiro ano e um adicional de 1,5% para os três meses seguintes, ainda no terceiro ano. Finalmente, uma elevação de 1% até o final do terceiro ano.

Em 1999 outro programa é lançado: o Programa para Prosperidade e Justiça, dando continuidade aos programas anteriores (Taoiseach, 1999). Assim como os programas que o sucederam, o Programa para Prosperidade e Justiça tem como foco principal o aprofundamento da competitividade da economia irlandesa, bem como a busca do pleno emprego e a redução das desigualdades sociais.

O novo programa consistia em cinco diferentes pilares operacionais e visava explicitamente à manutenção de uma taxa de crescimento do PIB não inferior a 5,6% e à manutenção de superávits primários. O programa estabelece o seguinte esquema de correção de salários para o setor privado: 5,5% de crescimento nos primeiros 12 meses contados a partir da publicação do programa (novembro de 1999); 5,5% nos 12 meses seguintes; e 4% nos nove meses do terceiro ano do programa. Esse esquema de correção também é aplicado para o setor público.

Como observado na tabela 7.1, esse programa foi seguido por um certo relaxamento no ajuste fiscal que caracterizou os programas anteriores. As despesas (totais e primárias) passaram a crescer a uma taxa média superior que a das receitas, fato que acaba se refletindo em um resultado primário cadente a ponto de, em 2002, o mesmo apresentar déficit (tabela 7.2). O mesmo ocorre com o resultado nominal. Considerando que as despesas com juros se reduziram sobremaneira no período — em face de uma acentuada queda na relação dívida/PNB, a qual atingia o nível de 51% em 1999, chegando a módicos 28% em 2005 — esse resultado nominal (e primário) observado pode ser creditado inteiramente a um tópico

IRLANDA 285

descontrole das despesas públicas posto que o crescimento econômico contribuiu
sobremaneira para o desempenho das receitas (OCDE, 2001:44).[27]

TABELA 7.1

Irlanda — taxas reais de crescimento das receitas e despesas do governo geral
(1998-2005 — %)

Discriminação	1998	1999	2000	2001	2002	2003	2004	2005
Receita total	8,8	12,8	8,2	0,7	3,1	5,4	8,8	5,8
Impostos	10,3	13,7	8,4	−1,4	2,4	5,8	9,7	7,1
Impostos indiretos	9,6	13,7	10,1	−3,3	8,4	5,3	10,5	8,8
Impostos diretos	10,8	13,4	6,9	1,0	−2,9	6,0	9,1	5,0
Impostos sobre o patrimônio	22,9	33,4	9,9	−28,3	−14,1	36,6	−12,8	28,4
Contribuições sociais	6,8	14,4	11,1	8,9	5,1	4,9	8,2	8,7
Outras receitas correntes e de capital	3,1	5,2	2,6	3,0	4,5	4,3	4,2	−7,1
Despesa primária	7,1	14,7	3,2	15,2	6,9	3,0	5,8	7,4
Consumo intermediário	11,8	12,9	8,9	11,6	8,9	−1,0	4,3	8,0
Salários	4,8	9,0	7,5	11,1	10,5	7,5	8,9	7,3
Subsídios	−5,8	11,3	−2,3	30,0	−27,2	0,3	−8,2	17,3
Benefícios sociais	5,7	0,3	5,5	11,5	11,2	6,3	6,1	10,8
Formação bruta de capital fixo	20,5	30,7	28,3	30,3	2,4	−6,5	−0,1	−6,8
Outras despesas correntes e de capital	5,4	56,3	−24,0	20,1	−0,5	0,9	7,5	9,2

TABELA 7.2

Irlanda — receitas e despesas do governo geral
(1998-2005 — milhões de euros de 2000)

Discriminação	1998	1999	2000	2001	2002	2003	2004	2005
Receita total	31.027	34.985	37.846	38.117	39.303	41.442	45.096	47.730
Impostos	22.560	25.648	27.812	27.432	28.099	29.720	32.596	34.899
Impostos indiretos	10.902	12.399	13.646	13.190	14.293	15.044	16.621	18.080
Impostos diretos	11.506	13.046	13.943	14.083	13.669	14.488	15.811	16.609
Impostos sobre o patrimônio	152	203	223	160	137	188	164	210
Contribuições sociais	4.672	5.346	5.938	6.467	6.797	7.127	7.713	8.386

Continua

[27] A OCDE (2003) credita o resultado deficitário de 2002 a equívocos na estimativa das
receitas e das despesas observados nos orçamentos de 2001 e 2002. No que diz respeito ao
equívoco na estimativa das receitas, a OCDE sugere que sua principal causa decorreu das
mudanças tributárias implementadas nesses dois anos, fato que dificultou uma previsão mais
acurada, bem como a uma expectativa por demais positiva a respeito do crescimento da
economia irlandesa. Para 2003, o orçamento estimava um déficit orçamentário de 0,8% do
PIB, fato que acabou não sendo observado.

Discriminação	1998	1999	2000	2001	2002	2003	2004	2005
Outras receitas correntes e de capital	3.795	3.991	4.096	4.218	4.406	4.594	4.786	4.445
Despesa primária	**27.183**	**31.188**	**32.174**	**37.061**	**39.601**	**40.783**	**43.137**	**46.320**
Consumo intermediário	4.295	4.851	5.282	5.896	6.419	6.356	6.627	7.158
Salários	7.120	7.761	8.344	9.268	10.241	11.008	11.985	12.860
Subsídios	699	779	761	989	720	722	664	778
Benefícios sociais	9.240	9.263	9.771	10.897	12.118	12.875	13.658	15.131
Formação bruta de capital fixo	2.242	2.930	3.758	4.895	5.013	4.685	4.679	4.363
Outras despesas correntes e de capital	3.587	5.604	4.259	5.117	5.089	5.137	5.524	6.030
Resultado primário	**3.844**	**3.797**	**5.671**	**1.056**	**−298**	**659**	**1.959**	**1.410**
Juros	1.955	1.352	844	116	129	205	67	−67
Resultado nominal	**1.889**	**2.445**	**4.828**	**940**	**−426**	**454**	**1.892**	**1.478**

Fontes: Eurostat e OCDE.

Esse resultado negativo já é de certo modo antecipado pelo orçamento encaminhado em 2000. O mesmo indica um corte no imposto de renda da pessoa física da ordem de 1,3 ponto percentual do PIB, refletindo alíquotas mais baixas e uma redução na proporção dos contribuintes sujeitos à alíquota mais elevada (de 46% para 37%). Outro corte foi observado na alíquota-padrão da pessoa jurídica, que cai de 28% para 24%, tendo em vista o propósito do governo de unificar as alíquotas de pessoa jurídica para 12,5%. O orçamento de 2000 também inclui aumentos significativos nos gastos com serviços sociais e infra-estrutura.[28]

Dando continuidade às medidas de alívio fiscal previstas no Programa para Prosperidade e Justiça, o orçamento apresentado em 2001 indica uma série de cortes, chamando a atenção a redução de dois pontos percentuais nas alíquotas — a padrão e a mais alta — de imposto de renda da pessoa física, que passam, respectivamente, para 20% e 42%; e elevação da faixa de renda do contribuinte solteiro para que fosse tributado pela alíquota-padrão para €20 mil e para €29 mil para o contribuinte casado. Em termos da pessoa jurídica as principais medidas foram: redução na alíquota-padrão do imposto sobre valor adicionado (IVA) em 1 ponto percentual; e redução, para 12,5%, na alíquota cobrada sobre as pequenas empresas cuja renda não excedesse €200 mil por ano.

---

[28] Como observado no relatório da OCDE (2001:45), "a política fiscal dos últimos anos tem sido arriscada *ex-ante*, estabelecendo uma postura fiscal neutra ou mesmo expansiva (...) embora o crescimento acima do esperado e as cuidadosas previsões de receitas tributárias tenham levado a uma postura mais restritiva *ex post*".

Um aspecto extremamente importante no processo de ajuste das contas públicas irlandesas ao novo ambiente de baixo crescimento observado a partir do início dos anos 2000 foi a criação, em 2001, de um esquema de poupança especial que visava, entre outras razões, diminuir a pressão de demanda decorrente dos sucessivos alívios tributários implementados nos anos anteriores.

O novo esquema foi denominado Special Savings Incentive Account (SSIA). De acordo com as regras estabelecidas, o participante deveria ter mais de 18 anos e só poderia abrir uma conta no SSIA. Os participantes teriam de se comprometer a poupar certo montante mensal durante um período de cinco anos. Para cada montante poupado, o Tesouro (Exchequer) contribuiria com um adicional de 25%. As contribuições foram fixadas em um mínimo mensal de €12,70 e um máximo de €253,95. As contribuições mensais são fixas nos primeiros 12 meses e, a partir de então, o indivíduo poderia poupar qualquer montante entre a contribuição mínima e a máxima durante os próximos quatro anos. O dinheiro é creditado mensalmente pelo Tesouro diretamente no SSIA. Qualquer saque feito é tributado à alíquota de 23%. Por fim, foi dado o prazo de até abril de 2002 para o indivíduo fazer sua opção pelo SSIA.[29]

Em 2002 é lançado um novo programa denominado Progresso Sustentável (Taoiseach, 2006).[30] Da mesma forma que os programas anteriores, esse estabelece um amplo pacto social com vistas a consolidar o crescimento econômico, garantir o emprego, elevar a competitividade da economia irlandesa e reduzir as desigualdades. Em termos do ajuste fiscal, a grande novidade do programa consiste na reversão de alguns alívios tributários que foram implantados nos anos anteriores para garantir um resultado orçamentário consistente. A partir de 2003, o déficit nominal é revertido, sendo mantido o resultado nominal e primário superavitário até o ano de 2005 (tabela 7.3).

Finalmente, em outubro de 2005 é lançado o Programa de Reforma Nacional no âmbito da Agenda de Lisboa (Taoiseach, 2005). O programa estabelece uma série de metas genéricas em termos da macroeconomia e das finanças públi-

---

[29] De acordo com a OCDE (2003), o esquema revelou-se extremamente popular, visto que mais de 1,17 milhão de contas foram abertas.

[30] A Agenda de Lisboa, lançada em 2000, consiste em uma série de iniciativas dos Estados-membros da União Européia com o objetivo de tornar a União "a economia mais competitiva e mais direcionada ao conhecimento do mundo em 2010". Em março de 2005 a agenda foi relançada, com um foco mais intenso sobre o crescimento e o emprego via programas nacionais de reforma.

288 AJUSTES FISCAIS

cas, tais como manutenção da taxa de crescimento real do PIB em 5% ao ano no período 2005-08, manutenção da taxa de investimento do setor público em 5% do PNB, política fiscal sólida (*sound*) em linha com o definido no Pacto para Estabilidade e Crescimento da União Européia, melhoria dos serviços públicos, especialmente para os cidadãos de baixa renda e correção contínua do déficit de infra-estrutura, a fim de fornecer as bases para o crescimento futuro. As medidas mais concretas são definidas no documento Progresso Sustentável (Taoiseach, 2006) apresentado em 2006.

TABELA 7.3

Irlanda — receitas e despesas do governo geral (1998-2005 — % do PIB)

Discriminação	1998	1999	2000	2001	2002	2003	2004	2005
Receita total	36,8	36,6	36,2	34,2	33,2	33,9	35,5	35,2
Impostos	26,7	26,8	26,6	24,6	23,7	24,3	25,6	25,7
Impostos indiretos	12,9	13,0	13,1	11,8	12,1	12,3	13,1	13,3
Impostos diretos	13,6	13,6	13,3	12,6	11,5	11,8	12,4	12,3
Impostos sobre o patrimônio	0,2	0,2	0,2	0,1	0,1	0,2	0,1	0,2
Contribuições sociais	5,5	5,6	5,7	5,8	5,7	5,8	6,1	6,2
Outras receitas correntes e de capital	4,5	4,2	3,9	3,8	3,7	3,8	3,8	3,3
Despesa primária	32,2	32,6	30,8	33,3	33,5	33,3	33,9	34,2
Consumo intermediário	5,1	5,1	5,1	5,3	5,4	5,2	5,2	5,3
Salários	8,4	8,1	8,0	8,3	8,6	9,0	9,4	9,5
Subsídios	0,8	0,8	0,7	0,9	0,6	0,6	0,5	0,6
Benefícios sociais	10,9	9,7	9,3	9,8	10,2	10,5	10,7	11,2
Formação bruta de capital fixo	2,7	3,1	3,6	5,0	5,1	4,5	4,3	4,8
Outras despesas correntes e de capital	4,2	5,9	4,1	4,6	4,3	4,2	4,3	4,4
Resultado primário	4,6	4,0	5,4	0,9	−0,3	0,5	1,5	1,0
Juros	2,3	1,4	0,8	0,1	0,1	0,2	0,1	0,0
Resultado nominal	2,2	2,6	4,6	0,8	−0,4	0,4	1,5	1,1

Fontes: Eurostat e OCDE.

Desempenho macroeconômico

O ajuste fiscal iniciado em 1987 tinha como foco principal a busca do equilíbrio das contas públicas para a recuperação da economia irlandesa, tanto sob o ponto de vista do crescimento, quanto da retomada do emprego e da competitividade. Nesse sentido, o ajuste se valeu dos efeitos positivos provocados sobre a economia (crescimento econômico), fato que impediu uma necessidade de maiores cortes nas despesas, tanto correntes quanto de capital. Em verdade, o ajuste fiscal mostrou-se ser tipicamente um ajuste expansionista (gráfico 7.5).

Nesses casos, os efeitos positivos sobre a arrecadação são inequívocos (Alesina, Ardagna e Gali, 1998).

GRÁFICO 7.5
Irlanda — taxa real de crescimento do PIB (1980-2005) e do PNB (1987-2005) (%)

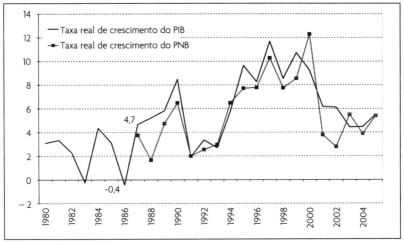

Fontes: OCDE e CSO.

O PIB apresentou taxas reais de crescimento sempre positivas a partir de 1987. A taxa média anual de crescimento no período 1987-2005 foi de nada menos que 6,5%. Nesse sentido, é importante observar que a taxa de crescimento do PNB também apresentou evolução positiva e, à exceção do ano de 2002, mostrou-se bastante próxima à taxa de crescimento do PIB irlandês. A distinção entre PIB e PNB é relevante na Irlanda diante do fato de que a economia irlandesa possui um percentual substantivo do seu produto representado pelas atividades de empresas multinacionais.[31] Assim, o comportamento do PNB refletiria mais adequadamente a força da economia irlandesa.

O ajuste fiscal também permitiu uma gradual redução das taxas de juros. Assim, a taxa básica que se situava em torno de 11,5% em dezembro de 1990 é gradativamente reduzida para nada menos que 2,5% em dezembro de 2005. Em

---

[31] Como observa a OCDE (2003:23): "O hiato (observado entre o PIB e o PNB) corresponde aos pagamentos líquidos de fatores (*net factor income payments*), basicamente lucros das companhias estrangeiras operando na Irlanda".

verdade, tal redução nas taxas de juros decorreu de dois fatores: a redução gradativa dos gastos públicos, que permitiu a redução da dívida como proporção do PIB; e o objetivo explícito dos governos irlandeses de fazer convergir a taxa de juros doméstica à taxa da União Européia.

Os sucessivos alívios tributários implementados a partir de 1987 foram conduzidos procurando evitar pressões de demanda agregada que teriam impactos negativos sobre a inflação, que, a partir do ajuste, apresentou uma trajetória bem comportada (gráfico 7.6). Apenas em 2000 a inflação recrudesce, em grande medida por conta de um forte crescimento nas despesas (totais e primárias) observadas no ano anterior (OCDE, 2003).

GRÁFICO 7.6
Irlanda — inflação: preços ao consumidor (1987-2005 — %)

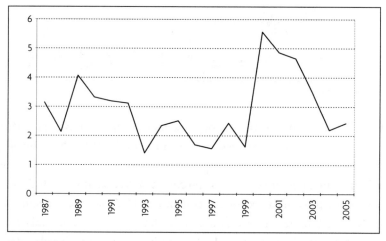

Fonte: OCDE.

Outro aspecto que merece atenção é a contínua pressão decorrente do aumento dos salários dos trabalhadores no setor público e na iniciativa privada proveniente dos diversos reajustes negociados nos programas de desenvolvimento. Tal fato ajuda a explicar as pressões inflacionárias observadas a partir do início deste século. A OCDE (2003) chama a atenção para esse fato como um potencial problema a ser enfrentado pela economia irlandesa, visto que pode ensejar pressões inflacionárias adicionais, bem como contribuir para um menor crescimento do PIB por tornar a oferta de trabalho mais cara.

Outro fator que contribui para explicar o crescimento observado na economia irlandesa são as exportações (OCDE, 1999:30, gráfico 7.7). Essa performance das exportações é explicada, no caso da economia irlandesa, pela grande presença de empresas multinacionais (OCDE, 1999:26), que foram bem-sucedidas em ganhar mercado sem traduzir baixos custos (diante do controle bem-sucedido da inflação) em baixos preços, fato que elevou sobremaneira sua lucratividade.

Esse resultado das exportações contribuiu para alterar o quadro das transações correntes irlandesas. De um déficit de 0,3% do PIB em 1987, as transações correntes passam para um superávit de cerca de 3% em meados dos anos 1990 (gráfico 7.8), para o qual contribuiu sobremaneira a melhoria no estado de confiança dos empresários decorrente do equilíbrio das contas públicas.

GRÁFICO 7.7
Irlanda — exportações de bens e serviços (1987-2005 — % do PIB)

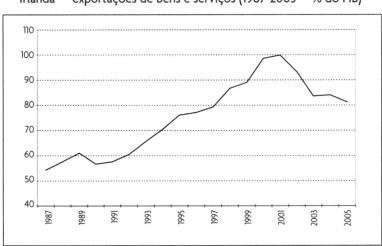

Fonte: OCDE.

Finalmente, deve-se observar que o crescimento econômico trazido à tona com o processo de equilíbrio das contas públicas produziu um impacto extremamente positivo sobre o emprego (gráfico 7.9). Como observado, antes do ajuste, a Irlanda padecia de uma das mais elevadas taxas de desemprego da União Européia, fato que levou o país a experimentar uma elevada emigração no período. Com a retomada do crescimento, o país passa a experimentar uma reversão no seu fluxo migratório. É digno de nota o fato de a Irlanda reunir condições demográficas extremamente favoráveis, o que faz o país possuir uma oferta potencial de mão-de-obra substantiva por vários anos (OCDE, 1999:34).

GRÁFICO 7.8
**Irlanda — saldo em transações correntes
(1987-2005 — % do PIB)**

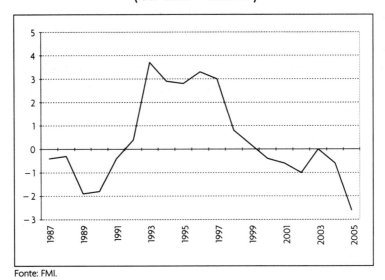

Fonte: FMI.

GRÁFICO 7.9
**Irlanda — taxa de desemprego
(1987-2005 — %)**

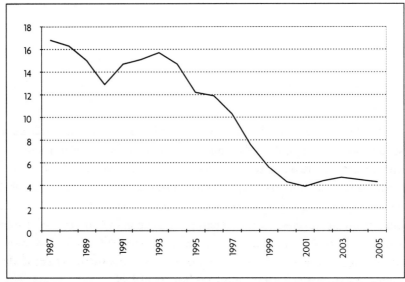

Fonte: FMI.

O investimento também apresenta uma trajetória francamente expansionista após o ajuste fiscal (gráfico 7.10). O governo implantou um ousado plano de investimento — notadamente em infra-estrutura — que colaborou fortemente para a recuperação do investimento privado. Com isso, o investimento do governo elevou-se de cerca de 2% do PIB em 1990 para mais de 4% do PIB ao final de 2003, chegando a atingir quase 5% do PIB ao final de 2005 (OCDE, 2006a:140).[32]

GRÁFICO 7.10
Irlanda — taxa de investimento (1980-2005 — % do PIB)

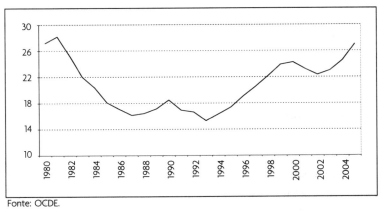

Fonte: OCDE.

Nesse sentido, é importante observar que a partir de 2004 o orçamento introduz um novo critério para garantir o investimento — mais especificamente, o gasto de capital — em termos intertemporais. Assim, em cada orçamento o governo estabelece um gasto de capital total para os cinco anos à frente e aloca esse gasto entre os departamentos de acordo com o critério de competência. Como observa a OCDE (2006a:141), o propósito do novo mecanismo é dar aos departamentos alguma estabilidade em seus orçamentos de capital a fim de auxiliar no planejamento do gasto de infra-estrutura desejado pelo governo. Ainda de acordo com a OCDE (2006a), o montante de investimento bruto derivado desse novo esquema monta a cerca de 4,5% da Renda Nacional Bruta em cada ano. De acordo com o novo esquema, os departamentos poderão levar de um ano para o outro até 10% do total de alocação de capital não-gasta.

---

[32] Em 2004, o orçamento irlandês estabeleceu uma cláusula de comprometimento de manter o investimento público no nível mínimo de 5% do PIB por ano.

Conclusões sobre o ajuste fiscal

Toda iniciativa de ajuste fiscal traz consigo o temor de efeitos recessivos, decorrente da visão keynesiana de que aumentos de gastos do governo são expansionistas da atividade econômica e reduções são contracionistas. Um conjunto de estudos, porém, tem sugerido a existência dos chamados efeitos não-keynesianos, no sentido de efeitos da política fiscal sobre o nível de atividade opostos aos esperados pela teoria keynesiana. De acordo com Briotti (2004), enquanto há grande consenso de que os efeitos de longo prazo sobre o nível de atividade de desequilíbrios fiscais e endividamento elevado são negativos, esse consenso é muito menor quando se trata dos efeitos de curto prazo. Em geral (por causa dos efeitos keynesianos), uma política fiscal restritiva levaria a efeitos contracionistas na demanda agregada. Entretanto, efeitos expansionistas também são possíveis, se a política fiscal provoca uma mudança nas expectativas dos agentes sobre sua riqueza futura (efeitos na demanda), ou contribuem para o aumento da competitividade da economia (efeitos na oferta).

A macroeconomia tradicional enfatiza os efeitos contracionistas de curto prazo sobre a demanda. A visão oposta sugere que ajustes fiscais podem ser neutros do ponto de vista da atividade ou mesmo expansionistas, principalmente quando as condições fiscais anteriores ao ajuste são percebidas como insustentáveis.

Muitos estudos que abordaram as consolidações fiscais dos anos 1980 e 1990 em países da OCDE concluíram pela possibilidade de efeitos expansionistas. A maioria concluiu que os principais elementos para que isso aconteça estão ligados ao tamanho do ajuste, à sua composição, à velocidade de implementação e ao estado inicial das finanças públicas. A maioria dos estudos também concluiu que os ajustes neutros ou expansionistas da atividade são os baseados em redução de despesas, mas não os em aumento de receita.

Quando o governo está comprometido com a disciplina fiscal de maneira crível, efeitos intertemporais positivos de ajustes fiscais sobre a riqueza e a demanda podem ocorrer. Nos casos de consolidação fiscal de sucesso, as taxas de juros nominais caíram significativamente, bem como o custo unitário relativo do trabalho, com efeitos positivos sobre as taxas de crescimento do PIB. Os resultados de Alesina, Ardagna e Gali (1998) enfatizam os efeitos pelo lado da oferta e apontam que o sucesso, geralmente, depende da redução de gastos, principalmente, com funcionários públicos e com transferências governamentais.

No caso da Irlanda, o ajuste fiscal iniciado em 1987 teve resultados claramente expansionistas (gráfico 7.5). Um fator importante para esse desempenho foi o comprometimento do governo de reduzir os impostos concomitantemente ao corte dos gastos públicos. Esse tipo de acordo teve um efeito muito positivo sobre as expectativas dos empresários e dos consumidores, além de ter tornado a economia irlandesa mais competitiva.

Cabe ressaltar que, embora tenha sido extremamente importante para a retomada do crescimento, a política fiscal não foi o único fator determinante. Como explicado pela OCDE (2006a), reformas econômicas e sociais iniciadas na década de 1960 foram fundamentais para garantir as condições necessárias à aceleração do crescimento ocorrida após o ajuste fiscal de 1987. As principais reformas realizadas foram: melhoria do sistema educacional público, ampliação da abertura comercial, abertura de setores importantes como telecomunicações e aviação. Tudo isso, aliado a um esforço consistente para se criar um ambiente com regras estáveis, estimulou muitas multinacionais a investir no país, tornando a Irlanda um grande pólo receptor de investimentos estrangeiros.

Um ponto essencial de qualquer ajuste fiscal bem-sucedido é o comprometimento do governo de controlar os gastos públicos de forma consistente e duradoura. No caso da Irlanda, mesmo com um crescimento econômico médio de 5,2% entre 1987-89, as despesas primárias reais foram reduzidas em média 1,5%, na comparação com o período 1985-86.[33] Sendo que, em 1989, a redução em relação ao ano anterior foi de 6,8% (gráfico 7.4), enquanto o PIB cresceu 5,8%, resultando numa queda de 5,6 pontos percentuais do PIB em um só ano (de 42,3 para 36,7% do PIB, conforme gráfico 7.1). No ano seguinte, as despesas cresceram a uma taxa próxima à do PIB. Somente no período 1991-93, anos de desaceleração do crescimento econômico, as despesas cresceram em termos percentuais do PIB. Contudo, em 1993, as despesas primárias ainda foram 2,2 pontos percentuais do PIB menores que 1988.

Em 1994 e 1995, o crescimento real das despesas primárias foi reduzido, ficando, em média, em 3,8% ao ano; ao passo que o PIB cresceu a uma média de 7,7% ao ano (gráfico 7.5). O resultado, obviamente, foi uma queda significativa dos gastos em relação ao PIB, que continuou até 2000.

Fica claro, portanto, que no caso da Irlanda, inicialmente, houve uma redução real e expressiva dos gastos primários. Como no período seguinte os gastos cresceram, em média, a taxas menores que o crescimento do PIB, a redução inicial dos gastos mostrou ter efeitos duradouros.

---

[33] Estimativas feitas com dados de Alesina, Ardagna e Gali (1998) e da OCDE.

296 AJUSTES FISCAIS

Com relação especificamente aos investimentos, o gráfico 7.2 mostra que, após atingir os valores mínimos em 1988/89 (em termos reais e em percentual do PIB), esse tipo de gasto voltou a crescer e deixou de ser um dos responsáveis pela redução das despesas primárias.

Metas fiscais

A Irlanda, como qualquer país da Comunidade Européia, tem suas metas fiscais guiadas pelo Pacto de Estabilidade e Crescimento. Dessa forma, a meta fiscal perseguida é a definida no Tratado de Maastricht, ou seja, o déficit nominal não deve exceder 3% do PIB. Esse limite deve ser observado em "circunstâncias econômicas normais". O Pacto da Estabilidade e Crescimento, por sua vez, adiciona uma restrição a esse limite ao afirmar que os objetivos orçamentários de médio prazo devem ficar próximos do equilíbrio ou de um superávit.

O primeiro programa de estabilidade apresentado pela Irlanda à Comissão Européia data de dezembro de 1998, tendo sido atualizado anualmente com a apresentação do novo orçamento. Nesses programas, os Estados-membros devem especificar seus objetivos de médio prazo para suas posições orçamentárias e definir políticas para alcançar essas metas e mantê-las.

O último programa de estabilidade foi submetido em dezembro de 2005. Nesse novo documento, a Irlanda apresenta uma meta orçamentária para o triênio 2006-08. As metas são definidas para cada ano.

A estratégia orçamentária adotada pelo governo neste período é baseada no objetivo — de resto definido para toda a União Européia — de sustentabilidade orçamentária de médio e longo prazos. As metas definidas para o triênio são apresentadas na tabela 7.4.

TABELA 7.4

Irlanda — saldo do governo geral e metas (2005-08 — % do PIB)

Discriminação	2005	2006	2007	2008
Saldo do governo geral	0,3	−0,6	−0,8	−0,8
Saldo ajustado pelo ciclo	0,8	0,2	0,1	0,2
Taxa de endividamento (final de ano)	28	28	28,2	28,3

Fonte: Irlanda (2005:5).

É digno de nota que essas metas já incluem o elevado investimento em infraestrutura a ser feito pelo governo irlandês dentro do seu Plano Nacional de Desenvolvimento. Em verdade, o investimento público estimado para o período 2006-10 monta a nada menos que 5% do PIB.[34]

Em termos do orçamento ajustado ao ciclo econômico, o governo irlandês observa que existe um considerável grau de incerteza associado à sua estimativa, visto que a mensuração do produto potencial em uma economia pequena e aberta que passou por várias mudanças na última década não é passível de críticas. Adicionalmente, existem várias estimativas para a sensibilidade do saldo governamental a mudanças na taxa de crescimento do PIB. As estimativas do orçamento ajustado ao ciclo econômico são apresentadas na tabela 7.5.

TABELA 7.5

Irlanda — orçamento ajustado ao ciclo econômico – estimativas
(2004-08 — % do PIB)

Discriminação	2004	2005	2006	2007	2008
Crescimento real do PIB (%)	4,5	4,6	4,8	5	4,8
Endividamento líquido do governo geral	1,4	0,3	−0,6	−0,8	−0,8
Gasto com juros	1,2	1,2	1,2	1,2	1,2
Crescimento do produto potencial	5,8	6,1	5,5	5,3	4,8
Gap do produto (% do produto potencial)	0,1	−1,3	−2	−2,3	−2,3
Orçamento ajustado ao ciclo	1,4	0,8	0,2	0,1	0,2

Fonte: Irlanda (2005:16).

Processo orçamentário irlandês[35]

Com o objetivo de garantir a realização de investimentos de longo prazo de maturação, o orçamento anual passou a conter despesas de capital com duração de até cinco anos. Segundo a OCDE (2006a), esse prazo está sendo estendido para até 10 anos para investimentos em transporte. Quanto ao grau de rigidez, o orçamento irlandês garante uma boa margem de liberdade, já que as despesas vinculadas somam entre 0% e 20% do total — característica compartilhada com apenas 3,8% dos países da OCDE.

O período fiscal adotado na Irlanda é o ano calendário e as receitas e despesas são contabilizadas pelo regime de caixa, como acontece em 64% dos países da OCDE.

---

[34] De fato, o governo irlandês vem perseguindo, desde 2004, a manutenção da taxa de investimento do governo em torno de 5% como indicado pelos orçamentos de 2004, 2005 e 2006.

[35] Os dados comparativos sobre o processo orçamentário dos países da OCDE estão disponíveis em <http://ocde.dyndns.org/>.

298 AJUSTES FISCAIS

Comparado aos demais países da OCDE, o processo orçamentário da Irlanda é um dos:

- ➤ 48% que estão sujeitos a regras fiscais determinadas por organizações supranacionais (no caso, o Tratado de Maastricht);
- ➤ 26% que definem o déficit público como sendo a diferença entre as receitas e as despesas totais (excluídos os resultados das empresas estatais);
- ➤ 59% que não possuem um órgão independente para rever as hipóteses macroeconômicas usadas no orçamento.

A execução do orçamento da Irlanda é fiscalizada por uma auditoria externa, que foi criada por uma norma constitucional. Esse órgão de auditoria se reporta ao Legislativo e pode contratar firmas privadas para auxiliar no processo. Os relatórios das auditorias ficam disponíveis ao público e cobrem entre 71% e 100% dos gastos.

Uma nota sobre o orçamento ajustado ao ciclo econômico

A fim de evitar descompassos na execução da política fiscal dos países-membros, fato que poderia levar a pressões inflacionárias na zona do euro, uma série de regras para condução da política fiscal foram estabelecidas no Tratado de Maastricht e no Pacto para Estabilidade e Crescimento que se seguiu ao tratado.

A principal regra é definida no art. 104c do tratado que afirma textualmente: "[os países-membros] devem evitar déficits excessivos. Isso requer a aderência a dois critérios: (a) o déficit do governo não deve exceder os 3% do PIB; e (b) a razão dívida/PIB não deve exceder os 60%".

O Pacto para Estabilidade e Crescimento, adotado em 1997, estabelece critérios adicionais para fortalecer a condução da política fiscal. O pacto afirma que as autoridades fiscais devem assegurar que o orçamento esteja próximo do equilíbrio, ou seja, superavitário no médio prazo.

A fim de solucionar o problema trazido com a adoção dos critérios pelo tratado e pelo pacto — os governos desejam ao mesmo tempo atender aos critérios e ter flexibilidade para utilizar o único instrumento de política macroeconômica que têm ao seu dispor —, pode-se utilizar de medidas de saldos orçamentários estruturais. O termo saldo orçamentário estrutural é usado para denotar o saldo orçamentário corrente que é ajustado levando em conta a influência do ambiente econômico.

A estimativa do saldo orçamentário estrutural essencialmente decompõe a posição orçamentária atual em um componente estrutural e um componente residual. O componente estrutural é aquela parte do saldo orçamentário determinado pela ação discricionária do governo.

Feita a estimativa do orçamento estrutural é possível calcular aquela parte da mudança no saldo orçamentário atual de um ano para o outro que é devida a mudanças na política fiscal discricionária — medida pela mudança no orçamento estrutural — e aquela parte que é devida a mudanças no ambiente econômico — dada pela diferença entre o saldo orçamentário corrente e o saldo estrutural. Dessa forma, mudanças no saldo estrutural ocorreriam apenas como conseqüência das decisões de gasto ou decisões de mudanças tributárias por parte do governo. Assim, reduções nos impostos, elevação no seguro-desemprego ou elevações no gasto do governo resultariam em uma deterioração do orçamento estrutural. Contrariamente, elevações nos impostos, redução no seguro-desemprego e reduções dos gastos governamentais levariam a melhorias no orçamento estrutural.

Dessa forma, uma piora no orçamento estrutural indicaria uma piora na postura fiscal do governo ao longo do tempo, enquanto uma melhora no orçamento estrutural indicaria um endurecimento da política fiscal.

A estimação do orçamento estrutural é tipicamente feita ajustando o saldo orçamentário corrente à influência do ciclo econômico.[36] O Comitê Monetário Europeu, inclusive, define explicitamente que esse método deve ser usado para que se possa aferir a postura fiscal dos países-membros.[37]

Questões de longo prazo: reforma previdenciária

A Irlanda vem experimentando reformas paramétricas — e bastante pontuais — em seu sistema previdenciário desde 1996, quando teve início um longo processo de negociações e debates sobre a questão específica da proteção social para preparar o sistema vigente para os desafios que estarão em pauta nos próximos 50 anos. A National Pensions Policy Iniciative (NPPI, Iniciativa Nacional para a Política de Aposentadorias) foi apresentada pelo Ministério do Bem-estar como proposta para, mediante discussão com os grupos sociais interessados, transformar-se em projeto de governo concernente ao desenvolvimento futuro do sistema de aposentadorias (Malikova e Staronova, 2005).

A principal meta contida na proposta da NPPI consistiu em montar um sistema nacional de pensões ocupacionais mais extenso e capaz de garantir a todos os cidadãos padrões, na inatividade, correspondentes aos da vida ativa. Como sistema complementar, operado pelo setor privado, o conjunto de esquemas pessoais e ocupacionais permaneceu regulamentado pelo Estado e relacionado aos objetivos de evitar a pobreza entre os idosos, com transferências de recursos para

---

[36] Para maiores detalhes sobre o método de ajuste do orçamento ao ciclo econômico, ver Girouard e André (2005).

[37] Para detalhes sobre o método de orçamento ajustado ao ciclo econômico utilizado na União Européia e estimativas para a Irlanda, ver Cronin e Scally (2000).

aqueles financeiramente incapazes de prover recursos para a inatividade por si mesmos, e de manter a disciplina financeira.

Em 1998, a proposta foi aprovada pelo Parlamento, na condição de um conjunto de recomendações cuja implementação demandaria a elaboração do desenho e das regras de funcionamento das alterações apontadas, sobretudo no que dizia respeito à principal delas, a introdução do novo esquema suplementar. Na ocasião, o Parlamento instituiu, também, o Pensions Board, uma agência regulatória, à qual foram atribuídas as responsabilidades de conduzir as novas rodadas de discussão com sindicatos, associações empresariais, representantes da indústria seguradora, e demais atores envolvidos, regular a expansão dos fundos privados prevista e assessorar o governo em matéria de política previdenciária.

Pouco a pouco, o projeto ganhou corpo, entrando em vigor dia 15 de setembro de 2003, com a denominação sistema Personal Retirement Savings Accounts (PRSAs, Contas Pessoais de Poupança para Aposentadoria), de acordo com a legislação promulgada em 2002. Paralelamente, o governo irlandês apresentou, em junho de 2000, o National Pensions Reserve Fund Bill, um projeto de lei criando o Fundo Nacional de Reserva para Aposentadorias e Pensões, com o propósito de criar fonte de financiamento complementar ao Tesouro para enfrentar os custos com o sistema de bem-estar de 2025 em diante.[38]

Mantendo praticamente intacto o sistema público compreensivo, operado pelo Estado em bases *pay as you go* (de repartição), o caso irlandês parece desmentir a antinomia que muitos estudos apontam entre o "modelo anglo-saxônico" (de redução dos encargos trabalhistas, liberalização do mercado de trabalho, desregulamentação e declínio do sindicalismo) e o "modelo Europa Continental" (altos encargos trabalhistas, regulação e negociação solidária dos salários em condições que incluem programas generosos de bem-estar social e, especialmente, generosa provisão pública de benefícios previdenciários). A dicotomia tem servido, segundo Disney (2006), para valorizar um receituário afinado com o modelo anglo-saxônico tido como o padrão de reformas recomendado pela OCDE.

O tipo de sistema de bem-estar vigente na Irlanda ajuda a explicar a história recente do país. Trata-se de uma combinação de parceria social (envolvimento, acordos) com um modelo beveridgiano de políticas sociais, modelo que vem declinando na OCDE. O desenho do Welfare State irlandês — particularmente de seu esquema previdenciário — responde em parte pelo êxito da economia do país.

---

[38] Momento em que, segundo as projeções elaboradas para fundamentar a medida, os gastos devem crescer significativamente em função do progressivo envelhecimento da população. Ver Ministério das Finanças, *Exposição de motivos ao projeto de lei do fundo nacional de reservas para aposentadorias e pensões* (2000).

Esse desenho tem efeitos potenciais sobre o desempenho macroeconômico, servindo de incentivo positivo para as taxas de poupança das famílias, para a atividade econômica e para o emprego.

O seguro social da Irlanda[39]

Empregadores e empregados (maiores de 16 anos) pagam contribuições ao Ireland's National Social Insurance Fund (Isif, Fundo Nacional Irlandês de Seguro Social). O Isif é composto de uma conta corrente e de uma conta de investimentos, administradas respectivamente pelo Ministério dos Negócios Sociais e da Família e pelo Ministério das Finanças. A conta corrente é formada pelas contribuições pagas. A conta de investimento é uma conta formada pelas poupanças.

A contribuição dos empregados depende do salário recebido e do tipo de trabalho a que está vinculado. As contribuições para o seguro social são designadas Pay Related Social Insurance (PRSI). Para os empregados, as contribuições são classificadas em categorias, conhecidas como classes ou taxas de contribuição. A maioria dos empregados na Irlanda paga uma PRSI classe A, que corresponde a um salário superior a €38. Essa categoria contributiva habilita o trabalhador à cesta completa de benefícios previdenciários.

As contribuições para o seguro social são deduzidas dos salários pelo empregador e recolhidas pelo Comissariado da Receita ao Fundo do Seguro Social. O empregador também paga contribuições. Os valores e percentuais das contribuições variam de acordo com os seguintes critérios:

➤ trabalhadores (inscritos na classe A) que recebem menos de €300 (brutos) por semana não pagam o PRSI; só o empregador contribui;

➤ salários entre €300 e €440 semanais têm os primeiros €127 ignorados e são taxados em 4% do restante, até o limite de €46.600;

➤ trabalhadores que ganham mais do que €440 semanais e estão inscritos na classe A recolhem 2% relativos aos primeiros €127, 6% sobre o restante até o limite de €46.600 e 2% sobre a quantia que ultrapassar esse limite;

➤ trabalhadores inscritos em outras classes de contribuição também têm uma escala diversificada de percentuais de recolhimento.

Os trabalhadores autônomos são inscritos na classe S, que os habilita a um leque limitado de benefícios (pensões contributivas para viuvez e orfandade, aposentadoria, auxílio-maternidade, benefício para adoção e o auxílio-padrão para

---

[39] Ver <www.oasis.gov.ie>.

302 AJUSTES FISCAIS

privações). A contribuição corresponde a 3% da renda total ou €253 ao ano (o valor que for maior). Um trabalhador autônomo pode requerer isenção de contribuição ao Comissariado da Receita e manter-se filiado ao sistema.

São os seguintes os benefícios disponíveis: desemprego, invalidez, maternidade, adoção, saúde, incapacidade, viuvez, orfandade, aposentadoria por idade, pensão de aposentadoria, auxílio-privação, tratamento e acidentes de trabalho.

O segundo pilar de cobertura previdenciária na Irlanda: diagnóstico prévio e mudanças

Em geral grandes empresas patrocinam esquemas previdenciários ocupacionais; pequenas e médias não o fazem. Cada esquema tem suas próprias regras embora regulados pelo Irish Pension Board (IPB). Não há obrigação legal de provimento de esquemas ocupacionais. Os esquemas ocupacionais de pensões são organizados pelos empregadores para prover pensões para empregados (alguns ou todos) no momento de retirada da força de trabalho e para sobreviventes dependentes no caso de morte do empregado.

A partir de 2003 as PRSAs se tornaram disponíveis. Essa iniciativa foi proposta desde 1996 (e no período subseqüente discutida e aprovada nas instâncias pertinentes) com o objetivo de ser uma alternativa aos esquemas ocupacionais e, sobretudo, para oferecer alternativa aos empregados cujos empregadores não se interessam ou não querem patrocinar fundos ocupacionais. Podem também ser usadas para suplementar os esquemas ocupacionais, como contribuições voluntárias adicionais (AVCs) e como substitutivos àqueles esquemas. Depois de 15 de setembro de 2003, quando o sistema PRSA entrou em vigor, os empregadores que não patrocinavam esquemas ocupacionais para seus empregados passaram a ser obrigados a prover o acesso dos mesmos pelo menos a uma PRSA padrão.

O objetivo fundamental do NPPI foi o de aumentar a extensão e melhorar a qualidade da cobertura suplementar. Um diagnóstico prévio à iniciativa indicava que a cobertura, de menos de 50% da população empregada, estava declinando. Barreiras à expansão da cobertura sob o segundo pilar (previdência complementar privada) foram identificadas como: acesso limitado à provisão de benefícios; fluxo de informações limitado; altos custos correntes no caso de planos pessoais e pequenos; dificuldade em considerar investimentos; e não-correspondência entre o desenho vigente do benefício e os requerimentos de uma força de trabalho em processo de mudança.

No relatório redigido para dar início a um debate nacional, o IPB propôs as seguintes medidas para eliminar as imperfeições: criar um sistema de baixo custo; assegurar o valor monetário dos produtos; criar um conjunto de produtos novos; buscar simplicidade, transparência e compreensibilidade.

Para atingir tais objetivos, IPB e o governo apresentaram a proposta de introdução de um novo produto: a PRSA. Esse produto teria portabilidade e removeria barreiras existentes entre os sistemas vigentes. Outras medidas também foram propostas, como: simplificação das estruturas legais em vigor no sistema de aposentadorias; introdução de esquemas guarda-chuva; marco regulatório efetivo, mas não oneroso; programas de educação e conscientização; incremento das possibilidades de transmissão de direitos de um sistema para outro.

A PRSA foi considerada o aspecto mais revolucionário das propostas apresentadas pelo IPB. Como sua implantação está em curso há pouco tempo, seus resultados ainda se encontram sob a forma de estimativas. Assim, espera-se que venha a ter forte impacto positivo na ampliação da cobertura, vindo a atingir a meta de 70% da população trabalhadora com mais de 30 anos. Características da PRSA:

➤ o produto está disponível para empregados em geral independentemente de seu *status* empregatício;
➤ a idade para aposentadoria é mais flexível e não há limites para o estabelecimento do valor do benefício (similar ao que funciona atualmente no regime dos autônomos, no qual os benefícios são determinados pelo valor da capitalização no momento);
➤ a partir de um patamar de renda anual, os empregados têm flexibilidade para estabelecer formas de recebimento do benefício ao ingressarem na inatividade;
➤ há um conjunto mínimo de regras fixando condições do contrato;
➤ há opções de investimento.

É provável que um grande número de pequenos planos de aposentadorias que operam em regime de contribuição definida considere mais eficiente operar pelo sistema PRSA. Uma das conseqüências da introdução da PRSA será o término dos contratos individuais de aposentadorias. No entanto, haverá um período de transição durante o qual os produtos existentes prevalecerão ou os provedores poderão transferir seus produtos para o novo arranjo (*The Multinational*, 2000).

O IPB tem apoiado o regime atual, pelo qual os empregadores podem compelir seus empregados a aderir ao plano que a empresa escolheu. Esse é um fator que contribui para o atual nível, bastante significativo, do segundo pilar. Contudo, o regime PRSA contribuirá para facilitar acordos entre empregadores e empregados sobre o provedor.

O sistema das PRSAs permitirá estabelecer, mediante acordos, um nível mínimo de contribuição do empregador. Atualmente, muitos empregados que deixam o emprego e já têm cinco anos de contribuição ao plano escolhido pela em-

304 AJUSTES FISCAIS

presa têm direito a preservar o benefício. A proposta da PRSA é reduzir esse tempo para dois anos.

O Fundo Nacional de Reserva para Aposentadorias e Pensões

O National Pensions Reserve Fund (Fundo Nacional de Reserva para Aposentadorias e Pensões), uma iniciativa do Ministério das Finanças do governo irlandês, foi aprovado pelo Parlamento em dezembro de 2000. Na justificativa apresentada pelo projeto destaca-se a preocupação com o financiamento das prestações previdenciárias nos próximos 20 anos. A preocupação se explica pelo fato de que a Irlanda ainda não apresenta problemas demográficos graves, mas, como os demais países europeus, tende a um gradativo envelhecimento da população. Segundo as estimativas usadas para fundamentar a proposta, somente por volta de 2025 é que a Irlanda passará a se defrontar com as questões decorrentes de uma substantiva alteração na pirâmide etária: um volumoso segmento de idosos e, conseqüentemente, aumento dos gastos e pressões no orçamento. A instituição do fundo representou, assim, a adoção de uma medida preventiva, com a finalidade de enfrentar uma situação futura, que pode se tornar problemática tendo em vista a evolução verificada nas últimas décadas na OCDE, como se observa na tabela 7.6.

TABELA 7.6

Irlanda — aspectos financeiros e demográficos do sistema previdenciário irlandês em comparação com a média da OCDE (1980-2001)

	Aposentados por idade Gastos (% do PIB)			Aposentados por invalidez Gastos (% do PIB)		
	1980	1990	2001	1980	1990	2001
Irlanda	4,0	3,8	2,4	2,4	1,9	1,3
OCDE	5,4	6,5	7,4	2,3	2,4	2,2
	População de 65 anos ou + (%)			Gasto por pessoa (% do PIB *per capita*)		
	1980	1990	2001	1980	1990	2001
Irlanda	18,3	18,5	16,8	0,22	0,20	0,14
OCDE	19,0	20,0	22,2	0,28	0,33	0,33

Fonte: OCDE apud Whiteford e Whitehouse (2006).

Em resumo, a criação do fundo implicou:

► a constituição de ativos para fazer face às despesas com o sistema de bem-estar e com as pensões dos servidores públicos a partir de 2025;

- a obrigação do governo de alocar o equivalente a 1% do PNB (proveniente do Tesouro) ao fundo, anualmente, pelo menos até o ano de 2055;
- o pagamento, pelo governo, de somas adicionais ao fundo, por determinação da Câmara de Deputados;
- a realização de investimentos estritamente comerciais e sujeitos às regras de gerenciamento de riscos, com o objetivo de assegurar retornos a longo prazo;
- o estabelecimento de uma comissão independente, a National Pensions Reserve Fund Commission, para controlar e administrar o fundo;[40]
- a proibição de retiradas do fundo antes de 2025;[41]
- a designação de um administrador como agente da comissão no desempenho de suas responsabilidades e para executar as funções por ela determinadas;
- a responsividade (*accountability*) da comissão diante do Ministério das Finanças e do Parlamento, incluindo a apresentação de relatórios detalhados anuais e a presença, quando requerida, do presidente da comissão em audiências promovidas pelo comitê pertinente da Câmara dos Deputados.

Em 2004 foram introduzidas mudanças nos critérios de aposentadorias para os servidores públicos. Basicamente, as novas regras diziam respeito a mudanças na idade mínima para aposentadoria. As regras introduzidas — que valiam apenas para os novos entrantes no serviço público — foram:

- a idade mínima de aposentadoria passa para 65 anos para a maioria dos entrantes a partir de 1º de abril de 2004;
- a idade mínima de aposentadoria para certas categorias (oficiais de prisões) foi elevada para 55 anos e para os pertencentes às forças de defesa para 50 anos;
- a idade mínima para aqueles apontados para cargos executivos após 1º de abril de 2004 aumenta para 65 anos;
- a aposentadoria compulsória aos 65 anos é eliminada para os novos entrantes, permitindo-lhes trabalhar após essa idade se desejarem.

---

[40] À comissão foi conferida autoridade para determinar e implementar uma estratégia de investimentos para o fundo, consistente com as regras de investimento contidas na legislação.
[41] A possibilidade de retiradas obedece a regras estipuladas por legislação específica e modificada regularmente para atender a alterações na situação demográfica.

Anexo

TABELA 7.7

Irlanda — receitas e despesas do governo geral (1987-2005 — % do PIB)

Discriminação	1987	1988	1989	1990	1991	1992	1993	1994	1995	1996
Dívida bruta do governo central	107,0	102,3	92,4	86,8	84,6	82,6	82,3	78,9	72,2	64,6
Receitas totais		44,1	40,2	40,3	41,8	42,1	42,2	42,2	39,3	39,2
Despesas primárias		42,3	36,7	36,9	39,0	39,9	40,1	39,7	37,3	36,1
Investimentos	3,1	1,9	1,8	2,1	2,2	2,1	2,2	2,3	2,3	2,4
Salários				10,2	10,9	11,1	11,2	10,9	10,1	9,6
Resultado primário		1,8	3,5	3,3	2,8	2,2	2,1	2,5	2,0	3,1
Despesas líquidas com juros		6,4	6,2	6,1	5,6	5,1	4,8	4,5	3,9	3,1
Despesas totais		48,7	42,9	43,1	44,7	45,1	44,9	44,2	41,3	39,2
Resultado nominal	-8,6	-4,7	-2,7	-2,8	-2,8	-2,9	-2,7	-2,0	-2,0	0,0

Discriminação	1997	1998	1999	2000	2001	2002	2003	2004	2005
Dívida bruta do governo central	57,2	47,7	44,0	35,0	30,9	27,9	27,0	25,5	23,8
Dívida bruta do governo geral		61,4	50,1	42,6	38,5	36,1	34,5	33,0	31,8
Dívida líquida do governo geral		45,3	30,0	22,1	17,8	18,0	15,0	12,0	10,0
Receitas totais	38,4	36,8	36,6	36,2	34,2	33,2	33,9	35,5	35,2
Despesas primárias	34,2	32,2	32,6	30,8	33,3	33,5	33,3	33,9	34,2
Investimentos	2,5	2,7	3,1	4,2	5,0	5,1	4,5	4,3	4,8
Salários	9,1	8,4	8,1	8,0	8,3	8,6	9,0	9,4	9,5
Resultado primário	4,2	4,6	4,0	5,4	0,9	-0,3	0,5	1,5	1,0
Despesas líquidas com juros	2,6	2,3	1,4	0,8	0,1	0,1	0,2	0,1	0,0
Despesas totais	36,7	34,5	34,0	31,6	33,4	33,6	33,5	34,0	34,1
Resultado nominal	1,6	2,2	2,6	4,6	0,8	-0,4	0,4	1,5	1,1

Fontes: OCDE, FMI, Eurostat e CSO.

TABELA 7.8

Irlanda — receitas e despesas do governo geral (1987-2005) — milhões de euros de 2000)

Discriminação	1987	1988	1989	1990	1991	1992	1993	1994	1995	1996
Dívida bruta do governo central	42.462	43.185	41.862	40.986	40.150	40.397	42.879	43.182	43.538	42.393
Receitas totais		18.602	18.230	19.010	19.853	20.613	21.968	23.091	23.703	25.742
Despesas primárias		17.851	16.638	17.430	18.529	19.536	20.895	21.714	22.519	23.696
Investimentos				981	1.030	1.013	1.167	1.263	1.379	1.577
Salários				4.835	5.152	5.439	5.846	5.951	6.087	6.303
Resultado primário		751	1.592	1.580	1.324	1.077	1.073	1.376	1.184	2.045
Despesas líquidas com juros		2.719	2.798	2.897	2.672	2.516	2.489	2.467	2.376	2.060
Despesas totais		20.570	19.436	20.328	21.201	22.052	23.383	24.182	24.895	25.757
Resultado nominal	-3.414	-1.968	-1.206	-1.318	-1.348	-1.439	-1.416	-1.091	-1.192	-15

Discriminação	1997	1998	1999	2000	2001	2002	2003	2004	2005
Dívida bruta do governo central	42.825	40.243	42.069	36.572	34.403	32.988	33.083	32.395	32.289
Dívida bruta do governo geral		51.827	47.967	44.567	42.896	42.801	42.268	41.907	43.133
Dívida líquida do governo geral		38.272	28.744	23.081	19.766	21.286	18.335	15.254	13.613
Receitas totais	28.692	31.035	35.002	37.873	38.130	39.321	41.461	45.097	47.742
Despesas primárias	25.564	27.191	31.205	32.202	37.074	39.619	40.802	43.138	46.332
Investimentos	1.864	2.238	2.934	3.693	4.671	4.942	4.645	4.571	
Salários	6.791	7.120	7.761	8.358	9.240	10.190	11.009	11.819	
Resultado primário	3.128	3.844	3.797	5.671	1.056	-298	659	1.959	1.410
Despesas líquidas com juros	1.922	1.955	1.352	844	116	129	205	67	-67
Despesas totais	27.486	29.146	32.557	33.045	37.190	39.748	41.007	43.205	46.265
Resultado nominal	1.206	1.889	2.445	4.828	940	-426	454	1.892	1.478

Fontes: OCDE, FMI, Eurostat e CSO.

8

Conclusões e recomendações

Este capítulo pretende resumir as conclusões do livro, procurando apontar as idéias que podem ser úteis para a discussão sobre política fiscal no Brasil. As experiências analisadas foram muito variadas, mesmo porque diversas eram as situações dos países quando da implantação dos ajustes. Alguns dos catalisadores de reformas nesses países não estão presentes hoje no Brasil, como a ocorrência de crise econômico-financeira recente ou a pretensão de ingressar em uma comunidade econômica. Por outro lado, países que não estão passando no momento por crise estão, não obstante, se precavendo para o futuro e fazendo planejamento fiscal de longo prazo, como no caso de Irlanda e Nova Zelândia. Fatores marcantes e facilitadores de alguns casos também não se verificam no Brasil, como as receitas trazidas pela elevação do preço do petróleo no México e na Rússia. O estudo mostra também que o Brasil está avançado, em determinados quesitos, em relação a alguns dos países estudados: por exemplo, a Lei de Responsabilidade Fiscal brasileira é recomendada como exemplo para a Índia pelo Banco Mundial. A mesma Índia tem problemas nos bancos estatais, risco que no Brasil foi reduzido com a privatização dos bancos estaduais.

Casos como o do México sugerem que vale a pena o esforço para o alcance do grau de investimento junto às agências classificadoras de risco — e a questão fiscal é certamente relevante nessa classificação — já que naquele país o resultado foi uma redução nos gastos com juros e o aumento do prazo da dívida pública.

Questões importantes sobre ajuste fiscal

Ajustes fiscais bem-sucedidos geram um ambiente macroeconômico mais estável e atraente aos consumidores e investidores. A redução de gastos gera uma expectativa de redução de impostos, estimulando o consumo e o investimento até mesmo no curto prazo — caso o ajuste seja percebido desde o início como permanente. Na Irlanda, por exemplo, as taxas de crescimento elevaram-se fortemente a partir de 1993, cinco anos após os ajustes, tendo se situado acima de 8% ao ano entre

310 AJUSTES FISCAIS

1994-2000, contra os 3% médios dos anos 1987-93. Ajustes fiscais críveis e bem-sucedidos também podem ajudar a reduzir a taxa de juros, principalmente, em países fortemente endividados.

Os ajustes bem-sucedidos podem ser feitos sem corte real inicial de despesas correntes, desde que o governo demonstre de forma clara como irá conter o aumento dos gastos no médio e longo prazos. É necessário que o crescimento real das despesas seja nulo ou, pelo menos, menor que o crescimento do PIB. Os ajustes fiscais baseados em elevação das receitas, geralmente, não são sustentáveis no longo prazo e possuem um caráter contracionista.

Manter a despesa real constante em termos de moeda pode ser um bom ponto de partida (ainda que uma queda inicial possa propiciar uma velocidade muito maior de ajuste), contanto que não haja a impressão de que os gastos serão novamente majorados logo à frente (como ocorre no caso de contingenciamento de investimentos indispensáveis).

Nos países aqui estudados, houve casos de reduções de despesas em várias unidades de medida, mas, em se tratando de metas, em geral elas são definidas em termos de percentual do PIB. É o caso de Itália e Irlanda no contexto do Tratado de Maastricht, da Rússia na apresentação de seu plano orçamentário de médio prazo e da Nova Zelândia ao fixar metas para dívida bruta, receita e despesa para 2009/10.

A fixação de metas de despesas em percentual do PIB tem o problema de tornar os gastos pró-cíclicos, fazendo as despesas aumentarem em tempos de crescimento, contrariando a idéia de se poupar em tempos favoráveis para suavizar o ajuste em tempos de menor crescimento e arrecadação. Isso tem sido bastante discutido no México e as metas ajustadas ao ciclo econômico que vêm sendo adotadas na Europa refletem também essa preocupação.

Reforma da previdência

Na Turquia, entre outras medidas, as reformas revisaram as idades mínimas para a aposentadoria, estimularam a inserção privada no sistema previdenciário e alteraram a forma de reajuste dos benefícios previdenciários, que passaram a acompanhar a inflação e não o salário da ativa. Na Itália, as reformas da previdência realizadas na década de 1990 foram importantes para conter o aumento dos gastos públicos, entretanto, não foram suficientes para reverter a tendência de crescimento dos dispêndios no médio prazo. A reforma mais importante da década, feita em 1995, por exemplo, tinha regras de transição muito lentas. A conseqüência natural foi a necessidade de uma nova reforma, realizada em 2004. Nesta última, o governo tomou diversas medidas que tinham como objetivos incentivar o adiamento da decisão de aposentadoria e apoiar o relançamento do sistema complementar de fundos de pensão privados para funcionários dos setores público e privado.

Na Irlanda, o National Pensions Reserve Fund foi instituído em junho de 2000 com o objetivo de fazer frente ao custo do Tesouro relativo às pensões a partir de 2025, quando a conta das pensões do Estado deve se elevar significativamente com o progressivo envelhecimento da população. Para financiar o novo fundo, o governo decidiu separar 1% do PNB anualmente do orçamento até pelo menos o ano de 2055, bem como a maior parte das vendas das ações da Eircom, a companhia telefônica estatal. A legislação também estabelece que é proibido qualquer saque do novo fundo pelo menos até 2025, sendo os saques a partir desse ano determinados de acordo com regras ministeriais em função de projeções de crescimento da população com mais de 65 anos. Na Nova Zelândia, o New Zealand Superannuation garante o pagamento de um benefício a todo morador do país com 65 anos ou mais. Como se prevê que o número de pessoas nessa faixa etária dobrará até 2050, foi criado o New Zealand Superannuation Fund, no qual o governo acumula recursos para fazer frente a esses compromissos já previstos. Apesar da dívida pública líquida já ser hoje ligeiramente negativa, o país planeja continuar gerando superávits nominais para compor esse fundo.

Sintetizando, as idéias para reflexão nessa área surgidas do estudo são:

➤ revisão de idade mínima para aposentadoria;
➤ desvinculação dos benefícios do salário mínimo;
➤ incentivos ao adiamento da aposentadoria;
➤ fundos de pensão privados para trabalhadores da iniciativa privada e funcionários públicos;
➤ preocupação com o longo prazo e acumulação de reservas para fazer frente a esperadas conseqüências de fenômenos demográficos.

Planejamento fiscal de longo prazo

A exigência legal de elaboração de planejamento e produção de relatórios fiscais de longo prazo deixa claras as conseqüências da manutenção das políticas vigentes e se elas são sustentáveis ou não, além de explicitar inevitavelmente as questões previdenciárias. Na Nova Zelândia, o relatório fiscal de longo prazo deve ser publi-

312 AJUSTES FISCAIS

cado pelo menos a cada quatro anos e abordar o cenário para pelo menos os próximos 40 anos. A visão de longo prazo também está presente na abordagem da questão previdenciária na Irlanda. A mesma postura prudente se observa na Rússia e no México, com os fundos que acumulam recursos advindos da alta do preço do petróleo, para fazer frente à escassez que ocorrerá na eventualidade de o preço cair.

Metas fiscais

Não é comum o uso de meta para o resultado primário. Normalmente, há metas para o resultado nominal. Na Europa, o planejamento é feito visando o resultado nominal ajustado para o ciclo econômico e para receitas ou despesas que não se repetirão. O resultado ajustado para o ciclo deve ser utilizado como indicativo e para fins de planejamento; não é recomendável que seja estabelecido como meta legal, já que seu cálculo envolve questões econômicas e econométricas complexas e não-consensuais, como o cálculo do PIB potencial.

Cabe observar também que o ajuste fiscal brasileiro, iniciado em 1999 e continuado em 2003, encaixa-se no perfil de ajustes com menor chance de sucesso, por se basear em elevação das receitas. É importante, para aumentar sua chance de ser duradouro, aumentar sua eficácia macroeconômica e para auxiliar na obtenção do grau de investimento junto às agências classificadoras de risco, que haja limitação ou redução da carga tributária e contenção das despesas. A Irlanda, por exemplo, reduziu muito a sua carga tributária e é um caso de sucesso em termos de redução de juros e aumento da taxa de crescimento do PIB. Naturalmente que não se trata apenas de reduzir a carga tributária, mas também de se criar uma estrutura de impostos que não crie distorções de modo a não prejudicar o funcionamento da economia — o México, por exemplo, reduziu a carga tributária, mas tem um sistema tributário ineficiente do ponto de vista microeconômico e cresce pouco.

Contenção de despesas e elevação de receitas

Itália: houve queda de despesa primária nos anos 1993, 1994 e 2000 (respectivamente de 0,4%, 2,1% e 1,7%). Entre 1995-99 houve crescimento médio anual de 1,9%; entre 2001-05, houve aumento médio de 2,9% ao ano. No lado das receitas, em 1989-93, houve aumento real de 4,9% ao ano. Em 1994-2005, o ritmo de crescimento anual caiu para 1,2% ao ano.

México: as despesas reais primárias caíram em 1982-89, com exceção de 1985, em média, 6,7% ao ano. As receitas reais ficaram aproximadamente estáveis nas décadas de 1980 e 1990, passando a crescer na de 2000, acompanhando o aumento no preço do petróleo.

Nova Zelândia: do início da década de 1990 aos anos recentes, a despesa primária real cresceu à taxa de 2% ao ano, aproximadamente; houve dois anos com redução das despesas reais (1991 e 1997). Na mesma comparação, as receitas reais cresceram ao ritmo de 3% ao ano, com quedas em 1995, 1996 e 1997, respectivamente de 0,4%, 1,2% e 4,8%.

Índia: as despesas reais primárias permanecem variando positivamente desde 1992. Entre 2000-05, o seu crescimento médio anual superou o patamar de 5%. As receitas registraram um crescimento médio anual superior a 8% no mesmo período.

Turquia: em 2000/01 as despesas reais recuaram em termos reais, estando tais anos associados a um período recessivo. As receitas demonstraram uma redução real apenas em 2001 e em magnitude inferior à redução assistida nos gastos. Nos últimos anos, tanto as despesas quanto as receitas reais variaram positivamente sendo que as últimas apresentaram crescimento maior.

Irlanda: entre 1987-2003, as despesas correntes, excetuando-se juros, caíram como fração do PIB devido ao aumento do denominador e não devido a uma redução em valores reais. Observa-se apenas uma queda nas despesas — incluindo despesas de capital — no início do ajuste (1987/88). A queda nas despesas em relação ao PIB foi derivada mais da elevação do PIB do que da queda real das despesas.

Nota-se, assim, que na maior parte dos episódios de ajuste fiscal investigados não houve redução real persistente nas despesas do governo. Talvez com exceção do México, em todos os demais países os indicadores fiscais foram beneficiados pelo crescimento do PIB num patamar superior ao crescimento das despesas, ou pelo aumento das receitas.

Desvinculação

A Itália adotou uma medida na área de saúde que pode ser interessante na linha de desvinculação de receitas. O governo federal distribui recursos para os governos locais para serem gastos em saúde e estabelece metas. Se o município conseguir atingir as metas sem gastar todo o dinheiro repassado, pode usar os recursos economizados em outra área que não a saúde.

Administração pública

O estudo da experiência da Nova Zelândia faz ressaltar o aspecto da reforma da administração pública na direção do gerencialismo (*new public management*), aproveitando da iniciativa privada o que for aplicável no setor público, com ganhos no desempenho e, como conseqüência, ganhos fiscais. A aproximação do padrão da contabilidade pública do padrão da contabilidade privada aumenta a transparência, na medida em que permite que os analistas da iniciativa privada acompanhem melhor as contas públicas.

Simplificação e redução de alíquotas

As reformas tributárias na Índia e na Rússia caracterizaram-se pela diminuição no número de tributos e pela redução de alíquotas. Na Irlanda, o ajuste de 1983, que não deu certo, incluiu aumento de impostos; no de 1987, que obteve grande sucesso, o alívio tributário foi utilizado no contexto de negociações de um grande pacto nacional pelo desenvolvimento, melhoria da competitividade da economia, redução do desemprego e da inflação. Na Turquia, os tributos indiretos sobre o consumo foram simplificados com a adoção de um sistema que substituiu as diversas alíquotas até então aplicadas a diferentes produtos por uma única alíquota. Tal alteração aproximou o padrão tributário do país do padrão dos países da União Européia e, ainda que como proporção do PIB a arrecadação de tributos indiretos não tenha aumentado consideravelmente, em termos reais, os aumentos foram nítidos. Já a arrecadação com tributos diretos aumentou inclusive como proporção do PIB, fruto de uma reforma que reduziu as alíquotas dos impostos de pessoas físicas e jurídicas ao mesmo tempo em que alargou a base tributária.

Investimento estrangeiro direto

Embora não seja diretamente um assunto fiscal, é digna de nota a experiência turca no que diz respeito ao incentivo ao investimento estrangeiro. A Turquia aprovou uma lei que tenta estimular os investimentos estrangeiros diretos, ratificando os compromissos com o respeito à propriedade privada. A lei criou mecanismos que aliviam a burocracia associada à instalação de empresas estrangeiras no país e centralizam os procedimentos para a abertura de novos negócios num único órgão. Além disso, o país flexibilizou a transferência internacional de lucros, dividendos, reembolsos e outros recursos, o que também lhe confere vantagens na atração de investimentos.

Referências bibliográficas

AGGARWAL, P. K. Need of reform of sales tax and design of state VAT. 2003. Disponível em: <www.ficci.com/ficci/media-room/speeches-presentations/2003/may/may7-vat-aggarwal.ppt>. Acesso em: 12 dez. 2006.

ALESINA, A.; PEROTTI, R. *Fiscal adjustments in OECD countries*: composition and macroeconomics effects. NBER Working Paper n. 5.730, 1996. Disponível em: <www.nber.org/papers/w5730>.

_____; ARDAGNA, S.; GALI, J. Tales of fiscal adjustment. *Economic Policy*, v. 13, n. 27, p. 487-545, 1998.

ALMEIDA, M.; GIAMBIAGI, F.; PESSOA, S. Expansão e dilemas no controle do gasto público (nota técnica). *Boletim de Conjuntura*, Rio de Janeiro, n. 73, jun. 2006.

BAJPAI, N. *A decade of economic reforms in India*: the unfinished agenda. 2002. Disponível em: <http://sunzi1.lib.hku.hk/hkjo/view/50/5000027.pdf>. Acesso em: 20 fev. 2007.

BALASSONE, F. et al. Italy: fiscal consolidation and its legacy. In: BANCA D'ITALIA WORKSHOP. Perugia. 2002. Disponível em: <www.bancaditalia.it/ricerca/statist/conv_svo/fiscal_impact/IV/4.5_Balassone_Franco_Momigliano_and_Monacelli.pdf>. Acesso em: 12 dez. 2006.

BANCO CENTRAL DA TURQUIA. *Dados.* Disponível em: <www.tcmb.gov.tr/>. Acesso em: 11 fev. 2007.

BANCO MUNDIAL. *Turkey*: country economic memorandum. Structural reforms for sustainable growth. v. 1, Main Report. 2000. Disponível em: <www.worldbank.org/references>.

_____. *India*: sustaining reform, reducing poverty. 2003a. Disponível em: <http://lnweb18.worldbank.org/SAR/sa.nsf/Attachments/dpr9/$File/esdpr.pdf>.

_____. *Country assistance strategy progress report for the Republic of Turkey.* 2003b. Disponível em: <www.worldbank.org/references>. Acesso em: 10 ago. 2006.

316 AJUSTES FISCAIS

_____. *State fiscal reforms in India*: progress and prospects. 2004. Disponível em: <www.worldbank.org/references>.

_____. *Turkey*: country economic memorandum. Promoting sustained growth and convergence with the European Union. 2006. Disponível em: <http://siteresources.worldbank.org/INTTURKEY/Resources/361616-1141290311420/CEM2006_v2_Main.pdf>. Acesso em: 25 out. 2006.

BAYAR, F. *Turkey and European Economic and Monetary Union (EMU)*: one step further following accession. 2003. Disponível em: <www.hazine.gov.tr/makaleler/firatb_dergi.pdf>. Acesso em: 11 fev. 2007.

BIBBEE, A.; GOGLIO, A. *Public spending in Italy*: policies to enhance its effectiveness. Economics Department Working Papers n. 324. Paris: OCDE, 2002. 47 p. Disponível em: <www.olis.oecd.org/olis/2002doc.nsf/43bb6130e5e86e5fc12569fa005d004c/919529befaf84eb5c1256b72004024d0/$FILE/JT00121810.PDF>. Acesso em: 12 dez. 2006.

BINDEBIR, S. Intergovernmental finance and local government system in Turkey: experiences and lessons to be learned from Poland. In: ECOMOD 2004 — INTERNATIONAL CONFERENCE ON POLICY MODELING. *Procedings...* 2004. Disponível em:<www1.worldbank.org/wbiep/decentralization/ecalib final%20ecomod%20 report.pdf>.

BIRD (BANCO INTERNACIONAL PARA RECONSTRUÇÃO E DESENVOLVI-MENTO). *Mexico*: fiscal sustainability. v. 2, Background Papers, June 13, 2001.

_____. *Revisión del gasto público*. 2003.

_____. *Mexico*: public expenditure review. 2004. Disponível em: <www-wds.worldbank.org/external/default/WDSContentServer/WDSP/IB/2004/10/19/000112742_20041019165241/Rendered/PDF/MX0PER0Core0Report.pdf>. Acesso em: 12 dez. 2006.

BNP PARIBAS. Italy: latest pension reform is too modest. *EcoWeek*, 2005. Disponível em: <http://economic-research.bnpparibas.com/applis/www/RechEco.nsf/0/a0daf69e757fd331c1256f9400290f94/$FILE/EcoWeek_05-04-EN.pdf>. Acesso em: 12 dez. 2006.

BOSTON, J.; MARTIN, J.; PALLOT, J.; WALSH, P. *Public management*: the New Zealand model. Auckland: Oxford University Press, 1996.

REFERÊNCIAS BIBLIOGRÁFICAS 317

BRIOTTI, M. G. *Fiscal adjustment between 1991 and 2002*: stylised facts and policy implications. Occasional Papers Series n. 9. Frankfurt: European Central Bank, 2004. 40 p. Disponível em: <www.ecb.int/pub/pdf/scpops/ecbocp9.pdf>. Acesso em: 12 dez. 2006.

BUITER, W.; PATEL, U. R. *India's public finances*: excessive budget deficits, a government-abused financial system and fiscal rules. CPER Discussion Paper n. 5.502 — Social Science Research Network, 2005. Disponível em: <http://papers.ssrn.com/sol3/papers.cfm?abstract_id=905310>. Acesso em: 1 dez. 2006.

BURNHAM, J. Why Ireland boomed. *The Independent Review*, v. 7, n. 4, Spring, p. 537-556, 2003. Disponível em: <www.independent.org/pdf/tir/tir_07_4_burnham.pdf>. Acesso em: 12 dez. 2006.

CAZES, S.; NESPOROVA, A. *Towards excessive job insecurity in transition economies?* 2001. International Labour Organisation Employment Paper 2001/23. Disponível em; <www.ilo.org/public/english/employment/strat/publ/ep01-23.htm>. Acesso em: 24 fev. 2007.

CONSOLIDATED VERSION OF THE TREATY ESTABLISHING THE EUROPEAN COMMUNITY. 2002. Disponível em: <http://europa.eu.int/eur-lex/en/treaties/dat/EC_consol.html>. Acesso em: 11 fev. 2007.

CRONIN, D.; SCALLY, J. Assessing Irish policy in EMU: the role of structural budget balance. *Central Bank of Ireland Quarterly Bulletin*, Autumn, p. 65-77, 2000.

DALSGAARD, T. *The tax system in New Zealand*: an appraisal and options for change. Paris: OCDE. Economics Department Working Papers n. 281, 2001. Disponível em: <www.oecd.org/dataoecd/29/27/1891375.pdf>. Acesso em: 27 fev. 2007.

DAVE, S. *India's pension reform*: a case study in complex institutional change. Working Paper. 2006. Disponível em: <www.mayin.org/ajayshah/A/Dave2006_saga.pdf>. Acesso em: 27 fev. 2007.

DEPARTMENT OF PUBLIC ENTERPRISES. *Dados financeiros das empresas estatais.* Disponível em: <http://dpe.nic.in/>. Acesso em: 20 fev. 2007.

DEPARTMENT OF SOCIAL AND FAMILY AFFAIRS. *Ireland's national strategy report to the European Union on adequate and sustainable pensions.* 2005. Disponível em: <http://welfare.ie/publications/nsrtoeu.pdf>. Acesso em: 12 dez. 2006.

DISNEY, R. *Macroeconomic performance and the design of public pension programmes.* Dublin, 2006. Mms.

DORNBUSCH, R. *Credibility, debt and unemployment*: Ireland's failed stabilization. NBER Working Paper n. 2.785, 1988. Disponível em <http://www.nber.org/papers/w2785>. Acesso em: 12 dez. 2006.

318   AJUSTES FISCAIS

ERCAN, M.; ÖNI, Z. *Politics within the State*: institutions and dilemmas of Turkish privatization in comparative perspective. 2000. Disponível em: <home.ku.edu.tr/~zonis/privatization.PDF>.

EUROPEAN COMMISSION (EC). *December 2005 update of the stability programme of Italy*. 2006a. 34 p. Disponível em: <http://ec.europa.eu/economy_finance/about/activities/sgp/country/commwd/it/com_it20052006.pdf>. Acesso em: 12 dez. 2006.

_____. *The long term sustainability of public finances in the European Union*. 2006b. 190 p. Disponível em: <http://ec.europa.eu/economy_finance/publications/european_economy/2006/ee406_en.pdf>. Acesso em: 12 dez. 2006.

_____. *Public finance in EMU — 2006*. 2006c. 335 p. Disponível em: <http://europa.eu.int/comm/economy_finance/publications/publicfinance_en.htm>. Acesso em: 12 dez. 2006.

_____. *Synthesis report on adequate and sustainable pensions*: Italy. 2006d, 7 p. Disponível em: <http://ec.europa.eu/employment_social/social_protection/docs/2006/italy_en.pdf>. Acesso em: 12 dez. 2006.

EUROSTAT (EUROPEAN COMMISSION). *Dados*. Disponível em: <http://epp.eurostat.ec.europa.eu>. Acesso em: 14 fev. 2007.

FGV/CDES. *Temas para o desenvolvimento com eqüidade*. Rio de Janeiro: FGV, 2006.

FICICI, A. *Political economy of Turkish privatization*: a critical assessement. 2001. Disponível em: <www.ksg.harvard.edu/kokkalis/GSW3/Aysun_Ficici.pdf>. Acesso em: 11 fev. 2007.

FITCH. *Complete sovereign rating history*. 2006. Disponível em: <www.fitchratings.com/web_content/ratings/sovereign_ratings_history.pdf>. Acesso em: 6 dez. 2006.

FMI (FUNDO MONETÁRIO INTERNACIONAL). *India*: recent economic development. 1998a. Disponível em: <www.imf.org/external/pubs/cat/longres.cfm?sk=2825>. Acesso em: 12 dez. 2006.

_____. *Memorandum of economic policies* — June 26, 1998. 1998b. Disponível em: <www.imf.org/external/np/loi/062698.htm>. Acesso em: 12 dez. 2006.

_____. *Russian Federation*: recent economic developments. IMF Staff Country Report n. 99/100, Sept. 1999. Disponível em: <www.imf.org/external/pubs/cat/longres.cfm?sk=3212>. Acesso em: 12 dez. 2006.

_____. *Turkey*: selected issues and statistical appendix. 2000. Disponível em: <www.imf.org/external/pubs/cat/longres.cfm?sk=3408>. Acesso em: 12 dez. 2006.

REFERÊNCIAS BIBLIOGRÁFICAS **319**

_____. *Mexico*: report on the observance of standards and codes — fiscal transparency module. 2002a. Disponível em: <www.imf.org/external/pubs/ft/scr/2002/cr02200.pdf>. Acesso em: 28 jan. 2007.

_____. *Russian Federation*: selected issues and statistical appendix. IMF Country Report n. 02/75, Apr. 2002b. Disponível em: <www.imf.org/external/country/RUS/index.htm?pn=8>.

_____. *Mexico*: selected issues. IMF Country Report, n. 02/238, 2002c. Disponível em: <www.imf.org/external/pubs/ft/scr/2002/cr02238.pdf>. Acesso em: 9 jan. 2007.

_____. *India*: selected issues — 2003. 2003a. Disponível em: <www.imf.org/external/pubs/cat/longres.cfm?sk=16826>. Acesso em: 12 dez. 2006.

_____. *Russian Federation 2003 art IV consultation staff report; staff statement; and public information notice on the executive board discussion*. Country Report n. 03/144, 2003b. Disponível em: <www.imf.org/external/pubs/ft/scr/2003/cr03144.pdf>. Acesso em: 11 fev. 2007.

_____. *Russian Federation*: selected issues. IMF Country Report n. 04/3.316, Sept. 2004a. Disponível em: <www.imf.org/external/pubs/cat/longres.cfm?sk=17766>. Acesso em: 12 dez. 2006.

_____. *Mexico*: selected issues. IMF Country Report n. 04/418, Dec. 2004b. Disponível em: <www.imf.org/external/pubs/cat/longres.cfm?sk=17951>. Acesso em: 12 dez. 2006.

_____. *Mexico*: selected issues. IMF Country Report n. 04/250. 2004c. Disponível em: <www.imf.org/external/pubs/ft/scr/2004/cr04250.pdf>. Acesso em: 24 nov. 2006.

_____. *Russian Federation*: report on the observance of standards and codes — fiscal transparency module. IMF Country Report n. 04/288. 2004d. Disponível em: <www.imf.org/external/pubs/ft/scr/2004/cr04288.pdf>. Acesso em: 17 fev. 2007.

_____. *Russian Federation*: 2005 article IV consultation. IMF Country Report n. 05/377, Dec. 2005a. Disponível em: <www.imf.org/external/pubs/cat/longres.cfm?sk=18638>. Acesso em: 12 dez. 2006.

_____. *Mexico*: 2005 article IV consultation. IMF Country Report, Dec. 2005b. Disponível em: <www.imf.org/external/pubs/cat/longres.cfm?sk=18751>. Acesso em: 12 dez. 2006.

_____. *India*: selected issues — 2005. 2005c. Disponível em: <www.imf.org/external/pubs/cat/longres.cfm?sk=18117>. Acesso em: 12 dez. 2006.

_____. *Russian Federation*: statistical appendix. IMF Country Report n. 05/378, Oct. 2005d. Disponível em: <www.imf.org/external/pubs/ft/scr/2005/cr05378.pdf>. Acesso em: 19 mar. 2007.

_____. *International financial statistics*. 2006a. Disponível em: <www.imf.org/external/data.htm>. Acesso em: 12 dez. 2006.

_____. *Italy*: report on the observance of standards and codes — fiscal transparency module — update. IMF Country Report, 06/64, 2006b. Disponível em: <www.imf.org/external/pubs/ft/scr/2006/cr0664.pdf. Acesso em: 12 dez. 2006>.

_____. *Mexico*: 2006 article IV consultation. IMF Country Report n. 06/352, 2006c. Disponível em: <www.imf.org/external/pubs/ft/scr/2006/cr06352.pdf>. Acesso em: 9 jan. 2007.

_____. *India*: 2005 article IV consultation — staff report; staff statement; public information notice on the executive board discussion. 2006d. Disponível em: <www.imf.org/external/pubs/ft/scr/2006/cr0655.pdf>.

_____. *The tax system in India could reform spur growth?* 2006e. Disponível em: <unpan1.un.org/intradoc/groups/public/documents/APCITY/UNPAN026855.pdf>.

_____. *Russian Federation*: 2006 article IV consultation — staff report; staff statement; and public information notice on the executive board discussion. IMF Country Report n. 06/429, Dec. 2006f. Disponível em: <www.imf.org/external/pubs/ft/scr/2006/cr06429.pdf>. Acesso em: 10 mar. 2007.

_____. *New Zealand*: 2006 article IV consultation — staff report; public information notice; and statement by the executive director for New Zealand on the executive board discussion. IMF Country Report n. 06/160, May 2006g. Disponível em: <www.imf.org/external>.

_____. TURKEY. Inf country report n. 06/268, 2006h. Disponível em: <www.inforg/external/pubs/ft/scr/2006/cr06268.pdf>.

GELB, A. H. et al. *Oil windfalls*: blessing or curse. Oxford: Oxford University Press, 1998.

GHUMAN, B. *Public enterprises in India*: phases of reforms in the 90's. 1999. Disponível em: <http://sunzi1.lib.hku.hk/hkjo/view/50/5000027.pdf>. Acesso em: 20 fev. 2007.

GIAMBIAGI, F.; ALÉM, A. *Finanças públicas*. Rio de Janeiro: Campus, 2001.

GIAVAZZI, F.; PAGANO, M. *Can severe fiscal contractions be expansionary?* Tales of two small European countries. NBER Working Paper n. 3.372. 1990. Disponível em: <www.nber.org/papers/w3372>. Acesso em: 12 dez. 2006.

REFERÊNCIAS BIBLIOGRÁFICAS   321

GILLINGHAM, R.; KANDA, D. *Pension reform in India*. IMF Working Paper n. 01/125. 2001. Disponível em: <www.imf.org/external/pubs/cat/longres.cfm?sk=15326>. Acesso em: 30 nov. 2006.

GIROUARD, N.; ANDRÉ, C. *Measuring cyclically-adjusted budget balances for OECD countries*. OECD Economics Department Working Paper, n. 434, 2005. Disponível em: <http://caliban.sourceoecd.org/vl=14621708/cl=15/nw=1/rpsv/cgi-bin/wppdf?file=5lgpfmjmgp6k.pdf>. Acesso em: 12 dez. 2006.

GUPTA, R. *Pension reforms in India*: myth, reality, and choices. Indian Institute of Management. 2002. Disponível em: <www.iimahd.ernet.in/publications/data/2002-09-03RameshGupta.pdf>. Acesso em: 4 dez. 2006.

HAMANN, A. J. *The reform of the pension system in Italy*. IMF Working Paper n. 97/18. 1997. 34 p. Disponível em: <www.imf.org/external/pubs/ft/wp/wp9718.pdf>. Acesso em: 12 dez. 2006.

HAUSMAN, R.; PURFIELD, C. *The challenge of fiscal adjustment in a democracy*: the case of India. IMF Working Paper WP/04/168. 2004. Disponível em: <www.imf.org/external/pubs/cat/longres.cfm?sk=17597>. Acesso em: 12 dez. 2006.

HEMMING, R.; KELL, M.; MAHFOUZ, S. *The effectiveness of fiscal policy in stimulating economic activity* — a review of the literature. IMF Working Paper 02/208, 2002. Disponível em: <www.imf.org/external/pubs/ft/wp/2002/wp02208.pdf>. Acesso em: 12 dez. 2006.

IBGE (INSTITUTO BRASILEIRO DE GEOGRAFIA E ESTATÍSTICA) *Pesquisa nacional por amostra de domicílios 2004*. Rio de Janeiro: IBGE, 2006a.

_____. *Sistema IBGE de recuperação automática* — Sidra. 2006b. Disponível em: <www.sidra.ibge.gov.br>. Acesso em: 29 nov. 2006.

ÍNDIA. *Department of Desinvestment* — annual report 2000-2005. Ministry of Finance. 2006a. Disponível em: <www.divest.nic.in/annrepo.htm>. Acesso em: 1 nov. 2006.

_____. *Economic survey 2005/2006*. 2006b. Disponível em: <http://indiabudget.nic.in/es2005-06/esmain.htm>. Acesso em: 27 fev. 2007.

IPEA (INSTITUTO DE PESQUISA ECONÔMICA APLICADA). O futuro da União Monetária Européia em questão. *Panorama da Economia Mundial*, Rio de Janeiro, n. 22, 1996. Disponível em: <www.ipea.gov.br/pub/pem/pe022.html>. Acesso em: 12 dez. 2006.

_____. *Ipeadata*. 2006. Disponível em: <www.ipeadata.gov.br>. Acesso em: 16 nov. 2006.

IRLANDA. *The health service reform programme*. 2003. Disponível em: <www.healthreform.ie/pdf/hsprog.pdf>. Acesso em: 12 dez. 2006.

322 AJUSTES FISCAIS

_____. *Ireland* — stability programme update. 2005. Disponível em: <http://ec.europa.eu/economy_finance/about/activities/sgp/country/countryfiles/ie/ie20052006_en.pdf>. Acesso em: 13 dez. 2006.

ISTAT (ISTITUTO NAZIONALE DI STATISTICA). *Rapporto annuale*: la situazione del Paese nel 2000. Roma: Istat, 2001. Disponível em: <www.istat.it/dati/catalogo/20021023_00/volume00.pdf>. Acesso em: 12 dez. 2006.

IVANOVA, A.; KEEN, M.; KLEMM, A. *The Russian flat tax reform*. IMF Working Paper n. 05/16, 2005. Disponível em: <www.imf.org/external/pubs/ft/wp/2005/wp0516.pdf>. Acesso em: 12 dez. 2006.

JANSSEN, J. *New Zealand's fiscal policy framework*: experience and evolution. Treasury Working Paper n. 01/25, 2001.

KEYNES, J. M. *The general theory of employment, interest and money*. New York: Harcourt Brace, 1936.

KODWANI, D. *Infrastructure regulation and institutional endowments in India*: comparative analysis of telecom and electricity regulation policies. 2006. Disponível em: <www.isnie.org/ISNIE06/Papers06/03.3/kodwani.pdf>. Acesso em: 20 fev. 2007.

KOPITS, G.; SYMANSKY, S. *Fiscal policy rules*. Washington: FMI, 1998.

MALIKOVA, L.; STARONOVA, K. *Innovation in the social sector* — case study analysis. Publin Report n. 18, NIFU STEP. 2005.

MÉXICO. *National program to finance development 2002-2006*. Ministry of Finance and Public Credit. Mexico, June, 11th, 2002.

_____. *Presupuesto de egresos de la federación para el ejercicio fiscal 2006*. Publicada no Diario Oficial de la Federación em 22 dez. 2005. 2005. Disponível em: <www.apartados.hacienda.gob.mx/juridico/temas/historico/2006/documentos/decreto_pef_2006.pdf>. Acesso em: 3 fev. 2007.

_____. *Ley federal de presupuesto y responsabilidad hacendaria*. Publicada no Diario Oficial de la Federación em 30 mar. 2006. Reformada por decreto publicado no Diario Oficial de la Federación em 27 dez. 2006. 2006. Disponível em: <www.apartados.hacienda.gob.mx/juridico/temas/marco_juridico/documentos/ley_presupuesto_resp_hacendaria_2007.pdf>. Acesso em: 13 jan. 2007.

MINISTÉRIO DAS FINANÇAS. *Stabilization fund of the Russian Federation*. (s.d.) Disponível em: <www1.minfin.ru/stabfond_eng/about_eng.pdf>. Acesso em: 25 fev. 2007.

MINISTERO DELL'ECONOMIA E DELLE FINANZE. *Italy's stability programme*: update. Dec. 2005. Disponível em: <www.dt.tesoro.it/ENGLISH-VE/Economic-a/Planning-D/Italy-s-S/ISP_2005.pdf>. Acesso em: 12 dez. 2006.

_____. *Economic and financial planning documents 2007-2011*. 2006.

_____. *Economic and financial planning documents 2007-2011*. 2006a. Disponível em: <www.dt.tesoro.it/ENGLISH-VE/Economic-a/Planning-D/Strategy/DPEF-.pdf>. Acesso em: 6 out. 2006.

_____. *Italy's stability programme*: update. Dec. 2006b. Disponível em: <www.dt.tesoro.it/ENGLISH-VE/Economic-a/Planning-D/Italy—s-S/PdS-final-English.pdf>. Acesso em: 12 dez. 2006.

_____. *Nasce il nuovo patto per la salute*: riforme e piu' efficienza per servizi migliori. Spesa sanitaria stabilizzata dal 2007. 2006c. Disponível em: <www.mef.gov.it/Documentazione/finanziaria2007/Patto%20per%20la%20salute.pdf>. Acesso em: 22 fev. 2006.

MINISTERO DELLA SALUTE. *Un New Deal della salute*. Roma, 2006. Disponível em: <www.ministerosalute.it/imgs/C_17_pubblicazioni_530_allegato.pdf>. Acesso em: 22 fev. 2007.

MOHAN, R. *Economic reforms in India*: where are we and where do we go? Disponível em: <www.bis.org/review/r061120d.pdf>. Acesso em: 27 fev. 2007.

OCDE (ORGANIZAÇÃO PARA A COOPERAÇÃO E DESENVOLVIMENTO ECONÔMICO). *Economic survey*. Ireland. 1999.

_____. *Economic survey*. Ireland. 2001.

_____. *Economic survey*. Ireland. 2003.

_____. *Economic surveys*. Russian Federation. 2004a.

_____. The legal framework for budget systems: an international comparison. *Journal on Budgeting*, v. 4, n. 3, Special Issue, 2004b. Disponível em: <www.oecd.org/dataoecd/48/48/35933542.pdf>. Acesso em: 18 fev. 2007.

_____. *Reforming Turkey's public expenditure management*. Economics Department Working Paper n. 418, 2005a. Disponível em: <www.olis.oecd.org/olis/2005doc.nsf/linkto/eco-wkp(2005)5>.

_____. *Tax reform in Turkey*. Centre for Tax Policy and Administration. 2005b. Disponível em: <www.oecd.org/dataoecd/49/24/37154710.pdf>.

324 AJUSTES FISCAIS

_____. *Economic survey of Mexico*: strengthening public finances. 2005c. Disponível em: <www.oecd.org/document/8/0,2340,en_33873108_33873610_3530 7080_1_1_1_1,00.html>. Acesso em: 12 dez. 2005.

_____. *OECD reviews of regulatory reform* — Russia: building rules for the market. 2005d.

_____. *Economic surveys*. Ireland. 2006a.

_____. *Results of the survey on budget practices and procedures*. 2006b. Disponível em : <http://ocde.dyndns.org>. Acesso em: 30 nov. 2006.

_____. *Economic surveys*. Russian Federation 2006: fiscal policy: the principal tool for macroeconomic management. 2006c.

_____. *Economic surveys*. Turkey. 2006d.

PANAGARIYA, A. *India in the 1980s e 1990s*: a triumph of the reforms. IMF Working Paper n. 0443, 2004. Disponível em: <www.imf.org/external/pubs/ft/wp/2004/wp0443.pdf>. Acesso em: 15 jan. 2007.

PEMEX. *Projectos de infraestrutura productiva de largo plazo (Pidiregas)*: marco legal y conceptuación. 2006. Disponível em: <www.pemex.com/files/content/2006_r18_tzz_ivml.pdf>. Acesso em: 16 fev. 2007.

PINTO, B.; ZAHIR, F. *India*: why fiscal adjustment now. World Bank Policy Research Working Paper n. 3230, 2004. Disponível em: <www-wds.worldbank.org/servelet/WDSContentServer/WDSP/IB/2004/04/05/000009486_2040405103748/Rendered/PDF/wds3230.pdf>.

PLEKHANOV, D. The impact and consequences of rouble appreciation. *BOFIT Russia Review*, n. 11, Nov. 2005.

POIRSON, H. *The tax system in India*: could reform spur growth? IMF Working Paper n. WP/06/93. 2006. Disponível em: <www.imf.org/external/pubs/ft/wp/2006/wp0693.pdf>.

PRIVATIZATION endeavour in Turkey — Unpad. Disponível em: <http://unpan1.un.org/intradoc/groups/public/documents/apcity/unpan018681.pdf>. Acesso em: 11 fev. 2007.

PROTOCOL ON THE CONVERGENCE CRITERIA. *Official Journal of The European Union*, p. 339-340, Dec. 16, 2004.

PURFIELD, C. *The decentralization dilemma in India*. IMF Working Paper n. WP/04/32. 2004. Disponível em: <www.imf.org/external/pubs/cat/longres.cfm?sk=17093>.

REDIFF. 2006. *The budget process stages*. Disponível em: <www.rediff.com/money/2004/jun/30stage.htm>. Acesso em: 27 dez. 2006.

REFERÊNCIAS BIBLIOGRÁFICAS   325

RESERVE BANK OF INDIA. *Dados de balanço de pagamentos, reservas internacionais e dívida externa.* Disponível em: <https://reservebank.org.in/cdbmsi/servlet/login>. Acesso em: 15 dez. 2006.

_____. *Handbook of statistics on Indian economy.* 2006. Disponível em: <www.rbi.org.in/scripts/Statistics>.

RODRIK, D.; SUBRAMANIAN, A. *From 'hindu growth' to productivity surge*: the mystery of the Indian growth transition. NBER Working Paper Series n. 10376. 2004. Disponível em: <www.nber.org/papers/w10376>. Acesso em: 1 dez. 2006.

RÚSSIA. *Monetary and banking statistics* — Central Bank of Russia. 2006. Disponível em: <www.cbr.ru>. Acesso em: 12 dez. 2006.

SCOTT, G. C. *Government reform in New Zealand.* International Monetary Fund Occasional Paper n. 140, 1996.

_____; BALL, I.; DALE, T. New Zealand's public sector management reform: implications for the United States. *Journal of Policy Analysis and Management*, v. 16, n. 3, p. 357-381, 1997.

_____ *Public management in New Zealand*: lessons and challenges. In: NEW ZEALAND BUSINESS ROUNDTABLE. Wellington, 2001.

SHCP (SECRETARÍA DE HACIENDA E CRÉDITO PÚBLICO). *Sistema integral de contabilidad gubernamental* — subsistema de egresos. México, 2005a.

_____. *Sistema de inversión pública.* México. Maio 2005b.

SIQUEIRA, M. P. et al. (Orgs.). *Reforma do Estado, responsabilidade fiscal e metas de inflação*: lições da experiência da Nova Zelândia. Brasília: Ipea, 2006.

SPILIMBERGO, A. *Measuring the performance of fiscal policy in Russia.* IMF Working Paper n. WP/05/241. 2005. Disponível em: <www.imf.org/external/pubs/cat/longres.cfm?sk=18643>. Acesso em: 12 dez. 2006.

TALVI, E.; VEGH, C. A. *Tax base variability and pro-cyclical fiscal policy.* NBER Working Paper n. 7.499. 2000. Disponível em: <www.nber.org/papers/w7499>. Acesso em: 23 nov. 2006.

TAOISEACH. *Programme for national recovery.* 1987. Disponível em: <www.taoiseach.gov.ie/index.asp?locID=393&docID=1691>. Acesso em: 20 dez. 2006.

_____. *Programme for economic and social progress.* 1991. Disponível em: <www.taoiseach.gov.ie/index.asp?locID=393&docID=1689&COMMAND=PRINTER>. Acesso em: 20 dez. 2006.

326   AJUSTES FISCAIS

_____. *Programme for competitiveness and work.* 1994. Disponível em: <www.taoiseach.gov.ie/index.asp?locID=393&docID=1690&COMMAND=PRINTER>. Acesso em: 20 dez. 2006.

_____. *Programme for prosperity and fairness.* 1999. Disponível em: <www.taoiseach.gov.ie/index.asp?docID=265>. Acesso em: 20 dez. 2006.

_____. *Lisbon Agenda.* 2005. Disponível em: <www.taoiseach.gov.ie/index.asp?docID=2264>. Acesso em: 12 dez. 2006.

_____. *Sustaining progress.* 2006. Disponível em: <www.taoiseach.gov.ie/index.asp?docID=1424>. Acesso em: 20 dez. 2006.

TECER, M. Privatization in Turkey. *Cahiers D'Etudes sur la Mediterranee Orientale et le Monde Turco-Iranien*, n. 14, 1992. Disponível em: <www.ceri-sciencespo.com/publica/cemoti/textes14/tecer.pdf>. Acesso em: 11 fev. 2007

TESOURO DA TURQUIA. *Dados.* Disponível em: <www.hazine.gov.tr>. Acesso em: 11 fev. 2007.

THE MULTINATIONAL. *Extending pension coverage in Ireland.* 2000. Disponível em: <www.watsonwyatt.com/multinational/PDF/0008.pdf>. Acesso em: 12 dez. 2006.

THE TREASURY. *Government management*: brief to the incoming government 1987. 1987a. Disponível em: <www.treasury.govt.nz/briefings/1987/>. Acesso em: 12 dez. 2006.

_____. *Government management*: brief to the incoming government. 1987b.

_____. *Fiscal Responsibility Act 1994*: an explanation. 1995. Disponível em: <www.treasury.govt.nz/legislation/fra/explanation/default.asp>. Acesso em: 12 dez. 2006.

_____. *New Zealand economic and financial overview 2004* — the economy of New Zealand. 2004. Disponível em: <www.treasury.govt.nz/nzefo/2004/economy.asp>. Acesso em: 12 dez. 2006.

_____. *A guide to the Public Finance Act.* Aug. 2005. Disponível em: <www.treasury.govt.nz/pfa/>. Acesso em: 12 dez. 2006.

TORNELL, A.; LANE, P. The voracity effect. *American Economic Review*, v. 89, n. 1, p. 22-46, 1999.

TURKEY. *Law n. 4875*: foreign direct investment law. 2003. Disponível em: <www.hazine.gov.tr/realsectorleg.htm>. Acesso em: 12 dez. 2006.

_____. *Foreign investment report 2004.* 2004. Disponível em: <www.hazine.gov.tr/english/forinvest_report.htm>. Acesso em: 12 dez. 2006.

_____. *Foreign direct investment bulletin*. 2006. Disponível em: <www.hazine.gov.tr/YBS_20060217.pdf>. Acesso em: 12 dez. 2006.

TURKISH TREASURE. *Public finance statistics*. 2006. Disponível em: <www.hazine.gov.tr/english/publicfinance.htm>. Acesso em: 12 dez. 2006.

TUSIAD (TURKISH INDUSTRIALISTS' AND BUSINESSMEN'S ASSOCIATION). *Reforming the Turkish pension system*: present situation and alternative strategies. 2005. Disponível em: <www.tusiad.us/Content/uploaded/TURKISH-PENSION-SYSTEM-EXECUTIVE%20SUMMARY.PDF>. Acesso em: 4 dez. 2006.

UNCTAD. *Foreign direct investment database*. 2006. Disponível em: <www.unctad.org/Templates/Page.asp?intItemID=1923&lang=1>. Acesso em: 12 dez. 2006.

VEGA, V. M. G. Pidiregas, situación actual y perspectivas. *Energía a Debate*. 2005. Disponível em: <www.energiaadebate.com.mx/Articulos/oct-nov-2005/victor_manuel_garcia_dela_vega.htm>. Acesso em: 20 jan. 2007.

VORKINK, A. *Turkey*: social security reform in global environment. In: TURKISH CONFEDERATION OF EMPLOYER ASSOCIATIONS (TISK) SEMINAR. *Proceedings...* 2005.

WARREN, K.; BARNES, C. The impact of GAAP on fiscal decision making: a review of twelve years experience with accrual and output-based budgets in New Zealand. *OECD Journal on Budgeting*, v. 3, n. 4, 2003.

WHITEFORD, P.; WHITEHOUSE, E. Pension challenges and pension reforms in OECD countries. *Oxford Review of Economic Policy*, v. 22, n. 1, 2006.

WHITEHEAD, J. *The imperative for performance in the public sector*. Secretary to the Treasury. In: PUBLIC SECTOR GOVERNANCE SEMINAR APEC 2006. *Proceedings...* Vietnam, Sept. 10, 2006. Disponível em: <www.treasury.govt.nz/speeches/ipps/>. Acesso em: 12 dez. 2006.

YELDAN, A. *Assessing the privatization experience in Turkey* — implementation, politics and performance results. Bilkent University. 2005.

Anexo

Fatos sobre a situação fiscal brasileira

O gráfico A.1 permite visualizar o Brasil relativamente ao resto do mundo, tomando uma amostra de 68 grandes economias para as quais há dados disponíveis no FMI e no Banco Mundial em termos do resultado nominal do setor público. O dado de interesse é o resultado fiscal nominal médio do setor público consolidado, incluindo as três esferas, entre 2003-05 (necessidades de financiamento do setor público — NFSPs).[41]

GRÁFICO A.1
Resultado fiscal/PIB (NFSPs nominais)

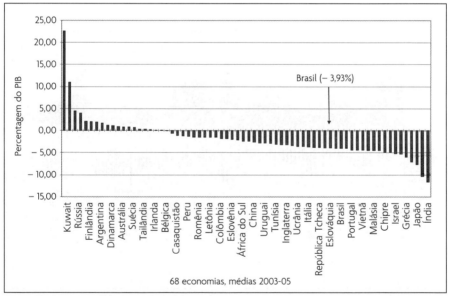

Fontes: FMI, Banco Mundial e Banco Central do Brasil.

---

[41] A utilização dos dados de NFSP até 2005 para o caso brasileiro deveu-se à dificuldade em obter informações mais atualizadas para a série de países que está sendo considerada no gráfico.

O Brasil ocupava, nesse período, a 51ª posição entre os 68 países analisados, no que diz respeito ao saldo fiscal. As necessidades de financiamento brasileiras, de 3,93% do PIB, encontram-se superiores à média e à mediana da amostra, que assumem os valores de, respectivamente, 1,78% e 2,79%.

Quando se analisa o quadro das NFSPs brasileiras ao longo do tempo, é possível se analisar em maior detalhe os determinantes desse comportamento, bem como a evolução após 2005. O gráfico A.2 mostra a evolução histórica das NFSPs desde 1998. Observa-se que o déficit primário tem sido sistematicamente negativo, ou seja, tem havido constante superávit das contas do governo exceto juros. Nos primeiros cinco meses de 2006 o valor médio do superávit primário foi de 4,44% do PIB. Apesar desse esforço, entretanto, os juros pagos sobre a dívida pública têm sido sempre superiores ao superávit primário, dessa forma fazendo com que o déficit nominal seja positivo.

GRÁFICO A.2
Déficits nominal e primário como percentagem do PIB (maio 1999-abr. 2007)

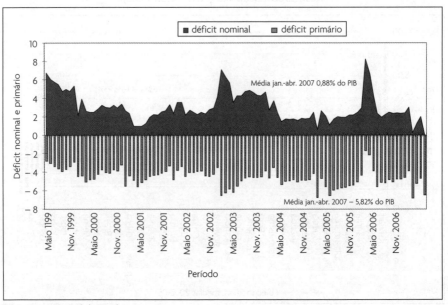

Fonte: Banco Central do Brasil

A média do déficit nominal em 2006 foi de 3,37% do PIB. Como o superávit primário nesse mesmo período foi de 4,29% do PIB, conclui-se que o pagamento de juros nominais sobre a dívida pública nesse período girou em torno de

7,66% do PIB.[42] Esse quadro apresenta-se um pouco melhor para os primeiros quatro meses de 2007. Assim, a média do déficit nominal nesse período fica em torno de apenas 0,88% do PIB, ao passo que o superávit primário médio iguala 5,82% do PIB, levando-se a um total de juros nominal da ordem de 6,7% do PIB. Com base nesse quadro, é importante analisarmos a evolução da dívida pública e o comportamento das receitas (carga tributária), a fim de que possam ser feitas inferências a respeito não só do comportamento do déficit nominal, mas, de modo mais geral, sobre as contas públicas da economia brasileira.

Dívida pública

O endividamento total (interno e externo) do setor público tem se mostrado relativamente estável, tendo oscilado entre 46,8% e 44,4% do PIB entre janeiro de 2005 e abril de 2007. Paralelamente, a dívida externa do setor público tem caído desde o terceiro trimestre de 2002. Em setembro de 2002, seu valor era de 17% do PIB. Em abril de 2007, a dívida externa já representava nada menos que — 5,98% do PIB (gráfico A.3).

GRÁFICO A.3
Dívida pública interna e externa (% do PIB)

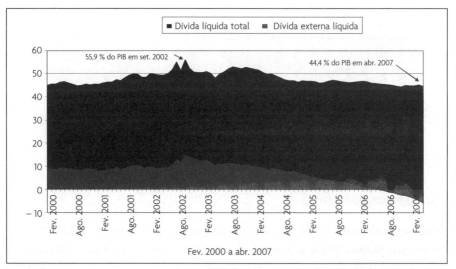

Fonte: Banco Central do Brasil.

---

[42] Cabe lembrar que parte desses juros, entretanto, apenas repõe a queda de poder aquisitivo do principal da dívida devido à inflação.

É importante especificar a participação do governo federal, dos governos estaduais e municipais, bem como das estatais, no endividamento do setor púbico. O gráfico A.4 faz este trabalho. Observa-se claramente que o governo federal tem contribuído mais para o crescimento da dívida do setor público do que as demais esferas. Se for incluído o efeito da dívida do Banco Central, fica evidente a contribuição desempenhada pelo governo central e pelo Banco Central. Nesse sentido, é importante observar uma inflexão para pior na contribuição do governo central a partir de maio de 2005, que sai de 20,4% do PIB para nada menos que 25,6% em maio de 2007.

GRÁFICO A.4
Composição da dívida interna segundo esferas administrativas
(dez. 2000 — maio 2007)

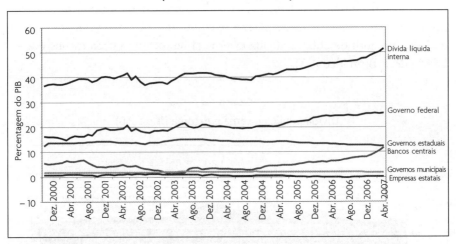

Fonte: Banco Central do Brasil.

Alguns aspectos econômicos das contas públicas

Fatos a serem considerados

O tamanho do setor público mede-se pelo total de suas despesas, e não pelo seu déficit; esse ponto é particularmente importante na análise **microeconômica**, quando se avalia o reflexo dos gastos públicos sobre a eficiência produtiva da economia.

A despesa com o INSS (7,8% do PIB) e com inativos do setor público monta a algo em torno de 11,8% do PIB. Como já vimos, o pagamento de juros sobre a dívida do setor público chega a 7,66% do PIB. Conclui-se que apenas esses dois itens (juros e previdência) são responsáveis pelo comprometimento de mais da metade da carga tributária nacional. Deve-se observar, entretanto, que na comparação com as demais despesas públicas, os juros a se considerarem são os reais, e não os nominais.

Uma vez fixada a taxa de juros para atender às metas de inflação, e tendo em vista que o estoque da dívida é dado, a variável de controle de política econômica são as despesas públicas exceto juros, a arrecadação tributária e, por diferença simples entre tais variáveis, o **déficit primário**. O déficit primário deve ser planejado tendo em vista as despesas herdadas com juros, bem como a trajetória de evolução da dívida que se deseja obter.

A trajetória da dívida é uma variável que traduz o desejo da sociedade de alocar consumo no presente ou no futuro. Entretanto, deve-se ter em mente alguns pontos:

➤ quanto maior a relação dívida/PIB (ou a relação dívida/receitas correntes do governo), maior a vulnerabilidade da economia a choques negativos de qualquer natureza (externos ou internos, como quebras de safra etc.);

➤ tal vulnerabilidade traduz-se, em particular, na política de combate à inflação, posto que uma dívida muito elevada pode impedir a sustentabilidade no médio/longo prazos das taxas de juros necessárias ao bom êxito do sistema de metas (de inflação).

No que diz respeito à composição da dívida pública, dado o seu montante total, cabe observar que o maior atrelamento ao juro de curto prazo também dificulta a administração de controle da inflação, tendo em vista que quaisquer elevações de juros contaminam todo o estoque da dívida em poder do público. Isso não ocorre quando a dívida é prefixada, ou quando é indexada a preços. O gráfico A.5 mostra que se tem obtido certo sucesso na redução da dívida atrelada à Selic, mas o montante total permanece ainda demasiado elevado. Nesse sentido, é digno de nota o fato de que a dívida prefixada atingiu, em maio de 2007, um percentual superior àquele da dívida atrelada à taxa de juros, em um claro sinal de sucesso da gestão da dívida pelo Tesouro Nacional. É bem verdade que a calmaria anterior às turbulências de julho de 2007 contribuiu sobremaneira para tal resultado. Assim, enquanto o ambiente macroeconômico permanecer favorável, é de se esperar um resultado ainda mais alvissareiro para a dívida pública.

GRÁFICO A.5
Composição da dívida mobiliária

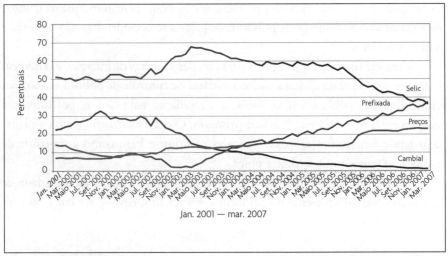

Jan. 2001 — mar. 2007

Fonte: Banco Central do Brasil.

Déficit público e setor externo

Para entender como a questão fiscal afeta atualmente a economia brasileira é preciso entender a sua interação com o setor externo no ambiente atual de câmbio flexível. Quando a despesa pública sobe ou a arrecadação tributária se reduz, elevam-se os juros de equilíbrio (em dado nível de inflação) e, em função da entrada de divisas que isso provoca, valoriza-se a moeda doméstica frente ao dólar. O resultado é a queda do fluxo de exportações e o aumento do fluxo de importações, processo que perdura enquanto permanece a pressão altista sobre a demanda agregada.

No caso teórico em que a mobilidade internacional de capitais é infinitamente alta, cada unidade monetária a mais de despesa de consumo do governo representa uma unidade monetária a menos de superávit em conta corrente do balanço de pagamentos. O resultado final é uma troca da composição de despesas no PIB: saem as despesas que implicam pesquisa, investimentos em tecnologia e em capital humano (exportações) e entram despesas de custeio do setor público, que pouco acrescem à capacidade futura de elevar a produção nacional de bens e serviços. A taxa de crescimento, evidentemente, se reduz.

No meio do caminho, a elevação dos juros e/ou a valorização do câmbio são percebidos pelos setores exportadores como os grandes responsáveis pela situação, quando na verdade são apenas preços relativos que reagem para alocar a divisão do PIB na nova composição ditada pelas opções de política econômica. A variável subjacente que provoca o processo de perdas dos exportadores é o aumento das despesas públicas.

São vários os exemplos históricos desse processo. Nos anos 1980, podem-se citar os elevados déficits do balanço de pagamentos em conta corrente provocados pela conjunção, no governo Reagan, de maiores gastos militares e redução das alíquotas de taxação (essa, com a esperança de estimular os negócios e elevar a arrecadação, o que não se materializou). Hoje em dia, curiosamente, um processo semelhante se repete com os EUA.

Macroeconomicamente, o deslocamento do setor externo pela despesa do setor público fica fácil de visualizar observando-se que o déficit do governo financia-se pelo excesso da poupança interna sobre o investimento interno, ou pela poupança externa (déficit do balanço de pagamentos em conta corrente). Assim, se é difícil elevar a poupança interna (devido à taxação ineficiente, onde juros e ganhos nominais — e não reais — são taxados, e ao elevado *spread* bancário) e os investimentos são demasiado reduzidos, e por isso incompressíveis, só resta o recurso à poupança externa. Os exportadores saem perdendo, evidentemente, deslocados pelo gasto público.

Arrecadação pública

A análise das contas públicas brasileiras não ficaria completa sem uma análise das contas públicas no período recente. A tabela A.1 mostra como se deu a evolução dessas contas no período 2001-06.

Um aspecto que é digno de nota é a elevação contínua da carga tributária no período, em especial ao nível do governo federal e da Seguridade Social. Não obstante essa elevação, o déficit nominal do setor público se elevou, como já observado, fato que revela as limitações em reduzir tal déficit pela alta da carga tributária. Como é analisado nos diversos capítulos que tratam das experiências internacionais de ajuste fiscal, os governos têm, efetivamente, limitações para elevação dessa carga e, mais importante, os ajustes baseados apenas na elevação de tributos têm menores chances de serem bem-sucedidos.

É também digno de nota que o esforço de elevação da carga é normalmente levado a cabo pelo governo central, com estados e municípios dispondo de menor capacidade para elevação dos impostos. Tal fato é especialmente importante no caso do Brasil, visto que a estrutura tributária é excessivamente centralizada, fato que se agravou especialmente a partir da implementação da Constituição de 1988 (Giamgiabi e Além, 2001:254).

336 AJUSTES FISCAIS

TABELA A.1

Principais taxas e contribuições no Brasil (% do PIB)

Nível de governo e taxas	2001	2002	2003	2004	2005	2006
Federal	21,20	22,11	21,29	22,64	23,25	23,46
Orçamento federal	7,18	8,01	7,33	7,68	7,77	7,82
Imposto de renda	4,61	5,31	4,94	5,29	5,41	5,41
IPI	1,47	1,27	1,06	1,10	1,15	1,18
Imposto sobre importação	0,70	0,54	0,48	0,47	0,42	0,43
IOF	0,27	0,27	0,26	0,27	0,28	0,29
ITR	0,02	0,02	0,02	0,01	0,01	0,01
Cide	na	0,49	0,44	0,39	0,36	0,34
Outros[1]	0,11	0,12	0,12	0,13	0,15	0,16
Orçamento Seguridade Social	11,66	11,77	11,81	12,82	13,24	13,10
Contribuição para Seguridade Social[2]	4,82	4,77	4,72	4,87	5,20	5,27
Cofins	3,61	3,55	3,45	4,05	4,16	3,94
PIS/Pasep	0,89	0,88	1,00	1,02	1,03	1,04
CPMF	1,32	1,37	1,36	1,36	1,36	1,39
CSSL	0,72	0,90	0,95	1,02	1,22	1,20
Outros[3]	0,29	0,30	0,33	0,50	0,27	0,26
Não-classificado	2,36	2,21	2,15	2,15	2,24	2,53
FGTS	1,62	1,52	1,47	1,46	1,50	1,57
Outros[4]	0,74	0,69	0,69	0,69	0,74	0,96
Estadual	5,97	8,41	8,35	8,52	8,35	8,90
ICMS	4,76	7,13	7,02	7,12	6,91	7,39
IPVA	0,32	0,47	0,46	0,46	0,47	0,53
ITCD	0,02	0,04	0,05	0,04	0,04	0,04
Outros[5]	0,87	0,78	0,83	0,91	0,93	0,93
Municipal[6]	1,36	1,41	1,41	1,63	1,39	1,52
IPTU	0,45	0,46	0,46	0,50	0,43	ND
ISS	0,56	0,55	0,54	0,65	0,60	ND
ITBI	0,09	0,10	0,09	0,08	0,09	ND
Outros[7]	0,26	0,31	0,32	0,40	0,27	ND
Total	28,53	31,94	31,05	32,79	32,99	33,88

Fontes: Secretaria do Tesouro Nacional, para os dados federais, estaduais e municipais. Sistema de Saúde, Ministério da Previdência Social, FGTS, Caixa Econômica Federal, Instituto Brasileiro de Planejamento Tributário, para o dado municipal de 2006.

[1] Inclui taxas federais.
[2] Contribuição de empregadores e trabalhadores para a Seguridade Social.
[3] Inclui contribuições de servidores públicos e outras contribuições sociais.
[4] Inclui contribuições econômicas, salário-educação e Sistema de Saúde.
[5] Inclui taxas e contribuições sociais estaduais.
[6] Para 2006, estimativa do Instituto Brasileiro de Planejamento Tributário (ITBI).
[7] Inclui taxas e contribuições sociais municipais.